高等院校物流专业"互联网+"创新规划教材

物流金融
（第2版）

主编 李蔚田 王 科

编委 白 珂 吴素素 李玲飞

　　　赵志营 吕 倩

主审 李勤玲

北京大学出版社
PEKING UNIVERSITY PRESS

内 容 简 介

结合物流专业人才的培养目标,本书系统介绍了物流金融的理论构架,包括它的含义、性质、特点、职能、形成发展、环境因素、基础理论、应用、实践和创新等问题。本书内容以专业性、实践性、应用性和创新性为特色,集实践与理论于一体,使其理论叙述少、应用实例多,力避空洞枯燥,使读者能系统地学习物流金融的理论与方法,掌握基本理论和实践技能,培养学生作为未来实践者应具备的技能,学会用理论分析和解决实际问题的方法。

本书可作为高等院校物流管理、物流工程、物资管理、供应链管理、金融工程等专业本科生、硕士研究生物流工程与管理方向的教学用书,也可作为物流领域研究人员、物流企业管理人员的参考用书。

图书在版编目(CIP)数据

物流金融 / 李蔚田,王科主编. ——2 版. ——北京:北京大学出版社,2024.8. ——(高等院校物流专业"互联网+"创新规划教材). ——ISBN 978-7-301-35391-2

Ⅰ. F250;F830.4

中国国家版本馆 CIP 数据核字第 2024KT2106 号

书　　　名	物流金融(第 2 版) WULIU JINRONG(DI-ER BAN)
著作责任者	李蔚田　王　科　主编
策划编辑	翟　源
责任编辑	翟　源
数字编辑	金常伟
标准书号	ISBN 978-7-301-35391-2
出版发行	北京大学出版社
地　　　址	北京市海淀区成府路 205 号　100871
网　　　址	http://www.pup.cn　新浪微博:@北京大学出版社
电子邮箱	编辑部 pup6@pup.cn　总编室 zpup@pup.cn
电　　　话	邮购部 010-62752015　发行部 010-62750672　编辑部 010-62750667
印刷者	北京市科星印刷有限责任公司
经销者	新华书店
	787 毫米×1092 毫米　16 开本　20.5 印张　480 千字 2013 年 7 月第 1 版 2024 年 8 月第 2 版　2024 年 8 月第 1 次印刷
定　　　价	59.00 元

未经许可,不得以任何方式复制或抄袭本书之部分或全部内容。
版权所有,侵权必究
举报电话:010-62752024　电子邮箱:fd@pup.cn
图书如有印装质量问题,请与出版部联系,电话:010-62756370

前 言

本书作为高等院校物流专业教材，主要从国内的具体实际出发，选择典型范例施教，并尽可能将国外的先进理论、方法和实践经验与我国的实际需要紧密联系起来。

本书可作为高等院校物流工程、物流管理、物资管理、供应链管理、金融工程等专业本专科生、研究生的教学用书，也可作为物流领域研究人员、物流企业管理人员的参考用书。

在本版的编写过程中，书中增加了大量全新的内容，如区块链物流金融、区块链供应链金融、现代物流金融云平台等。

编者按照理论与应用相结合的方针，始终以技能培养为编写的主线，根据应用型教学的特点，内容上以实用、够用为原则，做到理论教学和应用相结合。为了逐步推广高等教育应用型教学，既要求突出重要的理论又要求注重实际的应用技术，故将本书定位为技术应用型教材。

目前，我国物流金融这门学科还处在吸收引进和探索阶段，尤其是一些热点仍处于探讨与争议之中，本书中的大部分理论是国内外实践中已取得的成果，编者对一些理论与实务方面的内容进行了长期的探索、整合、编排，但是依然会有一些自己的构想和设计。

物流金融所涉及的理论较多，对于学科而言是一个新型交叉学科，包括经济学、金融学、管理学、物流学、供应链管理、数字信息技术等多项内容。对于物流金融理论的研究已经逐步面向社会，其应用也开始渗透到企业的经营与管理之中。

本书的编者有技术工作和管理工作的经历，在多年来从事教学和科研工作中取得了丰硕的研究成果；编写组成员有郑州经贸学院的白珂、吴素素、李玲飞、赵志营、吕倩等老师。李蔚田博士（郑州经贸学院）和王科博士（重庆交通职业学院）担任本书的主编，负责设计全书的体系构架和总纂统稿工作，李勤玲博士（郑州经贸学院）担任本书的主审。

物流金融是一门新兴的学科，尚没有可以借鉴的教材范本，也是国内第一部列入高校教学的规划教材。通过对教学实践与应用的体验，编者在本书中所采用的主要理论大部分是参考和借鉴国内外众多专家学者的著述或研究成果后，并对其经过加工整理和延伸而成的。在此对这些文献的作者表示感谢！

由于时间仓促，不足和遗漏之处在所难免，特别是许多新的资料还来不及补充，殷切希望读者批评指正。

李蔚田

2024 年 6 月

【资源索引】

【拓展资料1】

【拓展资料2】

【拓展资料3】

目 录

第1章 物流金融导论 ... 1

1.1 物流金融概述 ... 3
- 1.1.1 物流金融简介 ... 3
- 1.1.2 物流金融概念的界定及其意义 ... 6
- 1.1.3 物流金融的相关内容 ... 8

1.2 物流金融的特点、职能与发展战略 ... 13
- 1.2.1 物流金融的特点 ... 13
- 1.2.2 物流金融的重要职能 ... 16
- 1.2.3 物流金融的职能 ... 19
- 1.2.4 我国物流金融业务存在的问题 ... 20
- 1.2.5 物流金融的发展战略构架 ... 20
- 1.2.6 常见的物流金融运作模式 ... 22
- 1.2.7 物流金融运作模式分类 ... 24

1.3 物流金融业务分类与基本运作 ... 26
- 1.3.1 物流金融业务的分类 ... 26
- 1.3.2 物流金融业务的基本运作模式 ... 28

本章小结 ... 31

第2章 物流银行与物流金融服务管理 ... 33

2.1 物流银行概述 ... 34
- 2.1.1 物流银行发展分析 ... 35
- 2.1.2 物流银行的基本运作模式与流程 ... 37

2.2 开展物流银行业务的综合分析 ... 43
- 2.2.1 物流金融发展中存在的问题 ... 43
- 2.2.2 商业银行开展物流金融的路径 ... 44
- 2.2.3 开展物流银行业务的相关措施 ... 45

2.3 物流金融服务管理 ... 47
2.3.1 物流金融服务管理概述 ... 47
2.3.2 第三方物流的金融服务创新 ... 49
2.3.3 物流金融风险管理 ... 52
2.3.4 物流金融服务需求管理 ... 53
2.4 金融物流与管理 ... 54
2.4.1 金融物流概述 ... 54
2.4.2 金融物流现有模式 ... 56
2.4.3 金融物流的主要业务模式 ... 57
2.4.4 金融物流的风险与监管 ... 59
2.5 物流金融风险控制与运作 ... 61
2.5.1 实施物流金融面临的风险 ... 61
2.5.2 第三方物流金融服务中的风险控制 ... 62
2.5.3 物流金融风险的应对策略 ... 64
本章小结 ... 64

第3章 现代物流金融的基本运作模式 ... 66
3.1 现代物流金融 ... 67
3.1.1 现代物流金融的概述 ... 68
3.1.2 现代物流金融的基本运作模式 ... 71
3.1.3 物流金融商业运作模式 ... 72
3.2 物流金融企业运作模式 ... 80
3.2.1 垫资—代收货款模式 ... 80
3.2.2 替代采购模式 ... 81
3.2.3 信用证担保货权质押模式 ... 83
3.2.4 动产质押模式 ... 85
3.2.5 买方信贷模式 ... 90
3.2.6 授信融资模式 ... 91
3.2.7 垫付货款模式 ... 93
3.3 金融物流服务的新型模式 ... 95
3.3.1 仓储物流企业的金融仓运作模式 ... 95
3.3.2 票据池与池融资 ... 96
3.3.3 保理融资业务 ... 100
3.3.4 承兑汇票质押背书 ... 102
3.4 物流金融的高级运作模式 ... 104
3.4.1 物流金融的高级运作模式概述 ... 104

3.4.2 基于资金约束供应链的代理结构ꞏꞏꞏ 106
3.4.3 第四方物流金融服务创新ꞏꞏ 110
3.4.4 国际物流金融服务的运作模式ꞏꞏ 111
本章小结ꞏꞏꞏ 113

第 4 章 物流金融典型业务模式流程ꞏꞏ 115
4.1 典型业务模式的概念与分类ꞏꞏꞏ 117
4.1.1 银行与物流企业的关系模式ꞏꞏꞏ 117
4.1.2 物流金融典型业务主要模式的分类ꞏꞏ 118
4.2 存货质押的物流金融业务模式ꞏꞏ 120
4.2.1 基本概念ꞏꞏꞏ 121
4.2.2 存货质押融资业务模式ꞏꞏꞏ 122
4.2.3 开展存货质押融资业务的意义ꞏꞏ 124
4.2.4 典型业务模式ꞏꞏꞏ 126
4.2.5 融通仓模式ꞏꞏ 127
4.2.6 统一授信与综合授信ꞏꞏ 131
4.3 基于贸易合同的物流金融业务模式ꞏꞏꞏ 133
4.3.1 代客结算模式ꞏꞏ 133
4.3.2 保兑仓模式ꞏꞏ 138
4.3.3 海陆仓融资物流ꞏꞏꞏ 140
4.4 未来提货权融资业务模式ꞏꞏꞏ 143
4.4.1 未来提货权融资业务概述ꞏꞏ 143
4.4.2 未来提货权融资业务保兑仓模式ꞏꞏꞏ 144
4.4.3 未来提货权融资业务仓储监管模式ꞏꞏꞏ 146
4.4.4 未来货权开证ꞏꞏꞏ 148
4.5 物流企业的物流金融参与模式ꞏꞏ 150
4.5.1 第三方物流企业的参与模式ꞏꞏꞏ 150
4.5.2 企业利用供应链的融资模式的流程ꞏꞏ 152
本章小结ꞏꞏꞏ 157

第 5 章 供应链金融ꞏꞏ 158
5.1 供应链金融综述ꞏꞏꞏ 160
5.1.1 供应链金融的概述ꞏꞏꞏ 160
5.1.2 供应链金融常见模式ꞏꞏꞏ 162
5.1.3 供应链金融流程控制要点ꞏꞏ 166
5.1.4 供应链金融与传统信贷的异同ꞏꞏ 167

		5.1.5　互联网金融与供应链金融异同 167
	5.2　物流金融与供应链金融的关系 168
		5.2.1　相关概念及两者区别 168
		5.2.2　两种融资方式的区别 170
	5.3　供应链金融的应用与创新 171
		5.3.1　供应链融资的特点与运作模式 171
		5.3.2　应收账款融资 172
		5.3.3　库存商品供应链融资 175
		5.3.4　应付账款融资模式 179
		5.3.5　供应链金融的主要内容及应用流程 181
		5.3.6　供应链金融的发展与创新 183
	5.4　供应链融资担保 185
		5.4.1　融资担保分析 185
		5.4.2　融资担保的难点 187
		5.4.3　应用模式与收费 187
	5.5　农业供应链金融 189
		5.5.1　农业金融与供应链金融发展现状 189
		5.5.2　农业供应链结构与融资需求 191
		5.5.3　农业供应链金融设计 192
	本章小结 196

第6章　区块链物流金融 197

	6.1　区块链与区块链金融 199
		6.1.1　区块链概要 199
		6.1.2　虚拟电子货币——比特币 206
		6.1.3　区块链金融 209
	6.2　区块链背景下的物流金融 211
		6.2.1　区块链物流金融概述 211
		6.2.2　区块链物流金融服务系统业务模式 213
		6.2.3　区块链物流金融运作模型 216
	6.3　区块链供应链金融 221
		6.3.1　区块链供应链金融系统概述 221
		6.3.2　区块链技术在供应链金融中的作用和价值 223
		6.3.3　区块链供应链金融的应收账款融资模式 224
		6.3.4　区块链供应链金融的预付账款融资模式 230
		6.3.5　区块链供应链金融的动产质押融资模式 234

6.4 区块链供应链金融的风险与防范 ... 240
　　6.4.1 供应链金融的风险与成因分析 ... 240
　　6.4.2 防范供应链金融风险的对策 ... 242
本章小结 ... 243

第 7 章　物流金融平台与区块链供应链金融平台 ... 244

7.1 物流金融服务平台概述 ... 245
　　7.1.1 平台的基本概念 ... 246
　　7.1.2 物流金融平台的作用及功能 ... 249
7.2 物流金融平台架构 ... 250
　　7.2.1 物流金融平台的构建 ... 250
　　7.2.2 区块链物流金融公共服务平台 ... 252
7.3 物流园区金融服务平台 ... 254
　　7.3.1 物流园区金融服务平台概述 ... 255
　　7.3.2 物流园区虚拟金融服务平台搭建方案 ... 257
　　7.3.3 物流园区金融大数据平台技术要求 ... 259
7.4 区块链供应链金融平台 ... 261
　　7.4.1 区块链供应链金融平台概述 ... 261
　　7.4.2 区块链供应链金融平台的设计方案与技术要求 ... 263
　　7.4.3 区块链供应链金融平台框架的设计过程 ... 267
　　7.4.4 区块链供应链金融业务应用场景 ... 275
7.5 物流金融安全监控 ... 284
　　7.5.1 银行智能联网监控系统 ... 284
　　7.5.2 物流金融产品安全监控设计 ... 287
　　7.5.3 银行物联网反盗码系统 ... 288
本章小结 ... 288

第 8 章　物流金融实务 ... 290

8.1 国际贸易中的物流金融与应用 ... 292
　　8.1.1 国际贸易物流金融的相关模式 ... 292
　　8.1.2 国际结算中的物流金融 ... 293
　　8.1.3 国际结算现状 ... 294
8.2 物流金融与重点行业的融合发展 ... 298
　　8.2.1 物流与金融机构的融合发展 ... 298
　　8.2.2 物流金融与铁路企业的融合发展 ... 299
　　8.2.3 物流金融与港口企业的融合发展 ... 301

8.2.4　物流金融与钢材交易中心的融合发展 ·· 301
8.3　物流金融业务的财务管理 ··· 302
　　　8.3.1　物流企业财务管理 ·· 302
　　　8.3.2　物流企业中物流金融的财务决策 ·· 306
8.4　物流金融信息技术与管理 ··· 308
　　　8.4.1　物流金融信息技术概述 ·· 309
　　　8.4.2　物流金融服务信息流技术管理的内容和方案 ······································ 311
　　　8.4.3　集成服务 ·· 313
　　　8.4.4　信息共享 ·· 316
本章小结 ··· 318

第 1 章 物流金融导论

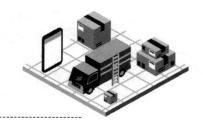

【学习目标】

1. 掌握物流金融的基本概念；
2. 领会物流金融的本质和特点；
3. 熟悉与物流金融相关的理论知识；
4. 明确物流金融研究的对象；
5. 了解物流金融的体系框架；
6. 掌握物流金融基本术语；
7. 了解物流金融的职能与发展战略。

【教学要求】

知识要点	能力要求	相关知识
物流金融的基本概念	（1）掌握物流金融的基本概念、特点 （2）了解物流金融的体系框架 （3）明确物流金融研究的对象 （4）熟悉物流金融的主体和内容	（1）物流金融相关概念 （2）与物流金融相关的理论知识
运作流程	（1）了解物流金融的体系框架 （2）熟悉物流金融业务基本运作方式	（1）物流金融基本知识点 （2）物流金融的业务流程
职能特点与发展战略	（1）掌握物流金融基本术语 （2）熟悉物流金融的重要作用	物流金融体系运行结构

【章前导读】

党的二十大报告中指出:"中国式现代化是全体人民共同富裕的现代化。共同富裕是中国特色社会主义的本质要求,也是一个长期的历史过程。我们坚持把实现人民对美好生活的向往作为现代化建设的出发点和落脚点,着力维护和促进社会公平正义,着力促进全体人民共同富裕,坚决防止两极分化。"这阐明了推进中国式现代化的根本目的,凸显了中国式现代化的社会主义性质。

物流金融是为物流产业提供资金融通、结算、保险等服务的金融业务,它伴随着物流产业的发展而产生。物流金融中涉及3个主体,即物流企业、客户和金融机构,物流企业与金融机构联合起来为资金需求方企业提供融资。物流和金融的紧密融合能有力支持商品流通,促使流通体制改革顺利进行。物流金融正在成为国内银行的重要金融业务,并逐步显现其作用。

物流金融是物流与金融相结合的复合业务概念,它不仅能提升第三方物流企业的业务能力及效益,还可为企业融资并提升资本运用的效率。对于金融业务来说,物流金融的功能是帮助金融机构扩大贷款规模,降低信贷风险,在业务扩展服务上能协助金融机构处置部分不良资产,有效管理客户关系,拓展质物评估、企业理财等顾问服务项目。从企业行为研究出发,可以看到物流金融起源于"以物融资"业务活动。物流金融服务是伴随着第三方物流企业而生的,第三方物流企业除了要提供现代物流服务外,还会与金融机构合作一起提供部分金融服务。

【引例】

UPS 物流金融操作实例

UPS在其开展的物流金融(logistics finance)服务中,兼有物流供应商和银行的双重角色。1998年,UPS在美国收购了一家银行,成立了UPS资本公司,为客户提供包括代理收取货款、抵押贷款、设备租赁、国际贸易融资等服务。托收是UPS金融服务的核心。UPS在收货的同时直接给出口商提供预付货款,货物即是抵押。这样,小型出口商可以得到及时的现金流,UPS通过UPS银行实现与进口商的结算,而货物在UPS手中,也不必担心有进口商赖账的风险。对于出口企业来说,有了UPS的资金流,货物发出之后立刻就能变现,提高了资金的周转率。而通过传统的国际贸易电汇或放账交易方式,从出货装箱到真正拿到货款,至少需要45天,营运周转的资金压力很大。

例如,一家纽约的时装公司向中国的服装供应商订购货物。UPS收到中国供应商交运的货物后,可以即时向其支付80%的货款。货物送交到纽约的收货人手中后,由UPS收取货款,再将余额向中国供应商付清。

UPS开展这项服务时,同样有一个资金流动的时间差,即这部分资金在交付前有一个沉淀期。在资金的沉淀期内,UPS等于获得了一笔无息贷款。UPS还可用这笔资金从事贷款,而贷款对象仍为UPS的客户或者限于与快递业务相关的主体。在这里,这笔资金不仅充当交换的支付功能,而且具有了资本与资本流动的含义,而且这种资本的流动是紧密地服务于业务链的。

在中国,市场需求巨大,花旗银行这样的国际金融机构也来"凑热闹"。据介绍,花旗银行的物流金融服务主要针对中国企业在海外市场进口原材料的需求。花旗银行通过与物流公司的合作,向其提供资金支持,间接帮助中国企业。

1.1 物流金融概述

快速发展的现代物流业对物流企业运作提出了更高的要求,物流管理已从物的处理提升到物的附加值方案管理。物流企业开展物流金融服务,无论是对客户、金融机构、客户的客户,还是物流企业本身都是一个共赢的选择。

1.1.1 物流金融简介

随着经济区域化、国际化、全球一体化发展趋势的形成,贸易成为世界各国和各地区在经济上相互依赖、相互联系最基本的表现形式,而贸易的完成必须依赖于物流。如何利用金融对资源的宏观调控功能和服务特性服务于物流行业,提高物流业的效率已成为当务之急。因此,物流金融业逐渐成为物流业发展的必然趋势和重要特征。

1. 物流金融的概念

物流金融是指在面向物流业的运营过程中,通过应用和开发各种金融产品,有效地组织和调剂物流领域中货币资金的运动。这些资金运动包括发生在物流过程中的各种存款、贷款、投资、信托、租赁、抵押、贴现、保险、有价证券发行与交易,以及金融机构所办理的各类涉及物流业的中间业务等。

物流金融服务体系如图 1.1 所示。

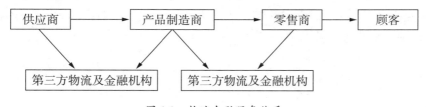

图 1.1 物流金融服务体系

2. 物流金融的理念

物流金融的理念表现在以下几个方面。

(1) 盘活企业的流动资产,加速商品流通和资金流转周期。各国中小企业的资产中很少有不动产,据统计,中小企业总资产中 60% 是应收账款和存货等动产,因此,应收账款质押、动产质押的融资模式解决了中小企业的融资瓶颈,增加了中小企业融资的途径,也有利于商业银行防范风险。

(2) 沟通商业信用与银行信用,使信用可在商品市场与金融市场之间充分流动。众所周知，信用可以创造需求。例如，集装箱运输行业从业者面临资金紧张、融资困难的情况，可通过物流金融平台利用质押的方式获得资金。

（3）将银行网络和供应链网络结合起来。银行网络好比人体的血管，资金就是血管中不停在流动的血液。银行网络缺少的是信息流，而供应链缺少的是资金流。物流平台把商品流、物流、资金流、信息流结合起来，推荐有资质的物流企业为合作机构进行货品质押监管、逾期扣货等整体风险管理服务，看重的其实就是其物流通道和对贸易物品的信息把握。

（4）促使传统物流企业向现代物流企业转变。物流企业的优势在于掌握着大量的历史和实时的物流信息和供应链网络，物流企业可根据自身情况开展增值服务。

（5）促进产业升级换代。随着各类金融机构、物流公司、商贸企业纷纷进入物流金融市场，市场竞争加剧。资本有3个特征，即流动性、竞争性和增值性，物流金融市场的资本流动完全符合这3个特征。

3. 学习物流金融的意义

物流金融是一个新的概念，参与物流金融的三方主要是物流企业、中小企业及银行等金融机构。三方在物流金融的活动中各自获益。对于中小企业而言，可以通过暂时抵押货权，从银行取得贷款，用于开展业务，提高企业的融资能力和资金利用率。对于银行而言，由于有实实在在的货物作抵押，又有信誉好的物流企业作为担保或货物管理，其贷款的风险降低，而且可以扩大和稳固客户群，树立自己的竞争优势，开辟新的利润来源，也有利于吸收由此业务引发的派生存款。对于物流企业而言，物流金融业务的开展实际上为其开辟了新的增值服务业务，不但可以促进其传统仓储业务的开展，实现客户的个性化、差别化服务，而且物流企业作为银行和客户都信任的第三方，可以更好地融入客户的商品产销供应链中，同时也加强了与银行的同盟关系，给自己带来新的利润增长点。这样，就实现了物流企业、中小企业及银行三方的共赢。所以说，对物流金融进行研究不但可以解决中小企业融资难的问题，也为物流企业的多层次发展提供了平台，同时也使得银行等金融机构更加积极、更加放心地扩大自己的融资规模及客户群，增加利润来源。物流金融业务流程如图1.2所示。

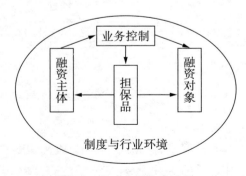

图1.2 物流金融业务流程

4. 物流金融产生的背景

物流金融发展起源于物资融资业务。金融和物流的结合可以追溯到公元前2400年，当时的美索布达米亚地区就出现了谷物仓单。而英国最早出现的流通纸币就是可兑付的银矿仓单。以美国为例，其物流金融的主要业务模式之一是面向农产品的仓单质押。仓单既可以作为向银行贷款的抵押，也可以在贸易中作为支付手段进行流通。美国的物流金融体系是以政府为基础的。早在1916年，美国就颁布了美国仓库存储法案（US Warehousing Act of 1916），并以此建立起一整套关于仓单质押的系统规则。这一体系的诞生，不仅成为家庭式农场融资的主要手段之一，同时也提高了整个农业营销系统的效率，降低了运作成本。

现代物流金融的产生背景有以下几方面：①第三方物流服务的革命；②中小型企业融资困境；③供应链"共赢"的目标；④金融机构创新意识增强。

【1-1拓展知识】

5. 我国物流金融的产生与发展现状

物流金融是金融产品创新的重要组成，是第三方物流企业发展的高级阶段，也是供应链上物流与资金流相结合的产物。物流金融产生的原因主要有：（1）我国的物流运作效率不断提升；（2）融资企业集中精力经营主营业务的必然要求；（3）银行等金融机构拓展利润空间的必然要求；（4）提高供应链整体竞争力的必然要求。物流金融是金融产品创新的重要组成，是第三方物流企业发展的高级阶段，也是供应链上物流与资金流相结合的产物。随着我国经济社会的不断发展，国内供应链节点企业之间的联系日益紧密，与国际供应链的合作也将日益频繁，这一发展趋势必然要求全面发展与快速推进我国的物流金融业务。

【1-2拓展知识】

6. 物流金融的作用

（1）可提高企业整体运行效率和效益。物流金融业务整合了企业的物流、信息流、资金流，在融资企业的实际库存中，存在较多不合理库存，致使商品流通慢，库存的商品导致资金滞留，资金运转慢使得企业发展缓慢，而开展物流金融后，物流企业利用专业的物流技术管理和强大的信息资源数据库，使得滞留商品能很快流通，提高物流和资金周转。

【1-3拓展知识】

（2）物流金融业务提供了新的利润源。在激烈的市场竞争中，物流企业想依靠传统物流来提高收益几乎是不可能的，而物流公司提供金融服务需要一定的条件，因此物流金融市场还有进入的可能。

（3）物流金融业务的开展规范了社会的信用机制。在物流金融业务中，物流企业通过自身的实力和信用为融资企业担保，使其获得融资，提供托收、信用证等结算和中间服务，敦促物流企业履约守信，避免企业拖欠货款，有利于维护市场秩序。

7. 物流金融服务的类型

物流金融服务的类型有：物流金融，物流与资金流互动中的增值服务；物流银行，库存商品融资金融服务、物流仓储、抵押融资与物流监管相结合；物流保险，物流风险控制与物流业保险服务。

8. 对物流金融概念的理解

对物流金融概念的理解应包含以下几点。

（1）物流金融涉及金融机构、物流企业、资金需求客户等供应链上的经营主体，物流金融可使各方受益，实现共赢。

（2）物流金融是一个新兴的领域，涉及物流业、金融业及保险业等行业，物流金融是运用金融工具使物流业务产生价值增值的融资活动。

（3）物流金融是金融资本与物流商业资本的结合，是物流业金融的表现形式。物流金融服务就是物流衍生服务的重要组成部分，是物流与资金流结合的产物。

1.1.2 物流金融概念的界定及其意义

现代物流发展离不开金融服务的支持。物流金融作为一种全新的理念，超越了金融行业与物流企业之间单纯金融服务的联系形式，大大提高了两者的整体效率，对金融业、物流业及企业都产生了深刻的影响。

尽管一些金融机构和物流企业已经进行了一定的探索和实践，但对物流金融运作发展模式的探讨尚不全面、系统，学术界也未形成完备的理论体系，致使物流金融在我国物流企业和金融机构中未能大范围实践和推广。

1. 对物流金融概念的界定

物流金融是近十几年才在我国流行起来的。关于物流金融的概念，目前学术界主要有以下3种观点。

（1）物流金融从广义上讲就是面向物流运营的全过程，应用各种金融产品，实施物流、商品流、资金流、信息流的有效整合，组织和调节资金运行效率的一系列经营活动。从狭义上讲就是物流供应商在物流业务过程中向客户提供的结算和融资服务，这类服务往往需要银行的参与。

（2）物流金融是指在供应链业务活动中金融工具使物流产生的价值增值的融资活动。

（3）物流金融是指物流业与金融业的结合，是金融资本与物流商业资本的结合，是物流业也是金融业的一个新的业务领域。

以上3种观点虽然在认识上存有分歧，但共同之处是显而易见的，即从不同的角度强调了物流与资金流的整合。

因此，从供应链的角度，物流金融的概念可以分为广义和狭义两种。广义的物流金融是指在整个供应链管理过程中，通过应用和开发各种金融产品，有效地组织和调剂物流领域中货币资金的运动，实现商品流、实物流、资金流和信息流的有机统一,提高供应链运作效率的融资经营活动,最终实现物流业与金融业融合发展的状态,如图1.3所示。狭义的物流金融是指在供应链管理过程中,第三方物流企业和金融机构向客户提供商品和货币,完成结算和实现融资的活动,实现同生共长的一种状态。

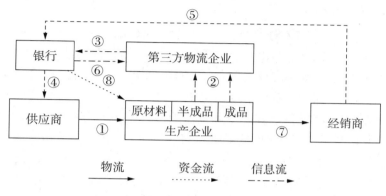

图1.3 供应链级别的物流金融服务模式

物流金融作为物流业和金融业的有机结合,不仅是金融资本业务创新的结果,也是物流业发展壮大的需要,更是经济发展的必然结果。因此,根据现代金融理论,可从3个方面理解和把握物流金融的概念。

(1)整个供应链的有效运转需要金融业的大力支持。以2022年的数据统计为例,我国社会物流总费用17.8万亿元,同比增长4.4%。社会物流总费用与GDP的比率为14.7%,比上年提高0.1个百分点。从结构看,运输费用9.55万亿元,同比增长4.0%;保管费用5.95万亿元,同比增长5.3%;管理费用2.26万亿元,同比增长3.7%。如此大规模的资金投入,几乎都是靠商业银行提供。如果没有银行业的鼎力支持,物流业将难以迅速发展。

(2)金融机构的业务创新更需要参与物流供应链的实际运作。这主要表现在信用贷款、仓单质押、权利质押、信托、贴现、融资租赁、保险、有价证券的交易和担保业务中。对金融机构而言,物流金融不仅降低了信息不对称产生的风险,成为客户与金融机构的"黏合剂",而且也为新兴的金融衍生品提供了销售平台,成为金融机构业务创新的重要形式。由于物流业与金融业的结合,金融机构可以利用其在融资活动中的特殊地位和信用,通过有效的供应链管理,全面了解物流企业库存商品的规格、质量、原价和净值、销售区域、承销商、库存的变动状况和充分的客户信息,由物流服务供应商作为担保方进行操作,利用保单、提单和仓单质押等可使物流企业从银行融资。

(3)供应链管理的效率有赖于物流金融的发展。"零库存"是供应链管理追求的理想目标,也是提高供应链运行效率的关键。但在实际运行中,库存在所难免,且多为不合理库存,使得交易成本增加,运行效率降低。而存货占用资金又常常使企业陷入流动资金不足的困境,严重制约了企业发展。过多的库存商品与过低的资金周转率,使企业大量占用银行资金，也使银行面对大量不良资产而束手无策。物流金融的提出和物流金融业务的应运而生，解决了供应链上相关企业因资金不足而产生的困难，拓宽了供应链上相关企业的发展空间，提升了供应链的运作效率。因此，物流业与金融业的结合，不仅代表了一种全新的理念，而且也使供应链管理的效率有了质的提升。

2. 物流金融对供应链运转效率的意义

【1-4 拓展知识】

美国供应链管理专业协会（Council of Supply Chain Management Professionals，CSCMP）给出了新的供应链管理的定义。CSCMP 对供应链管理的定义为供应链管理包括采购、外包、转化等过程的全部计划和管理活动及全部物流管理活动。更重要的是，它还包括与渠道伙伴之间的协调和协作，涉及供应商、中间商、第三方物流服务供应商和客户。本质上，供应链管理是企业内部和企业之间的供给和需求管理的集成。供应链管理既涉及渠道伙伴供应商、中间商、第三方物流服务供应商和客户之间的协调合作，又包括了对涉及采购、外包、转化等过程的全部计划和全部物流管理活动。从供应链管理的概念可以看出，它既包括上述过程中的所有实物流与资金流活动，也包括整个生产运作。可见，供应链是物流管理在深度和广度方面的扩展。所以，供应链运作和管理效率的提高，对于许多物流企业乃至整个生产企业的生存发展都是至关重要的。而与物流金融的结合，能够有效提升供应链运作和管理的效率，增强供应链的竞争力，进而推动现代物流业的迅速发展。

1.1.3 物流金融的相关内容

"物流"在几年前可能还是一个"时髦"词汇，但随着现代物流业的不断发展壮大，"物流"已经日益走向"务实"。如今，现代物流业与信息网络系统、电子商务、供应链管理等一起，改变了各国经济运行模式，成为经济全球化与世界经济发展的内在推动力。

1. 物流金融融资业务的内容

物流金融是物流企业在提供物流服务过程中，由物流企业为物流需求方提供的与物流相关的资金支付结算、保险、资金信贷等物流衍生的金融服务，其功能是实现物流与资金流的一体化。物流金融正成为物流企业进行高端竞争的服务创新，并带动银行共同参与的新型金融业务。

（1）基本概念。

物流金融融资业务是指在物流运营过程中，与物流相关的企业通过金融市场和金融机构，运用金融工具使物流产生的价值得以增值的融资和结算的服务活动。这种新型金融服务原本属于金融衍生工具的一种，之所以称为物流金融融资业务，而不是传统的抵押贷款或者质押融资，是因为在其发展过程中，逐渐改变了传统金融贷款过程中银行、申请贷款企业双方的权责关系，也完全不同于担保贷款中担保方承担连带赔偿责任的三方关系。它主要依靠第三方物流企业的配套管理和服务，形成了银行、第三方物流企业、贷款企业的三方密切合作关系。

(2)物流金融的主体。

物流金融涉及4个主体,即买方、卖方、第三方物流企业和金融机构。买方是指商品市场中对某类商品有需求,并愿意通过支付一定的货币获得商品所有权的政府、企事业单位或自然人,通常为资金的供给者和商品的需求者。

卖方是指商品市场中商品所有权的拥有者,愿意通过合理的价格将商品所有权转让给买方。商品的卖方既可能是政府、企业,也可能是普通自然人。卖方通常为商品的供给者,资金的需求者。

第三方物流企业是相对"第一方"发货人和"第二方"收货人而言的。第三方物流企业是指除货物有关的发货人和收货人之外的专业物流企业,即第三方来承担企业物流活动的一种物流形态。第三方物流企业既不属于买方,也不属于卖方,而是通过与买卖双方的合作来提供专业化的物流服务,它不拥有商品,不参与商品的买卖,而是为客户提供以合同为约束、以结盟为基础的、系列化、个性化、信息化的物流代理服务。最常见的第三方物流企业的服务包括设计物流系统和电子数据交换(Electronic Data Interchange,EDI)系统,管理报表管理和货物集运,选择承运人、货代人和海关代理,信息管理,仓储,咨询,运费支付,运费谈判等。由于它的服务方式一般是与企业签订一定期限的物流服务合同,所以又称第三方物流为"合同物流"(Contract Logistics)。

金融机构是指专门从事货币信用活动的中介组织。我国的金融机构,按地位和功能可分为四大类:第一类,中央银行,即中国人民银行;第二类,银行,包括政策性银行、商业银行;第三类,非银行金融机构,主要包括信托投资公司、国有及股份制的保险公司、城市信用合作社、证券公司、财务公司等;第四类,在境内开办的外资、侨资、中外合资金融机构。以上各种金融机构相互补充,构成了一个完整的金融机构体系。

第三方物流企业与金融机构联合起来为资金需求方提供融资服务,有助于提高商品流通和物流管理效率。同时,第三方物流企业借助金融机构给客户提供金融担保服务可成为一项物流增值服务项目。

(3)融资业务的具体内容。

物流金融业务包括银行参与物流业的运营过程,通过针对物流运作开发和应用的各种金融产品,有效地组织和调剂物流领域中货币资金的运动。这些资金运动包括发生在物流过程中的各种存款、贷款、投资、信托、租赁、抵押、贴现、保险、有价证券发行与交易,以及金融机构所办理的各类涉及物流业的中间业务等。

(4)物流金融运作模式和物流金融服务主体。

① 运作模式。物流金融运作模式主要有质押、担保、垫资等,在实际运作过程中,可能是多种模式的混合。例如,在取货时,物流企业先将一部分钱付给供应商,一部分仓单质押,货到收款后再一并结清。这样既可消除厂商资金积压的困扰,又可让买家卖家两头放心,资金可由银行提供,如果物流企业自有资金充足的话,也可由物流企业全部垫资。

全球化竞争的加剧，物流企业的运输、货物代理和一般物流服务的利润率平均只有2%，且已没有进一步提高的可能性。而对于供应链末端的金融服务来说，目前由于涉足的企业少、发展空间巨大，包括 UPS 在内的跨国物流企业都在业务中增加了金融服务，将其作为争取客户的一项重要举措。

【1-5 拓展知识】

② 物流金融服务的主体。物流金融是为物流产业提供资金融通、结算、保险等服务的金融业务，它伴随着物流产业的发展而产生。在物流金融中涉及三个主体：物流企业、客户和金融机构，物流企业与金融机构联合起来为资金需求方企业提供融资，物流金融的发展是这三方的现实需要。物流和金融的紧密融合有力支持了社会商品的流通，促使流通体制改革顺利进行。

物流金融是物流与金融相结合的复合业务概念，它不仅能提升第三方物流企业的业务能力及效益，还可以为企业融资并提升资本运用的效率。物流金融的功能是帮助金融机构扩大贷款规模、降低信贷风险，在业务扩展服务上协助金融机构处置部分不良资产、有效管理 CRM 客户、提升质押物评估、企业理财等。物流金融服务是伴随着第三方物流企业而生。在金融物流服务中，第三方物流企业业务更加复杂，除了要提供现代物流服务外，还要与金融机构合作，一起提供部分金融服务。

2. 物流金融服务内容

物流金融服务包括以下三种类型。

（1）物流金融，物流与资金流互动中的增值服务。

（2）物流银行，库存商品融资金融服务，物流仓储、抵押融资与物流监管相结合。

（3）物流保险，物流风险控制与保险服务。

3. 物流金融的研究对象

物流金融是一门对金融服务业如何利用其金融机构和金融工具的宏观调剂功能和服务特性，在物流行业内进行系统的价值分析和资源配置的学科。这种创新资源流动的金融服务，很大程度上优化和调整了物流的价值目标：通过金融模型化、金融精算化与金融管理的应用，使物流金融更具现代金融理论特征；同时，也是物流设计理论中不可缺少的重要部分。

4. 物流金融的学科性质

物流金融是一个新的学科概念，已从微观领域延伸到宏观领域。它存在的理由和价值，是它为实现物流金融业务"催化"服务的手段后，向微观物流金融投资及宏观金融衍生方向转化作用的结果，这个"转化"是物流金融脱颖而出走向独立学科的基本依据。

物流金融是两个综合学科的结合，其结合关系、兼容关系及共同发展，是物流金融发展的关键。物流自身不能进行价值分析，它必须以金融的特殊性与之共同协调发展，从金融的角度进行资源的最佳配置和价值分析。

无论是物流保险还是物流金融服务，对于年轻的中国物流产业来说，都还只是一种尝试，距离形成规模还有很长的路要走；而且这些业务的推出虽然效果显著，但也需要各方配套设施的完备，才能有效地控制风险，如物流公司的规范、银行信贷的风险控制、商品的市场风险、中小企业的征信系统完善等。

物流与金融如何共同发展，直接关系着工商业资本在途积压负担、资金周转速度、金融在物流融资和衍生工具服务领域里的通畅程度。物流金融概念和理论的建立，其目的就是要充分利用宏观的金融服务特性，解决经济发展中的资源流通瓶颈现象，从而优化物流企业的流通环节，提高物流供应链的运转效率。

5. 物流金融业务面临的风险

发展物流金融业务给物流金融提供商、供应链节点企业和金融机构带来效益的同时，也面临各种风险。有效地分析和控制这些风险是物流金融业务能否成功的关键之一。物流金融业务面临的风险可以归纳如下。

（1）内部管理风险。中小企业往往存在组织机构松散、管理体制和监督机制不健全、员工素质参差不齐、管理层决策失误等问题，导致企业内部管理风险较大。

（2）运营风险。从事金融业务的物流公司，由于要深入客户产销供应链中提供多元化的服务，相对地扩大了运营范围，也就增加了风险。从仓储、运输到与银企之间的往来，运营风险无处不在。

（3）技术风险。这是指物流金融提供商因缺乏足够的技术支持而导致的风险。例如，价值评估系统不完善或评估技术不高，网络信息技术的落后造成信息不完整、业务不畅等。

（4）市场风险。这主要针对库存质物的保值能力，包括质物市场价格的波动，金融汇率造成的变现能力改变等。

（5）安全风险。质物在库期间物流金融提供商必须对其发生的各种损失负责，因此仓库的安全、员工的诚信，以及提单的可信度都要考虑，还要考虑包括对质物保存的设施能否有效防止损坏、变质等问题。

（6）环境风险。这主要指政策和经济环境等变化导致的风险，包括相关政策的适用性、新政策的出台、国内外经济的稳定性等。一般情况下，中国的政治和经济环境对物流金融造成的风险不大。但国际环境的变化，会通过贸易政策、汇率等对物流金融业务产生影响。

（7）法律风险。这主要是合同的条款规定和对质物的所有权问题。因为业务涉及多方主体，质物的所有权在各主体间进行流动，很可能产生所有权纠纷。另外，与物流金融相关的法律法规不完善，可能导致相关业务出现法律问题。

（8）信用风险。其包括货物的合法性、客户的诚信度等，同时信用风险还与上述运营风险、安全风险和法律风险等联系密切。在具体实施物流金融业务时，应该结合上述的主要风险问题进行相应的风险管理。

6. 物流金融的作用

物流金融成为获得客户资源及垄断资源的重要手段，在物流金融的发展阶段，谁能够率先进入物流金融行业，谁就能够抢占先机。

物流金融将上下游企业和金融机构紧密地联系在一起，金融机构能够在一定程度上规避风险，企业也能够做到信息流、物流、资金流的整合，加速了物流和资金流的运转。

（1）物流金融在宏观经济结构中的作用表现为在国民经济核算体系中，提高流通服务质量、降低物资积压与消耗、加快宏观货币回笼周转。

（2）物流金融在微观经济结构中的功能表现为在供应链中第三方物流企业提供的一种金融与物流集成式的创新服务，其主要服务内容包括：物流、流通加工、融资、评估、监管、资产处理、金融咨询等。物流金融不仅能为客户提供高质量、高附加值的物流与加工服务，还为客户提供直接或间接的金融服务，以提高供应链整体绩效和客户的经营和资本运作效率等。物流金融也是供应链的金融服务创新产品，物流金融的提供商可以通过自身或自身与金融机构的紧密协作关系，为供应链的企业提供物流和金融的集成式服务。

（3）在第四方物流出现后，物流金融才真正成为"金融家族"的一员，在这里物流货物被看成一种特殊的"货币"，通过物流金融业务使物流货物流转成为一种金融交易的衍生品，而物流金融这时变成一种特有的金融工具，一种特有的复合概念，一种特有的金融与物流的交叉学科。

物流与金融业务的相互需求与作用，在交易的过程中产生了互为前提互为条件的物流金融圈。从供应链的角度看，厂商在发展的过程中面临的最大威胁是流动资金不足，而存货占用的大量资金使得厂商可能处于流动资金不足的困境。开展物流金融服务是各方互利的选择，但是，不可回避的是风险问题。实现风险管理的现代化，首先必须使物流金融业树立全面风险管理的理念。根据巴塞尔协议Ⅱ，风险管理要覆盖信用风险、市场风险、操作风险三方面。

在传统的物流金融活动中，物流金融组织被视为是进行资金融通的组织和机构。现代物流金融理论则强调：物流金融组织就是生产金融产品、提供金融服务、帮助客户分担风险，同时能够有效管理自身风险以获利的机构，物流金融组织盈利的来源就是所承担的风险溢价。

7. 物流金融的收益

金融市场的不平衡、不完善使物流与金融的结合发展过程中受到了一定限制，盈利问题成为企业发展中最为关心的一环。同时，银行帮助企业有助于提高银行的核心竞争力，形成双赢的局面，成为物流企业和商业银行新的增长点。

第三方物流企业除了已有业务带来的运输费、仓储费等收益外，还有物流金融业务带来的信息费、中间费用、佣金等收益。这样，第三方物流企业的收益来源就从原来的单一转向多元。我国金融机构可以根据物流企业的不同特点设计不同类型的操作模式，不仅能与第三方物流企业共同完成物流金融业务，还为第三方物流带来多元的经济收益。

1.2 物流金融的特点、职能与发展战略

随着我国一系列宏观调控措施的相继实施，企业的融资环境再次发生了较大的变化，这些政策直接引起了相关产业产、供、销整个环节的资金紧张，加大了企业的资金困难。同时，由于投资渠道多元化及利率市场化的进程加快，银行资金成本增加，带来企业融资成本的增加，影响了企业生产与销售，导致库存的不断增加。如何在新形势下解决企业的融资问题，推动企业更快发展，已经成为企业、金融机构和政府共同关注的热点问题。

1.2.1 物流金融的特点

21世纪，积极利用国际国内经济形势的有利变化，主动抓住机遇并战胜挑战，这对于我国的许多物流企业乃至整个物流业的生存发展都是至关重要的。物流金融业务把银行、生产企业及经销商的资金流、物流、信息流进行互补，在运作过程中，它具有如下特点。

1. 服务性

（1）物流金融的服务前景。物流金融服务未来在中国乃至在国际上，都有广阔的前景，如马士基集团和UPS公司，其利润的来源之一是物流金融服务。这些跨国公司依托良好的信誉和强大的金融实力，结合运输过程中对货物的实际监控，在为发货方和货主提供物流服务的同时，也提供金融服务，如开具信用证、仓单质押、票据担保、结算融资等。这样不仅吸引了更多客户，还在物流金融活动中创造了可观的利润。

以UPS为例，为了推进物流金融服务，该公司于2001年5月并购了美国第一国际银行（First International Bank，FIB），将其改造成UPS金融部门。UPS在收货的同时，直接给出口商提供预付货款，货物即是抵押。这样，小型出口商们得到及时的现金流，UPS再通过其金融部门实现与进口商的结算，而货物在UPS手中，也不必担心进口商赖账。对于出口企业来说，借助UPS的资金流，货物发出之后立刻就能变现，增加资金的周转率。

另外，在UPS的物流业务流程中，当UPS为发货人承运一批货物时，UPS首先代提货人预付一半货款，当提货人取货时则交付给UPS全部货款。UPS将另一半货款交付给发货人之前，产生了一个资金流动的时间差，即这部分资金在交付前有一个沉淀期。在资金的这个沉淀期内，UPS等于获得了一笔不用付息的资金。

UPS用这笔不用付息的资金从事贷款，而贷款对象仍为UPS的客户，或者限于与快递业务相关的主体。在这里，这笔资金不仅充当交换的支付功能，而且具有了资本与资本流动的含义，并且这种资本的流动是服务于供应链的。

（2）物流银行的服务性职能。物流银行可以帮助需要融资的企业（即借方企业），将其拥有的动产作为担保，向资金提供企业（即贷方企业）出质，同时，将质物转交给具有合法保管动产资格的中介公司（物流企业）进行保管，以获得贷方企业贷款，具体流程如图1.4所示。

动产及货权质押授信业务已覆盖钢铁、建材、石油、化工、家电等行业，授信额度和授信企业大增。这项业务已在全国范围内进行推广，其他一些商业银行也陆续开展了这项业务。

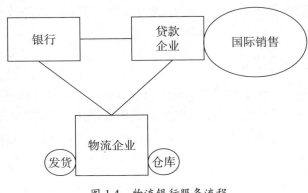

图1.4　物流银行服务流程

▶ 案例 ◀

"货权"质押撬动中小企业融资

谭先生是一家专门从事铝锭贸易的公司的总经理，由于资金和资产有限，而流动资金又大多被途中的货物所占用，业务始终没有做大。在一次与银行业务部的沟通会上，他提出能否用自己手中的待售货品和货权单证及产品销售合同等作为质押品，从银行获得授信。

没想到，没过多久深圳发展银行广州分行便将这一设想变成了现实，在5000万元的货权质押贷款帮助下，谭先生公司的销售收入从原来的500多万元做到了现在的6亿多元。

2. 增值性

当前，国际竞争日益加剧，如何才能在微利时代节约成本，实现利润最大化对企业的发展有非常大的现实意义。随着经济全球化的发展，物流已从原先的常规物流向倡导高附加值现代物流服务的阶段发展。物流金融的提出和发展为物流业和金融业带来了新的利润增长点。

例如，对于具有成熟销售网络和物流配运系统的大型制造企业，其经销商遍布全国。物流金融通过物流银行业务的标准化、规范化、信息化的服务，能给予企业经销商融资和资金结算业务支持，有效促进企业销售，拓展市场份额。

对于中型制造（商贸）企业，其业务正处于高速发展阶段，销售网络和物流配运系统尚未成熟，可借助物流银行业务帮助企业迅速建立销售、配运网络，为其提供集融资支持、资金结算、物流配送、仓储监管为一体的综合金融服务解决方案，使其迅速扩展经销网络。

对于小型商贸企业，其资产规模小，急需资金扩大销售，物流银行业务可以增加企业的流动资金，降低其营运成本，提高效率，扩大销售，提升竞争力。

对于批发商来说，希望扩大销售，降低仓储资金占用，物流银行业务则可以为他们解决库存资金占压问题，扩大销售。

3. 市场性

市场是提供资源流动和资源配置的场所。市场依靠价格信号，引领资源在不同部门之间流动并实现资源配置，一个好的市场可以实现社会资源的最佳配置。金融市场属于要素类市场，专门提供资本。企业在这个市场上进行资金融通，实现借贷资金的集中和分配，完成金融资源的配置过程。物流企业在金融市场上交易金融资产，最终实现社会实物资源的重新配置。

例如，物流金融中较为突出的物流银行业务是以市场畅销、价格波动幅度小、处于正常贸易流转状态且符合质押品要求的物流产品质押为授信条件，运用物流公司的物流信息管理系统，将银行资金流与企业的物流有机结合，向客户提供集融资、结算等多项银行服务于一体的银行综合服务业务。该业务通过银行、生产企业及经销商的资金流、物流、信息流的互补，突破了传统的地域限制，使厂家、经销商、下游用户和银行之间的资金流、物流与信息流在封闭流程中运作，迅速提高销售效率，降低经营成本，达到多方共赢的目的。

4. 时代导向性

（1）标准化。不仅所有物流产品的质量和包装标准都以国家标准和协议约定的标准由物流企业验收、看管，而且要求所有动产质押品都是按统一、规范的质押程序由第三方物流企业看管，避免由银行派人看管和授信客户自行看管的不规范行为，确保质押的有效性。

（2）信息化。所有质押品的监管都借助物流公司的物流信息管理系统进行，与该业务相关的银行管理人员，可以随时通过物流信息管理系统，检查质押品的品种、数量和价值。

（3）远程化。借助物流公司的服务网络及银行系统的资金清算网络，使得动产质押业务既可以在银行所在地区开展业务，也可以在异地开展业务，可保证资金的快捷汇划和质物的保管、运送。

5. 效率性

进入 21 世纪，现代物流提出了整合供应链与供应链一体化的思想，这是为了提高物流效率与服务质量，同时降低物流成本。物流金融业将此目标作为物流与金融结合的契机：一方面，物流和供应链管理能帮助解决融资的金融风险问题，克服"想贷怕贷"的困境；另一方面，金融机构多年风险管理的经验和金融衍生品可以帮助企业降低供应链风险，提高供应链效率。

一般情况下，产品经过装卸、储存、运输等各个环节到消费者手中的流通费用约占商品价格的50%，物流过程占用的时间约占整个生产过程的90%。并且，经销商库存积压和采购的在途资金也无法迅速回收，大大影响了企业生产、销售的运转效率。而物流金融将经济活动中所有供应、生产、销售、运输、库存及相关的信息流动等活动视为一个动态的系统总体，通过现代化的信息管理手段，对企业提供支持，从而使产品的供销环节最少、时间最短、费用最省。

6. 广泛性

物流金融的广泛性具体体现在以下几个方面。

（1）服务区域具有广泛性，凡有银行网点的区域和物流公司服务区域，都可以办理业务。

（2）物流金融涉及的物流品种具有广泛性，可以上溯到物流公司能够监管的所有物流品种，包括各类工业品和生活品等。

（3）物流金融服务客户对象具有广泛性，既可以是制造业，也可以是流通业；既可以是国有企业，也可以是民营企业和股份制企业；既可以是大型、中型企业，也可以是小型企业。只要这些企业拥有符合条件的物流产品，都可以开展该项业务。对于流动资金缺乏的厂商，物流金融服务可增加厂商流动资金；对于不缺乏流动资金的厂商，物流金融服务也可增加其经销商的流动资金；亦可二者有机结合，促进企业销售，增加利润。

1.2.2　物流金融的重要职能

现代金融对物流的服务职能包括业务保障、市场扩张和强化供应链。在金融对物流服务的过程中，正确区分服务对象及其金融需求，是实现金融服务职能、设计与推广融资产品的前提。大型物流公司需要的是套餐式服务，包括融资安排、融资项目顾问、资本运作顾问、投资中介、常年财务顾问、金融咨询、代客理财和电子商务等，小型物流公司对服务与产品的需求差异大。在仓单质押贷款中，要考虑相关人的利益，确定规范的融资程序，充分考虑融资的风险及其防范措施。

但这仅仅是物流金融的基本职能，它更重要的职能如下所述。

1. 促进国际贸易和国际分工

国际贸易也称通商，是指跨越国境的货品和服务交易，一般由进口贸易和出口贸易所组成，因此也可称之为进出口贸易。国际贸易也叫世界贸易。国际贸易可以调节国内生产要素的利用率，改善国际的供求关系，调整经济结构，增加财政收入等。国际分工是社会分工跨越民族、国家界限而形成的国与国之间的分工，是社会分工发展到一定历史阶段的产物。

商品交换的利益是物流和贸易的根本目的，物流金融的发展提高了物流和贸易的效率，从而促进了国际贸易和国际分工。因为资源的区域性和稀缺性，导致地区与地区之间的生产出现差异化，这种差异化突破了国家边界，使得国际分工成为必然。物流金融以其庞大和便捷的银行间结算网络，缩小了资源流动的时间距离和空间距离，在货币收付和结算上大大提高了国际贸易效率，并且物流金融越发展，社会分工越细化。随着地区之间的交往日益增多，特别是国际交往频度的显著增加，国际分工也随之逐渐深化，国与国之间的货币收付也越来越频繁。对外往来使各国利用外资、引进先进技术及对外贸易等涉外经济关系得到了飞速发展。

2. 平衡各地区经济发展

物流和物流金融不仅是解决商品交换的问题，它还与各地区经济要素，如产业部门结构、产业组织结构、科学技术、生产力发展水平及各种资源等息息相关。物流和物流金融对世界经济的促进作用体现在可使世界的总体生产规模不断扩大，产量增多，生产费用降低，节约社会劳动，提高劳动生产率，从而获得超额利润，实现超额价值。物流和物流金融把世界上生产发展水平差异较大的发达国家和发展中国家相互联系起来，使生产和经济活动在一定程度上具有世界性，使各国生产要素优势在较大范围内充分发挥出来，避免了封闭条件下生产的局限性，使世界范围内生产要素的使用率大大提高。

由于生产要素分布状况的不同、科学技术和生产力发展水平差异等因素的影响，各国（地区）的生产存在着较大的差异，某些资源、产品总会出现空缺或供应不足的情况。例如，资源贫乏的国家缺乏经济发展所需的原材料，技术落后的国家又不能生产高精尖产品。同时，世界各国（地区）大多有某些产品过剩的情况，这种资源的区位不均衡又在一定程度上制约了当地经济的发展。通过物流和物流金融可以获得本国或本地区发展所需的原材料或资金，使国民生产的领域全面化和完善化，扩大生产的广度，开拓更多的生产领域，物流金融的目的是使全球生产要素的价格趋于一致。

3. 构建物流企业融资平台

物流金融是金融机构专门针对物流行业的金融服务，其目的是提高物流效率，实现供应链的价值增值。

金融机构通过分析与其合作的物流企业的业务往来情况，对这些物流企业进行信用评级。信用评级是金融机构对客户进行管理的关键参考系数，通过信用评级金融机构可以将其客户进行分类，以保证信贷资金的安全。同时，金融机构通过分享这些信用评级信息，其结果是信用级别高、运转良好的物流企业可更便捷地获得融资，而信用级别差的物流企业很难获得融资，甚至会被市场淘汰，从而使物流进入一个良性循环的状态。

4. 强化供应链整合

物流金融、供应链金融是推进供应链整合，提高整个供应链资金使用效率的重要措施，对提高供应链的竞争能力具有很大的作用。在国际上，不管是作为供应链的核心企业的大型制造企业，还是承担供应链整体物流业务的大型物流企业，承担供应链资金流服务的金融企业都积极参与物流金融活动。

例如，马士基集团、UPS 公司都是物流金融活动的参与者，物流金融已经成为这两家超大型公司主要的利润来源。在金融业界，法国巴黎银行、荷兰万贝银行等对大宗商品提供融资服务，并提供以销售收入支付采购货款等服务。

5. 调剂国内外市场供求关系

调剂国内外市场供求关系，促进价格稳定，完善需求链管理。

（1）物流金融中融通仓业务提供的一体化服务，可以解决质押贷款业务的外部条件瓶颈。在质押业务中，融通仓根据质押人与金融机构签订的质押贷款合同及三方签订的仓储协议约定，根据质押物寄存地点的不同，对客户企业提供以下两种类型的服务。

① 对寄存在融通仓储中心的质物提供仓储管理和监管服务。

② 对寄存在质押人经金融机构确认的其他仓库中的质物提供监管服务，必要时才提供仓储管理服务。

借助融通仓的参与，针对中小企业的动产质押贷款业务的可操作性极大增强。在中小企业的生产经营活动中，原材料采购与产成品销售普遍存在批量性和季节性特征，这类物资的库存往往占用了大量宝贵资金。融通仓借助其良好的仓储、配送和商贸条件，吸引辐射区域内的中小企业将其作为其第三方仓储中心，并帮助企业以存放于融通仓的动产获得金融机构的质押贷款融资。融通仓不仅为金融机构提供了可信赖的质物监管，还帮助质押贷款主体双方解决了质物价值评估、拍卖等难题，并有效融入中小企业产销供应链，提供良好的第三方物流服务。同时，融通仓也将商贸平台作为发展目标之一，借助"前店后仓"的运作模式，成为聚集区域内众多中小企业的采购与销售平台。

（2）物流金融整合实现信用整合与信用再造。一方面，作为企业需要将沉淀的存货资金盘活，作为金融机构的银行考虑的是如何控制风险，那么就需要了解抵押物、质物的规格、型号、质量、原价和净值、销售区域、承销商等，要查看权利凭证原件，辨别真伪。这些工作超出了金融机构的业务范围，这时金融机构便离不开物流企业的帮助。另一方面，融通仓作为联结中小企业与金融机构的综合性服务平台，具有整合和再造会员企业信用的重要功能。融通仓与金融机构不断巩固和加强合作关系，依托融通仓设立中小企业信用担保体系，金融机构授予融通仓相当的信贷额度，便于金融机构、融通仓和企业更加灵活地开展质押贷款业务。充分发挥融通仓对中小企业信用的整合和再造功能，可帮助中小企业更好地解决融资问题。

1.2.3 物流金融的职能

物流金融在企业经营过程中的三大职能分别是物流融资职能、物流结算职能和物流保险职能。三大职能的正常运作,促进了现代物流业的发展。

1. 物流融资职能

物流融资职能体现在物流的整个流程中,包括采购、生产、加工、仓储、运输、配送。由于物流业务地理范围广阔,需要巨大的基础设施投资,单个企业难以形成规模经济,必然需要银行、资本市场、政府财政的大量资金支持。例如,1993年,美国的商业物流投入是6700亿美元,相当于美国当年GDP的10%。高资金的投入促进了美国物流业的发展,物流业的发展又极大地刺激了美国经济。

2. 物流结算职能

物流结算职能主要涉及以下几个方面。

（1）订单处理与配送跟进：负责根据客户订单信息与仓库沟通,确保货物配送及发货进度得到及时跟进。这包括与仓库协调以确保货物按时发出,并对已发出的货物进行账务处理,定期向财务汇报工作进展。

（2）款项支付与对账：处理物流订单的款项支付、对账和收款工作。这包括与物流公司沟通确认单证的有效性,整理物流单据并及时提交给财务部门审核,配合完成应收账款的催收工作,并及时做好应收账款的统计汇总工作。

（3）对账差异处理：负责向客户提供结算对账单,协调及处理客户的对账差异。这涉及跟进货款回款情况,配合销售提供客户逾期原因及输出客户风险信息。

（4）流程优化与改进：负责区域仓配业务的结算、核算过程中问题的分析及改进。这包括监控及预防资金风险,及时进行预警输出,以及负责仓配结算、核算流程的梳理及优化。

（5）账务处理与记录：与供应商进行对账、发票审核、结算,负责应付、应收账款的账务处理及与ERP的核对。此外,还包括发票认证、装订和归档保管等工作。

（6）数据收集与分析：对部门的数据进行实时收集、更新、汇总,并汇报至上级。这确保上级及时了解部门最新的各项业务数据,根据部门考核指标,跟踪、反馈部门的各项异常数据,从而减少部门异常,降低操作差错率。

综上所述,物流结算职能涵盖了从订单处理、款项支付到账务处理、数据分析等多个方面,确保物流业务的财务流程高效、准确地进行。

3. 物流保险职能

物流业的责任风险伴随业务的全程,物流保险作为物流金融的重要组成部分,提供一个涵盖物流链条各个环节的完整的保险解决方案,帮助物流公司防范风险。

针对这个具有巨大潜力的市场,保险公司应整合相关险种,为物流企业量身设计各种新的保险组合产品,如物流综合责任保险,使保险对象可以扩大到物流产业任何一个环节,如物流公司、货运代理公司、运输公司、承运人、转运场码头和车站等。

物流公司的责任较传统的运输承运人大得多,服务的内涵和外延远比运输服务要广,并且不同的服务受不同的法律制约。但是国际国内都还没有关于物流服务的专门法律,因此,物流保险作为针对物流企业定制和设计的金融产品,能较大地简化物流业的复杂环境,为物流业的拓展提供保障。

1.2.4 我国物流金融业务存在的问题

目前,物流企业和金融机构都把物流金融业务当成新的利润增长点和今后的主要发展方向,服务模式不断创新,融资产品不断升级,但总体说来,我国的物流金融服务程度还不高,物流金融业务还处在初级发展阶段,主要存在着以下几个方面的问题。

(1)相关法律法规不完善。目前我国还未出台专门针对物流金融的法律法规,这就使我国开展物流金融业务时出现操作不规范问题,容易引起法律纠纷。目前仓单质押等物流金融业务的开展只能参考《中华人民共和国民法典》等法律法规的相关规定,而这些法律法规中物流相关的条款并不完善。

(2)信息管理水平和技术手段比较落后。目前我国的公共物流信息服务功能还不健全,信息还无法完全共享,制约了物流金融服务的运行效率和服务质量的提高。当前多数商业银行仍未建立起全面、完善的中小企业信息库,还未制定出合理有效的中小企业信用评价指标体系和企业融资准入标准,这些都使物流金融业务在执行时还面临许多操作上的困难。

(3)物流企业整体经营管理水平不高。只有具备一定条件的专业物流企业才能作为公平、公正的第三方介入物流金融业务,成为银行和融资企业之间的安全屏障。我国物流企业准入门槛低,缺乏统一管理,距离现代物流的要求还有一定差距。我国的物流企业大多数为百人以下的小型运输仓储公司,仅有极少数规模在500人以上。受限于规模、资本等多种因素,经营方面很难实现规模经济。大多数物流企业在信息管理水平、经营管理制度、员工素质等各方面难以达到物流金融的要求,这在很大程度上限制了物流金融的发展。

(4)物流金融的风险管理体系不健全。物流金融业务开展以后引起的资金流动,涉及管理体制、运行效率、信息安全等一系列问题,因而存在运营风险、市场风险、安全风险和信用风险等各种风险。例如,出质企业为了更多地获得贷款,刻意虚报、高报质押物的价值,而物流企业由于自身能力的原因对质押物的真正价值难以判断,也不能准确预测其价格变动趋势,或者因轻信出质企业导致评估结果失真,这成为仓单质押业务的核心风险。物流企业和金融机构对于物流金融这一新兴的业务领域经验不足,风险预警系统和防范体系还不健全。

1.2.5 物流金融的发展战略构架

建立和谐的物流金融需要多方面的配合,除了要有政府政策的支持、相关法律制度的保障外，还需要物流和金融从业者的开拓创新，将金融服务的内容融入物流工作，在物流工作领域创新金融工具。

1. 物流金融与物流集成式的创新服务

物流金融在微观经济结构中的功能突出表现为物流金融服务，特别是在供应链中第三方物流企业提供的一种金融与物流集成式的创新服务，其主要服务内容包括物流、流通加工、融资、评估、监管、资产处理、金融咨询等。

2. 加强金融机构和物流企业的合作

物流企业应与金融机构建立长期互信的合作关系。物流企业对资金有需求，金融机构可对符合要求的物流企业统一授信，再由物流企业根据客户的需求和条件进行质押贷款和最终结算。

3. 加强物流保险，使物流企业轻装上阵

现代物流业的服务领域已远远超越了传统运输仓储的范畴，向集运、存货管理、分拨服务、加贴商标、订单实现、属地交货、分类包装等多领域发展。各种无法预测的自然灾害、意外事故或任何一个环节经营管理的疏忽，都有可能造成物流企业的重大损失，因此迫切要求配套的保险服务予以支持，分担经营过程中的风险。

4. 通过资本市场，壮大物流企业

物流企业发展到一定规模，急需物流网络的再扩张，而这需要强大的资金支持，同时随着企业的不断扩张，传统管理模式不再适合企业的发展。此时，谋求上市可谓一条出路。如果上市成功，企业处于严格的监管之下，管理水平要与国际接轨，这对于谋求上市的物流企业既是压力也是动力；同时，通过上市募集到的大量资金，对于企业扩张网络、增强实力、增强竞争力也是一种推动。

中华人民共和国国家发展和改革委员会、中华人民共和国商务部等九部委于2004年8月联合制定的《关于促进我国现代物流业发展的意见》中指出，要支持鼓励资产质量好、经营管理好、具有成长潜力的物流企业上市。在国家政策鼓励的大环境中，大中型物流企业应加强自身资本运营能力，通过创业板上市、买壳上市等多种方式实现境外上市。

5. 提高整个供应链资金使用效率

物流金融是推进现代物流业整合、支持和提高整个供应链资金使用效率的重要措施，通过与银行合作，监管客户在银行质押贷款的商品，增加配套功能，增加附加值，提升了企业综合价值和竞争力。第一，发挥物流融资功能。第二，可以降低企业原材料、半成品和产品的资金占用率，提高企业资金利用率，实现资金优化配置，提高企业一体化服务水平。第三，为物流企业提供资金结算服务。这类服务可以提高资金使用率，实现服务增值；目前最普遍的是开办仓单质押、保兑仓、担保、垫资业务。

6. 开辟新的业务增长点

物流金融为金融业开辟了新的业务增长点，成为拓宽服务领域的重要渠道。

第一，物流企业作为第三方可为金融机构的质押贷款业务提供库存商品充分的信息和可靠的物资监管，降低了信息不对称带来的风险，促使金融机构扩大贷款规模，使银行有可能对中小企业发放频度高、数额小的贷款，协助金融机构处置部分不良资产，提升质物评估服务。

第二，物流金融为创新的金融产品提供了销售的平台，如仓单质押、融通仓、保兑仓等业务。

第三，物流金融的发展为银行完善现代结算支付工具，提高中间业务收入创造了机会，如物流业一般采用信用证、网上支付、银行托收、汇票承兑等结算工具，势必增加银行资金结算、资金查询、票据承兑等中间业务的服务机会。

第四，在发展物流金融的同时，也为银行扩大和稳固客户群，尤其是培育了金融业优质的客户。

第五，物流金融可提供银行理财服务。物流网络在业务运营过程中会产生大量稳定的现金流，产生派生存款，银行可以利用自身的资金管理优势，为物流企业提供高效的理财服务。这一切都将成为金融业务创新不可忽视的盈利源。

物流金融是物流和金融在理论与实践两个层面上相结合的产物，属于一种创新的金融产品，它为金融业提供了新的销售平台。物流业的壮大发展，给金融业创造了新的业务拓展空间，物流企业也成为金融机构的理财对象。

对于物流业而言，物流金融既满足了企业经营发展的需要，又有利于控制信贷风险，同时物流公司也借此扩大了业务范围和业务量。

1.2.6 常见的物流金融运作模式

从物流活动的全过程来看，企业物品和资金的流动按采购、生产、销售可依次体现为预付、库存和应收三个阶段，相应地，现行各种类型的物流金融产品也可对应在"预付""存货""应收"三个环节上。或者，也可能是不同环节的组合，如供应链金融，就是上游采购、加工生产、下游销售3个环节的组合（图1.5）。

（1）保兑仓模式是指由上游供货商根据银行指令直接发货给借款人企业并承担未售出货物差额连带清偿责任（回购义务）的业务操作模式。

（2）仓储监管模式是指由上游供货商直接发货到银行指定的仓储监管企业或目的地，转化为银行质物的业务操作模式。

保兑仓模式和仓储监管模式同属于未来提货权融资业务的两种模式，都是以控制（借款人）向供货商购买的有关商品的未来提货权为手段，银行向购货商提供融资，用于支付供货商货款，由供货商根据约定按银行指令进行发货。

（3）静态质押，即客户将存货交由银行认可的监管企业监管，监管企业向银行出具质押专用仓单或质物清单，银行据此提供融资。在这种模式中，未经银行同意，客户不能提取或置换货物。

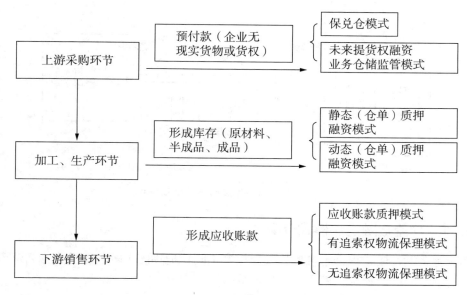

图 1.5 内部信用增级的物流金融模式

（4）动态质押，即银行确定质物种类、数量、价值的最低要求，并办理质押融资，超出的部分客户可自由存入或提取。在这种模式中，监管机构负责对客户在质押期间自由存入或提取的货物是否符合银行最低要求进行审查，从而确保质物价值始终不低于银行确定额度。

（5）应收账款质押是指以应收账款为标的的权利质押。应收账款是指权利人因提供一定的货物、服务或设施而获得的要求义务人付款的权利，包括现有的和未来的金钱债权及其产生的收益，但不包括因票据或其他有价证券而产生的付款请求权。

（6）有追索权物流保理模式是指卖方将符合银行或保理商规定且经银行或保理商认可的应收账款债权转让给银行或保理商，如果应收账款债权不能如期、足额回收，将由卖方负责等额回购，银行或保理商拥有对卖方的追索权。其具体的服务内容包括：贸易融资、应收账款管理和催收等服务。

（7）无追索权物流保理模式是指卖方将符合银行或保理商规定且经银行或保理商认可的应收账款债权转让给银行或保理商，如买方因信用问题而到期不付款时，银行或保理商在保理协议约定的范围内对卖方承担担保付款的责任或免除对卖方的追索权。其具体的服务内容包括：贸易融资、坏账担保、应收账款管理和催收等。在无追索权保理业务范围内，根据双方签订的保理协议，银行或保理商只对受核准的应收账款提供贸易融资服务，并且向卖方提供坏账担保的金额不超过实际贸易融资的金额。

此外，基于物流与资金流统一的供应链管理的理念，外部信用增级的物流金融模式还有：担保公司模式、替代采购模式、统一授信模式和 UPS 模式，如图 1.6 所示。

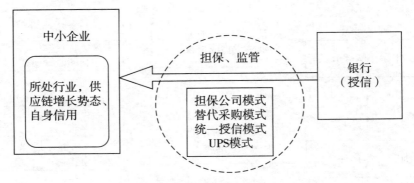

图 1.6 外部信用增级的物流金融模式

1.2.7 物流金融运作模式分类

物流金融运作模式根据金融机构参与程度不同,把物流金融运作模式分为资产流通模式、资本流通模式和综合模式。

1. 资产流通模式

资产流通模式是指第三方物流企业利用自身综合实力、良好的信誉,通过资产经营方式,间接为客户提供融资、物流、流通加工等集成服务。物流公司代替借款企业向供应商采购货品并获得货品所有权,然后根据借款企业提交保证金的比例释放货品。物流企业与供应商合作,以信用证方式向供应商支付货款,间接向采购商融资;供应商把货物送至融通仓的监管仓库,融通仓控制货物的所有权;根据保证金比例,按指令把货物转移给采购商。

2. 资本流通模式

资本流通模式是指物流金融提供商利用自身与金融机构良好合作关系,为客户与金融机构创造良好合作平台,协助中小型企业向金融机构进行融资,提高企业运作效率。可以开展仓单质押融资、买方信贷、授信融资、反向担保等业务。

3. 综合模式

综合模式是资产流通模式和资本流通模式的结合,是物流金融高层次的运作模式,其对物流金融提供商有较高要求。

4. 上、中、下游产业链的物流金融运作模式

(1) 上游采购环节。制造商从上游合作伙伴处采购原材料、半成品并支付预付款,此时制造商无现实货物或货权,以未来的提货权融资的仓储监管模式的典型代表是保兑仓。保兑仓业务操作流程为:制造商、经销商、物流企业、银行四方签署保兑仓业务合作协议书,经销商根据与制造商签订的《购销合同》向银行交纳一定比例的保证金,申请开立银行承兑汇票,专项用于向制造商支付货款,由物流供应商提供承兑担保,经销商以货物对物流供应商进行反担保。物流供应商根据所掌握的货物销售情况和库存情况按比例决定承保金额,并收取监管费用。我国的超大型物流企业大多设有自己的物流配送中心，有大量的固定资产作为企业诚信的保证，但是物流金融业务的推动仅仅以少数超大型或大型国有物流企业是不够的，大多数中小企业不能在银行取得相应的授信，而中小企业才是这一业务的真正主力军。对于中小企业的销售、库存周转、零售商销量等情况，中小物流企业无法做到全面了解，这就要求担保公司发挥作用，担保公司与物流企业合作，利用担保公司在银行良好的信誉和授信以及物流企业的监管、运输职能，为中小企业提供融资服务，而这也是解决这一问题的有效手段。

（2）加工、生产环节。在此环节企业采购货物形成库存，以库存产品为质押物的融资模式主要是仓单质押融资模式。仓单质押是物流金融的主要模式之一，是以仓单为标的物而成立的一种质权，分为质押担保融资和信用担保融资两种形式。其中信用担保融资是对质押担保融资进一步的深化和改进。在传统的信用担保融资模式中，银行根据第三方物流企业的规模、经营业绩、运营现状、资产负债比例及信用程度，授予第三方物流企业一定的信贷配额，第三方物流企业又根据与其长期合作企业的信用状况配置其信贷配额，为生产经营企业提供信用担保，并以受保企业存放在其融通仓内的货物提供给担保公司作为质押品确保其信用担保的安全，在发生意外使企业不能及时还贷时，担保公司可以代为处理资产。虽然物流金融中的信用担保融资可以有效解决企业融资困难的问题，帮助企业得到贷款用于经营，加快资本周转速度，提高企业利润率，但是传统的信用担保融资模式仍有诸多需要改善的地方。在传统的信用担保融资模式中贷款风险没有得到有效处理，而这恰恰是融资活动中银行最为关注的问题。银行为控制风险，必须充分了解质押物，但这些超出了银行的日常业务范畴和专业能力范畴，银行和贷款企业之间存在着信息不对称的问题，当然第三方物流企业有银行授信是为银行所信任的，但是由于缺乏监管机制和机构，在实际经营中难免会有第三方物流企业与贷款方合谋的情况出现，从而加大了银行贷款的风险。因此，需要第三方"监督"机构——担保公司分担银行职能，化解银行风险，帮助银行分析贷款企业情况，同时监督第三方物流企业是否行使对监管物的监管、保存和出现偿贷后的监管物处理等义务。

（3）下游销售环节。在下游销售环节，企业销售产品形成应收账款，针对"应收账款"信用需求的解决方案，是通过担保公司或其他金融服务商质押或买断应收账款的方式来控制风险，需要对应收账款的质量和变现性进行重点把握。企业用于向银行做抵押的不动产及动产主要有应收账款质押、有追索权物流保理和无追索权物流保理等三种模式，全社会的信用体系越发达、完善，银行便会越重视企业无形资产的价值。从我国目前的状况来看，无论上述哪种模式要得到银行的资产认可都很困难，尤其是对于企业的动产和无形资产。在企业内部信用增级困难的前提下企业要取得充足的流动资金融资就要寻求企业外部信用增级途径，这与担保公司的业务发展不谋而合，担保公司利用其在银行良好的信誉和充足的实力，结合对企业资信评估和其他风险控制措施，为企业向银行提供信用增级服务。相信随着物流金融的进一步发展这一模式必定有广阔的发展前景。

5. 物流金融运作创新模式

对于物流金融模式的创新，主要体现在物流企业的参与程度、物流金融业务的类型等方面。首先，根据物流企业参与程度的不同，归结起来有三种基本发展模式：中介模式、担保模式和自营模式。中介模式是物流金融发展的初级阶段，主要依赖物流金融参与主体之间的业务联系和契约纽带，形成信贷人、物流企业和借款人的三方契约模式。担保模式是以统一授信为基础的一种物流金融业务模式，由信贷人统一授信给物流企业，物流企业承诺按约定利率支付给信贷人利息。自营模式是对于实力雄厚的第三方物流企业，随着物流企业在融资过程中参与程度的不断深入，集信用贷款的提供者和物流金融服务的提供者两种角色于一身，开创物流金融融资的自营模式。自营模式是物流金融高层次的运作模式，其对物流金融提供商有较高要求，例如，物流金融提供商应具有自己全资、控股或参股的金融机构。此外，按照物流金融业务的类型可以分为：物流结算模式、物流仓单模式和物流授信模式。而综合运作模式包括了以上三种物流金融模式，是物流金融的高级运作模式，其对物流金融服务提供商有较高要求。

1.3 物流金融业务分类与基本运作

随着对信贷金融服务需求的增加，物流运营中物流与资金流的衔接问题日益凸显。结算类及中间业务是由于现代物流业资金流量大，特别是现代物流的布点多元化、网络化的发展趋势要求银行能够为其提供更高效、快捷和安全的资金结算网络及安装企业银行系统，以保证物流、信息流和资金流的统一。

1.3.1 物流金融业务的分类

物流金融业务的客户主要是企业，尤其是中小企业，这些企业的物流金融服务需要可以分为以下 6 类。

（1）资金划转、支付需要，如活期存款账户、ATM、付款卡等。
（2）资金收益的需要，如储蓄账户、单位信托、债券等。
（3）延期付款或提前消费的需要，如贷款、信用卡、抵押贷款等。
（4）风险管理的需要，如保险。
（5）信息需要，如产品信息、股价信息等。
（6）对咨询或专长的需要，如税务计划、投资计划、IPO 建议、并购建议等。

提供物流金融服务的组织，要集中力量开发可以满足客户需要的产品和服务，理解客户的需要与偏好，寻找使其产品服务更富吸引力并说服客户购买的有效方法。

随着现代金融和现代物流的不断发展，物流金融的形式也越来越多，按照金融在现代物流中的业务内容，物流金融分为物流结算金融、物流仓单金融、物流授信金融。

1. 物流结算金融

物流结算金融是指利用各种结算方式为物流企业及其客户融资的金融活动，主要有代收货款、垫付货款、承兑汇票等业务形式。物流结算金融模式先在国际结算中的应用，采用了国际货物运输金融服务的标准规范，并逐步在国内使用。特别是加入世界贸易组织后中国的物流业对外开放，由于贸易壁垒的减少将推动进出口贸易的迅速增长，一些跨国物流公司也加入国内物流业的竞争，使本土的物流业向国际看齐。物流金融结算流程如图 1.7 所示。

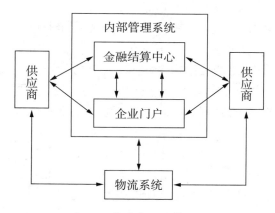

图 1.7 物流金融结算流程

这些带有国际金融性质的物流金融服务产品，比单一的物流金融信贷有了长足的发展，它除了带有国际金融、国际贸易结算的痕迹外，还借鉴了国际保险与金融证券业务的功能特征，为今天的物流金融业务向规范化、国际化迈进奠定了基础。物流金融业务扩展方向与特征还表现在其个性化服务的方面，针对不同规模的物流企业，物流金融业务可采用不同的平台实现其扩展功能。例如，网上银行的 BtoB（Business to Business）业务主要适用于中小型规模的物流企业。

【1-6 拓展知识】

2. 物流仓单金融

物流仓单金融主要是指融通仓融资，其基本原理是生产经营企业先以其采购的原材料或产成品作为质押物或反担保品存入融通仓并据此获得协作银行的贷款，然后在其后续生产经营过程中和质押产品销售过程中分阶段还款。第三方物流企业提供质押物品的保管、价值评估、去向监管、信用担保等服务，从而架起银企间资金融通的桥梁。其实质就是将银行不太愿意接受的动产如原材料、产成品转变成其乐意接受的动产质押产品，以此作为质押担保品或反担保品进行信贷融资。从盈利的角度来看，生产经营企业可以通过原材料产成品等流动资产实现融资。银行可以拓展流动资产贷款业务，既减少了存贷差产生的费用，也增加了贷款的利息收入。

第三方物流企业的收益来自两个方面：第一，存放与管理货物向生产经营企业收取费用；第二，为生产经营企业和银行提供价值评估与质押监管中介服务收取一定比例的费用。

另外，随着现代物流和金融的发展，物流仓单金融也在不断创新，出现了多物流中心仓单模式和反向担保模式等新仓单金融模式。多物流中心仓单模式是在仓单模式的基础上，对地理位置的一种拓展：第三方物流企业根据客户不同，整合社会仓库资源甚至是客户自身的仓库，就近进行质押监管，极大降低了客户的质押成本。反向担保模式对质押主体进行了拓展：不是直接以流动资产交付银行作抵押物而是由物流企业控制质物，这样极大地简化了程序，提高了灵活性，降低了交易成本。

3. 物流授信金融

物流授信金融是指金融机构根据物流企业的规模、经营业绩、运营现状、资产负债比例及信用程度，授予物流企业一定的信贷额度，物流企业直接利用这些信贷额度向相关企业提供灵活的质押贷款业务，由物流企业直接监控质押贷款业务的全过程，金融机构则基本上不参与该质押贷款项目的具体运作。该模式可使企业更加便捷地获得融资，减少原先质押贷款中一些烦琐的环节；也有利于银行提高对质押贷款全过程的监控能力，更加灵活地开展质押贷款服务，优化其质押贷款的业务流程和工作环节，降低贷款风险。

从盈利的角度来看，授信金融模式和仓单金融模式的各方收益基本相似，但是由于银行不参与质押贷款项目的具体运作，质押贷款由物流企业发放，此程序更加简单，形式更加灵活。同时，也大大节省了银行与相关企业的交易费用。

1.3.2 物流金融业务的基本运作模式

物流金融将上下游企业和银行紧密地联系在一起，银行能够在一定程度上规避风险，企业也能够做到信息流、物流、资金流的整合，加速了物流和资金流的高速运转。

这里，简单介绍物流金融业务常见的基本运作模式，具体运营模式与业务流程将在后面其他章节中做详细的论述。

1. 垫付货款业务

垫付货款业务模式，是在货物运输过程中，发货方将货权转移给银行，银行根据市场情况按一定比例提供融资，当提货方向银行偿还货款后，银行向第三方物流企业发出放货指示，将货权还给提货方，具体模式如图1.8所示。

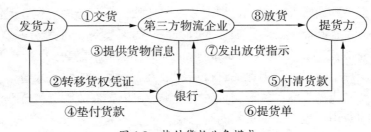

图1.8 垫付货款业务模式

2. 代收货款业务

第三方物流企业在将货物送至提货方后,代发货方收取货款,并在一定时间内将货款返还发货方。第三方物流企业收取货款后,由于时空、技术条件等限制,一般会滞后一段时间向发货方返款,随着收款付款业务的开展,在一定的时间内就会积淀下相当规模的资金,不仅方便了客户,而且也大大改善了企业的现金流。代收货款模式常见于 BtoC(Business to Customer)业务,并且在邮政物流系统和很多中小型第三方物流企业中广泛开展。

3. 仓单质押业务

关于仓单质押模式的说明。融通仓不仅为金融机构提供了可信赖的质物监管,还帮助质押贷款双方解决了质物价值评估、拍卖等难题。在实际操作中,货主(借款人)一次或多次向银行还贷,银行根据货主还贷情况向货主提供提货单,融通仓根据银行的发货指令向货主交货,具体模式如图1.9所示。

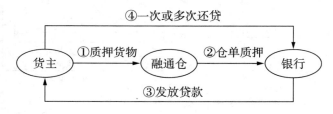

图 1.9 仓单质押业务模式

由于仓单质押业务涉及仓储企业、货主和银行三方的利益,因此要有一套严谨、完善的操作程序。

首先货主与银行签订《银企合作协议》《账户监管协议》;仓储企业、货主和银行签订《仓储协议》;同时仓储企业与银行签订《不可撤销的协助行使质押权保证书》。

货主按照约定数量送货到指定的仓库,仓储企业接到通知后,经验货确认后开立专用仓单;货主当场对专用仓单作质押背书,由仓库签章后,货主交付银行提出仓单质押贷款申请。

银行审核后,签署贷款合同和仓单质押合同,按照仓单价值的一定比例放款至货主在银行开立的监管账户。

贷款期内实现正常销售时,货款全额划入监管账户,银行按约定根据到账金额开具分提单给货主,仓库按约定要求核实后发货;贷款到期归还后,余款可由货主自行支配。

4. 保兑仓业务

保兑仓是指以银行信用为载体,以银行承兑汇票为结算工具,由银行控制货权,卖方(或仓储方)受托保管货物,由卖方对承兑汇票保证金以外金额部分以货物回购作为担保措施,由银行向生产商(卖方)及其经销商(买方)提供的以银行承兑汇票结算的一种金融服务。

通俗一点讲，企业向合作银行交纳一定的保证金后开出承兑汇票，且由合作银行承兑，收款人为企业的上游生产商，生产商在收到银行承兑汇票前开始向物流公司或仓储公司的仓库发货，货到仓库后转为仓单质押，若融资企业无法到期偿还银行贷款，则上游生产商负责回购质押货物。

制造商、经销商、第三方物流供应商、银行四方签署保兑仓业务合作协议书，经销商根据与制造商签订的购销合同向银行交纳一定比例的保证金，该款项应不少于经销商计划向制造商此次提货的价款，申请银行承兑汇票，专项用于向制造商支付货款，由第三方物流供应商提供承兑担保，经销商以货物对第三方物流供应商进行反担保。银行给制造商开出承兑汇票后，制造商向保兑仓交货，此时转为仓单质押，具体模式如图1.10所示。

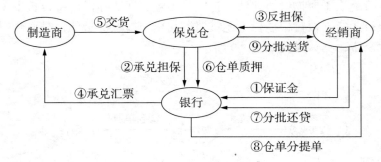

图 1.10 保兑仓业务模式

5. 动产质押业务

动产质押是指债务人或者第三人将其动产移交债权人占有，将该动产作为债权的担保。债务人不履行债务时，债权人有权依照契约或合同规定以该动产折价或以拍卖、变卖该动产的价款优先受偿。前款规定的债务人或者第三人为出质人，债权人为质权人，移交的动产为质物，出质人以银行认可的动产作为质押担保，银行给予融资，如图1.11所示。

动产质押业务可分为逐笔控制和总量控制两类。

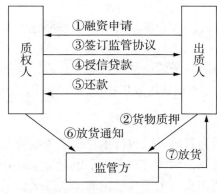

图 1.11 动产质押与监管流程

6. 开证监管业务

开证监管是指银行为进口商开具立信,进口商利用信用证向国外的生产商或出口商购买货物,进口商会向银行交纳一定比例的保证金,其余部分则以进口货物的货权提供质押担保,货物的承运、监管及保管作业由物流企业完成。

7. 物流保理业务

物流保理业务是保理市场迅速发展的产物,客户在其产品置于第三方物流企业监管之下的同时,就能凭提单获得物流企业预付的货款,货物运输和保理业务的办理同时进行。该业务是物流企业联合金融机构为其他中小企业提供的融资服务。从保理业务的服务内容来说,物流保理业务与银行保理业务无本质不同,但是其经营的主体由银行变为了第三方物流企业,使物流和金融流的联系更为紧密。

与金融机构相比,第三方物流企业对客户的供应链管理、买卖双方的经营状况和资信程度都有相当深入的了解,在进行信用评估时不仅手续更为简捷方便,风险也能够得到有效控制。金融机构保理业务的主要风险来自买卖双方的合谋性欺骗,一旦金融机构在信用评估时出现失误,就很可能财货两空,而在物流保理业务中,由于货物尚在物流企业控制之下,可以降低这一风险。

即使第三方物流企业因未收到货款而将货物扣压,由于对该货物市场有相当的了解,与该行业内部的供应商和销售商具有广泛的联系,在货物变现时能够享受到诸多的便利,使货物得到最大程度的保值。

8. 直接融资业务

在第三方物流企业的物流业务流程中,当第三方物流企业为发货人承运一批货物时,第三方物流企业首先代提货人预付一半货款,当提货人取货时则交付给第三方物流企业全部货款。第三方物流企业将另一半货款交付给发货人之前,产生了一个资金流动的时间差,即这部分资金在交付前有一个沉淀期。在资金沉淀期内,第三方物流企业等于获得了一笔不用付息的资金。第三方物流企业用该资金从事贷款,而贷款对象仍为第三方物流企业的客户或者限于与物流业务相关的客户。在这里,这笔资金不仅充当交换的支付功能,而且具有了资本与资本运动的意义,而且这种资本的运动是服务于物流的。这不仅加快了客户的流动资金周转,有助于改善客户的财务状况,而且为客户节约了存货持有成本。

本章小结

通过本章的学习,能够从全新的视角了解现代物流发展中的前沿问题,对物流金融有一个较为全面的、宏观的认识和理解。本章全面介绍了物流金融发展现状、发展趋势,物流金融概念与基本功能及技术分类。通过对我国物流发展过程中存在的主要问题进行分析,了解国内外发展现状及相关产业链运作模式等方面的内容。通过学习物流金融相关知识,重点论述了物流金融的基本功能及业务分类,树立了现代物流金融的理念。

关键概念

物流金融　物流结算金融　代收货款业务　垫付货款业务　承兑汇票　物流仓单金融　物流授信金融　动产质押　开证监管　物流保理

讨论与思考

1. 简述物流与金融的联系和区别。
2. 简述物流金融的作用和特点。
3. 简述物流金融的主要运作模式。
4. 举例说明物流金融的职能。
5. 简述物流金融如何推动第三方物流的发展。

第 2 章 物流银行与物流金融服务管理

【学习目标】

1. 掌握物流银行的基本概念;
2. 了解物流银行的本质和特点;
3. 熟悉物流银行的基本运作模式;
4. 理解商业银行发展物流金融的基本思路和基本方法;
5. 了解融通仓创新模式的体系框架;
6. 掌握融资业务的主要模式、基本术语和基础理论。

【教学要求】

知识要点	能力要求	相关知识
物流银行	(1) 掌握物流银行的基本概念、特点、基础理论 (2) 了解物流银行的体系框架 (3) 熟悉物流银行的基本运作模式	(1) 相关概念 (2) 相关理论 (3) 物流金融与金融物流
融资物流业务	(1) 了解相关运作模式的主要内容 (2) 掌握基本知识点 (3) 掌握保兑仓业务 (4) 掌握海陆仓业务 (5) 掌握池融资业务	(1) 标准仓单质押业务模式 (2) 管理系统运行结构
融通仓创新模式	(1) 熟悉融通仓的服务功能 (2) 熟悉融通仓运作模式 (3) 了解融通仓模式的解决方案	基本内容和原则

【章前导读】

本章主要介绍与物流银行相关的理论与概念,由于有些理论与我们在学习和工作中的实际应用有些差异,在阅读时会给读者带来了一些不必要的困惑。在这一章里,我们将一些理论和概念进行了详细地划分,如物流银行与商业银行之间的关系,物流金融服务与管理的内涵、职能、价格(物流金融服务的价格),金融物流与管理以及物流企业开展金融服务的问题和对策等;并将物流金融风险控制与运作作为本章的重要内容。

【引例】

"物流银行"风靡山东

一种既能帮助生产企业获得原材料贷款,又能让贷款银行放心的"物流银行"新业务,在山东省物流业流行开来。以临沂立晨物流公司(以下简称临沂立晨)为例,半年来就给企业启动"物流银行"融资2000万美元。

据山东省经贸委交通物流处刘处长介绍,"物流银行"业务学名叫"仓单质押融资"。在没有"物流银行"前,生产企业要想大额贷款购买批量原材料,可能性很小,因为银行担心原材料资产不安全。有了物流企业在中间做担保,生产企业拿着贷款可以较低的价格批量购进原材料,但购进的原材料必须存放在银行指定的物流公司仓库里。企业每次从物流仓库里小批量拉走原材料,需要拿着现金来购买,每笔现金都是企业用来归还贷款的,原材料拉完,银行的贷款也还完。"物流银行"作为现代物流业务的新内容、新形式,一年多来,被山东省物流领军企业迅速消化和实施。目前,山东省内开展这项业务的物流企业有中储青岛公司、中外运青岛公司、博远、环鲁、烟台海通、临沂立晨等公司。

临沂立晨则利用"物流银行"做起了跨国业务。临沂立晨与农业银行、建设银行合作,按照生产企业的要求,国外供应商将货物发往临沂立晨的监管仓库,临沂立晨将仓单抵押给银行,银行将货款支付给供应商,相当于由银行垫付资金进口货物。生产企业可以根据自己的需要分期、分批向临沂立晨付款提货。这样做,一方面生产企业解决了进口大批原料资金占用过多的问题;另一方面缩短了供应链时限。原来从国外进货需要7天到15天,现在直接在临沂立晨仓库提货,只需要几个小时,最多一天。另外,生产企业可以通过批量购买获得优惠价格。一年多来,临沂立晨已为山东新光纺织、百华鞋业、华祥塑料、力健粮油、卡特重工、鲁南纸业等生产企业提供了物流金融服务。

2.1 物流银行概述

物流银行(Logistics Bank),全称是"物流银行质押贷款业务",是指商业银行以市场畅销、价格稳定、流通性强且符合质押物品要求的商品质押作为授信条件,运用物流商的物流信息管理系统，将商业银行的资金流与物流商的物流有机结合，向客户提供集融资、结算等多项服务于一体的综合服务业务。从这个定义中可以直观地看出，物流银行不是传统意义上的、单纯的金融服务或物流服务，而是将两者有机结合的一项综合服务。物流银行以商业银行与物流商两个支点，为商贸公司架起了资金融通的大桥。

2.1.1 物流银行发展分析

物流银行已成为物流企业提高物流质量、加速供应链周转的有效途径，也为银行提供了较低风险下的利润增长点。

1. 物流银行存在的基础

现代物流的发达程度已成为衡量一个国家现代化程度和综合国力的重要标志之一。我国政府已将物流业列入国家的重点发展产业。而当国内的物流商将满腔的热情倾注在仓储、配送、电子网络的时候，跨国物流业巨头们却开始瞄准供应链的另一个关键环节——资金流。未来的物流企业谁能掌握金融服务，谁就能成为最终的胜利者。这是因为对一般物流服务而言，激烈的竞争使利润率下降到只有 2%，且已没有进一步提高的可能性。而对于供应链末端的金融服务来说，由于物流企业涉足少、发展空间大，于是 UPS 等几家跨国物流业巨头在业务中增加金融服务，将其作为争取客户和提高利润的一项重要举措。

2. 物流银行的业务

物流银行的业务是以市场畅销、价格波动幅度小、处于正常贸易流转状态且符合质押品要求的物流产品质押为授信条件，利用具有一定实力的第三方物流公司的物流信息管理系统，将银行资金流与企业的物流有机结合，向客户提供集融资、结算等多项银行服务于一体的银行综合服务业务。该业务通过银行、生产企业、经销商及第三方物流公司的资金流、物流、信息流的互补，突破了传统的地域限制，使生产企业、经销商、客户和银行之间的资金流、物流与信息流在封闭流程中运作，迅速提高销售效率，降低经营成本，达到多方共赢的目的。物流银行的业务流程如图 2.1 所示。

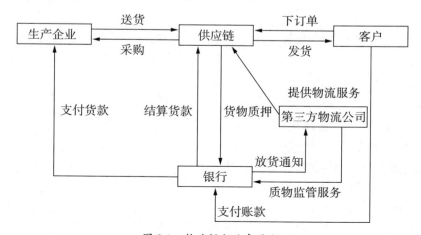

图 2.1 物流银行业务流程

3. 金融创新

当前，我国进入新发展阶段，面对国内外环境深刻变化，党中央提出要构建以国内大循环为主体、国内国际双循环相互促进的新发展格局。无论是国内循环，还是国际循环，都离不开高效顺畅的现代流通体系。现代流通体系既包括商贸、交通、物流体系等传统意义上的小流通，也包括金融、征信、通信等支撑资金、信息流动体系的现代意义上的大流通。在社会再生产过程中，流通效率和生产效率同等重要，是提高国民经济总体运行效率的重要方面。在开放经济条件下，国内经济循环和国际经济循环通过现代流通体系紧密联系，两个循环都顺畅且有效衔接，就能发挥国内、国际两个市场两种资源的叠加优势，提高资源利用效率，形成国际合作和竞争新优势。

信贷业务是商业银行的主要业务之一，但目前国内商业银行大都存在着过分依赖大客户、贷款授信额度过于集中的情形，这不仅会给商业银行带来信贷风险集中的问题，而且由于不少大客户物流并不活跃，造成了现金流与资金流不匹配的问题，再者，由于大客户通常提供不动产抵押，商业银行在变现时通常会有费时、手续烦琐等诸多问题。

鉴于此，不少商业银行在扩展信贷市场时，不约而同地选择了中小企业。中国目前的中小企业占据企业总数的95%，其资金需求绝不亚于大型企业，尤其是一些从事商贸的中小企业，由于其经营的产品市场畅销、价格波动幅度小，处于正常贸易流转状态，以这种产品向银行提供质押担保，也便于银行的变现。因此，越来越多的商业银行在拓展信贷业务时，把目光瞄准了中小企业。

物流银行创新产品具有标准化、规范化、信息化、远程化和广泛性的特点，具体如下所述。

（1）标准化。

所有物流产品的质量和包装标准都以国家标准和协议约定的标准，由第三方物流公司验收、看管。

（2）规范化。

所有动产质押品都是按统一、规范的质押程序由第三方物流公司看管，避免动产质押品由银行派人看管或授信客户自行看管的不规范行为，确保质押的有效性。

（3）信息化。

所有质押品监管，都借助第三方物流公司的物流信息管理系统进行，银行里参与该业务的管理人员，都可以随时登录第三方物流公司的物流信息管理系统，检查质押品的品种、数量和价值。

（4）远程化。

由于借助第三方物流公司覆盖全国的服务网络，再加上银行借助于全国资金清算网络，使动产质押业务既可以在该行所设机构地区开展业务，也可以在全国各地开展异地业务，并能保证资金的快捷汇划和物品的及时运送。

（5）广泛性。

① 服务区域具有广泛性：既可以在银行所设机构地区，也可以在该行所设机构以外地区开展业务；凡有银行网点的区域和第三方物流公司服务区域，都可以办理业务。

② 物流品种具有广泛性：第三方物流公司能够监管的所有物流品种，包括各类工业品和生活品等。

③ 服务客户对象具有广泛性：既可以是制造业，也可以是流通业；既可以是国有企业，也可以是民营企业和股份制企业；既可以是大中型企业，也可以是小型企业；只要这些企业有符合条件的物流产品，都可以开展该项业务。对于流动资金缺乏的企业，物流银行业务可增加企业流动资金；对于不缺乏流动资金的企业，物流银行业务也可增加其经销商的流动资金；亦可二者有机结合，促进企业销售，增加利润。

4. 物流企业融资的现状

在国家相关政策的鼓励下，中小企业如雨后春笋般成立了。但是，中小企业很快就遇到了企业发展的拦路虎——资金短缺。资金是企业发展的血液，充足的资金可以使企业有更广阔的发展空间。由于融资渠道单一，商业银行贷款成为中小企业融资的首选，但是，中小企业信用级别低，可抵押固定资产普遍较少，也难以得到大企业提供的担保，在经营活动中商业票据使用较少，要获得商业银行提供的融资服务在目前的状况下仍然很难。但是，这些中小企业的动产资源丰富，每家企业都有原材料、半成品、成品库存等，若这些资源可以作为质押品，则中小企业融资难的情况可得到缓解。

中小企业的蓬勃发展需要更多的融资渠道，而物流企业也正朝着金融服务方向而努力探索着，商业银行更是迫切地希望推动其金融创新，物流银行业务的开展正是顺应了这方面的需要。图 2.2 为物流银行保持商业生态环境的模式。

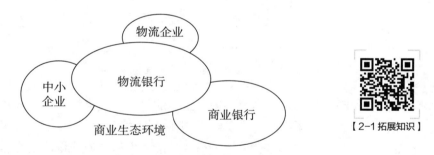

图 2.2　物流银行保持商业生态环境的模式

【2-1 拓展知识】

5. 博弈分析

尽管物流企业将提供金融服务作为提升竞争力的首选，但从中国目前物流业的现状来看，具备雄厚资金实力的物流企业不多；另外，中国现有的法律法规也没有完全为物流企业提供金融服务敞开大门。因此，中国的物流企业如果要单纯靠自己的力量提供金融服务的话，它将为此付出较大的融资成本，其收益率较低。

2.1.2　物流银行的基本运作模式与流程

物流银行属于金融衍生工具的一种，它区别于传统的抵押贷款或质押贷款，是因为在其发展过程中，逐渐改变了传统金融贷款中银行与申请贷款企业双方的权责关系，也完全不同于担保贷款中担保方承担连带赔偿责任的三方关系。它越来越倚重于第三方物流企业，主要表现为利用物流企业的配套管理和服务，形成了商业银行、物流企业、贷款企业的三方密切合作关系。

根据物流企业介入融资服务的阶段或程度的不同，可以将物流银行的模式归纳为如下两种。

1. 仓储质押模式

（1）仓单质押模式简介。

仓单质押即质押人与商业银行签订质押合同，用已经或即将放入物流商企业库中的动产做质押；质押人、商业银行及物流企业三方签订质押监管合同，由物流企业负责监督管理质押动产；一旦质押人向商业银行归还贷款或增加保证金，商业银行将指示物流企业释放监管的质押动产，而物流企业则严格根据商业银行的指令存、放动产。仓单质押模式如图2.3所示。

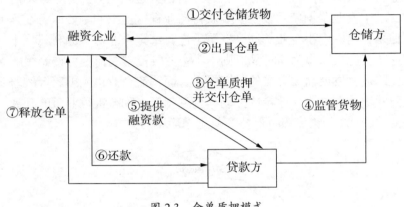

图2.3 仓单质押模式

需要说明的是，现实中很多银行采用的是仓单质押模式，而非动产质押模式，究其原因，是因为用作质押的动产不同于用作抵押的不动产，动产质押模式可以用登记的方式证明其所有权的归属，仓单质押模式只能用占有的方式证明所有权，现实中的商业银行怀疑"占有"这种公示方法。而在民法典确认了仓单的法律地位后，人们认为这一权利凭证能够弥补动产占有公示的不足，因此更倾向于接受仓单质押。

根据仓储货物所在位置的不同，又可将这种业务模式细分为库内监管与库外监管。库内监管就是在物流企业自己所有的仓库中监管质押动产，库外监管则是在物流企业有限享有使用权的仓库中监管质押动产，通常情况下是在出质人自己的仓库中监管。库外监管扩大了物流银行的服务领域，也可能节省整个质押贷款业务中发生的费用，但这一模式有其局限性，无论是商业银行还是物流企业都应谨慎使用。从商业银行的角度来看，由于出质人出质的质物仍在出质人的仓库中，物流企业能否实际控制出质的动产无法事先确定，这可能违反现行法律关于质押必须以质物交付质权人方可生效的规定而使商业银行的质权不成立；从物流企业的角度来看，实施库外监管的一大前提是物流企业具备了输出仓储管理的能力，而且，对出质人自有库进行监管的风险更大，因为出质人作为质押动产的所有人，比其他任何第三人更有"理由"违反游戏的规则，如果物流企业不具备强大的输出管理的能力,库外监管将是空话,物流企业将无法利用自己的仓储专长避免监管不力的问题,也就无法为他人提供保证担保。因此,为了规避前述库外监管必然的风险,商业银行有必要从增加的收益中拿出一部分转移给物流企业,以支付物流企业为加强控制增加监管作业而承担的费用;作为物流企业,则应该从人的控制、作业设备的控制、作业程序的控制、管理软件的控制等多方面尽快提高自身的管理能力。只有通过双方的共同努力,才能巩固库外监管这一模式,从而在空间上扩大物流银行的服务领域,扩大商业银行与物流企业的盈利领域。

(2)仓单质押流程。

仓单质押业务的操作流程如图2.4所示。

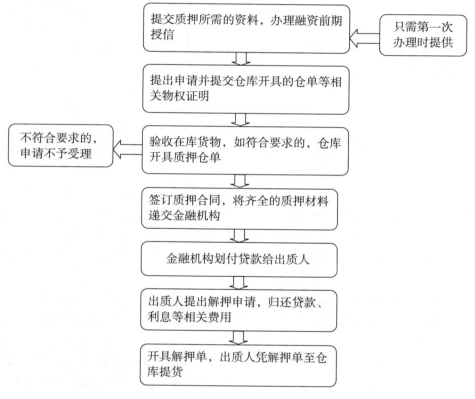

图 2.4 仓单质押操作流程

① 借款人将货物送往仓库,仓库审核确认接收后,开具仓单;
② 借款人以仓单作为质押物,向银行申请贷款;
③ 银行审批之后,与借款人、仓储公司签订贷款合同、质押合同等,并办理仓单质押登记手续;
④ 所有手续办妥后,银行放款;
⑤ 借款人按时足额还款,贷款结清后赎回质押仓单。

仓单质押率。对于通过期货市场进行套期保值后的客户标准仓单,质押率最高可达90%;而通常标准仓单的质押率最高不超过70%。

关于仓单质押业务在其他金融环境下的详细内容、运作模式及操作流程，我们将在后面的章节中详细论述。

2. 保兑仓模式

保兑仓模式即质押人、物流企业、商业银行及供应商四方签订合同，商业银行根据质押人与供应商的供货合同直接代质押人向供应商支付货款，供应商根据供货合同，以及与商业银行达成的协议向物流企业交付货物，物流企业从接到货物之时开始承担监管责任。

（1）保兑仓融资业务简述。

保兑仓区别于仓储货物质押贷款之处在于，在仓储货物质押贷款中，仓储货物在进入指定仓库之前并不是质物，只在进入仓库之时或之后才成为质物，而物流企业的监管责任也只从货物进入指定仓库之后才开始，从商业银行的角度看，即先有质物后有贷款；而对于保兑仓而言，货物在进入指定仓库之前就已成为了质物，物流企业在货物入库之前就应开始履行其监管职责，也许是从供应商交付货物之时，也许是从进口货物入关之时。

保兑仓是物流银行的高级形态。在这种模式里，物流企业提供的不仅是传统的仓储服务，而是货物在不同社会主体间流转移动的全过程；商业银行的客户对象也将大量增加，因为它允许用作质押的货物在空间上的位置移动及形态上的变动转化（如涉及加工环节时）。

保兑仓融资业务是指供应商、融资企业和银行等金融机构签合作协议，以银行等金融机构信用为载体，以银行等金融机构开立的承兑汇票为结算工具，由银行等金融机构控制货权；供应商接受委托保管货物，并对承兑汇票以外的保证金金额以货物回购作为担保措施，融资企业随时交纳保证金随时提货，并开出银行承兑汇票的一种特定票据业务。

保兑仓融资业务是在供应商承诺回购的前提下，融资企业向银行等金融机构申请以供应商开具的仓单为质押，由银行等金融机构控制其提货权为条件的融资业务，适用于供应商回购条件下的采购。保兑仓融资业务除了需要供应链中的上游供应商、下游制造商（融资企业）和银行等金融机构参与外，还需要第三方物流企业参与，主要负责质押物的评估和监管；同时也需要上游供应商承诺回购，进而降低银行等金融机构的信贷风险；融资企业通过保兑仓业务获得分批支付货款并分批提取货物的权利，因而不必一次性支付全额货款，有效地缓解了融资企业短期的资金压力。

保兑仓融资业务实现了融资企业的杠杆采购和供应商的批量销售，同时也给银行等金融机构带来了经济效益，从而实现"多赢"的目的。处于供应链下游的融资企业，往往需要向上游供应商预付账款，从而获得企业持续生产经营所需的原材料、产成品等资源。而对于短期资金流转困难的企业，采用保兑仓融资业务对其预付账款进行融资，从而获得银行等金融机构的短期信贷支持，有效地解决了融资企业全额购货的资金困境。

从银行等金融机构的角度看，保兑仓融资业务可以为银行等金融机构进一步挖掘客户资源，同时开出的银行承兑汇票既可以由上游供应商提供连带责任保证，又能以物权形式作为融资担保，进一步降低了银行等金融机构承担的信贷风险。

保兑仓融资模式简单来说可以分为三方保兑仓融资和四方保兑仓融资两种模式。

（2）三方保兑仓融资模式。

三方保兑仓融资的参与方包括供应链上的核心供应商、下游的融资企业和银行等金融机构。在三方保兑融资过程中，上游核心供应商向银行等金融机构提供退款承诺及回购担保承诺，以此作为保证措施，即在银行承兑汇票到期前，下游的融资企业如果没有存入足额的保证金，上游的核心供应商负责退还银行承兑汇票票面金额与融资企业提取的全部货物金额之间的差额款项，该业务又称为直客式保兑仓融资模式，其操作流程如图 2.5 所示。

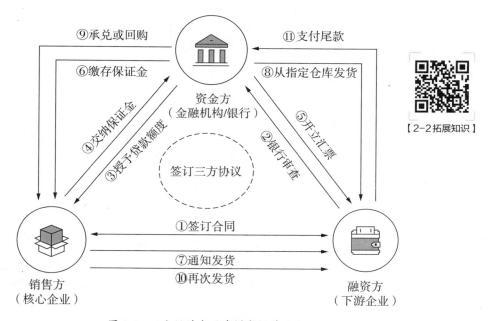

图 2.5　三方保兑仓融资模式操作流程

（3）四方保兑仓融资模式。

四方保兑仓融资模式是指在卖方与买方真实的商品贸易交易中以银行信用为载体，买方以银行承兑汇票为结算支付工具，由银行控制货权，仓储方受托保管货物，卖方对承兑汇票保证金以外敞口金额部分提供退款承诺作为担保措施，买方随缴保证金随提货的一种特定融资服务的模式。

由于银行等金融机构开展保兑仓融资业务时打破了传统的业务模式，引入了第三方物流企业，企图借助第三方物流企业特有的功能与特点，协助银行等金融机构更好地开展供应链融资业务。因此，可以把这种融资模式定义为物流银行保兑仓业务，即物流银行业务与传统保兑仓业务的结合体，因而形成了具有高级形态的供应链融资方式。一般情况下，银行等金融机构开展保兑仓融资，需要同供应链上游的核心供应商、下游的融资企业和货物监管方的第三方物流企业签署四方协议，上游核心供应商承诺产品回购，下游融资企业以上游核心供应商的动产作为质押存放于银行等金融机构指定的第三方物流企业仓库，银行等金融机构在控制融资企业提货权的条件下向其提供融资服务。

四方保兑仓融资模式的参与方包括上游核心供应商、下游融资企业、银行等金融机构和作为监管方的第三方物流企业。四方保兑与三方保兑的主要区别在于：在三方保兑仓融资业务中，上游核心供应商将货物发送至指定仓库，待下游融资企业缴存保证金后，由上游核心供应商从指定仓库将货物发送至融资企业；而在四方保兑仓融资业务中，上游核心供应商将货物发送至第三方物流企业，待下游融资企业缴存保证金后，由第三方物流企业将货物发送至融资企业，其操作流程如图2.6所示。

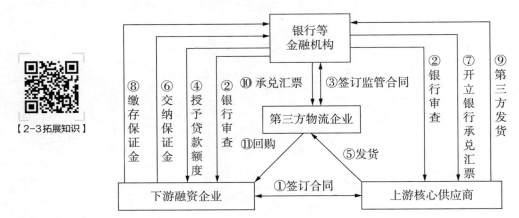

图2.6　四方保兑仓业务流程图

（4）保兑仓融资的具体做法。

保兑仓融资的特点是先票后货，融资企业先获得贷款然后采购原材料，并将采购的原材料交付给第三方物流企业作为质押。在贷款期间，融资企业分次偿还贷款并获得相应的原材料释放，第三方物流企业协助其完成物料配送。在融资期间，上游的核心供应商承担回购义务。

① 融资企业向银行等金融机构交纳一定的保证金后，银行等金融机构开出银行承兑汇票交给融资企业，融资企业凭银行承兑汇票向供应链上游的核心供应商采购原材料，将原材料准确无误地评估后交付给第三方物流企业存储。第三方物流企业开具仓单交付给融资企业向银行等金融机构作为质押，银行等金融机构在银行承兑汇票到期时将汇票兑现，将款项划拨给上游的核心供应商。

② 保兑仓融资运作的基本特点就是"先抵押、后质押"，融资企业先以银行等金融机构认同的动产作质押，获得银行批准，用于原材料购买，待原材料经评估并抵达第三方物流企业入库后，银行等金融机构在银行承兑汇票到期时将汇票兑现，并将抵押贷款转变为以该批原材料为质押物的仓单质押贷款。

（5）保兑仓融资的特点。

从以上表述可以看出，保兑仓融资模式主要包括以下几个方面的特点。

① 保兑仓融资业务是供应链金融的具体运行模式之一。供应链一般由一个核心企业，以及众多的供应商、销售商、客户等组成，对应于保兑仓融资业务来说，可以分为供应链上游的核心供应商、下游的融资企业等，供应链上的任何一个环节出现问题，都会影响整个供应链的运作水平和运作绩效。开展保兑仓融资业务，需要重点把握供应链

上核心企业的信用状况，同时也要考虑交易双方体现出的自偿程度。保兑仓融资的主要目的在于从供应链的基本特征出发化解风险，突破融资瓶颈，实现整个供应链的持续运作与价值升值。因此，它是供应链融资的具体运行模式之一。

② 保兑仓融资业务需要多个主体的参与。在传统融资模式下，融资企业、银行等金融机构和第三方物流企业是参与融资活动的主体；而在保兑仓融资模式下，参与融资业务的主体包括银行等金融机构，供应链上游的核心供应商，下游的融资企业和行使质押监管的第三方物流企业。银行等金融机构作为供应链金融的融资授信者，主要为融资企业提供信贷支持，上游的核心供应商凭借其较高的信用能力为供应链融资提供融资担保，下游的融资企业作为供应链的一环，需要资本支持和银行等金融机构的授信；第三方物流企业作为保兑仓融资业务运行的重要媒介，主要发挥融资平台的作用。因此，保兑仓融资业务是一种新型的融资模式，参与各方相互作用，共同完成并维护这一融资模式的顺利开展。

③ 保兑仓融资业务采取整体授信形式，风险可控。保兑仓融资业务强调对供应链上的融资企业进行整体授信，银行等金融机构由过去关注单一企业在某一时点的静态财务数据，转变为通过供应链上的核心企业对整个供应链开展金融服务，供应链上所有企业的动态经营数据受到高度重视。因为供应链上各企业之间的交易活动具有相对固定性，由此形成的整个产业链条同样具有相对稳定性，只要供应链上的核心企业具备足够的资信和实力，整个供应链的资信和实力就会大大增强。在此情况下，银行等金融机构可以严格控制整条供应链的运作绩效，或通过直接控制资金流向等措施实现资金的安全性，从而有效控制信贷风险。

关于保兑仓业务其他融资模式的详细内容、运作模式及操作流程，我们将在后面章节的实际应用中展开讨论。

2.2 开展物流银行业务的综合分析

随着全球经济一体化进程的加快及金融国际化趋势的进一步加深，金融业的竞争日趋激烈。物流金融这一处于旺盛成长期的金融创新业务，成为商业银行新的利润增长点。

2.2.1 物流金融发展中存在的问题

物流金融在发展中主要存在以下几方面的问题。

1. 第三方物流企业发展落后

第三方物流作为国民经济的命脉，在日常生产和生活中起着不可替代的作用。然而，中国第三方物流起步较晚，跟不上时代发展的需要。改革开放前，涉及物流的各个环节，包括运输、仓储、配送环节等都是通过计划手段按行政部门、行政区划管理的。改革开放以来，中国经济体制逐步转型，整个生产、流通和消费发生了深刻的变化，国内从商业、物资储运企业改造、运输与货运代理延伸等，出现了不同形式的物流服务企业,但是物流的观念尚未在工商企业中得到普及,物流服务企业提供服务的质量不高、数量有限。同时中国的第三方物流企业规模偏小、管理水平不高、利用现代技术程度低、服务功能单一、缺乏管理人才等导致第三方物流企业难以发展。

2. 物流金融服务不规范,效率不高

由于物流金融服务在中国发展的时间不长,还没有制定相对科学、合理、统一的行业规范,物流企业和银行没有统一标准可以参照。银行没有专门针对物流金融信贷业务的操作规范,还是运用一般信贷操作流程规则来办理物流金融信贷业务,致使物流金融信贷业务手续烦琐、效率低下。同时,由于物流企业的信息化程度不高,无法在实施物流金融业务时实现协同信息化,及时进行信息的沟通和共享,以及银行对业务的监管和客户对服务过程的跟踪,影响了物流金融业务实施过程中对风险的反应和处理效率,服务质量不高。

3. 物流金融人才严重匮乏

物流业发达国家的物流业和物流金融业务蓬勃发展的一个决定性因素就是拥有大批的精通物流、金融、法律,具有创新意识的专业人士。而我国,由于现代物流发展的历史只有20多年,缺乏专业人才。懂得物流管理和经营的人才不多,而懂得物流金融的人就更少之又少了。因此,在金融领域,熟悉国内外金融知识又懂物流业务的双专业人才将是市场的抢手人才。

中国物流业急需懂现代物流,能进行实际操作的物流人才。怎样为我国现代物流提供所需的大量专业人才,是企业和理论界要讨论的重要问题。

4. 相关法律法规建设滞后

我国目前只有《中华人民共和国民法典》(以下简称民法典)中的某些条款能够作为法律上的依据来判定相关业务纠纷的法律属性,民法典的物权编虽然扩大了可用于担保的财产范围,但有些条款还不适合物流金融实际业务的开展,而且处理业务纠纷时多采用的是法律程序,这样不仅执行过程低效,成本高,更为严重的是存在着许多不可预见的因素,使债务人违约时债权人损失很大。我国还处于物流金融业务的初级阶段,相应的担保文件,如仓单,不标准且缺少流通性;参与物流金融业务的物流仓储企业鱼龙混杂,缺乏相应的行业规范,甚至出现了借款人与物流企业联合欺诈银行的现象。

2.2.2 商业银行开展物流金融的路径

经过对商业银行开展物流金融业务的分析,商业银行应该抓住机遇,充分发挥本身的优势,促进我国物流金融的稳定健康发展。为此,可从以下几方面促进商业银行开发物流金融业务:第三方物流企业进行资源整合,开展统一授信的方式,加强物流金融人才的培养,完善相关政策和法规,推进物流园区建设及开发物流银行业务保险品种等。

【2-4拓展知识】

2.2.3 开展物流银行业务的相关措施

在现代物流行业的激烈竞争中，物流银行的介入可以为物流企业及中小企业寻找新的具有高附加值的业务提供帮助，物流银行业务的出现不但可以加快物流与资金流的融合，还可使供应链中的各个企业及金融机构从中获取更高利益。

1. 构建"物流银行"模式

"物流银行"的解决思路是：首先，建立、理顺供应链上相关企业的资金流、信息流和物流；其次，银行根据稳定、可监管的应收、应付账款信息及现金流，将银行的资金流与企业的物流、信息流进行信息整合；最后，由银行向企业提供融资、结算服务等一体化的综合业务服务。因此，从广义的角度讲，为物流企业资金运营提供金融服务的机构都可称为物流银行；而从狭义的角度，"物流银行"则专指物流质押银行贷款业务，即企业以市场畅销、处于正常贸易流转状态的产品抵押作为银行授信条件；银行根据物流公司的物流信息管理系统，向企业提供贷款。

2. 构建物流企业信用担保体系

在国际上，中小企业信用担保制度建设已经有80多年的历史。1937年，日本在东京建立地方性中小企业保证协会，成为中小企业信用担保的雏形。1953年，美国成立小型企业署，为中小企业提供贷款和贷款担保。此后，德国于1954年、加拿大于1961年也建立自己的中小企业担保体系。1988年，亚洲首先成立亚洲中小企业信用保证制度实施机构联盟。1994年，欧洲投资基金建立，总部设在卢森堡，为中小企业提供信用担保服务。1996年，美洲已经开展中小企业信用担保的国家就相关问题进行经验交流，寻求区域性合作。

总而言之，信用担保制度在各国普遍存在充分说明，它是促进中小企业融资的长期有效形式，而绝非一种过渡业务，我国可以借鉴已有成功经验，为中小企业构建类似的信用担保体系。

3. 实行差异化发展战略

如果银行开展业务只瞄准大型物流企业，可能使中小企业无法享受物流银行业务的融资便利。商业银行应该重点关注自身业务集中区内物流企业和中小企业，为他们的融资需求提供服务，不同的物流企业拥有不同的核心客户，不同的核心客户就会有不同的"1+N"客户群，银行与多家物流企业合作，就会扩大融资业务网络，使中小企业普遍受益。此外，物流企业和银行在定位和服务方面要走特色化路线，以中小企业客户为中心，根据客户所处行业、生产经营特点提供特色方案，根据客户不同的需求层次提供内容不同的服务。

4. 合理分担费用和利益

利润在企业运营中处于首要地位，处理好成本和利润的分配才能吸引各方参与到物流金融业务中来。但是在保兑仓授信模式中，也可遵照生产商和销售商的合同来执行，融资企业还应承担银行贷款的利息以及贷款中产生的其他费用，物流企业的收益除了仓租等常规性收入外，还应该从银行方面获得一定利润。

5. 创造物流银行金融衍生产品

现有的银行创新金融产品，多集中在消费类金融产品；一般的中小企业的融资，仍停留在传统的融资方式。通过向企业提供物流银行的服务，构建相关的创新性金融产品，可以促进供应链上下游间的信息流与资金流的结合，有效简化付款流程；银行以供应链上核心企业未来的现金流量作为贷款凭据，从而降低向中小企业提供信贷的风险，银行可向中小企业提供更优惠利率的贷款，使其融资成本大幅下降。

6. 物流银行协调"三流"

物流、资金流和信息流是供应链运作的三个重要因素，物流、资金流和信息流的统一管理与协调，使参与者，包括供应链环节的各个企业以及银行各取所需，从而进一步提高供应链效率并能够增强其竞争力。物流公司通过对物资的直接控制帮助金融机构减少信用风险；同时，金融机构多年风险管理的经验和其发展的金融衍生产品也可帮助企业或物流公司降低供应链风险。

7. 物流银行"派生"资金价值

尽管供应链上产生利润的环节很多，但高回报总是来源于高附加值产品和终端产品。在供应链的产品形态不断被加工转化的同时，物流银行通过为中小企业安排优惠融资，实际上也就扩大了核心企业的生产和销售；同时，核心企业还可以减少自身融资，从供应链整体增值的部分直接获利，实现"零成本融资"，甚至"负成本融资"。供应链上的"融资"行动，推动了供应链上的产品从低端向高端转换；进而可以向整个供应链中的上下游产品要效益，提高产品的附加值和核心竞争力，间接地为核心企业带来更多的利益。

8. 物流银行获取新的客户群体

推广物流银行业务，可为银行开发新的客户群体，培育优质客户。以前银行主要服务大客户，这导致过于集中的授信额度，导致贷款风险集中，而且由于不少大客户物流并不活跃，还造成了现金流与资金流不匹配的问题。通过提供物流银行服务，为中小企业带来了融资和发展双便利，培养出一批优质中小客户群，改变银行对大客户依赖度过高的现状，也将为银行带来更大的市场和利润回报。

9. 物流银行提升贷款信用度

对于银行而言，供应链整体信用要比产业链上单个企业信用要强，银行提供的利率与贷款成数是随着生产阶段而变动，并随着授信风险而调整，例如：订单阶段，因不确定性较高，其利率较高，可贷款成数较低，但随着生产流程的进行，授信风险随之降低，利率调降，贷款成数调升。因此，风险与收益相互配合，完全符合银行的风险管控与照顾客户的融资需求。并且，由于供应链管理与金融的结合，产生许多跨行业的服务产品，相应地也就产生了对许多新金融工具的需求，如国内信用证、网上支付等，为银行增加新业务收入提供了渠道。对于供应链上的中小企业而言，可以获得银行的授信额度，在这个授信额度之内，中小企业只需付 50% 的保证金，就可以获得银行 100% 的资金支持，等于解决了中小企业的融资难题；对于供应链上的核心企业而言，能够借助物流公司，扩大其销售网络，而自身无需出资；通过物流银行模式，把资金流、信息流和物流统一起来，达到银行、供应链上各方的共赢。

10. 严格控制风险

在银行内部，成立物流银行业务部门，制定业务开展细则，如商品融资管理办法、仓单质押管理办法等，选择放贷对象时，参照物流企业建议，挑选资信好的企业，选择物流合作商时，可参考中国物流与采购联合会每年公布的 A 级物流企业名单，选择适合的物流企业合作开展业务。在与物流企业合作方面，银行与物流企业应达成共同的战略发展意识，签署合作协议。同时，银行可以考虑收购或参股物流企业，直接参与到物流企业的经营中，减少信息不对称，大大降低银行风险，另外，银行可以建立与物流企业对接的信息系统，更加充分、有效、便捷地获得抵押货物信息。

2.3 物流金融服务管理

金融服务具有服务的无形性、同步性、异质性、易逝性等共同特征并拥有信托责任性、消费持续性、消费偶然性、风险性等金融服务独特性质。

2.3.1 物流金融服务管理概述

物流金融服务管理作为金融服务的一个分支，主要为企业客户服务，除了具有以上金融服务的特征，还有与客户关系的双重性的显著特征。

1. 物流金融服务管理的内涵

（1）物流金融服务范围。

物流金融服务范围广泛，包括银行业务、保险、证券交易、资产管理、外汇、贸易金融、风险投资等。物流金融服务的产品期限各异、复杂性不同，客户对物流金融服务产品的认识理解程度不一。

（2）物流金融服务管理。

物流金融服务管理就是对物流过程中的各种存款、贷款、投资、信托、租赁、抵押、贴现、保险、有价证券发行与交易，以及金融机构所办理的各类涉及物流业的中间业务等进行管理。

2. 物流金融服务价格

（1）物流金融服务价格的构成。

一般金融服务的价格构成包括两部分：利率和各种费用。利率，也称利息率，是金融组织在一定时期内收取的利息额与借出本金的比例，是资金的使用费用，即使用可贷资金而支付的租用价格。最基本的利息计算方法包括单利计算和复利计算，利率是金融服务价格的重要组成部分，是金融组织收益的主要来源。各类金融服务的费用是金融服务价格的重要组成部分，是金融组织进行产品定价时需要考虑的重要方面。

金融组织的业务收入是企业收益的重要来源，主要由传统业务收费和创新业务收费构成。传统业务收费包括汇费、账户费、兑换费、结算费、保管费、担保费、咨询费等，创新业务收费，以表外业务为主导形式，主要表现为日益增多的品类繁多的金融衍生产品，具有高收益、高风险的特征，依赖现代信息技术发展迅速。作为金融服务的新兴领域，物流金融服务定价符合以上介绍的金融服务定价的特征，同时又有独特性。物流金融业务范围广泛，具体品类和具体产品的定价没有固定的模式。

（2）物流金融服务价格决策与影响因素。

【2-5拓展知识】

由于物流金融服务与客户的双重关系，进行定价时要考虑与物流业务的相互影响，基于物流业务形成的范围经济效应，开展物流金融服务可以分摊一部分间接成本，同时降低单位物流费用和金融服务费用，在考虑组织目标与定价目标时要充分考虑这种特殊关系。外部因素包括股东、客户、竞争者、中介、管制。股东提供股本，有权获得回报，股东直接或间接地影响价格；客户对服务的感知和需求状况影响服务的最终价格；在金融服务市场，了解竞争者的价格及其变动决定组织提供服务的竞争力；在使用中介机构的情况下，通过中介提供服务，增加了服务的整体成本，会使产品价格上升；利率管制使得组织的利率必须以基本利率为准做出价格决策。

3. 物流金融服务的效率问题

质押贷款手续复杂、所需时间长，无疑降低了资金流的周转速度，并且增加了仓单质押的风险，所以要提高金融服务的效率，使仓单质押变成一种简便、可控性好的融资模式是今后物流金融服务的发展方向。由此可知，金融机构在进行物流金融服务的同时应从以下三方面加强风险防范、提高运行效率。

（1）开展统一授信的方式能提高物流金融的效率。统一授信就是银行把贷款额度直接授权给物流企业，再由物流企业根据客户的需求和条件进行质押贷款和最终结算。物流企业向银行按企业信用担保管理的有关规定和要求提供信用担保，并直接利用这些信贷额度向相关企业提供灵活的质押贷款业务，银行则基本上不参与质押贷款项目的具体运作。该模式有利于企业更加便捷地获得融资，减少原先质押贷款中烦琐的环节，也有利于银行提高对质押贷款全过程的监控能力，更加灵活地开展质押贷款服务，优化其质押贷款的业务流程和工作环节，降低贷款的风险。

（2）实施有效的过程监控。在物流金融实施过程中，如果银行的风险控制部门对商品的市场价值、企业的运营状况有充分的了解和监控，也可防范物流金融的风险。总之，随着现代金融制度及管理模式的创新，金融体制必将发生深刻的变革，这种变革又必将带来更加适合竞争与发展的新型金融管理模式。这种新型的金融体制和管理模式必然会为物流业的发展创造更加良好的服务环境，提供更加新型的服务技术，开辟更多样化的服务渠道，物流业筹集资金的空间也就更加广阔。届时，物流业与金融的合作将会更加便利与融洽，物流金融的发展将会迎来新的发展机遇。

4. 物流企业开展金融服务的风险问题和对策

（1）物流企业开展金融服务需注意的问题。

物流企业开展物流金融服务，无论是对客户、金融机构、客户的客户，还是物流企业本身来说，都是一个多赢的选择。但是，作为物流金融服务的主体来说，必须注意以下几个问题。

① 客户资信风险。选择客户要谨慎，要考察其业务能力、业务量及货物来源的合法性；在滚动提取时提好补坏，有坏货风险；还有以次充好的质量风险。

② 仓单风险。现在企业多以入库单作质押，和仓单的性质相同，仓单是有价证券，也是物权凭证，因此必须有科学的管理程序，保证仓单的唯一性与物权凭证性质。

③ 质押品种要有选择。要选择价格涨跌幅度不大、质量稳定的品种，如黑色金属、有色金属、大豆等。

④ 提单风险。目前大多由货主和银行开提货单，要逐步转向仓单提货。由货主与银行共开提货单的，要在合同中注明仓单无提货功能，同时要有鉴别提货单真伪的措施。

⑤ 内部操作风险。严防内部人员作案和操作失误。物流金融服务的效率问题。质押贷款手续复杂、所需时间长，这无疑降低了资金流的周转速度，并且增加了仓单质押的风险，所以物流企业要提高金融服务的效率，使仓单质押变成一种简便、可控性好的融资模式，这也是物流企业今后开展金融服务的发展方向。

（2）物流企业开展金融服务的对策。

① 物流企业与客户建立长期的合作伙伴关系。物流企业为客户提供物流金融服务的基础是对客户有充分的了解，建立长期的合作关系，更有利于提高效率，防范物流金融风险。

② 加强对客户的信用管理。信用管理是现代企业的核心管理内容之一。信用作为买卖双方交易完成的根本保障，构成了契约关系的最重要基础。在物流企业金融服务过程中，通过规范客户的资料收集制度、客户资信档案管理制度、客户资信调查管理制度、客户信用分级制度、合同与结算过程中的信用风险防范制度、信用额度稽核制度、财务管理制度等，对客户进行全方位的信用管理。

③ 建立与金融机构的长期合作关系。通过与银行建立合作关系，取得银行的信用，可以有效地解决在金融服务中的效率问题。目前已开展的统一授信的方式可以达到这个目的，同时再造了企业的信用。

④ 实施有效的过程监控。在物流过程中，对企业和市场必须有充分的了解，对商品的市场价值、企业的运营状况必须进行充分的了解和监控，方可防范物流金融的风险。

2.3.2 第三方物流的金融服务创新

在企业的经济活动中，经济运行过程是资金流、物流和信息流的统一。从物流的角度来看,物流活动不仅伴随着资金流动,而且受资金流制约。因此,资金流不仅决定着物流活动状况,而且决定着资源的配置效率和经济运行效率。

从企业角度来看,企业尤其是中小企业由于在物流过程中占用大量的资金,且再生产也需要大量资金,迫切需要提高企业的资金利用效率。从第三方物流企业角度看,由于物流业的竞争日趋激烈,行业的利润率越来越低,第三方物流企业为了提高竞争力,需要进一步拓展为企业服务的能力,而物流活动中开展融资服务就是适应社会和企业的需求,开展金融服务也是生产企业、银行、第三方物流企业的共同需求。

1. 中小企业融资与物流中的金融服务需求

【2-6拓展知识】

在中小企业的整个经济活动中,物流过程占用资金量很大。如果能有效地利用资金,企业就能很快地扩大生产进而扩大企业规模。但很多企业尤其是中小企业却很难直接从资本市场上融资,从银行融资更加困难,主要原因有几点:①中小企业经营效益相对较低,资信普遍不高;②中小企业财务管理水平有待规范;③社会中介服务机构不健全,中小企业担保难、抵押难;④银行信贷管理体制也使中小企业的融资变得困难。

2. 第三方物流企业开展金融服务的意义

(1)提高竞争力的重要手段。第三方物流企业开展金融服务不仅有利于中小企业融资和银行金融业务的创新,也是提高竞争力的重要手段,可以说是一个"多赢"的合作。

(2)有利于制造企业集中主业、提高核心竞争力。在企业的经营活动中,原材料和流动产品占用了大量的资金,金融服务解决了在物流过程中的融资问题,使生产企业能够把有限的资金用在产品开发和快速扩张方面,有效地盘活物流过程中的资金沉淀,提高企业核心产品的市场占有能力。同时,物流企业通过金融服务可以更加有效地融入企业的供应链中,有利于企业集中主业、提高企业的核心竞争力。

(3)给银行带来新的业务和利润空间。目前多数银行的贷款资产质量不高、呆坏账比例居高不下,如何提高贷款质量、控制贷款风险、发展新的业务成为银行关注的首要问题。中小企业虽然有大的融资市场,但由于中小企业自身的原因,银行不可能满足中小企业的融资需求。物流企业的仓单抵押、信用担保就成为银行新的利润源泉。例如,深圳发展银行与一家物流企业合作,为企业进行质押贷款,银行的授信用了一年的时间就实现了全部收回。

(4)金融服务成为物流企业的新利润源。企业竞争的结果导致物流服务的利润下降,迫使物流企业开辟新的服务领域,金融服务就成为一个提高企业竞争力、增加利润的重要业务。以UPS为例,UPS认为对卡车运输、货代和一般物流服务而言,激烈的竞争使利润率下降到平均只有2%,已没有进一步提高的可能性。而对于供应链末端的金融服务来说,由于各家企业涉足少,目前还有广阔的空间,于是包括UPS在内的几家大型物流企业在物流服务中增加了金融服务,将其作为争取客户、增加企业利润的一项重要举措。

3. 第三方物流企业开展金融服务的模式选择

第三方物流企业开展金融服务的模式多种多样，但是归结起来只有两种基本运营模式。第三方物流企业开展金融服务可以结合自身的条件进一步创新，选择适合本企业和服务企业的金融服务模式。

国内金融供应链融资产品的研究最初是从物资银行、仓单质押和保兑仓的业务开始的，第三方物流提供的物流金融服务主要是融通仓和全程物流模式。物流企业从服务客户的金融需求出发，通过融资解决方案的设计，以客户货物资产的占有为授信支持，向银行申请融资。

1）融通仓模式

（1）融通仓模式按照功能可以划分为以下 3 种模式。

① 融通仓融入企业原材料采购链中。企业先获得贷款采购原材料，然后将采购的原材料交付给第三方物流仓储中心作质押，在贷款期间分多次偿还。方式一：金融机构先开出银行承兑汇票交给企业，企业凭银行承兑汇票向供应商采购原材料，原材料经准确评估后交付给第三方仓储中心入库，金融机构在银行承兑汇票到期时兑现汇票，将款项划拨回原材料供应商的账户。方式二："先抵押，后质押"。企业先以金融机构认同的动产做抵押，获得银行承兑汇票用于购买原材料，待原材料经评估并交付仓储中心入库后，金融机构在银行承兑汇票到期时兑现汇票，并将抵押贷款转为以该批原材料为质物的质押贷款。

② 融通仓融入企业分销链中。企业产成品下生产线后直接运至第三方物流融通仓存储，以备销售旺季所需。以该批成品库存做质押，获得金融机构质押贷款，并以产品销售收入分批偿还贷款。为保障金融机构的利益，企业在金融机构开设专门账户，接收销售货款，此时通常要求企业实行款到发货的销售政策，如果企业与金融机构另有约定，金融机构亦可按企业接到的销售订单确认质物出库申请。第三方物流融通仓此时作为企业分销链的一环，提供优质的仓储服务，并作为质押企业的承运人或协助其承运人安排货物出库与发运，保证企业产品分销物流的顺畅。

③ 融通仓对企业信用的整合与再造。获得金融机构的授信额度和成立独特的信用担保体系是信用整合和再造的两个重要方式。方式一：融通仓享有金融机构相当的授信额度。融通仓向金融机构按中小企业信用担保管理的有关规定和要求提供信用担保，金融机构授予融通仓一定的信贷额度。方式二：融通仓构建信用担保体系，通常采用融通仓直接成立信用担保体系、融通仓为企业申请质押贷款提供担保、融通仓以自身担保能力组织企业联保或互助担保 3 种方法。

（2）按照企业运营过程中的风险和资金缺口需求，融通仓可分为以下 3 种模式。

① 基于动产管理的融通仓运作模式。基于动产管理的融通仓运作模式主要适用于企业运营中"支付现金"到"卖出存货"的资金缺口期。融资模式体现为动产抵押和质押贷款（以供应链企业中的库存、仓单等动产作为质物进行融资）。这种模式把"死"的物资或权利凭证向"活"的资产转换，加速"动产"的流通，能够创造更大的利润空间。其具体业务形式主要有仓单质押、动产抵押和质押、保兑仓等。

② 基于资金管理的融通仓运作模式。基于资金管理的融通仓的运作模式主要是应付账款管理和应收账款管理，即使用应付或应收账款的单据凭证作为担保信物向金融机构申请贷款，其中应付账款管理适用企业运营周期的采购阶段，而应收账款管理适用融资企业"卖出存货"至"收到现金"的资金缺口期。

③ 基于风险管理的融通仓运作模式。基于风险管理的融通仓运作模式适用于企业运营周期的各个阶段。例如，在企业采购期，原材料价格波动或需求变化将会导致供应链风险。基于风险管理的融通仓运作模式则借助金融衍生产品（如期权、期货等）来管理风险，从而提高供应链绩效。融通仓服务可以在一定程度上降低供应链风险，但是，融通仓服务本身又有其固有风险，如市场风险、商业环境风险、运营风险和信用风险等。有效风险管理是成功实施融通仓服务的关键。融通仓相关企业可以通过调整战略、战术、组织结构和风险控制机制，利用金融衍生产品和保险产品及运营控制来管理融通仓的相关风险。

2）全程物流模式

全程物流模式是现货动态质押业务的衍生和发展，是基于"多节点在库+在途"抵押监管下的存货融资模式。具体来说，全程物流是指在企业自身或企业集团系统合法拥有的货物存放于多个仓储地点或者运输过程的情况下，由银行认可合作的第三方物流企业对上述货物进行 24 小时全流程封闭监管，保证总体价值高于银行授信所要求的最低价值，在完善抵押登记的基础上，银行向企业融资。

在此业务模式下，第三方物流企业提供的全程物流核定库存现货抵押监管是本业务风险控制的关键。因此，第三方物流企业责任重大，物流公司需要派驻监管员对各个仓储地点及运输渠道实施全程监管，并将各仓储地点的存货和渠道上的在途货物核定总量总额一并纳入库存总量的统筹管理，监管范围涵盖仓库及各类运输方式的监管。

2.3.3 物流金融风险管理

在金融创新过程中，如何有效监管金融机构的具体运作，促使其对业务风险进行识别及有效管理至关重要。

1. 加强物流金融的风险管理

我国物流金融业务目前主要存在的风险：一是法律风险，主要是物流金融业务中的合约欺诈及质权是否成立的风险等；二是操作风险，主要是物流金融业务中质物的管理等；三是信用风险，主要是借款企业的违约风险；四是市场风险，主要包括质物的价格风险和变现风险等。

2. 关注与控制物流金融的新增风险

物流金融创新可以缓释信用风险，但同时又会增加一些新的风险，如担保品价格风险、变现风险等，对新增风险的分析与控制是业务能否正常发展，以及风险管理水平高低的关键，将最终影响银行资产的安全。

3. 利用金融衍生工具建立物流金融分散机制

物流银行应该利用金融衍生工具建立物流金融风险的分散机制，如构建担保池、应收账款资产池，促使物流金融资产证券化等，这将使业务风险有效分散和转移。在这个过程中，必须注意金融创新与风险控制的平衡，即便在业务蓬勃发展时，实时的监管、对贷款审核条件的严格遵守等仍然需要，这是全球金融危机给我们的一个重要启示。

4. 建立物流金融的保障机制

在银行内部确立和完善制度保障。第一，制定科学的定价机制；第二，制定独立的考核机制；第三，建立专业的培训机制；第四，制定快捷的信息传导机制。

另外，应该鼓励银行基于物流金融的风险，采用内部评级模型来设置相应的资本金，确保银行的资本充足率，防止流动性问题的产生。

当前，企业物流仍然是全社会物流活动的重点，专业化物流服务需求已初露端倪；专业化物流企业开始涌现，多样化物流服务有一定程度的发展；物流基础设施和装备发展初具规模；物流产业发展正在引起各级政府的高度重视。宏观的经济政策保持相对的稳定与连续；相关法律的进一步完善与增强可操作性，如严厉打击在金融业务中的违法犯罪行为；同时，国内的理论界要加快引进与创新相关理论的步伐。此外，政府应扶持发展专业监管物流企业，以树立良好的市场典范，使物流金融在我国健康有序的发展，更好地为经济建设服务。

2.3.4 物流金融服务需求管理

物流金融服务需求管理是物流金融服务供应链管理的前提性工作，预测并管理物流金融产品客户需求，利用物流金融服务需求信息开展物流金融服务供应链管理工作。

1. 物流金融服务需求管理的含义

需求管理受到重视是近几十年的事，在此之前，甚至多数制造企业的需求管理都不被重视，有时还和预测混为一谈，需求信息也很少与上下游业务伙伴沟通。客户要求的复杂化、个性化，以及来自股东、竞争者和供应商的压力驱使组织越来越重视需求管理，组织和供应链不断改善需求管理过程，开发新的需求管理模型。作为具有创新性、集成性的服务产品，物流金融服务需求管理是物流金融服务的前提性工作，预测并整理物流金融的客户需求，利用所获物流金融服务需求信息开展工作。

掌握物流金融服务需求管理的内容，通过基于需求计划、需求沟通、需求影响和需求优化的科学流程开展物流金融服务需求管理是企业管理工作的重中之重。

2. 物流金融服务需求管理的内容

物流金融服务需求管理包括以下内容。

一是确定预测频率，即两个预测周期之间的时间间隔。预测频率的确定要考虑经营环境、具体物流金融产品特性和供应链成员的要求等。二是确定有利于达成共识的需求管理流程，通过流程汇集物流金融服务相关各方的知识。三是异常管理，对需求相关的异常情况进行管理。如需求异常变动、预测落空等，需求异常下降的应对举措，需求异常增加是否予以满足、满足的方式选择，应急方案的制定、启动、实施等。四是物流金融服务合作伙伴选择，与客户、供应商共享需求规划，有效合作可避免供应链中的牛鞭效应。五是选择适合的预测方法，根据具体物流金融服务对需求进行分类并采用适当的预测方法和合适的预测工具。六是确定需求管理的关键绩效指标。

3. 需求预测的基本内容和方法

【2-7 拓展知识】

需求预测包括基本内容和基本方法两方面。

需求预测是供应链管理的基础，其基本内容包括理解预测的目的，明确预测要服务的决策等。需求预测的基本方法可分为定性预测方法和定量预测方法两种。

4. 物流金融服务需求管理应注意的问题

物流金融服务需求管理是一项系统工程，要避免用孤立片面的观点来看待和开展物流金融服务需求管理工作。

物流金融服务需求管理不仅包括预测，还包括对需求的计划、沟通、影响和优化等流程，物流金融服务需求管理需要物流企业、金融企业、顾客等相关方的参与。

物流金融服务是基于物流业务开展的金融业务，需求管理工作要统筹考虑物流服务和金融服务，物流业务是物流金融服务需求管理的重要信息输入来源。

做好物流金融服务需求管理与供应链其他活动的集成工作。物流金融服务供应链模型中包括七个关键活动：需求管理、能力与资源管理、客户关系管理、供应商关系管理、风险管理、服务绩效管理、信息与技术管理。其中，需求管理必须与其他活动做好协调与集成。信息技术的发展和需求管理软件的开发应用可以有效提升需求管理水平，需求管理是其他关键活动的基础性工作，需求管理提供的信息质量直接影响供应链绩效。

2.4 金融物流与管理

金融物流，即金融服务和物流服务有机结合，主要是指在供应链中，第三方物流企业提供一种金融服务与物流服务集成式的新型业务。其主要内容包括：物流、流通加工、融资、评估、监管、资产处理、金融咨询等。

2.4.1 金融物流概述

金融和物流的结合可有力支持社会商品的流通，促使流通体制改革顺利进行。

1. 金融物流简介

金融物流即第三方物流企业与金融机构有机结合，为供应链中的供应商、生产商、零售商、消费者提供物流和金融集成式服务，从而实现传统物流的金融服务创新，实现供应链增值。

金融物流是第三方物流企业在常规的物流服务基础上为企业提供运营资本融资的附加金融服务。第三方物流企业充当金融机构和企业间的桥梁，是服务提供商。一方面，金融物流能够帮助金融机构扩大贷款规模，降低信贷风险，甚至可以协助金融机构处置部分不良资产。同时，能够提高物流企业的一体化服务水平，提高企业的竞争能力、业务规模，增加高附加值的服务功能，扩大企业的经营利润；另一方面，还能够拓宽供应链相关企业的融资渠道、降低融资成本，以此扩大供应链相关企业的生产及销售规模，同时降低原材料、半成品和产成品的资本占用率，提高供应链企业资本利用率和销售利润，最终实现资本的优化配置。因此，金融物流是多赢的最佳选择。

2. 物流金融与金融物流的关系

我们从金融物流的定义中可以看出，物流金融与金融物流的内容是相差不多的，只是出发点不同，物流金融的出发点是金融工具介入物流的环节，而金融物流的出发点是在金融工具中添加物流这一手段。在理论上我们可以将物流金融与金融物流分开来讨论，但是在实际应用中完全可将物流金融与金融物流紧密结合起来。

金融物流作为一种创新产品，企业界还没有大范围进行实践运作，学术界还没有成体系的理论框架。相信随着金融物流实践的不断积累和理论研究的不断深入，金融物流服务将在国内拥有广阔的前景。

3. 金融物流的作用

金融物流是一种创新型的第三方物流服务产品，其为金融机构、供应链企业，以及第三方物流企业之间的紧密合作，提供了良好的平台，以达到"共赢"的效果。

对于现代第三方物流企业而言，金融物流可以提高企业的一体化服务水平和竞争能力，帮助企业扩大业务规模，增加企业的经营利润。

对于供应链企业而言，金融物流可以降低企业的融资成本，拓宽企业的融资渠道；可以降低企业原材料、半成品和产品的资本占用率，提高企业资本利用率，实现资本优化配置；可以降低采购成本或扩大销售规模，提高企业的销售利润。

对于金融机构而言，金融物流服务可以帮助金融机构扩大贷款规模，降低信贷风险，甚至可以协助金融机构处置部分不良资产。

金融物流是物流服务的新模式，当前金融机构面临激烈的竞争，为在竞争中获得优势，金融机构不断地进行业务创新。金融物流起源于物资融资业务，在国内，中小型企业存在着信用体系不健全的问题，所以融资渠道贫乏。金融物流服务的提出，可以有效支持中小型企业的融资活动。另外，金融物流可以盘活企业暂时闲置的原材料和产成品的资金占用，优化企业资源，这就促进了金融物流的发展。

4. 金融物流的功能

金融物流是物流与金融相结合的复合业务概念，它不仅能提升第三方物流企业的业务能力及效益,还可为企业融资并提升资本运用的效率。对于金融业务来说,金融物流的功能是帮助金融机构扩大贷款规模,降低信贷风险,在业务扩展服务上能协助金融机构处置部分不良资产、有效管理 CRM 客户,提升质押物评估、企业理财等顾问服务项目。从企业行为研究出发,可以看到金融物流发展起源于"以物融资"业务活动。

5. 金融物流与现代物流的关系

金融物流是银行向企业提供金融服务(授信融资、保兑、保理、信用证等),并以企业自有或银行认可的第三人的动产或权利凭证(仓单或提单)作为担保,以及其他经济活动中的权利人要求以动产作为担保,为了保持动产(包括权利凭证项下)的担保属性,物流公司对担保动产开展的物流及其衍生业务,是金融与物流的有机结合。现代物流是与金融物流相对的概念,是指各环节运作的货物不是担保物的物流。现代物流主要包括商品的货代、运输、配送、仓储、包装、搬运装卸、物资(钢材、建材)市场、流通加工、输出管理、期货交割、大件运载、集装箱的拆箱与拼箱以及相关的物流信息等。

2.4.2 金融物流现有模式

金融物流业务模式大致可归纳为三类:存货类(动产抵、质押等)、预付类("商商银"、"厂商银"、替代采购等)、应收类(应收账款保理等)。其具体业务类型主要有:现货抵(质)押融资、先票/款后货融资、进口信用证项下未来货权、采购执行业务模式。

1. 现货抵(质)押融资

借款企业以银行认可的货物为抵(质)押申请融资,在不转移所有权的前提下将自有存货付给物流公司进行监管,银行据此给予一定比例的融资。该模式适用于正常经营情况下保有一定存货量的企业,有利于帮助企业解决库存占用资金无法扩大生产规模的问题,适用于贸易型企业和生产型企业,这些有融资需求的企业在没有其他抵质押品或第三人担保的情况下即可获取银行融资,从而可以扩大生产、销售,将原本积压在存货上的资金加以盘活,加速资金周转。

2. 先票/款后货融资

先票/款后货融资模式是指借款企业利用与供应链中合作伙伴的采购合同或贸易合同项下货物的未来货权向银行申请质押贷款,评审通过后,由银行先行开出银行承兑汇票或流动资金贷款用于支付货款的业务模式,第三方物流企业受银行委托对该货物进行监管。该模式适用于库存较少、周转较快、货物流转频繁的企业尤其是需要向上游企业大额采购的贸易型和生产型企业,可使企业通过贸易合同项下的未来货权融资提高资金周转率,解决企业预付款和在途货物的资金压力支持多种融资方式,包括贷款、开立银行承兑汇票、信用证等。

3. 进口信用证项下未来货权

该模式是银行根据借款企业的申请，在借款企业根据授信审批规定交纳一定比例的保证金后，对减免保证金部分以信用证项下未来货权作为质押而开立信用证。银行通过控制信用证项下的货物，监控借款企业的买卖行为，并采取必要风险控制手段而开展的一种封闭式的短期融资授信业务。该模式适用于有融资需求的、以信用证方式结算的进口企业，这类企业能够在没有其他抵质押物品或担保的情况下，从银行获得授信；利用少量保证金扩大采购规模，获得杠杆收益；有可能因为以信用证方式一次性大量采购从商品卖方处获得较高折扣；有可能提前锁定价格，防止涨价风险。

4. 采购执行业务模式

借款企业从银行取得授信，银行向第三方物流企业支付货款；第三方物流企业代借款企业向上游卖方采购货物，并对货物进行实际控制，即借款企业向银行还款，第三方物流企业按银行要求或提货指令向借款企业释放货物。其主要模式有：商商银、厂商银、保兑仓、担保提货、动产融资差额回购、动产融资保证发货/阶段性担保、"金融物流"三方合作协议等。该模式适用于需要向上游企业采购商品的贸易型和生产型企业，融资方式可为贷款、开立银行承兑汇票、信用证、保证贴现商业承兑汇票等，既满足了企业在供应链上游的融资需求，又通过物流企业的控货降低了银行融资过程中的风险，同时物流企业在此项业务中代替银行成为风险主体的承担者。这种新的业务模式的出现让物流企业在金融活动中具有更多的主动性，它的服务方式也比传统的保兑仓业务更有灵活性，从而扩大了业务的范围。

2.4.3 金融物流的主要业务模式

目前，我国开展的金融物流业务模式主要分为两大类：第一是基于存货的金融物流模式，包括仓单质押融资和存货质押融资两种业务形式；第二是基于贸易合同的金融物流业务模式，包括应收账款融资和订单融资两种业务形式。

金融物流业务模式的具体内容与流程，我们将在第 3 章中展开论述。

这类业务模式主要有仓单质押、全流程业务、海陆仓、未来货权 4 种。

1. 仓单质押业务模式

下面以基于存货的物流模式中的仓单质押融资业务形式为例展开讲述。

仓单质押是以仓单为标的物，货主企业把质押品存储在物流企业的仓库中，然后凭借仓单（质物清单）向银行申请贷款，银行根据质押品的价值和其他相关因素向客户企业提供一定比例的授信额度。质押仓单项下的货物必须具备的条件如下所述。

（1）所有权明确，不存在与他人在所有权上的纠纷。

（2）无形损耗小，不易变质，易于长期保管。

（3）市场价格稳定，波动小，不易过时，市场前景较好。

（4）适用用途广泛，易变现。

（5）规格明确，便于计量。

（6）产品合格并符合国家有关标准，不存在质量问题。

仓单质押多用于钢材、有色金属、黑色金属、建材、石油化工产品等大宗货物。业务申请人应符合银行贷款对象的基本要求及同时应符合以下的条件。

（1）将可用于质押的货物（现货）存储于银行认可的仓储方，并持有仓储方出具的相应的仓单。

（2）应当对仓单上载明的货物拥有完全所有权，并且是仓单上载明的货主或提货人。

（3）以经销仓单质押项下货物为主要经营活动，从事该货品经销年限大于等于一年，熟知市场行情，拥有稳定的购销渠道。

（4）资信可靠，经营管理良好，具有偿付债务的能力，在银行及他行均无不良记录。

（5）融资用途应为针对仓单货物的贸易业务。

（6）银行要求的其他条件。

2. 全流程业务模式

全流程业务是物流公司对质押产品的整个运输和仓储过程进行全程监控监管，实现全程无缝动态监管。

（1）货主与银行签订《银企合作协议》《账户监管协议》，仓储企业、货主和银行签订《仓储协议》，同时仓储企业与银行签订《不可撤销的协助行使质押权保证书》。

（2）货主按照约定数量送货到指定的仓库，仓储企业接到通知后，经验货确认开立专用存货仓单，货主当场对专用存货仓单作质押背书，由仓库签章后，货主交付银行提出存货（现货）质押贷款申请。

（3）银行审核后，签署贷款合同和存货（现货）质押合同，按照存货价值的一定比例放款至货主在银行开立的监管账户。

（4）贷款期内实现正常销售时，货款全额划入监管账户，银行按约定根据到账金额开具分提单给货主，仓库按约定要求核实后发货，贷款到期归还后，余款可由货主（借款人）自行支配。

3. 海陆仓业务模式

海陆仓是指结合物流传统海运业务，借用仓单质押理念，基于海上在途监管并包含两端仓库（堆场）监管在内的一种全程质押监管模式。海陆仓是融资物流的主要模式之一；融资物流的主要模式包括以下四类：仓单质押（实物仓）、保兑仓、融通仓和海陆仓。

海陆仓业务模式的具体操作流程如下所述。

（1）三方签订《进口货物监管和质押协议书》，第三方物流接受银行委托，根据协议内容承担监管责任。

（2）进口商向银行提交相关资料，申请授信额度。

（3）经银行有关审批部门核定授信额度，与进口商签订《授信协议》，同时进口商提交一定金额的保证金，申请开立信用证。

（4）国内第三方物流企业需与其国外装货港代理公司联系，国内银行也该与国外通知行保持联系。

（5）国外出口商将货送至港口，按信用证要求发货，国外物流代理公司进行装货，装完船后，出口商向进口商银行寄送全套单据，第三方物流企业便开始进行在途监管。

（6）进口商银行收到并持有全套单据，经进口商确认后，银行签发《单据交接通知》并由第三方物流企业签收，信用证项下，银行办理付款。

（7）货物在途监管过程中，第三方物流企业需确保货物的安全。在船舶抵港前，船代需进行船舶进港申报，等船舶靠岸后由货代安排船舶卸货、换单、进口清关商检等事宜。

（8）进口商银行可在进口商需要时，向其提供一定量的贷款，以作为通关缴税的费用。

（9）收到货物后，第三方物流企业履行货物报检及通关手续，将货物运至指定仓储地点。

（10）第三方物流企业签发以银行作为质权人的《进仓单》，银行与进口商共同在第三方物流企业办理交接登记，由第三方物流企业按照合同规定监管质押货物，进入现货质押流程。

（11）进口商根据其生产/销售计划安排提货，在提货前都必须归还银行相对应的货款，第三方物流企业在审核银行签发的《出库单》无误后，放行相应货物。

4. 未来货权模式

未来货权是指质押物分批入库，最后根据银行的出库指令统一出库的业务模式。现货质押是指拿自有的存货作为质押物进行融资贷款。

未来货权和保兑仓是指贷款人（买方）在交纳一定保证金给银行后，银行把全额货款支付给（卖方）采购货物；货物运送到银行指定监管地由银行指定监管方进行监管；买方在需要提取货物时打款赎货。

未来货权质押开证业务即进口信用证项下未来货权是根据进口商的申请，在进口商根据授信审批规定交纳一定比例的保证金后，对减免保证金部分以信用证项下未来货权作为质押而开立信用证。

产品特点：无须其他抵质押物或保证担保，实现减免保证金开证；利用少量保证金扩大采购规模，获得杠杆收益；信用证方式一次性大量采购，可能获得较高折扣；提前锁定价格，防止涨价风险。

适用范围：适用于有融资需求的进口企业，该企业以信用证方式结算，拟进口的货物必须符合货押商品目录制度。

客户利益：在没有其他抵质押物品或担保的情况下，从银行获得授信；利用少量保证金扩大采购规模，在商品价格上涨的情况下获得杠杆收益；有可能因为以信用证方式一次性大量采购从商品卖方处获得较高折扣；有可能提前锁定价格，防止涨价风险。

2.4.4 金融物流的风险与监管

对金融物流业务的监管风险可以归纳为三点：质押货物是否全程可视、质押物的单证等信息是否全程可追、质押物的货值及货权是否全程可控。

在本章2.3.1节中，介绍了物流企业开展金融服务的风险问题，本节中讨论的是金融物流的风险，也就是银行开展金融服务的风险问题。

1. 金融物流的风险

实施金融物流的风险一般包括仓单质押服务风险、结算服务风险、融资服务风险和物流企业风险等。

（1）仓单质押服务风险。

仓单质押服务的风险主要来自于质押产品，质押产品的好坏在很大程度上影响了银行贷款本金和利润的获取，不对称的产品信息使得贷款业务有可能面临极大的风险。其主要的风险源于：质押产品价格通常随时间而波动，当产品价格持续走低时，贷款的保障程度就会降低；质押产品来源不明或是私运产品，存在罚没风险；质押产品品质风险，可能存在品质不符合贷款协议要求的问题。此外仓单的唯一性得不到有效保证，存在造假风险。

（2）结算服务风险。

物流结算服务主要涉及金融物流服务企业利用各种结算方式为物流企业及其客户提供的金融结算服务，包括代收货款、垫付货款、承兑汇票等业务。物流业的高速运转性质，使金融物流所面对的风险被杠杆效应放大了。与传统的静态结算服务相比，物流结算服务的产品形态一直处于变动状态，带来了额外的管控风险。此外，金融物流结算业务涉及大量的金融创新和网络结算，这对金融企业的安全技术提出了更高的要求。

（3）融资服务风险。

融资偿付是建立在企业资金流的有效性和交易的真实性之上的，虚假交易直接影响到资金的回收，而我国信用评价体系还不完善，更增加了融资风险和对虚假交易的监督成本。融资涉及多个参与主体，但现在缺乏参与各方的风险分担和收益互惠机制，导致各主体片面转嫁风险，出现"逆向选择"的融资风险。传统的融资风险评价体系难以适应金融物流的运转状况，体制上的缺陷也带来了额外的融资服务风险。

（4）物流企业风险。

中小物流企业财务制度不健全，企业信息透明度差，导致其资信水平不高。中小物流企业缺乏可用于担保抵押的财产，资产负债率通常都比较高，绝大部分财产已经抵押，因此导致新贷款申请抵押物严重不足。此外，一些物流企业管理水平和经营者素质较低，当经营出现困难时，想方设法拖欠贷款利息，不但给金融机构贷款资金安全形成很大的威胁，并且在很大程度上降低了企业的信誉度，增加了物流企业再次贷款的难度。

2. 金融物流监管

金融物流监管代表了未来金融体系改革和实体经济发展的新趋势，它通过技术、市场和政策三个方面的联动，为实现金融监管和产业转型发展提供了新的手段和方法。

（1）本地监管。

物流公司利用全国各地的自有/自营仓库，存放各融资企业的质押产品。适用于仓单质押和未来货权业务。

（2）输出监管。

物流公司直接派驻专业监管人员进驻监管企业仓库或场地，对其质押给银行的质押产品执行现场监管。适用于仓单质押和未来货权业务,也是目前物流金融物流业务的主要监管模式。

(3)在途监管。

物流公司直接参与各融资客户的货物采购或销售运输业务,将监管范围延伸至收/交货地,将货物运输环节纳入监管范围。适用于全流程业务和海陆仓业务。

(4)综合监管。

物流公司对质押产品的整个运输和仓储过程进行全程监控监管,实现全程无缝动态监管。适用于全流程业务和海陆仓业务。

2.5 物流金融风险控制与运作

物流金融作为新兴经济利润增长点将会带来多方共赢的局面,但依据我国发展现状来看,它还处于探索期,其风险因素,如供应链风险、法律风险、宏观经济风险等不容忽视,对物流金融风险监管的完善势在必行。

2.5.1 实施物流金融面临的风险

物流金融风险包括业务风险、法律风险、宏观环境风险等,风险管理是推动物流金融正规化、国际化发展的关键,如何加强物流金融风险的管理已经是业界研究的主流课题。

1. 物流金融的风险分析

环境风险是指政策制度和经济环境的改变,包括相关政策的适用性、新政策的出台、国内外经济的稳定性等,国际环境的变化会通过贸易、汇率等方面产生作用。宏观环境因素是影响物流的重要因素之一,包括国内外经济环境因素,如汇率和利率因素及国际物流整体需求因素等,物流业务的国际结算必然要牵涉到这类因素;另外还有我国物流业目前的整体发展状况,虽然发展迅速、业务剧增,但是成本高、资质差等问题非常严重。发展物流金融业务虽然能给物流金融提供商、供应链节点企业和金融机构带来共赢效果,但物流金融提供商却面对各种各样的风险。有效地分析和控制这些风险是物流金融能否成功的关键之一。

【2-8 拓展知识】

【2-9 拓展知识】

物流金融提供商主要的风险包括物流金融自身的风险、经营风险、信用风险、人才风险、环境风险、法律风险、效率风险和其他方面的风险。

2. 加强风险管理

我国物流金融业还处在发展中,且有巨大潜力,但是在业务量激增的同时也暴露了风险的所在,不论是宏观还是微观实体的风险都成为限制物流金融发展,以及影响物流金融收益的重要因素,因此风险管理是推动物流金融正规化、国际化发展的关键。

(1)完善法律法规,规范物流金融业务。需要在逐步摸索中建立并完善物流金融的相关法律法规。在建立并完善法律法规的同时,应该建立由中央银行和国家物流管理机关牵头的宏观管理机构，对业务实行规范管理，并制定合理的惩罚程序和措施。

（2）设计更加丰富的物流金融产品。现在我国主要的物流金融业务还是仓单质押业务和保兑仓业务，应该适当创新业务，寻求利润增长点。例如，可以把保证金率、抵押率、期限和信用评级相结合，针对不同期限、不同产品和不同企业信用，设计多种产品；可以和银行进一步合作拓宽业务对象，只要是有能力的企业和机构都可以参与进来。

（3）金融投资的创新。在供应链运行之中会产生一定的资金沉淀期，在资金沉淀期如何利用资金是需要探讨的问题之一，其中的风险更是一定要考虑的因素。现在普遍的操作都是将资金贷给有资信客户，或由银行设计一些信用衍生工具，在套期保值的基础上形成新的利润。

（4）建立完善的企业风险评级体系和信息系统。首先，银行和物流公司应该建立统一并且规范的信息系统，将客户资料、信用情况、产品信息等一系列信息指标纳入计算机管理系统，形成联网操作。其次，在信息体系之上建立风险评级体系，针对指标和数据及专业部门的实地考察、业务监管进行信用评级，并且事后备案，以减少风险。

（5）成立物流金融公司或者物流企业的资本部门，专门从事物流金融业务。因为目前物流金融业务还是靠物流企业和银行的合作进行，依靠优势互补来进行操作，但这仍然会因为双方的信息不对称或风险存在诸多弊端。再者，现阶段的银行间业务以及银行与金融机构之间的业务往来仍然有衔接的诸多不便和漏洞。如果建立物流金融公司将二者合二为一，那么风险必将大大减少，也有助于提高效率，使物流金融业务更加专业化，也给监管带来便利。

我国第三方物流市场潜力巨大，现代物流业正走向正规化、大型化和专业化。同时，金融机构和中小企业则挣扎在"想贷不敢贷"，"想借借不到"的尴尬中。物流金融是一种创新型的第三方物流服务产品，其为金融机构、供应链企业及第三方物流企业（第三方物流服务提供者）之间的紧密合作，提供了良好的平台，使得所有合作能达到"共赢"的效果。

但是物流金融作为一种创新产品，企业界还没有大范围进行实践运作，学术界尚未形成理论框架体系。我们也仅仅是对物流金融的理论研究和运作模式进行初步探讨。相信随着物流金融实践的不断积累和理论研究的不断深入，物流金融服务将在国内拥有广阔的市场和良好的前景。

2.5.2　第三方物流金融服务中的风险控制

物流金融在物流管理活动及金融活动中呈现出独特的优势及活力，但在实际操作中又存在一些问题，其中如何规避风险已成为当前物流金融工作中迫切需要解决的问题。

物流金融作为一种涉及银行、融资需求企业、物流企业等多主体的创新型业务，不仅帮助融资企业大大提高了融资的可能性和可行性，而且为银行的金融业务创新提供了条件，同时也提高了第三方物流企业的服务能力和经营利润。于是许多第三方物流企业都在传统物流服务外提供物流与金融的集成化服务，并将此作为吸引客户的一项重要举措。

第三方物流金融服务的风险控制策略如下所述。

1. 提升物流服务的能力和水平

作为第三方物流企业首先要树立"一体化物流服务"理念，要突破原来的仓储、运输等功能性物流服务，向客户提供更加完善和全面的物流服务，即从客户整个系统的角度出发对客户物流运作进行总体设计和管理，为客户提供多类型的物流管理和决策服务。其次要使用新的物流管理技术，强化物流管理，使企业从操作技术、设施设备、配送工具，从物流流程控制、物流信息处理到配送过程的决策管理等全过程始终跟上现代物流发展和企业生产经营活动的需要。最重要的是为客户提供专业化、个性化的增值服务。在服务内容上，物流企业要跨越常规服务，为客户提供专业策划，提供个性化的增值服务。

2. 加强客户管理的创新

第三方物流企业接受银行委托，代理金融机构监管仓库中的货物或商品，向金融机构提供的是代理监管的服务。同时它也接受货主的委托，管理仓储的货物或商品，为货主提供仓储和其他物流服务。做好客户管理就是要做好物流企业与金融机构和货主的客户关系管理，包括物流企业与金融机构和货主的业务关系和信用关系的建立、维护和发展。面对金融机构，第三方物流企业要以自身实力和规模、良好的信誉、规范的业务管理和广泛的客户网络关系，与金融机构建立良好客户关系以取得金融机构支持。面对货主，第三方物流企业要在提供优质的仓储服务和其他配套物流服务的同时，通过对货主的信誉和资质调查、监管商品或货物的市场分析，联合金融机构为货主提供金融服务，并通过异地物流仓库监管、客户自有仓库监管等形式，把服务方式向客户端延伸，降低客户的融资成本，提高服务的质量。

3. 明确物流金融风险管理的重点并进行方法的创新

对第三方物流企业来说，风险主要来源于客户资信、质物的选择和保管，以及内部操作运营。首先，必须加强对客户的信用管理。通过建立客户资信调查核实制度、客户资信档案制度、客户信用动态分级制度、财务管理制度等一系列制度，对客户进行全方位信用管理。其次，建立灵活快速的市场商品信息收集和反馈体系。这样才能把握市场行情的脉搏，掌握商品的市场价值和销售情况变化规律，及时获得真实的资料，有利于对质物进行评估和选择，避免信息不对称的情况下对质物的评估失真。再次，加强业务运营管理和内部操作规范管理。第三方物流企业要根据物流金融服务的不同方式，有针对性地制定严格的操作规范和监管程序，杜绝因内部管理漏洞和不规范而产生的风险。最后，充分发挥与银行的合作关系在风险管理中的作用。第三方物流企业应借鉴银行对信用评估和风险控制的方法，利用自己掌握客户及质物第一手资料的优势，在双方信息共享的情况下，与银行联系开展融资项目的信用和风险评估。在业务开展过程中，形成互动的监管和控制机制。这样既能更加有效地控制风险，又能加强与银行的信用关系。

4. 提高自身的信息化管理水平

物流金融是建立在物流信息平台之上的，物流企业对质物进行有效监管，必须实时掌握客户、产品和市场动态，需要收集和处理大量的信息。因此，信息化管理是开展物流金融服务的保障。物流企业的信息管理，首先是企业信息系统的建立和信息技术的应用，其次是信息的收集和处理，最后是信息的管理和反馈。物流企业在开展物流金融服务过程中，应以内部管理流程的信息化来协调各个部门和环节的工作，优化操作流程的服务系统，提高工作效率，防范和减少内部操作的失误。而与银行、客户等合作伙伴的协同作业信息化，能使物流企业高效地同他们进行信息的沟通和共享，减少信息不对称所产生的风险，方便银行对业务的监管和客户对服务过程的跟踪，提高物流企业对风险的反应和处理效率，为客户提供更完善更高效的物流及其增值服务。

5. 重视员工的素质教育

在物流金融业务中，需要员工识别和评估风险，监管抵押货物和预防企业中可能存在的各种风险，因此员工的素质对物流金融风险的影响很大。物流企业要加强员工的岗位培训和职业道德教育，通过培训，一方面提升员工的业务能力；另一方面加强员工的责任心及主人翁意识，降低由于操作和道德方面原因产生的风险，避免造成无法挽回的损失。

2.5.3 物流金融风险的应对策略

【2-10 拓展知识】

物流金融是传统物流向现代物流过渡中服务的延伸。积极应对物流金融业务中的风险，是保证这一新兴业务健康发展的核心。物流金融业务作为一种新型的、具有多赢特性的物流服务品种，在促进国民经济发展的同时，也蕴含了很多风险因素，包括物流和金融业务自身的风险，还有业务发展过程中的经营风险。只有从风险降低、风险消除、风险保留、风险转移等角度积极应对，才能保证物流金融业务的健康发展。

物流金融风险的主要应对策略有：风险降低策略，风险消除策略，风险保留策略和风险转移策略。

本 章 小 结

通过本章的学习，能够全面了解物流银行发展与基本运作模式，以及开展物流银行业务的综合分析；详细论述了物流金融服务管理、金融物流与管理的基本内容，金融物流的主要业务操作模式、金融风险与监管。

本章从宏观的角度全面介绍了实施物流金融面临的风险，第三方物流金融服务中的风险控制，物流金融业务中的风险控制、运作及应对策略；重点论述了仓单质押融资与保兑仓模式的基本概念与操作模式的流程。

通过学习物流银行开展物流金融的基本业务的理论，了解现代物流金融这一工具。

关键概念

物流银行　仓单质押　保兑仓　四方保兑仓融资　融通仓模式　金融物流　全流程业务模式　海陆仓　未来货权

讨论与思考

1. 简述物流金融与金融物流的联系和区别。
2. 简述物流金融发展中存在的问题。
3. 简述金融物流的主要内容与运作模式。

第 3 章 现代物流金融的基本运作模式

【学习目标】

1. 掌握现代物流金融的基本概念；
2. 掌握现代物流金融的基本运作模式；
3. 熟悉物流金融的商业运作模式；
4. 熟悉物流金融的市场作用；
5. 了解物流金融的创新作用；
6. 熟悉物流金融风险与控制的基本理论。

【教学要求】

知识要点	能力要求	相关知识
现代物流金融概述	（1）理解发展现代物流金融的意义 （2）了解物流和金融的整合创新作用	（1）现代物流金融相关概念 （2）金融衍生品
现代物流金融的重要作用	（1）掌握物流金融企业运作模式 （2）掌握物流金融基本知识点	（1）物流金融模式的建立 （2）物流金融创新作用
物流金融创新	（1）熟悉金融物流服务的新型模式 （2）熟悉金融仓运作模式	物流金融风险的规避

第 3 章
现代物流金融的基本运作模式

【章前导读】

物流金融、供应链金融是推进供应链整合、提高整个供应链资金使用效率的重要措施，对提高供应链的竞争能力具有很大的作用。在国际上，不管是作为供应链的核心企业的大型制造企业，还是承担供应链整体物流业务的大型物流企业，承担供应链资金流服务的金融企业都积极参与了物流金融活动。在物流金融活动中，这些企业既强化了自己的竞争地位，又获得了巨大的利润。世界著名船运公司马士基和美国著名快递公司UPS都是物流金融活动的参与者。物流金融已经成为这两个超大型公司的主要利润来源。在金融业界，法国巴黎银行、荷兰万贝银行等对大宗商品提供融资服务、以销售收入支付采购贷款等服务。

物流金融在我国还是一个崭新的商业活动，中国建设银行、浦东发展银行、中国物资储运总公司等单位已经在这方面做了有益的尝试，但是总体来看，物流金融对我国大部分企业来讲，还是一个崭新的概念。

【引例】

物流通——物流金融畅通无阻

物流金融是我国物流产业和金融机构一直关注的概念，金融机构为物流产业提供了资金融通、结算、保险等服务，提高了资本运用效率。2012年，中信银行开发了一种新的物流金融产品。

网购货到付款后，发现物品被调包的案例近年来频繁见诸媒体。从中信银行获悉，由该行研发的"物流通"产品上线，为每件物流货品配上"金融身份证"，不仅提高了资金结算效率，而且增强了物流配送的安全性。

据介绍，中信银行广州分行零售银行部门开发的"物流通"产品——每件物流货品都贴上条形码，收货时用读写器读一下，相关支付信息就一目了然了。在中信银行"物流通"所提供的综合支付解决方案中，物流企业ERP系统与银行合作的第三方公司对接在一起，信息交互的结果是，每笔订单都在物流账单支付系统内生成了唯一的账单号。当消费者通过线上的网络银行或线下POS机消费时，物流账单支付系统将会实时把支付信息传递给物流企业ERP系统。

中信银行表示，应用"物流通"就相当于给每单物流货品佩戴上了"金融身份证"，让人们轻松了解每一单物流货品的来龙去脉和支付情况。更重要的是，"物流通"整合了各方信息，提高了资金流转速度，缩短了商家的资金回笼时间。

3.1 现代物流金融

新一代信息技术与各产业结合形成数字化生产力和数字经济，是现代化经济体系发展的重要方向。大数据、云计算、人工智能等新一代信息技术是当代创新活跃、应用广泛、带动力强的科技领域，给产业发展、日常生活、社会治理带来深刻影响。数据要素正在成为劳动力、资本、土地、技术、管理等之外先进的新生产要素，驱动实体经济在生产主体、生产对象、生产工具和生产方式上发生深刻变革。数字化转型已经成为全球经济发展的大趋势，世界各主要国家均将数字化作为优先发展的方向，积极推动数字经济发展。围绕数字技术、标准、规则、数据的国际竞争日趋激烈，成为决定国家未来发展潜力和国际竞争力的重要领域。

现代物流发展离不开金融服务的支持。物流金融作为一种全新的理念，超越了金融行业与物流企业之间单纯金融服务的联系形式，大大提高了二者的整体效率，对金融业、物流业及企业都产生了深刻的影响。现代物流金融是物流与金融相结合的复合业务概念，一般意义上的物流金融，是指在供应链业务活动中，通过运用结算、融资、保险等金融业务和服务，提高资金运行效率，达到物流、信息流和资金流的有机统一，产生价值增值的金融活动。

本章主要对现代物流金融的7种模式和其他一些融资模式进行讨论，区块链物流金融将在后面的章节中进行详细的论述。

3.1.1　现代物流金融的概述

现代物流金融是一种创新型的第三方物流服务产品，它为金融机构、供应链企业及第三方物流服务提供商之间的紧密合作提供了良好的平台，使得合作能产生"共赢"的效果。它为物流产业提供资金融通、结算、保险等金融服务，它伴随着物流产业的发展而产生，是一种"三赢"的业务模式。

现代物流金融的主要运作模式我们将在后面的章节中展开论述。

1. 现代物流金融运作模式的分类

现代物流金融是一项创新型的物流增值服务，它是物流业与金融业发展到一定阶段的产物。根据金融机构参与程度的不同，把物流金融运作模式分为资产流通模式、资本流通模式两种。

（1）资产流通模式是指第三方物流企业利用自身综合实力、良好的信誉，通过资产经营方式，间接为客户提供融资、物流、流通加工等集成服务。这种模式中，基本上没有金融机构的参与，完全是由物流企业自己给借款企业提供融资服务。典型的资产流通模式有两种：替代采购模式和信用证担保模式。

（2）资本流通模式是指金融物流提供商（第三方物流企业）利用自身与金融机构良好的合作关系，为客户和金融机构创造良好的合作平台，协助中小型企业向金融机构进行融资，提高企业运作效率。在这种模式中，主要是由金融机构向借款企业提供融资，但由物流企业替借款企业向金融机构提供担保。

典型的资本流通模式主要有：仓单质押模式、买方信贷模式、授信融资模式和垫付货款模式4种。

我们常见的物流金融业务模式有以下几大类。

（1）预付类融资。先票/款后货融资业务模式。针对动产及货权抵（质）押授信，是指融资企业先交纳一定的保证金进行授信贷款，用于支付货款；然后按照合同的约定按时按量发运质押的货物,并将货物交付给物流企业进行监管。此时货权在银行,融资企业需要提取货物时,需按合同要求的最低比例向银行打款赎货。

(2)存货类融资。借款企业以银行认可的货物为抵(质)押申请融资。企业将自有的存货交付给物流企业进行监管,不转移所有权,银行据此给予一定比例的融资。此项业务有静态或动态抵(质)押两种操作方式。

(3)应收类融资。对于企业的应收账款,除银行传统应收账款产品外,物流企业可通过为其下游企业解决预付款的方式来解决。

2. 现代物流金融作用

未来的物流企业,谁能够提供金融产品和金融服务,谁就能成为市场的主导者。物流金融成为获得客户资源及垄断资源的重要手段,在物流金融发展的初期,谁能够领先介入物流金融,谁就能够率先抢占先机。物流金融将上下游企业和银行紧密地联系在一起,银行能够在一定程度上规避风险,企业也能够做到信息流、物流、资金流的整合,加速了物流和资金流的高速运转。

【3-1 拓展知识】

3. 实施方式

物流金融的服务和实施方式不可能仅局限于货物质押,我国目前的物流金融服务已经突破了最初的模式,物流金融的实施方式主要有如下4种。

(1)仓单质押。由于仓单质押业务涉及仓储企业、货主和银行三方的利益,因此要有一套严谨、完善的操作程序。

首先货主(借款人)与银行签订《银企合作协议》《账户监管协议》,仓储企业、货主和银行签订《仓储协议》,同时仓储企业与银行签订《不可撤销的协助行使质押权保证书》。

货主按照约定数量送货到指定的仓库,仓储企业接到通知后,经验货确认后开立专用仓单;货主当场对专用仓单作质押背书,由仓库签章后,货主交付银行提出仓单质押贷款申请。

银行审核后,签署贷款合同和仓单质押合同,按照仓单价值的一定比例放款至货主在银行开立的监管账户。

贷款期内实现正常销售时,货款全额划入监管账户,银行按约定根据到账金额开具分提单给货主,仓库按约定要求核实后发货,贷款到期归还后,余款可由货主(借款人)自行支配。

(2)动产质押。《中华人民共和国民法典》规定,为担保债务的履行,债务人或者第三人将其动产出质给债权人占有的,债务人不履行到期债务或者发生当事人约定的实现质权的情形,债权人有权就该动产优先受偿。前款规定的债务人或者第三人为出质人,债权人为质权人,移交的动产为质押财产。设立质权,当事人应当采用书面形式订立质押合同。

(3)保兑仓。"保兑仓"是指以银行信用为载体,以银行承兑汇票为结算工具,由银行控制货权,卖方(或仓储方)受托保管货物并对承兑汇票保证金以外金额部分由卖方以货物回购作为担保措施,由银行向生产商(卖方)及其经销商(买方)提供的一种金融服务。

通俗地讲，企业向合作银行交纳一定的保证金后开出承兑汇票，且由合作银行承兑，收款人为企业的上游生产商，生产商在收到银行承兑汇票后向物流公司或仓储公司的仓库发货，货到仓库后转为仓单质押，若融资企业无法到期偿还银行敞口，则上游生产商负责回购质押货物。

（4）开证监管。开证监管是指银行为进口商开立信用证，进口商利用信用证向国外的生产商或出口商购买货物，进口商会向银行交纳一定比例的保证金，其余部分则以进口货物的货权提供质押担保，货物的承运、监管及保管作业由物流企业完成。

4. 物流金融服务管理

物流金融是为物流产业提供资金融通、结算、保险等服务的金融业务，它伴随着物流产业的发展而产生。这种新型金融服务原本属于金融衍生工具的一种，之所以称之为物流金融业务，而不是传统的抵押贷款或者质押融资，是因为在其发展过程中，逐渐改变了传统金融贷款过程中银行、申请贷款企业双方的权责关系，也完全不同于担保贷款中担保方承担连带责任的三方关系。它越来越倚重于第三方物流企业，目前主要表现为物流企业的配套管理和服务，形成了银行、物流企业、贷款企业的三方密切合作关系，如图 3.1 所示。

物流金融服务管理就是对物流过程中的各种贷款、投资、信托、租赁、抵押、贴现、保险、有价证券发行与交易，以及金融机构所办理的各类涉及物流业的中间业务等进行管理。

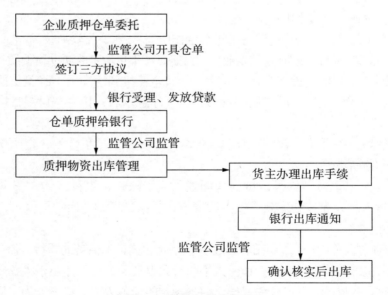

图 3.1 物流金融业务流程

5. 物流金融服务业务类型

物流金融服务是物流企业在提供物流服务过程中，由物流企业为物流需求方提供的与物流相关的资金支付结算、保险、资金信贷等物流衍生的金融服务，其功能是实现物流与资金流的一体化。物流金融服务正成为物流企业进行高端竞争的服务创新,并带动银行共同参与新型金融业务。

物流金融服务包括以下几种类型。

(1)物流金融,物流与资金流互动中的增值服务。

(2)物流银行,库存商品融资金融服务,物流仓储、抵押融资与物流监管相结合。

(3)物流保险,物流风险控制与物流业保险服务。

按照融资对象的不同以及产品生产经营的不同阶段和方式分类,还可以分为:

(1)基于存货的物流金融业务模式。

(2)基于贸易合同的物流金融业务模式。

3.1.2 现代物流金融的基本运作模式

现代物流金融倚重于第三方物流企业,目前主要表现为物流企业的配套管理和服务,形成了银行—物流企业—贷款企业的三方密切合作关系。现代物流金融的基本运作模式如下所述。

1. 权利质押物流金融模式

权利质押的物流金融业务模式,即仓单质押融资,是指借方企业以物流企业开出的仓单作为质物向银行申请贷款的信贷业务,是物流企业参与下的权利质押业务。仓单是保管人(物流企业)在与存货人(借方企业)签订仓储保管合同的基础上,对存货人所交付的仓储物进行验收之后出具的物权凭证,如图 3.2 所示。

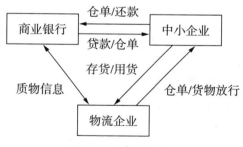

图 3.2　仓单质押模式

从物流金融的角度,则是将质押仓单价值视为融资对价,融资的期限、金额、贷后管理等都以质押的仓单为基础。这一观念的转变将大大拓展仓单质押融资的目标市场,并提高风险管理的精度。从我国的实际情况看,由于开展仓单质押融资业务的市场和制度基础环境尚未完全成熟,一般物流企业(非期货市场交割仓库)签发的仓单缺乏权威的机构认证,仓单的标准化程度低、使用和流通范围有限。因此,完全意义上的仓单质押融资在国内开展得较少,仓单更多是作为一种存货凭证,仓单的流通机制还未形成,因而物流金融业务更多是以动产质押融资的形式出现。

2. 动产质押物流金融模式

动产质押的物流金融业务模式,即存货质押融资,是指借方企业将其拥有的动产作为担保,向资金提供方(如银行)出质,同时,将质物转交给具有合法保管动产资格的物流企业(中介方)进行保管,以获得贷款的业务活动,其流程如图3.3所示。存货质押融资业务是物流企业参与下的动产质押业务。在我国现实实践中,此类业务已经覆盖钢材、建材、石油、家电等十几个行业。粮油、棉花、钢材、纸浆、玻璃、汽车、橡胶、化肥、原油等,因价值稳定及市场流通性好,而被纳入质押的范围。动产质押品种的选择,在一定程度上反映出商业银行对风险规避的考虑。另外,一些商业银行和物流企业在实践中逐步摸索出了"总量控制"和"不断追加部分保证金以赎出部分质物"等操作方式,在确保信贷安全的前提下,增强了质押商品的流动性。

权利质押模式需要考察仓单的信息和真实性,而动产质押模式需要对动产的价值、进出进行管理。两种模式的共同之处表现在两种业务模式都属于质押范畴,被用来作为规避贷款风险的手段,两种模式实质上都要关注质押商品的价值及其浮动和变化,业务参与方相同,都包括银行、借方企业和物流企业。

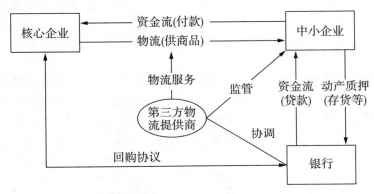

图3.3 动产质押模式

3.1.3 物流金融商业运作模式

在物流过程中开展金融服务对中小企业、银行及第三方物流企业本身都具有重要的意义,大力推广物流过程中的金融服务,不仅可以有效地提高企业的资金利用效率,使资金流和物流结合更加紧密、物流环节更加畅通,而且将有利于物流业乃至整个经济社会的健康、高效、快速发展。

1. 库存融资的模式

库存成本是供应链成本的重要组成部分,根据国外的相关研究,库存成本占整个供应链运营成本的30%。库存成本中最为关键的是被"锁定"在库存商品中的资金占用成本与使用成本,其中资金占用成本就是资金的机会成本。

库存融资能够帮助加快库存中占用资金的周转速度,降低库存资金的占用成本。库存融资又被称为存货融资,与应收账款融资一样都是以资产控制为基础的商业贷款。

目前库存融资比较常见的操作方式有3种,分别是静态抵(质)押授信、动态抵(质)押授信和仓单质押授信。

（1）静态抵（质）押授信。静态抵（质）押授信是指客户以自有或第三方合法拥有的动产为抵（质）押担保的授信业务。银行委托第三方物流公司对客户提供的抵（质）押商品实行监管，抵（质）押物不允许以货易货，客户必须打款赎货。

静态抵（质）押授信适用于除了存货以外没有其他合适的抵（质）押物的客户，而且客户的购销模式为批量进货、分次销售，它是货押业务中对客户要求比较苛刻的一种，比较适用于贸易型客户。

通过库存质押融资，客户可以将原本积压在存货上的资金盘活，扩大经营规模。同时，因为这种模式只允许用保证金赎货，不允许以货易货，所以赎货后所释放的授信敞口可被重新使用。

（2）动态抵（质）押授信。动态质押授信是延伸产品。银行对于客户抵（质）押的商品价值设定最低限额，允许在限额以上的商品出库，客户可以以货易货。

这个模式适用于库存稳定、货物品类较为一致、抵（质）押物的价值核定较为容易的客户。对于一些客户的存货进出比较频繁，难以采用静态抵（质）押授信的情况，也可以采用这种模式。

对于客户而言，由于可以以货易货，因此抵（质）押设定对于生产经营活动的影响相对较小。特别对于库存稳定的客户而言，在合理设定抵（质）押价值底线的前提下，授信期间几乎无须启动追加保证金赎货的流程，因此对盘活存货的作用非常明显。

对银行而言，该产品的保证金效应相对小于静态抵（质）押授信，但是操作成本明显小于后者。因为以货易货的操作可以授权第三方物流企业进行。

（3）仓单质押授信。仓单质押授信一般可将仓单质押划分为标准仓单质押和普通仓单质押。它们的区别在于质押物是否为期货交割仓单。

标准仓单质押授信是指客户以自有或第三人合法拥有的标准仓单为质押的授信业务。标准仓单是指符合交易所统一要求的、由指定交割仓库在完成入库商品验收、确认合格后签发给货主用于提取商品的，并经交易所注册生效的标准化提货凭证。

标准仓单质押适用于通过期货交易市场进行采购或销售的客户以及通过期货交易市场套期保值、规避经营风险的客户。

对于客户而言，相比动产质押，标准仓单质押手续简便、成本较低。对于银行而言，成本和风险都较低。由于标准仓单的流动性很强，这也有利于银行在客户违约情况下对质押物的处置。

普通仓单质押就是企业把库存货物放到特定的第三方物流企业处并取得仓单，然后用仓单做质押，从银行那里得到融资。在这之后，企业一边向银行还钱，一边从第三方物流企业那里提取货物。如果企业违约，银行和第三方物流企业可以将质押的货物变现，来补偿损失。

2. 混合融资模式

混合融资模式可以分为两类：债务性融资和权益性融资。前者包括银行贷款、发行债券和应付票据、应付账款等，后者主要指股票融资。债务性融资构成负债，企业要按期偿还约定的本息，债权人一般不参与企业的经营决策，对资金的运用也没有决策权。

权益性融资构成企业的自有资金,投资者有权参与企业的经营决策,有权获得企业的红利,但无权撤退资金。

商品货权和库存混合融资模式是结合运用权利质押和动产质押的模式。商品货权质押和库存质押融资模式的区别主要表现在：在法律上,两种业务的标的物的性质不同,在第一种业务形态中,标的是仓单,它是物权的凭证,如图3.4所示；在第二种业务形态中,标的是动产,属于实物范畴,如图3.5所示。业务操作的流程有所区别。

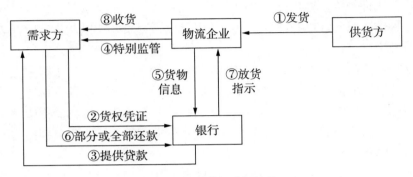

图3.4 企业货权质押模式

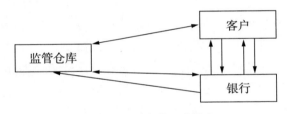

图3.5 企业存货融资模式

大多数企业都存在融资难、成本高和风险大等问题,探索存（期）货仓单质押融资模式,有助于与商品期货相关的生产、加工和贸易企业获得贷款,解决其库存商品过多、短期流动资金不足等问题,增加企业经营成功机会；同时降低银行贷款出现违约风险的可能性,也发挥了期货市场通过套期保值规避现货市场风险的作用。

从业务对象上看,该融资模式与进口押汇业务有一些类似,但其对银行债权的保障要远高于押汇业务,因此可以进一步放松融资企业条件,适用性更强。随着银行对物流金融风险把握能力的增强,在一些特定的贸易情况下,该融资模式还可以将物流监管前移至货物装船起运,实现从开证开始的商品质押全程监管融资。

3. 厂商银融资模式

厂商银融资模式是指商品生产商、商品贸易商、银行及其他相关合作方按照事先协议约定,由银行为贸易商开出的商业汇票办理承兑,定向用于向厂家购买商品,并由厂家承诺承担一定责任（退还差额购货款责任,或交付商品责任）的一种融资方式。厂商银融资模式中,银行控制商品（或商品提货权或仓单）,在贸易商缴存相应保证金后,银行释放商品（或商品提货权或仓单）。

根据操作模式可以分为保兑仓、先票后货、先票后单三种模式。厂商银融资模式是经销商从生产厂商购买货物时，提前向银行存入部分价格风险保证金（一般为20%~30%），银行代经销商支付货款，然后生产厂商以银行为收货人向指定的仓库发货，货物到仓库后由第三方物流公司代银行验收并进行质押监管，如图3.6所示。

企业归还银行借款，银行释放相应比例的商品提货权给借款人，直至保证金账户余额等于未偿借款余额。

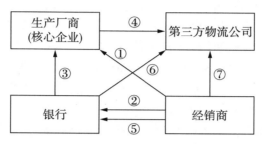

图3.6　厂商银融资模式

这种模式开展基本条件是：首先"厂商银"业务的发生基于贸易商与厂家之间真实、合法、有效的商品买卖关系；其次"厂商银"业务中厂家的综合实力相对较强，具备履行交付商品、退还商品差额购货款的责任和义务；第三是涉及仓储公司，要求仓储公司具备一定的仓储保管能力。

厂商银融资模式多用于以预付款方式购买商品的国内贸易结构中，采用的金融工具多为银行承兑汇票和国内信用证。厂商银融资模式涉及银行、生产商、经销商、物流公司四方，从风险控制角度，生产厂家按合同要求交付合格商品的履约能力、物流公司的监管能力和质押商品的销售变现能力非常重要，因此实践中该融资模式多围绕大宗商品重点生产企业，对其经销商提供集中融资。在厂商银融资模式中，一些生产厂家承诺在经销商不能归还融资时可以对质押商品进行回购，从而锁定了银行面临的商品价格下跌风险，扩大了银行可进行融资的商品种类。厂商银融资模式能够加快经销商资金周转，促进生产厂家商品销售，加快回款速度，并带动物流公司的监管、储运等业务，受到了各参与方的广泛欢迎，在钢材、汽车、家电、化肥、纸品、建材等大宗商品领域具有广阔的市场空间。

在厂商银融资模式下，银行能吸收保证金存款及派生存款，增加贴现等票据业务的收入；对生产厂家来说，能实现先款后货，减少应收款项，加快资金回笼速度，降低财务成本，稳定销售渠道，借银行授信将经销商纳入自身的销售网络，支持厂家迅速扩大销售规模和市场份额，并且避免竞争者蚕食下游客户；对经销商来说，解决了企业短期内融资难的问题，缓解了资金压力，加快了资金周转速度，同时通过银行承兑汇票稳定了与生产厂家的关系，保障了自身的供货渠道，取得了商品经销权，并能争取到生产厂家更大的返利。

4. 融通仓模式

融通仓模式是由物流企业和银行提供的一种金融与物流集成创新服务，除了提供基础的委托监管存货质押融资外,还可以提供信用担保融资,即统一授信模式。

1) 概述

融通仓作为一个综合性第三方物流服务平台,它不仅为银企间的合作构架新桥梁,也将良好地融入企业供应链体系之中,成为中小企业重要的第三方物流服务提供者。融通仓业务主要有仓单质押、保兑仓(买方信贷)等几种运作模式。

"融"指金融,"通"指物资的流通,"仓"指物流的仓储。融通仓是融、通、仓三者的集成、统一管理和综合协调。所以融通仓是一种把物流、信息流和资金流综合管理的创新。其内容包括物流服务、金融服务、中介服务和风险管理服务以及这些服务间的组合与互动。融通仓是一种物流和金融的集成式创新服务,其核心思想是在各种物流的整合与互补互动关系中寻找机会和时机;其目的是提升顾客服务质量,提高经营效率,减少运营资本,拓宽服务内容,减少风险,优化资源使用,协调多方行为,提升供应链整体绩效,增加整个供应链竞争力等。

融通仓模式是以物流公司为中心建立一个融质押商品仓储与监管、价值评估、融资担保、物流配送、商品处置为一体的综合性物流服务平台,银行根据融通仓的规模、经营业绩、运营现状、资产负债比例及信用程度,授予融通仓一定的信贷额度,物流公司可以直接利用这些信贷额度向相关企业提供灵活的质押贷款业务,由融通仓直接监控质押贷款业务的全过程,金融机构则基本上不参与该质押贷款项目的具体运作,如图 3.7 所示。根据我国相关法律规定,物流公司不能直接从事金融业务,所以实践中一般是采取由物流公司提供担保,借款人将商品质押给物流公司进行反担保来进行融资的方式。

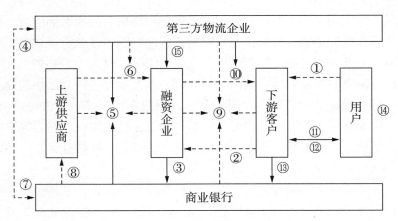

图 3.7 融通仓委托代理模式流程图

融通仓为中小企业融资提供新渠道,企业在发货以后就可以直接拿到一定比例的货款,大大加速了资金的周转,对那些生产高附加价值产品、供应链内部联系相当密切、发货频率很高的产业而言(例如,电脑、手机、家用电器),融通仓带来的收益就特别可观。

在物流运行过程中,发货人将货权转移给银行,银行根据物品的具体情况按一定比例(如 60%)直接通过第三方物流企业将货款交给发货人。当提货人向银行付清货款后,银行向第三方物流企业发出放货指示,将货权交给提货人。当然,如果提货人不能在规定的期间内向银行偿还贷款，银行可以在国际、国内市场上拍卖掌握在银行手中的货物或者要求发货人承担回购义务。

在物流金融活动中，第三方物流企业扮演了以下角色：第一，银行为了控制风险，就需要了解质押物的规格、型号、质量、原价和净值、销售区域、承销商等，要查看货权凭证原件，辨别真伪，这些工作超出了银行的日常业务范畴，第三方物流企业由于是货物流通过程的实际执行者和监控者，就可以协助银行做好以上工作。第二，一般情况下，商品是处于流动变化当中的，作为银行，不可能了解其每天变动的情况，安全库存水平就是可以融资的底线，但是如果第三方物流企业能够掌握商品分销环节，向银行提供商品流动的情况，则可以大大提高这一限额。由此可知，第三方物流企业是银行的重要助手，近年来，物流的高速发展和第三方物流在资产规模、运营规范化和信息系统水平方面都取得了巨大进展。

2）融通仓模式的划分

（1）融通仓模式按照功能可以划分为以下 3 种模式。

① 融通仓融入企业原材料采购链之中。企业先获得贷款采购原材料，然后将采购的原材料交付给第三方物流仓储中心作质押，在贷款期间分多次偿还。方式一：金融机构先开出银行承兑汇票交给企业，企业凭银行承兑汇票向供应商采购原材料，将原材料准确地评估后交付给第三方物流仓储中心入库，金融机构在银行承兑汇票到期时将汇票兑现，将款项划拨回原材料供应商的账户。方式二："先抵押，后质押"。企业先以金融机构认同的动产做抵押，获得银行承兑汇票用于购买原材料，待原材料经评估并交付仓储中心入库后，金融机构在银行承兑汇票到期时将汇票兑现，并将抵押贷款转为以该批原材料为质物的质押贷款。

② 融通仓融入企业分销链之中。企业产成品下生产线后直接运至第三方物流融通仓存储，以备销售旺季之所需。以该批成品库存做质押，获得金融机构质押贷款，并以产品销售收入分批偿还贷款。为保障金融机构的利益，企业在金融机构开设专门账户，接收销售货款，此时通常要求企业实行款到发货的销售政策，如果企业与金融机构另有约定，金融机构亦可按企业接到的销售订单确认质物出库申请。第三方物流融通仓此时作为企业分销链的一环，提供优质的仓储服务，并作为质押企业的承运人或协助其承运人安排货物出库与发运，保证企业产品分销物流的顺畅。

③ 融通仓对企业信用的整合与再造。获得金融机构的授信额度和成立独特的信用担保体系是信用整合和再造的两个重要方式。方式一：融通仓享有金融机构相当的授信额度。融通仓向金融机构按中小企业信用担保管理的有关规定和要求提供信用担保，金融机构授予融通仓一定的信贷额度。方式二：融通仓构建信用担保体系，包括融通仓直接成立信用担保体系、融通仓为企业申请质押贷款提供担保、融通仓以自身担保能力组织企业联保或互助担保 3 种方法。

（2）按照企业运营过程中的风险和资金缺口需求，融通仓可分为以下 3 种模式。

① 基于动产管理的融通仓运作模式。基于动产管理的融通仓运作模式主要适用于企业运营中"支付现金"到"卖出存货"的资金缺口期。融资模式体现为动产抵押和质押贷款（以供应链企业中的库存、仓单等动产作为质物进行融资）。这种模式把"死"

的物资或权利凭证向"活"的资产转换，加速"动产"的流通，能够创造更大的利润空间。

② 基于资金管理的融通仓运作模式。基于资金管理的融通仓的运作模式主要是应付账款管理和应收账款管理，即使用应付或应收账款的单据凭证作为担保信物向金融机构申请贷款，其中应付账款管理适用于企业运营周期的采购阶段，而应收账款管理适用于融资企业"卖出存货"至"收到现金"的资金缺口期。

③ 基于风险管理的融通仓运作模式。基于风险管理的融通仓运作模式适用于企业运营周期的各个阶段。例如，在企业采购期，原材料价格波动或需求变化将会导致供应链风险。基于风险管理的融通仓运作模式则借助金融衍生产品（如期权、期货等）来管理风险，从而提高供应链绩效。融通仓服务可以一定程度降低供应链风险，但是，融通仓服务本身又有其固有风险，如市场风险、商业环境风险、运营风险和信用风险等。有效风险管理是成功实施融通仓服务的关键。融通仓相关企业可以通过调整战略、战术、组织结构和风险控制机制，利用金融衍生产品和保险产品及运营控制来管理融通仓的相关风险。

5. 应收账款融资模式

应收账款融资是指企业以自己的应收账款转让给银行并申请贷款，银行的贷款额一般为应收账款面值的 50%～90%，企业将应收账款转让给银行后，应向买方发出转让通知，并要求其付款至融资银行。

（1）结构性出口前融资。

结构性出口前融资是出口企业在已签订购销合同的条件下，以履行该合同产生的应收账款为担保和基本还款来源的融资方式，如图 3.8 所示。

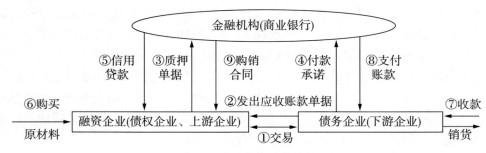

图 3.8 应收账款融资模式

① 功能特点。

缩短企业应收账款收款周期；降低了买卖双方的交易成本；提高了资金的周转速度；提高人力运用效率，免除人工收账的困扰；优化企业应收账款管理，为企业活化除固定资产以外的资产科目；透过应收账款增加营运周转金，强化财务调度能力。

② 运作方式。

应收账款质押融资，即供货企业以应收账款债权作为质押品向融资机构融资，融资机构在向供货企业融通资金后，若购货方拒绝付款或无力付款，融资机构具有向供货企业要求偿还融通资金的追索权。

（2）应收账款保理。

应收账款保理，即供货企业将应收账款债权出卖给融资机构并通知买方直接付款给融资机构，将收账风险转移给融资机构，融资机构要承担所有收款风险并吸收信用损失，丧失对融资企业的追索权。

应收账款保理主要用于针对上游供应商的融资业务。其基本流程如图3.9所示。

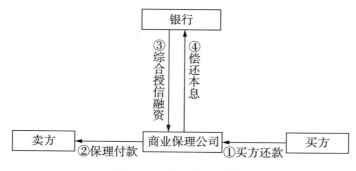

图 3.9　应收账款保理模式

（3）应收账款证券化。

应收账款证券化是资产证券化的一部分，指将企业那些缺乏流动性但能够产生可以预见的稳定的现金流量的应收账款，转化为金融市场上可以出售和流通的证券的融资方式。

供应商接到经销商订单后，向银行提出融资申请，用于组织生产和备货；获取融资并组织生产后，向经销商供货，供应商将发票、送检入库单等提交银行，银行即可办理应收账款保理，归还订单融资；应收账款到期，经销商按约定支付货款资金到客户在银行开设的专项收款账户，银行收回保理融资，从而完成供应链融资的整套办理流程。这一模式以供应链中上下游企业的信用迁移为主，物流跟踪控制为辅，解决了融资企业的信用缺失和信息不对称问题等，效果良好。

6. 其他融资模式

物流金融是一个蓬勃发展、不断创新的领域，围绕物流运行和商品特点，时有新产品出现，如商品物流证券化融资、担保公司参与下的物流融资等。具体案例中的模式设计千差万别，但万变不离其宗，关键是控制货权，把握商品价格，保持商品总值对融资敞口的保障效应。除了物流融资业务以外，物流费用保理、物流结算、物流担保、物流保险等业务也可以纳入物流金融的广义范畴。物流金融业务扩展方向与特征还表现在其个性化服务的方面，针对不同规模的物流企业，物流金融业务可采用不同的平台实现其扩展功能。结算业务是广义的最早的物流金融服务。

物流企业需要银行提供与其贸易结构相适应的应收账款保理业务及其他保证业务，主要包括关税"保付保证""保释金保证""付款保证""为企业提供投标保函""履约保函""预付款退款保函"等。这些带有国际金融性质的物流金融服务产品，比单一的物流金融信贷有了长足的发展，除了带有国际金融、国际贸易结算的历史痕迹外，还借鉴了国际保险与金融证券业务的效用特征，为今天的物流金融业务向规范化、国际化迈进奠定了基础。

3.2 物流金融企业运作模式

在典型的质押业务开展过程中,物流企业要根据银行和客户的不同,采取不同的运作模式;还要利用自身与金融机构良好的合作关系,为客户和金融机构创造良好的融资环境,在具体的办理过程中加强业务操作管理,降低操作风险。

3.2.1 垫资—代收货款模式

垫资—代收货款模式是物流公司为供应商承运货物时先预付一定比例的货款(比如一半)给供应商,并且按约定取得货物的运输代理权,同时代理供应商收取货款,采购方在提货时一次性将货款付给物流公司的服务模式。物流公司在将余款付给供应商之前会有一个时间差,这样该部分资金在交付前就有了一个沉淀期。

1. 业务过程

该模式通过物流公司垫付货款来解决融资企业采购资金不足的问题,物流公司替融资企业先行垫付部分货款,并替供应商收取采购方的货款,最终与供应商结清货款。该模式的业务流程如图3.10所示。

图 3.10 垫资—代收货款模式

(1)物流公司依照供应商和采购方签订的购销合同,取得货物承运权。
(2)物流公司代采购方先预付一定比例货款,获得质物所有权。
(3)采购方向物流公司支付所有货款并取得货物。
(4)物流公司在一定的期限内将剩余货款扣除服务费后支付给供应商。

代收货款业务是现如今各物流企业为争取客户而提供的一项增值服务,对降低交易成本、提高交易效率起到了重要作用。代收货款业务存在多种风险,对供货方而言存在物流企业的押款和截款的风险,对物流企业而言存在垫资和赔偿的风险等。化解风险必须采取多种措施,比如加强诚信甄别,改进支付方式和模式,注重物流企业资质建设,加强金融监管,引入保险机制等。

2. 垫资—代收货款模式分析

(1)在这种物流金融模式下,物流公司除获得货物运输等传统的物流费用外,还因为延迟支付获得了一笔不用付息的资金,这笔资金可以用于向其他客户提供物流金融的贷款服务,从而获取额外的资本收益。

(2)物流公司通过为采购方垫资服务和为供应商代收货款服务增强了对购销双方的吸引力,以特色服务扩大了对市场的占有,同时增加传统的物流服务业务量并获取新业务的收益。

（3）供应商在货物交付物流公司运输时就获得一部分的预付款，可以直接投入生产经营，从而减少在途货物对资金的占用来提高运营效率。

（4）采购方无须事先支付货款而只需在提货时结清，这样能减少采购方在同强势供应商交易中须支付预付款而给企业带来的资金压力，三方的利益都得到了保障。

3. 垫资—代收货款模式的风险

在整个垫资—代收货款服务过程中物流公司作为物流金融服务的信贷方，将供应商及采购方看成一个整体，即贷款企业。那么物流公司预支的货款可以看成是贷款，而交由物流公司承运的货物就是质押物，在货物交由采购方提货并付款之前存在采购方的违约风险，贷款的收益就是全额货款在沉淀期内的价值，由此可以将垫资—代收货款模式看成一般的存货贷款进行研究。

3.2.2 替代采购模式

第三方物流公司代替借款企业向供应商采购货品并获得货物所有权，然后根据借款企业提交保证金的比例释放货品。这种模式称为替代采购模式。

1. 替代采购模式的业务过程

替代采购模式具体业务流程如下。

（1）由第三方物流公司代替借款企业向供应商采购货物，并取得货物所有权。

（2）第三方物流公司垫付扣除物流费用的部分或者全部货款。

（3）借款企业向第三方物流公司提交保证金。

（4）第三方物流公司根据保证金比例向借款企业发货，供应商将货物发运到第三方物流公司仓库。

（5）借款企业向第三方物流公司还清货款。

替代采购模式业务过程如图 3.11 所示。

图 3.11　替代采购模式业务过程

在第三方物流公司的采购过程中，第三方物流公司通常向供应商开具商业承兑汇票并按照借款企业指定的货物内容签订购销合同，第三方物流公司同时负责货物运输、仓储、拍卖变现，并协助客户进行流通和销售。

除了供应商与借款企业签订的购销合同之外，第三方物流公司还应该与供应商签订物流服务合同，在该合同中供应商应无条件承担回购义务。

2. 替代采购模式分析

（1）第三方物流公司的加入，既可以消除供应商资金积压的困扰，又可以解决借款企业因资金不足而无法生产或无法扩大生产的困境，使双方因为有第三方物流公司的参与而解决各自的困难。

（2）对第三方物流公司而言，当其代替借款企业向供应商采购货品时，第三方物流公司首先代借款企业预付一半货款；当借款企业提货时则交付给第三方物流公司全部货款。第三方物流公司在将另一半货款交付给供应商之前，产生了一个资金流动的时间差，即这部分资金在交付前有一个沉淀期。在资金的这个沉淀期内，第三方物流公司等于获得了一笔不用付息的资金。第三方物流公司可以利用这笔不用付息的资金从事贷款业务，而贷款对象仍为第三方物流公司的客户或与第三方物流公司业务相关的主体。在这里，这笔资金不仅充当交换的支付功能，而且具有了资本与资本流动的含义，而且这种资本的运动是紧密地服务于业务链的。

（3）通过开展此项业务，第三方物流公司可以将客户与自己的利益连在一起，你中有我，我中有你，客户群的基础越来越稳固，有了更加稳定的客户源也就有了更加稳定的利润源。

（4）第三方物流公司必须有足够的资金用来替代借款企业采购货品，并且还要负责货物的运输、仓储、拍卖变现等，协助借款企业进行流通加工和销售，因此公司的管理水平也应该是相当高的，否则是无法开展此项业务的。

（5）对借款企业来说，此项业务的开展有效地解决了融资难的问题，利于企业长期稳定的发展。另外，借款企业开展此项业务必须依赖第三方物流公司，由第三方物流公司代替自己采购货品，那么就必须选择有一定实力的第三方物流公司开展合作。

（6）虽然借款企业必须依赖第三方物流公司开展业务，但正是由于有第三方物流公司的参与，使借款企业的产、供、销活动没有后顾之忧，而且还能将有限的精力和资金投放在产品的生产和销售上，这也有利于此项业务的顺利实施。

3. 风险分析

替代采购业务最大的风险是货物的流通销售环节，即商品的变现环节。那么，开展此项业务对商品品种应该有所选择，必须选择那些市场销路好、价格相对稳定的商品。这样的话，即使因为借款企业本身的原因而导致商品无法顺利销售时，第三方物流公司也能将库存商品以自己的销售渠道销售出去，从而将损失减到最小，并且第三方物流公司还能在借款企业的销售过程中，协助借款企业进行销售。所以，站在供应链的角度考虑，要达到共赢，最重要的是合作的三方共同努力，将最终的商品销售出去变现，遇到困难能从供应链共赢的角度出发，而不是只考虑自身的利益。

替代采购模式可能会带来以下风险。

（1）供应链风险。替代采购模式可能导致供应链发生变化，新的供应商可能无法满足企业的需求，或无法按时交货，从而影响到企业的生产和销售。

（2）质量风险。替代采购模式可能导致采购的产品或服务质量下降，从而影响企业的生产和销售。

（3）合规风险。替代采购模式可能导致企业违反相关法律法规或政策，从而面临诉讼或罚款等风险。

（4）成本风险。替代采购模式可能带来短期成本的降低，但也可能会导致长期成本的增加，例如由于新供应商的质量或可靠性问题而导致的售后服务成本增加。

因此，在采用替代采购模式时，企业需要进行全面的风险评估和管理，以减少风险的发生。

3.2.3 信用证担保货权质押模式

信用证是指开证银行应申请人的要求并按其指示，向第三方开立的，载有一定金额的，在一定的期限内凭符合规定的单据付款的书面保证文件。

信用证担保货权质押是指银行根据进口商的申请，在进口商根据授信审批规定交纳一定比例的保证金后，对减免保证金部分以信用证项下的未来货权作为质押而开立信用证，银行通过控制信用证项下的货权，监控进口商的买卖行为，并采取必要风险控制手段而开展的一种封闭式的短期融资授信业务。

1. 信用证担保模式的业务过程

采购方和第三方物流公司之间订立合同，以信用证方式向供应商支付货款，供应商将货物送至第三方物流公司监管的仓库，第三方物流公司保管货物，采购方交保证金给第三方物流公司，物流公司按保证金比例发放货物给采购方。信用证担保模式的业务过程如图 3.12 所示。

图 3.12　信用证担保模式的业务过程

信用证担保模式的业务流程如下所述。

（1）第三方物流公司与采购方合作，以信用证方式向供应商支付货款，间接向采购方融资。

（2）供应商把货物送至第三方物流公司的监管仓库，由其控制货物的所有权。

（3）采购方向第三方物流公司交纳保证金。

（4）第三方物流公司根据采购方交纳保证金的比例释放货品。

（5）最后由采购方与第三方物流公司结清货款。在第三方物流公司的采购过程中，第三方物流公司通常以信用证方式向供应商支付货款并按照采购方指定的货物内容签订购销合同，此时第三方物流公司负责货物运输、仓储、拍卖变现，还要协助客户进行流通加工和销售。

2. 信用证担保模式分析

（1）第三方物流公司的加入，既可以消除供应商资金积压的困扰，又可以解决采购方因资金不足而无法生产或无法扩大生产的困境，使双方因为有第三方物流公司的参与而解决各自的困难。

（2）对第三方物流公司而言，在向供应商提供银行开出的信用证后，还要负责货物运输、仓储、拍卖变现，另外还要协助采购方进行流通加工和销售变现，这个过程其实就极大地扩大了第三方物流公司的业务范围，从而获得新的利润源。

（3）对第三方物流公司来说，还可以将客户与自己的利害关系连在一起，你中有我，我中有你，客户群的基础越来越稳固，有了更加稳定的客户源，也就有了更加稳定的利润源。

（4）开展此项业务，第三方物流公司必须对采购方的经营状况及信用状况非常了解，才有可能为采购方提供信用证担保，否则就会因为风险过大而不愿开展此项业务。要了解采购方的情况，如果是第三方物流公司的老客户，要得到这方面的信息是非常方便的，但对于一般客户或新客户，第三方物流公司就要通过建立先进的管理信息系统，用来对采购方进行评估及管理，以方便开展此项业务，这样就对第三方物流公司提出了更高的要求。

（5）对采购方来说，此项业务的开展有效地解决了融资难的问题，利于企业长期稳定的发展。同时，采购方开展此项业务必须依赖第三方物流公司，由第三方物流公司向供应商提供信用证担保，才能从供应商那里拿到货品，那么就必须选择有实力、资信良好的第三方物流公司开展合作。

（6）虽然采购方必须依赖第三方物流公司开展业务，但正是由于有第三方物流公司的参与，使采购方的产、供、销活动没有后顾之忧，而且还能将有限的精力和资金投放在产品的生产和销售上，这也有利于此项业务的顺利实施。

3. 风险分析

信用证担保业务最大的威胁来自两方面：一是采购方信用缺失的风险；二是货物的流通销售环节存在的风险，也即商品的变现风险。

此项业务的开展对第三方物流公司来说，最大的风险来自采购方信用的缺失。前面我们提到过，第三方物流公司开展此项业务对采购方的选择应该非常严格，可以从已有的老客户中进行选择，对新客户则要用先进的管理信息系统对其进行评价，然后根据评价结果来决定要不要和这家采购方进行合作，或者该合作到何种程度等。只有这样做，才能有效避免第三方物流公司的风险，因为只有经营业绩良好、生产的产品适销对路并且信用度良好的企业，才能有效地将商品变现并按照合同及信用证的条款，将货款还给第三方物流公司。那么就要求第三方物流公司建立先进的管理信息系统来支持此项业务的开展，对第三方物流公司的管理水平也提出了更高的要求。

另一个风险是商品的变现风险。因为如果站在供应链共赢的角度，即使是具有先进的管理信息系统并且管理水平也高的第三方物流公司，和信用度高的采购方合作开展此项业务，但是合作生产出来的商品最终却在商场上销售不出去，那么此时不只对采购方，连对合作的第三方物流公司都会带来巨大的损失，并且这个损失除了保险外几乎无法弥补。所以对商品品种就应该有所选择，必须选择那些市场销路好、价格相对稳定的商品，这样的话，即使因为采购方本身的原因而导致商品无法顺利销售时，第三方物流公司也能将库存商品按自己的销售渠道销售出去，从而将损失减到最小，并且第三方物流公司还能在采购方的销售过程中，协助借款企业进行销售。所以，站在供应链的角度考虑，要达到共赢，最重要的是合作的三方共同努力，将最终的商品销售出去变现，遇到困难能从供应链共赢的角度出发，而不是只考虑自身的利益。

3.2.4 动产质押模式

由于仓单质押是物流金融中最重要的一种业务模式，而许多质押模式中又都涉及仓单质押业务，每一种融资质押业务中都会与仓单质押又有着相互关联的内容，所以我们在本书中的许多章节中都会涉及仓单质押模式。

1. 仓单质押的业务特点

关于仓单质押的性质，即仓单质押为动产质押还是权利质押，学术上有不同的看法，我们不予讨论。

仓单质押是以仓单为标的物而成立的一种质权。它作为一种新型的服务项目，为仓储企业拓展服务项目及开展多种经营提供了广阔的舞台，特别是在传统仓储企业向现代物流企业转型的过程中得到广泛应用。

（1）多适用于商品流通企业。

（2）有效解决企业担保难问题，当企业无固定资产作为抵押，又寻找不到合适的保证单位担保时，可以自有的仓单作为质押向银行取得贷款。

（3）缓解企业因库存商品而造成的短期流动资金不足的状况。

（4）质押仓单项下货物允许周转，可采取以银行存款置换仓单和以仓单置换仓单两种方式。

2. 质押仓单的货物必须具备的条件

（1）所有权明确，不存在与他人在所有权上的纠纷。

（2）无形损耗小，不易变质，易于长期保管。

（3）市场价格稳定，波动小，不易过时，市场前景较好。

（4）适用用途广泛，易变现。

（5）规格明确，便于计量。

（6）产品合格并符合国家有关标准，不存在质量问题；多操作于钢材、有色金属、黑色金属、建材、石油化工产品等大宗货物。

3. 业务申请人应符合的条件

（1）将可用于质押的货物（现货）存储于银行认可的仓储方，并持有仓储方出具的相应的仓单。

（2）应当对仓单上载明的货物拥有完全所有权，并且是仓单上载明的货主或提货人。

（3）以经销仓单质押项下货物为主要经营活动，从事该货品经销年限大于等于一年，熟知市场行情，拥有稳定的购销渠道。

（4）资信可靠，经营管理良好，具有偿付债务的能力，在银行及他行均无不良记录。

（5）融资用途应为针对仓单货物的贸易业务。

（6）银行要求的其他条件。

4. 仓单质押模式业务过程

仓单是保管人（物流公司）在收到仓储物时向存货人（借款企业）签发的表示收到

仓储物的有价证券。仓单贷款是仓单持有人以所持有的仓单作质押,向银行等金融机构获得资金的一种贷款方式。仓单贷款可在一定程度上解决中小企业尤其是贸易类企业的融资问题。仓单质押模式业务过程如图 3.13 所示。

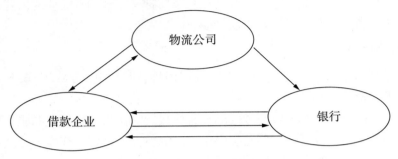

图 3.13　仓单质押模式业务过程

仓单质押模式的业务流程如下。
(1) 借款企业将产成品或原材料放在物流公司指定的仓库中,由物流公司获得货物的所有权。
(2) 物流公司验货后向银行开具仓单,仓单须背书质押字样,物流公司签字盖章。
(3) 银行在收到仓单后办理质押业务,按质押物价值的一定比例发放贷款至指定的账户。
(4) 借款企业实际操作中货主一次或多次向银行还贷。
(5) 银行根据借款企业还贷情况向借款企业提供提货单。
(6) 物流公司的融通仓根据提货单和银行的发货指令分批向借款企业交货。

5. 仓单质押两种常见的应用模式

仓单质押是以仓单为标的物而成立的一种质权。仓单质押作为一种新型的服务项目,为仓储企业拓展服务项目,开展多种经营提供了广阔的舞台,特别是在传统仓储企业向现代物流企业转型的过程中,仓单质押作为一种新型的业务应该得到广泛应用。

仓单质押模式分为存货仓库质押和保兑仓两种。

(1) 存货仓库质押。

仓单贷款是由借款企业、金融机构和物流公司达成三方协议,借款企业把质押物寄存在物流公司的仓库中,然后凭借物流公司开具的仓单向银行申请贷款融资。银行根据质押物的价值和其他相关因素向其提供一定比例的贷款。质押的货品并不一定由借款企业提供,可以是供应商或物流公司提供。同时,由仓库代理监管货物。贷款期内实现正常销售时,货款全额划入监管账户,银行按约定根据到账金额开具分提单给货主,仓库按约定要求核实后发货;贷款到期归还后,余款可由货主(借款人)自行支配。金融机构控制整个贷款项目的运作。

(2) 保兑仓。

保兑仓是指以银行信用为载体,以银行承兑汇票为结算工具,由银行控制货权,仓储方受托保管货物,承兑汇票保证金以外金额部分由卖方以货物回购作为担保措施,由银行向供应商（卖方）及其经销商（买方）提供的以银行承兑汇票为结算方式的一种金融服务。企业向合作银行交纳一定的保证金后开出承兑汇票，且由合作银行承兑，收款人为企业的上游供应商（卖方），供应商（卖方）在收到银行承兑汇票后开始向物流公司或仓储公司的仓库发货，货到仓库后转为仓单质押，若融资企业无法到期偿还银行敞口，则上游供应商（卖方）负责回购质押货物。

该模式需要处于供应链中的上游供应商、下游制造商（融资企业）、银行、仓储监管方共同参与，即在供应商（卖方）承诺回购的前提下，融资企业（买方）向银行申请以卖方在银行指定仓库的既定仓单为质押的贷款额度、由银行控制其提货权为条件的融资业务。银行通过该模式进一步挖掘客户资源，同时以物权作担保，有利于降低银行所承担的风险；融资企业通过该模式获得的是分期支付货款并分批提取货物的权利，可以有效缓解企业短期的资金压力。

保兑仓的运作程序如下。

（1）买方向银行缴存一定比例的承兑保证金。
（2）银行签发以卖方为收款人的银行承兑汇票。
（3）买方将银行承兑汇票交付卖方，要求提货。
（4）银行根据买方交纳的保证金的一定比例签发提货单。
（5）卖方根据提货单向买方发货。
（6）买方实现销售后，再缴存保证金，重复以上流程。
（7）汇票到期后，由买方支付承兑汇票与保证金之间的差额部分。

6. 仓单质押模式分析

（1）仓单质押业务的开展可大大提高第三方物流公司在供应链中的号召力。物流企业对于库存的变动及流通的区域，可以通过库存管理、配送管理做到了如指掌，所以为客户提供金融担保服务就应成为一项物流增值服务的项目，不仅为自己带来新的利润增长点，也可以提高第三方物流公司对客户的吸引力，增加第三方物流公司核心竞争力。在整个运作过程中，第三方物流公司承担的风险相对最小，因为有货物作为质押。假如第三方物流公司手中有相当多的资金，就可以不必通过银行，在取货时，第三方物流公司先将一部分钱付给供应商，货到收款后再一并结清。既可消除供应厂商资金积压的困扰，又可让买家卖家两头放心。

（2）第三方物流公司的参与提高了整个供应链的效率。目前的资金流运作过程非常烦琐，特别是中小企业单笔的业务量较小，从而运营的成本相对较高，这时如果有第三方加入进来，就可集聚业务量，同时分担银行的部分业务及成本，就可提高整个流程的效率。

（3）在国内，由于中小型企业存在着信用体系不健全的问题，所以融资渠道非常缺乏，生产运营的发展资金压力大。通过仓单质押业务的开展，可以有效支持中小型企业的融资活动。另外，开展仓单质押业务可以盘活企业暂时闲置的原材料和产成品的资金占用，优化企业资源，降低企业的融资成本，拓宽企业的融资渠道，而且可以降低企业原材料、半成品和产品的资本占用率，提高企业资本利用率，实现资本优化配置，可以降低采购成本或扩大销售规模，提高企业的销售利润。

（4）虽然借款企业必须依赖第三方物流公司和银行开展此项业务，但也正是第三方物流公司的参与，才使得借款企业将精力集中在生产和销售环节。一般借款企业生产流通过程不畅往往是因为资金，现在资金问题解决了，那么就可以将主要精力放在产品的生产和销售上，达到盈利的最终目标。

（5）对第三方物流公司来说，质物的实际价值与评估的价值不相符是最大的风险，有可能导致整个业务合作的失败。借款人为了多得到贷款，想方设法将质押物的价值抬高，而第三方物流公司为了争取业务，不惜弄虚作假以迎合这种需要，使得资产的评估带有很大水分；还有第三方物流公司由于技术、经验等方面的原因对某项财产的价值判定不准或不能科学预测财产的价格变动趋势，以致评估结果失真（高估情形偏多）。这就使质物不足值成为抵贷款的重要风险点。

（6）另外，对整个供应链来说，质押物变现的风险是三方都应该努力规避的。因为对整个合作来说，如果质押物不能变现或者销售情况不好，那么最终借款企业就不能及时还贷或根本无力还贷，银行和第三方物流公司的投资将最终成为泡影，导致合作失败。

7. 风险分析

仓单质押业务的开展以及由此引起的资金流动，涉及法律、管理体制、信息安全等一系列的问题，而且这些问题随着进一步实践逐渐暴露出来。归纳起来，主要有如下5点。

（1）借款企业资信风险。借款企业的业务能力、业务量及商品来源的合法性（私运商品有罚没风险）对第三方物流公司来说都是潜在的风险；在滚动提取时提好补坏，有坏货风险；还有以次充好的质量风险。

（2）仓单风险。仓单是贷款和提货的凭证，是有价证券，也是物权证券，但目前仓库所开的仓单还不够规范。

（3）质押商品选择风险。并不是所有的商品都适合用作仓单质押，商品在某段时间的价格涨跌幅度和质量的稳定状况都是在选择的时候需要考虑的内容，也会带来一定程度的风险。

（4）商品监管风险。在质押商品的监管方面，仓库同银行之间的信息不对称、信息失真或信息交换不及时都会带来双方决策的失误，影响仓单质押业务的开展。

（5）内部管理和操作风险。许多仓库的信息化程度很低，还停留在人工作业的阶段，难免出现内部人员的操作失误。

8. 风险规避措施

基于以上的风险分析，提出如下的风险规避措施。

（1）信用的建立与整合。从仓单质押的业务过程来分析，银行贷款给借款企业要以信用作为基础，银行委托第三方物流公司代理监管商品也需要信用，第三方物流公司存储借款企业的商品并融入供应链中去同样也需要信用，那么开展仓单质押业务就需要第三方物流公司来建立和整合这些信用。第三方物流公司、银行和借款企业之间存在着委托代理关系，第三方物流公司是两种委托代理关系的联结点：一是作为银行的代理人监管借款企业存储在第三方物流公司的仓库中的商品；二是作为借款企业的代理人，管理存储在仓库的商品。它不仅要建立信用,还要具备信用的整合功能。首先,第三方物流公司要与借款企业、银行建立信用关系,同时银行贷款业务的开展是建立在仓单的真实有效性和对仓库监管的信任之上的。仓单质押服务是一项高级的物流服务形式,它要求第三方物流公司为客户提供满意的服务和良好的信誉。其次,第三方物流公司可以利用双方都信任的关系来开展仓单质押业务,这是信用整合的过程。

(2)仓单的管理和规范化。仓单是在第三方物流公司接收借款企业要存放的商品以后,向借款企业开具的说明存货情况的存单。这种存单不单纯是证明性的,还具有特殊的功能,即有价证券进行质押,实现资金融通,辅助完成现货交易,提高交易效率,降低交易成本,它是仓单质押业务开展的重要法律依据和凭证。虽然其合法性的问题目前是业界备受关注的热点,但更为重要的问题却在于仓单的管理和规范化。

具体地说,仓单管理办法要明确指定印刷单位、固定格式、预留印鉴,由指定专人送至银行,并在仓单上和银企合作协议中申明:由借款人保证仓单的真实性和有效性,否则因此产生的贷款资金风险由借款人负完全责任。

仓单的内容也要明确规范,应包括如下要素。

① 设定质押商品名称、种类、数量、质量和价值。
② 银行信贷员审核意见。
③ 质押方公章、质权方公章。
④ 企业法定代表人签章及时间,银行负责人签章及时间。
⑤ 备注栏要注明此凭证方属质押合同权利凭证。

(3)商品的限制及价格的确定。在商品的限制方面,借款企业希望商品品种、数量和标准化程度能不受限制,不同品种之间具有可替代性,只要总价值能满足银行的要求即可;而对于银行和第三方物流公司来说,它们则要求质押的商品要有所限制。第三方物流公司要考虑自身的存储能力、管理水平与借款企业的需求,并协同银行做好商品的存储和监管工作。目前一些开展此项业务的第三方物流公司的仓库基本上是尽量选择适用广泛、易于处置、价格波幅较小且不易变质的商品,比如黑色金属、有色金属、大豆等。随着仓单质押业务的不断开展、管理经验的不断积累和技术手段的进一步提高,其解决方式将更加丰富,可用于仓单质押的商品的复杂程度会大大提高。这里所说的商品价格不是商品在市场中的价格,而是银行对质押商品进行综合评估得出的价格,是用来计算贷款数额的。这个价格目前都是由银行确定的,但第三方物流公司作为双方信任的委托代理,在价格的确定过程中也应起到提供参考意见的作用,特别是对于实行滚动质押的单位要设置安全警戒线。可以预见,随着仓单质押业务不断深入发展,银行对物流公司信任的日益提升,第三方物流公司就很有可能成为确定价格的主角。

(4)商品的监管和处置。第三方物流公司作为双方信任的第三方,在商品的监管环节要持认真负责的态度,积极有效地与银行和借款企业做好信息的沟通和共享工作。首先,第三方物流公司要和借款企业签订合同,第三方物流公司申请办理仓储物品保险,以便当仓储物出现损毁时,保险公司可以赔偿。其次,第三方物流公司要与银行签订《不可撤销的协助银行行使质押权保证书》,承诺银行商品的处置通常有两种情况:一是贷款还未到期,由于商品市场价下跌,银行通知借款企业追加风险保证金,在双方所确定的日期内借款企业仍未履行追加义务的,银行可委托第三方(很有可能是第三方物流公司)对尚未销售商品按现行市场价下调一定比率,尽快实现销售,收回贷款本金;二是贷款到期,但监管账户内销售回笼款不足以偿还贷款本息且无其他资金来源作为补充,银行也可委托第三方(很有可能是第三方物流公司)对仓储的相应数量商品按现行市场价下调一定比率,实现销售处理,直到收回贷款本息。当然以上两种处置方式和有关要求均须在贷款前以书面协议方式与借款人做出明确约定,仓库要能够尽职尽责地做好工作,降低银行的风险。

(5)信息化建设。先进、完善的物流服务需要有先进的管理方法,信息技术是实施先进的管理方法的前提和保障。以计算机通信为技术核心的信息技术,只有结合先进的管理思想,才能够发挥它强大的推动和促进作用。对第三方物流公司来说,信息化分为两个部分:一是其内部管理流程的信息化;二是和合作伙伴、客户及监管机构协同作业的信息化。利用现代信息技术来支撑管理的手段和过程。随着计算机技术、网络技术和通信技术的发展和应用,企业信息化已成为品牌实现可持续化发展和提高市场竞争力的重要保障。

3.2.5 买方信贷模式

物流金融业务中的买方信贷模式是指银行在买卖双方真实的贸易合同项下,向卖方支付货款,并由监管方监管货物,买方付款提货的质押融资模式。

1. 买方信贷模式业务过程

买方信贷模式业务过程如图 3.14 所示。

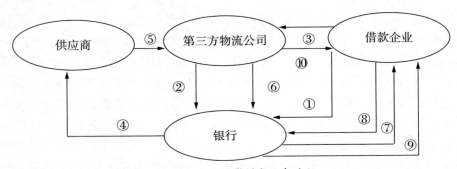

图 3.14 买方信贷模式业务过程

买方信贷模式的业务过程如下所述。

(1)借款企业根据与供应商签订的《购销合同》向银行提交一定比率的保证金。
(2)第三方物流公司向银行提供承兑担保。
(3)借款企业以货物对第三方物流公司提供反担保。
(4)银行开出承兑汇票给供应商。
(5)供应商在收到银行承兑汇票后向第三方物流公司的保兑仓交货,第三方物流公司获得货物的所有权。

(6）第三方物流公司验货后向银行开具仓单，仓单须背书质押字样，并由第三方物流公司签字盖章。

(7）银行在收到仓单后办理质押业务，按质押物价值的一定比率发放贷款至指定的账户。

(8）借款企业实际操作中货主一次或多次向银行还贷。

(9）银行根据借款企业还贷情况向借款企业提供提货单。

(10）第三方物流公司的融通仓根据提货单和银行的发货指令分批向借款企业交货。

2. 买方信贷模式的分析

(1）供应商、借款企业（经销商）、第三方物流公司、银行四方根据掌控货物的销售情况和库存情况按比率决定承保金额，并收取监管费用。银行给供应商开出承兑汇票后，供应商向第三方物流公司的保兑仓交货，此时转为仓单质押。这一过程中，供应商承担回购义务。从以上的业务流程分析可以看出，买方信贷模式是在仓单质押模式的基础上发展出来的，在此业务过程中，借款企业向银行提供的保证金及向第三方物流公司的货物反担保极大地降低了金融机构及第三方物流公司的风险，同时也降低了整个供应链的风险从而有利于此项业务的开展。

(2）由于买方信贷业务是在仓单质押业务基础上发展过来的，因此在仓单质押业务模式中进行的分析在此同样适用。

3. 风险分析

开展买方信贷业务存在许多的风险，归纳起来，主要有如下三点：

(1）借款企业资信风险；

(2）反担保商品选择风险；

(3）反担保的方式的风险。

【3-2拓展知识】

3.2.6 授信融资模式

授信就是金融机构（主要指银行）对客户授予的一种信用额度，在这个额度内客户向银行借款可减少烦琐的贷款检查。

授信可分为表内授信和表外授信两类。表内授信包括贷款、项目融资、贸易融资、贴现、透支、保理、拆借和回购等；表外授信包括贷款承诺、保证、信用证、票据承兑等。授信按期限分为短期授信和中长期授信。短期授信指一年以内（含一年）的授信，中长期授信指一年以上的授信。

从狭义上讲，授信融资即是一个企业的资金筹集的行为与过程。也就是企业根据自身的生产经营状况、资金拥有的状况，以及企业未来经营发展的需要，通过科学的预测和决策，采用商业银行向非金融机构客户直接提供的资金，或者对客户在有关经济活动中可能产生的赔偿、支付责任做出的保证的方式，从一定的渠道去筹集资金，组织资金的供应，以保证企业正常生产需要，经营管理活动需要的理财行为。

1. 授信方式及内容

（1）授信方式具体分为以下两类。

① 基本授信是指商业银行根据国家信贷政策和每个地区、客户的基本情况所确定的信用额度。

② 特别授信是指商业银行根据国家政策、市场情况变化及客户特殊需要，对特殊融资项目及超过基本授信额度所给予的授信。

（2）授信的内容。

授信应包括的内容有：①授信人全称；②受信人全称；③授信的类别及期限；④对限制超额授信的规定及授信人认为需要规定的其他内容。

2. 授信融资模式的业务过程

授信融资模式的业务过程如图 3.15 所示。

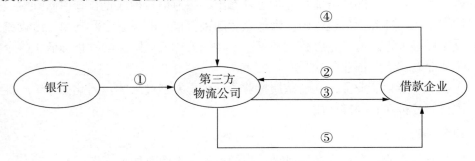

图 3.15　授信融资模式业务过程

授信融资模式的业务过程如下所述。

（1）银行根据物流公司的实际情况授予第三方物流公司一定的信贷额度。

（2）借款企业将货物质押到第三方物流公司所在的融通仓库，由融通仓为质物提供仓储管理和监管服务。

（3）第三方物流公司按质押物价值的一定比率发放贷款。

（4）借款企业一次或多次向第三方物流公司还贷。

（5）第三方物流公司根据借款企业还贷情况向借款企业提供提货单，物流公司的融通仓根据提货单分批向借款企业交货。

3. 授信融资模式分析

（1）授信融资业务是仓单质押模式的进化，之所以这么说，是因为它简化了原先仓单质押的流程，提高了运作效率。金融机构根据物流公司融通仓仓储中心的规模、经营业绩、运营现状、资产负债比率及信用程度，授予融通仓仓储中心一定的信贷额度，融通仓仓储中心可以直接利用这些信贷额度向相关企业提供灵活的贷款业务，由融通仓直接监控贷款业务的全过程，金融机构则基本上不参与该贷款项目的具体运作。融通仓直接同需要贷款的企业接触、沟通和谈判，代表金融机构同贷款企业签订质押借款合同和仓储管理服务协议，向贷款企业提供质押融资的同时，为贷款企业寄存的质物提供仓储管理服务和监管服务,从而将申请贷款和质物仓储两项任务整合操作,提高贷款业务运作效率。

(2)该模式有利于企业更加便捷地获得融资,减少原先贷款中一些烦琐的环节。借款企业在质物仓储期间需要不断进行补库和出库,传统的仓单质押业务中,借款企业出具的入库单或出库单需要经过金融机构的确认,然后融通仓根据金融机构的入库或出库通知进行审核;而现在这些相应的凭证只需要经过融通仓的确认(融通仓确认的过程就是对这些凭证进行审核的过程),中间省去了金融机构确认、通知、协调和处理等许多环节,缩短补库和出库操作的周期,在保证金融机构信贷安全的前提下,提高贷款企业产销供应链运作效率。

(3)对物流企业来说,开展授信融资业务能极大地拓展公司的业务规模,只要企业能够获得银行的授信,就能方便地为中小企业提供灵活的融资服务,而目前困扰大多数中小企业的问题就是资金问题,物流企业在获得授信后就能更好地为中小企业提供融资服务,提高运作效率。

(4)对金融机构来说,开展授信融资有利于金融机构提高对贷款全过程监控的能力,更加灵活地开展贷款服务,优化其贷款的业务流程和工作环节,降低贷款的风险。

4. 风险分析

近年来,商业银行授信业务各类风险案件频发,给银行业带来很大的风险,暴露了商业银行授信业务中普遍存在的问题:①开展授信融资业务存在的风险,②商业银行对客户授信应遵循的原则,③授信融资风险管理。

【3-3拓展知识】

3.2.7 垫付货款模式

垫付货款模式又称为"厂商银"融资模式,又叫"先票后货"模式,它解决了融资企业采购资金缺乏的问题。通过物流公司的监管,由金融机构先行向供应商垫付货款,融资企业在规定的期限内还清贷款后,从物流公司监管仓库提取相应的质押物。垫款种类有银行承兑汇票垫款、信用证垫款、银行保函垫款和外汇转贷款垫款。借款种类有信用贷款、抵押贷款和信托贷款。

1. 垫付货款模式的业务过程

垫付货款模式业务过程如图3.16所示。

垫付货款模式的业务过程如下所述:①供应商将货物发送到第三方物流公司指定的仓库;②供应商开具转移货权凭证给银行;③第三方物流公司提供货物信息给银行;④银行根据货物信息向供应商垫付货款;⑤借款企业还清货款;⑥银行开出提货单给借款企业;⑦银行向第三方物流公司发出放货指示;⑧第三方物流公司根据提货单及银行的放货指示发货。

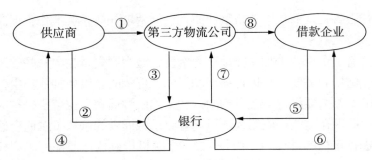

图 3.16　垫付货款模式业务过程

关于垫付货款模式的说明：在货物运输过程中，供应商将货权转移给银行，银行根据市场情况按一定比率提供融资，当借款企业（提货人）向银行偿还货款后，银行向第三方物流公司发出放货指示，将货权还给借款企业。当然，如果借款企业不能在规定的期间内向银行偿还货款，银行可以在国际、国内市场上拍卖掌握在银行手中的货物或者要求供应商承担回购义务。

2. 垫付货款模式分析

（1）垫付货款业务中，货物的所有权先由供应商转移给银行，实际的货物存放在第三方物流公司的仓库中，由第三方物流公司向银行提供货物的信息，银行就是根据这个信息向供应商垫付一定的货款，再根据借款企业还款情况指示第三方物流公司发货。在此过程中，第三方物流公司提供给银行的货物信息是银行垫付货款额度的一个重要指标，那么第三方物流公司与借款企业合伙提供虚假的货物信息对银行将是一个致命的损失，所以对银行来说，对第三方物流公司及借款企业信用的评估及监控就显得极其重要，是整个业务得以顺利开展的关键。

（2）对第三方物流公司来说，通过为供应商存储货物以及帮助借款企业（经销商）进行销售和向银行提供真实货物信息，扩大了业务领域，从而增加新的利润增长点。

（3）在整个业务过程中，借款企业存在的风险最小，只需要货物能按时按价销售，能够还清贷款就有利可图。

（4）站在整个供应链的角度，货物变现的风险是三方都应该努力规避的。因为对整个合作来说，如果质押物不能变现或者销售情况不好，那么最终借款企业就不能及时还贷或根本无力还贷，银行和第三方物流公司的投资将最终成为泡影，导致合作失败。

（5）这个过程中，第三方物流公司必须具有先进的管理信息系统，能及时获得商品的现时状况，及时为银行提供最新的信息，随着物流网技术的进一步发展，银行对货物的监管将越来越有效。

【3-4 拓展知识】

3. 风险分析

除了在仓单质押一节分析的风险外，垫付货款业务存在的最大风险是由整个业务过程中信息的不对称引起的。

3.3 金融物流服务的新型模式

金融物流是为物流产业提供资金融通、结算、保险等服务的金融业务，它伴随着物流产业的发展而产生，是在面向物流业的运营过程，为应用和开发各种金融产品而发生的物流活动，通常指质押监管业务。

3.3.1 仓储物流企业的金融仓运作模式

金融仓储是指融资企业以存货或由仓储公司出具的仓单为质押标的，从金融机构取得融资的活动，仓储公司对质押期间的质押物进行监管。

1. 金融仓储的具体内容

金融仓储模式的出现为银行开展动产抵押质押贷款业务提供了保障，降低了银行信贷风险，提高了银行利润空间，也为中小企业融资开辟了新天地，在盘活中小企业存货、避免关联担保风险、拓宽融资渠道方面发挥了积极的作用。金融仓储公司作为动产质押的第三方监管人，降低了银行对动产质押所承担的风险，而对于企业来说，开辟了除了抵押贷款、信用贷款和担保贷款以外的一条融资渠道。实现银行、企业和监管公司的三赢局面。

金融仓储业作为金融与仓储的交叉创新，作为一种连接中小企业和金融机构，解决中小企业"想借借不到"和金融机构"想贷不敢贷"问题的桥梁，参与的主体主要有企业融资者、金融机构、仓储企业等。

【3-5 拓展知识】

2. 仓储物流企业开展金融物流服务的条件

我国物流企业的发展环境日趋严峻，行业间竞争加剧，单一的仓储业务已经难以支撑仓储物流企业的可持续发展，物流服务形态由基础向整合、由粗放向精益的趋势已经成为必然。传统的仓储企业在开展金融仓服务时必须具备以下条件。

（1）经金融机构认可的用于存放质押货物的仓库。

（2）对货物具有所有权或占有权。

（3）有采购执行或分销执行等形式贸易业务支持，或者有某种商品的代理权（该商品必须是便于流通，具备透明稳定的市场价格体系）。

（4）具有雄厚的资金实力或强大的金融机构信贷支持。

（5）合适的质押物选择，质押物应合法，有较好的流通性和变现能力。

（6）仓储物流企业有安全可靠的信息系统和有一定操作经验的业务人员，科学的业务实施流程体系及严密的合同、业务等管理制度。

3. 仓单增值服务

仓单增值服务是指仓储物流企业接收到货物并检验合格后，为货物所有人开具代表货物价值的仓单，此仓单能够在特定的市场上进行流通或者作为银行进行仓单质押贷款发放的凭证。

（1）期货交割库中的金融仓服务。期货交割库中的金融仓服务是利用仓库开具仓单并能够在期货市场上流通交易而获利的一种业务。交割仓库这一项增值业务可以为仓储物流企业带来额外的收益。

（2）电子现货交收仓库的金融仓业务。电子现货交收仓库的金融仓业务是指仓库开具的仓单能够在电子现货市场上进行流通交易。电子现货市场是以现货仓单为交易对象，通过计算机网络在相应的电子平台上进行集中竞价买卖，统一撮合成交，统一结算付款。

4. 动产质押监管服务

动产质押监管服务是指银行在开展物流金融业务之时，需要仓储物流企业对债务人提供的质押物进行监管，以保证货物的安全。在这种模式下，金融仓主要为银行的物流金融业务提供技术支持，以保障物流金融整个业务的完成。仓储物流企业需要保证货物不出现物理上的损失以及丢失被盗情况的发生，否则将会担负起质押物的赔偿责任。动产质押监管服务流程如图3.17所示。

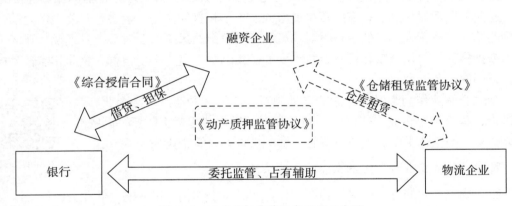

图3.17　动产质押监管服务流程示意图

按照是否允许质押物中途替换，动产质押监管又可分为静态质押监管和动态质押监管。前者是指在质押期限内，不允许债务人对货物进行替换，直到债务人归还借款。后者是指允许债务人在质押期限内对质押的动产进行替换，只需保证质押物的总价值维持在额定水平之上。对于动态质押监管业务来说，仓储物流企业不仅需要完善的监督管理措施和技术手段，还需要一定的动产评估能力，以保证对动产价值进行准确核定，保障债权人的利益。

3.3.2　票据池与池融资

票据池质押融资是指商业银行以企业持有票据质押形成的票据池作为担保、以总量控制模式向企业提供的票据质押融资业务。所谓"池融资"，就是企业无须额外提供抵押和担保，只要将日常分散、小额的应收账款集合起来，形成具有相对稳定的应收账款余额"池"并转让银行，就可以据此获得一定比例金额的融资。

1. 票据池业务

票据池业务是指银行接受客户委托，针对客户合法持有的商业汇票设立票据池，为其提供票据托管、票据托收、票据贴现、票据质押融资等一揽子管家式金融服务。

（1）传统票据池概念。

票据池就是客户将票据全部外包给银行，银行为客户提供商业汇票鉴别、查询、保管、托收等一揽子服务，并可以根据客户的需要，随时提供商业汇票的提取、贴现、质押开票等融资，保证企业经营需要的一种综合性票据增值服务，这样客户自己就可以将全部精力集中于主业。该业务是一项非常有前景的业务，值得各家银行关注。

该产品适用于票据往来量非常大、暂时没有贴现需求的大型集团客户，如钢铁、汽车、石化、电力等重要客户。该产品可以极大降低大型集团客户的票据业务工作量，科学高效管理集团的所有票据资源。

该业务需要开发一套票据综合管理系统，通过系统计算及管理客户的票据资源。

（2）现代票据池概念。

与传统意义上的票据池管理思路相比，现代票据池概念，一是"池"建在企业（或企业集团）内部，如企业（或企业集团）的职能部门——财务部，或企业集团下属的非银行金融机构——财务公司，而不是建立在外部商业银行；二是票据池管理，既包括票据实物的集中保管，又包括票据行为（如开票、贴现、背书、票据追索、到期支付与托收）的集中管理；三是进入"池"中的票据是广义上的票据，不仅包括商业承兑汇票和银行承兑汇票，还包括企业（或企业集团）创设的内部票据。

（3）业务流程。

① 银行向集团客户营销票据池业务，提出业务方案。

② 集团客户根据自身业务状况，提出具体的业务需求，可以包括单项或综合项目：票据全部质押、托管等。

③ 银行根据集团客户的需求设计协议文本、操作方案等，并签订相关协议。

④ 集团客户办理票据的交付，银行按照协议约定办理票据的鉴别、查询、保管等。

⑤ 银行将所有票据进行分类管理。银行计算客户可以动用的授信资源最高限额，并提示给客户。

⑥ 在可以动用的授信资源最高限额内，集团客户需要办理对外支付，银行可以随时办理银行承兑汇票、信用证、保函。

⑦ 银行定期将资金理财的收益兑付给集团客户。资金理财的收益可以按1天通知存款、7天通知存款、协定存款、3个月定期存款来计算。

（4）票据池业务的优点。

① 客户将票据保管等不熟悉的工作外包给银行，减少不必要的工作量，将全部精力集中于主业。

② 银行按照标准程序查询的票据，客户可以放心收票放货，银行服务嵌入企业生产经营，增加客户对银行的依赖。

③ 银行代为保管的票据，客户可以根据需要随时办理提票、贴现、质押开票（贷款）等，便利企业的资金运筹。

④ 银行帮助企业精细化管理票据资源，企业可以最大限度获得票据的理财增值服务，充分挖掘票据的巨大时间价值。

银行精细化管理"入池票据资源"，票据托收回来的资金进入池中，存为较多的小额 1 天 /7 天通知存款或 3 个月定期存款，为客户谋取最大的理财效益。如果客户没有需要动用的授信资源，那么银行会将票据池中的资金办理自动滚存。

2. 池融资

（1）池融资简介。

池融资业务几乎可以覆盖企业所有应收款领域，包括出口发票池融资、票据池融资、国内保理池融资、出口退税池融资、出口应收账款池融资等。企业界认为，池融资业务的创新价值在于，全面盘活企业频繁发生的各类分散账款、保障企业的资金流动性，帮助企业成长。

池融资显著优点：首先，现在企业零散、小额的应收账款可以汇聚成"池"申请融资，无须其他抵押担保。而先前对于中小企业来说，以前银行一般会要求其提供抵押物或第三方担保才能贷到款。其次就是帮助企业管理了应收账款，改善了账款的收款情况，节约了企业的管理成本。由于企业已经将应收账款全权转让给银行，因此这些应收账款的收款情况已经和企业没有什么关系了。企业当然也就不用派专人对此进行管理，节省了人力和财力。再次，就是盘活了企业的资金，加速了资金的流转，使企业能更好地发展，而且只要将应收账款持续保持在一定余额之上，企业就可以在银行核定的授信额度内，批量或分次支取货款。池融资方式还有一个好处，就是可以帮助小企业在一定程度上规避人民币升值风险。"池融资"使企业在应收账款到账之前，就可以用美元贷款的方式提前结汇，帮助企业减少可观的汇兑损失。

（2）应收账款池融资。

① 产品介绍。基于卖方（销货方）将其对特定买方（购货方）或所有买方的应收账款整体转让银行且银行受让的应收账款保持稳定余额的情况下，以应收账款的回款为保障，根据稳定的应收账款余额（最低时点余额），向卖方提供一定比例的融资业务。

② 适用对象。采用赊销方式进行交易的卖方，且应收账款周转较快，与买方交易长期稳定。

③ 产品特点。不根据单笔发票金额及期限设定融资金额及期限，而基于卖方将其对特定买方或所有买方的应收账款整体转让。

④ 申请条件。买卖双方应具有合法真实的赊销贸易背景。

⑤ 产品优势。盘活企业账面资产，降低企业成本，增加企业流动资金。

避免了烦琐的融资手续，可在一次授信后，只保持应收账款的最低额即可。应收账款池融资业务流程如图 3.18 所示。

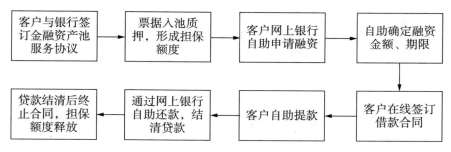

图 3.18　应收账款池融资业务流程

（3）票据池质押融资。

票据池质押融资，是指商业银行以企业持有票据质押形成的票据池作为担保、以总量控制模式向企业提供的票据质押融资业务。企业将持有的票据（如银行承兑汇票、财务公司承兑的商业汇票、企业承兑的商业汇票）向商业银行质押，建立票据池，池中的票据价值将转换成相应的融资额度，可支持企业办理多种融资业务。

（4）网上票据池质押贷款。

网上票据池质押贷款指以线上方式为小微企业办理的票据池内优质金融资产为质押担保的融资业务。

（5）产品特色。

在票据池融资额度内，可以根据客户的需要开立信用证、保函及灵活期限的本行出具的银行承兑汇票等表内外授信产品，授信额度期限内可循环使用。

① 入池、管理、托收，一站式服务。
② 线上融资、一键即贷、资金实时到账。
③ 支持信用证、银票等各类表外融资模式。
④ 适用对象为以票据结算为主要方式的小微企业。
⑤ 业务流程：开通票据池业务→票据入池，形成可融资额度→开通线上融资权限→企业网银自助申请网上票据池质押融资→线上签订借款合同，贷款实时到账。

3. 银行承兑汇票票据池质押业务

票据池业务是指客户将所持有的商业汇票整体托管给银行，银行为其提供票据的鉴别查验、查询、保管、贴现、到期托收等一揽子服务；并可根据客户的需要，随时提供商业汇票的提取、贴现、质押开票等融资的一项综合性票据增值服务。

银行承兑汇票池质押业务是指借款人以现有的银行承兑汇票为质押申请授信，提交银行审查、审批，确定质押授信额度，经核准的银行承兑汇票纳入承兑汇票池管理，实行承兑汇票动态质押、授信期内循环使用的融资模式。客户将笔数分散、发生频繁、期限不一的银行承兑汇票质押给银行，银行以银行承兑汇票的未来现金流作为风险保障，为客户办理各类贸易融资及保函、银行承兑汇票等授信业务，同时提供票据到期委托收款等服务。

（1）产品功能。

帮助客户解决授信担保难问题、实现付款方式的自由组合。

(2)产品特色。

在贴现利率高位不下的背景下,在满足客户付款方式的条件下,大幅降低企业财务成本。

3.3.3 保理融资业务

保理作为比较新的国际贸易结算手段,已经有十多年的历史了,而且逐渐成熟,并被更多出口商采用。

1. 物流保理

从保理业务的服务内容来说,物流保理业务与银行保理业务并无本质的不同,但是其经营的主体由银行变成为客户经营物流业务的物流企业,使物流和金融的联系更为紧密,由此衍生出许多银行保理业务所不具备的优势。物流保理业务的出现迅速引起了金融市场的注意,一些专家甚至称之为"革命性的金融服务方案",并认为在保理市场上没有任何银行能够与之匹敌。

2. 保理融资

保理全称保付代理,又称托收保付(也可称应收账款承购),是指销售商以挂账、承兑交单等方式销售货物时,保理商购买销售商的应收账款,卖方将其现在或将来的基于其与买方订立的货物销售/服务合同所产生的应收账款转让给保理商(提供保理服务的金融机构),由保理商向其提供资金融通、买方资信评估、销售账户管理、信用风险担保、账款催收等一系列服务的综合金融服务方式。

它是商业贸易中以托收、赊账方式结算货款时,卖方为了强化应收账款管理、增强流动性而采用的一种委托第三者(保理商)管理应收账款的做法。

(1)保理新定义。又称保险处理、理赔。

(2)保理的分类。保理业务分为国际保理和国内保理,其中的国内保理是根据国际保理发展而来。国际保理又叫国际付款保理或保付代理。它是指保理商通过收购债权而向出口商提供信用保险或坏账担保、应收账款的代收或管理、贸易融资中至少两种业务的综合性金融服务业务,其核心内容是通过收购债权方式提供出口融资。

(3)与国际保理不同的是,国内保理的保理商、保理申请人、商务合同买方均为国内机构。保理服务项目保理又称保付代理、托收保付,是贸易中以托收、赊销方式结算贷款时,出口方为了规避收款风险而采用的一种请求第三者(保理商)承担风险的做法。保理业务是一项集贸易融资、商业资信调查、应收账款管理及信用风险承担于一体的综合性金融服务。

(4)与传统结算方式相比,保理的优势主要在于融资功能,保理商可提供下列服务。①贸易融资:保理商可以根据卖方的资金需求,收到转让的应收账款后,立刻对卖方提供融资,协助卖方解决流动资金短缺问题。②销售分户账管理:保理商可以根据卖方的要求,定期向卖方提供应收账款的回收情况、逾期账款情况、账龄分析等,发送各类对账单,协助卖方进行销售管理。保理融资业务流程如图3.19所示。

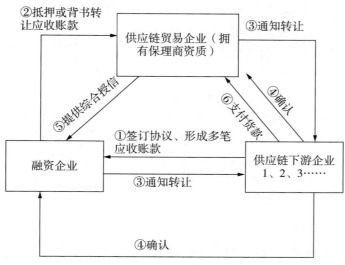

图 3.19　保理融资业务流程

保理融资分为股东融资和银行融资。

(1) 股东融资。

股东融资主要包括股东借款（往来款）、股东通过信托贷款或委托贷款给保理公司提供融资或股东通过认购定向资管计划／信托计划实现对保理公司融资（保理资产打包成定向资管计划或信托计划，股东作为该计划的认购人，参与计划的投资，并最终实现对保理公司融资之目的）。股东提供融资的方式主要适用于股东具备雄厚资金实力的保理公司。

(2) 银行融资。

① 银行综合授信融资。对于具有强大股东背景的保理公司，如上市公司、央企或国企旗下保理公司，在大股东提供担保的情况下，保理公司可享受相对较低的银行资金成本。对于一般的民营保理公司或大股东不担保的保理公司，银行审批时间长，不灵活。保理公司可向银行提供如下增信措施：一定比例的保证金、由保险公司提供信用保险、应收账款质押等。

② 银行再保理融资。银行作为保理公司的再保理商，保理公司将受让的应收账款债权转让给银行获得银行再保理融资。银行再保理业务通常要求底层债权较为优质，资产包评级较高。

3. 应收账款的催收

保理商有专业人士从事追收，他们会根据应收账款逾期的时间采取有理、有力、有节的手段，协助卖方安全回收账款。信用风险控制与坏账担保，保理商可以根据卖方的需求为买方核定信用额度，对于卖方在信用额度内发货所产生的应收账款，保理商提供100%的坏账担保。

4. 国内／国际保理

国内／国际保理业务是为国内外贸易中以赊销的信用销售方式销售货物或提供服务而设计的综合性金融服务。

国内保理指保理商为在国内贸易中的买方、卖方提供的保理业务。国内保理是指保理商为国内贸易中以赊销的信用销售方式销售货物或提供服务而设计的一项综合性金融服务。卖方（国内供应商）将其与买方（债务人）订立的销售合同所产生的应收账款转让给保理商，由保理商为其提供贸易融资、销售分户账管理、应收账款的催收、信用风险控制与坏账担保等综合性金融服务。

国际保理指保理商为在国际贸易中的买方、卖方提供的保理业务。国际保理又称为承购应收账款，指在以商业信用出口货物时（如以 D/A 为付款方式），出口商交货后把应收账款的发票和装运单据转让给保理商，即可取得应收取的大部分贷款，日后一旦发生进口商不付或逾期付款，就由保理商承担付款责任，在保理业务中，保理商承担第一付款责任。

5. 保理注意的问题

保理作为比较新的国际贸易结算手段，已经有十多年的历史了，而且逐渐成熟，并被更多出口商采用。其主要是针对在日益激烈的市场竞争，买方的付款条件更加苛刻，比如 D/A 远期，甚至赊销等，为了适应出口商既保持出口需要又减少出口收汇的风险的需求而产生的一种金融服务产品。

但是做保理也是有条件的，即需要注意以下问题。

（1）买方（进口商）要有较好的信誉或信用，这样进口保理商才能够为其核定一定的信用额度，否则是不可能被接受的。

（2）在续做保理业务之前，申请、信用评估、核定信用额度等准备工作是要在正式签订出口合同前做的。

（3）只有当出口保理商同意出口商续做该笔保理业务时，即进口保理商为进口商核准了信用额度后，才能够正式签订外贸合同或装运货物。

（4）要注意进口商的信用额度的使用状况（余额状况），以及其信用状况的变化，随时保持与出口保理商的有效沟通。

（5）切忌突破核定的信用额度。

（6）如果需要融资，需要事先了解利息比率。

6. 保理池融资和票据池融资的区别

两者最大的区别就是质押的不是同一种票据。票据池融资业务是指本行以客户合法持有并提供质押的票据及质押票据托收款项形成的保证金为担保向其提供流动资金贷款、开立银行承兑汇票、开立保函、开立信用证等表内外融资的业务。

保理池融资模式是与发票对应融资模式相对而言，即保理池融资不根据单笔发票金额及期限设定融资金额及期限，而基于卖方将其对特定买方或所有买方的应收账款整体转让给银行且银行受让的应收账款保持稳定余额的情况下，以应收账款的回款为风险保障措施，根据稳定的应收账款余额（最低时点余额），向卖方提供一定比例的融资业务。

3.3.4　承兑汇票质押背书

银行承兑汇票是商业汇票的一种，指由在承兑银行开立存款账户的存款人签发，向开户银行申请并经银行审查同意承兑的，保证在指定日期无条件支付确定的金额给收款人或持票人的票据。对出票人签发的商业汇票进行承兑是银行基于对出票人资信的认可而给予的信用支持。

1. 承兑汇票质押

承兑汇票质押是指以设定质权、供给债款担保为意图而进行的背书。它是由背书人通过背书的方法，将收据转移给质权人，以收据金额的给付作为对背书人债款清偿确保的一种方法。背书人在设定质押背书时，必须在背书中载明"质押"字样，并签名盖章。若是出质人只记载了"质押"字样而未在收据上签章，或许出质人未在汇票或粘单上记载"质押"字样而是另行签订质押合同、质押条款的，不构成收据质押。

质押背书是一种特殊的质权设定方法，与普通质权比较，效能不同。银行承兑汇票质押业务操作流程如图3.20所示。

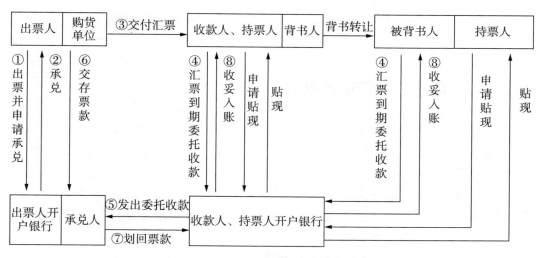

图 3.20 承兑汇票质押业务操作流程

（1）贷款人歹意或许有重大过失从事收据贷款的，质押行动无效。

（2）背书人在收据上记载"不得转让"字样，如后手再以此收据进行质押的，原背书人对后手的被背书人不承担收据责任。

（3）出票人在收据上记载"不得转让"字样，这以后手以此收据进行质押的，通过质押获得收据的持票人不享有收据权利。

（4）根据《最高人民法院关于审理票据纠纷案件若干问题的规定》，质押背书的被背书人依质押收据再行背书或者背书转让收据的，背书行动无效。

（5）质押背书的被背书人在完成债务时，不限定在设置的债务范围内，而是能够依收据恳求系数全部票据金额的完全给付。当然，这时可能发生背书人向被背书人恳求返还超过金额的问题。

2. 客户申请条件

（1）经工商行政管理部门核准登记的企业法人。

(2)原则上在银行办理贸易结算业务的时间在1年以上。
(3)企业经营和财务状况良好。
(4)与银行往来关系正常,在人民银行征信系统内未发现不良信用记录。

3. 业务申请资料

(1)申请人基本资料,包括但不仅限于工商营业执照、组织机构代码证、税务登记证、公司章程、验资报告。
(2)人民银行核发的贷款卡。
(3)银行认为需要的其他资料。

4. 电子商业汇票普通质押和票据池质押的区别

电子商业汇票在质押时,质押类型分为普通质押和票据池质押两种。

普通质押,质押银行可选择交通银行、其他银行、财务公司等。票据池质押,适用已签约票据池业务的客户,质押银行只能选择交通银行,质押时需手工录入票据池账号,票据池账户户名由系统自动回显。

3.4 物流金融的高级运作模式

我国信息通信产业发展迅速,国际竞争力较强,建成了全球规模最大、性能先进的网络基础设施体系,为数字经济发展提供了坚实物质基础。我国经济发展由高速增长阶段转向高质量发展阶段,产业升级、消费升级对数字经济发展产生巨大需求。我国有条件、有能力把握以数字技术为核心的新一代科技和产业变革历史机遇,加快发展数字经济,促进数字经济和实体经济深度融合,以信息化培育新动能,用新动能推动新发展,形成引领未来发展的新优势。

物流金融的高级运作模式,不仅提供物流和金融集成式服务,还为供应链中的供应商或第三方物流企业与零售商之间提供了风险共担的合作机制,部分协调了供应链的收益。

3.4.1 物流金融的高级运作模式概述

物流金融的高级运作模式是物流金融的核心模式和创新模式,实际上是在基于资金约束供应链的代理结构展开的。物流金融高级运作模式框架中,物流企业扮演了三种角色,即供应链、物流服务提供商和金融机构。

1. 物流金融的高级运作模式的界定

在资金约束供应链的控制结构中第三方物流企业的角色可以部分协调供应链的效益。在控制结构中,第三方物流企业可以通过为供应商代销产品或者为零售商提供替代采购等方式,为资金不足的供应商提供产品,同时通过延迟支付的方式(通常情况是为资金不足的供应商提供部分的保证金),为资金不足的零售商提供间接的融资服务。第三方物流企业还当然为整个供应链提供传统的第三方物流服务。这种控制结构中第三方物流企业的运作模式即被称为物流金融高级运作模式。

2. 物流金融服务的核心模式

物流金融服务的核心模式主要有以下几类。

（1）出口贸易中信用证融资（结构性出口前融资）。结构性出口前融资是指出口企业在已签订购销合同的条件下，以履行该合同产生的应收账款为担保和基本还款来源的融资模式，在这一融资模式中，银行最关注的是借款企业根据合同要求生产交付商品的履约能力和买方按期支付货款的能力。因此银行对物流的监控主要是企业按照合同生产、交付等履约情况，而不再是商品本身的变现价值。由于销售价格多在合同中约定，因此可以进行此类融资的商品种类也更加广泛。对于买方付款的风险，主要通过选择信用良好的大型买家（或者接受信用高的银行开出的信用证），在一些情况下也可以辅之以出口信用方担保措施。

（2）下游企业应收账款信用融资。供应链上资金不足的企业，利用来自下游企业延迟支付的应收账款作为信用凭证，以获得银行的融资服务。这一模式以供应链中上下游企业的信用迁移为主，物流跟踪控制为辅，解决了融资企业的信用缺失和信息不对称问题等，取得了较好的融资效果。该融资模式主要考察企业的现金流和运营情况，特别是与供应链中核心企业的业务往来作为融资判断依据，辅之以收款账户托管锁定风险，突破了传统的评级授信、抵押担保等信贷准入条件的限制，支持了一大批经营良好、管理规范、产品畅销的中小企业。同时，能够发挥银行客户资源优势，围绕核心企业开展业务，实现集中经营和专门管理，提高融资效率。

（3）基于权利和动产混合质押的物流金融模式。基于权利和动产混合质押的物流金融的典型方式是信用证项下商品质押融资，在这种模式下，当进口信用证项下单据到达并经融资经办行审核无误后，开证申请人以该信用证项下代表货权的单据（提单）作为质押，银行先行代为付款，并委托第三方物流公司代为报关，提货并运至指定仓库，转入商品存货质押监管，待企业归还借款后再释放质押商品。该模式主要适用于以信用证结算方式进口商品的贸易类企业或生产企业的原料进口。

从业务对象上看，该融资模式与进口押汇业务有些类似，但其对银行债权的保障要远高于押汇业务，因而其可以进一步放松融资企业条件，适用性更强。随着银行对物流金融风险把握能力的增强，在一些特定的贸易情况下，该融资模式还可以将物流监管前移至货物装船起运，实现从开证开始的商品质押全程监管融资。

3. 物流金融的创新模式

现代物流金融的创新模式有许多种，这里主要介绍两种较新的模式。

（1）前向物流金融。它主要是指资金不足企业与供应链上游企业、银行或者银行和第三方物流企业的联盟之间的协作，共同解决供应链资金不足的问题。在前向物流金融中，上游企业往往是资质较好、信誉较佳、资金较充足的企业。银行通常是物流金融业务的组织者。

在前向物流金融中，最典型的物流金融模式莫过于实践中的厂商银融资模式。厂商银融资模式多用于以预付款方式购买商品的国内贸易结构中，采用的金融工具多为银行承兑汇票和国内信用证。该模式涉及银行、生产厂家、经销商、物流监管公司四方，从风险控制角度,生产厂家按合同要求交付合格商品的履约能力、物流监管公司的监管能力和质押商品的销售变现能力非常重要,因此实践中该融资模式多围绕大宗商品重点生产企业,对其经销商提供集中融资。如,目前国内有银行与大型物流公司合作,首创以国内信用证方式为汽车经销商办理厂商银融资模式下的汽车质押融资。

(2)后向物流金融。它主要是指资金不足企业与供应链下游企业、银行或者银行和第三方物流企业的联盟之间的协作,共同解决供应链资金不足的问题。在后向物流金融中,下游企业往往是资质、信誉较好、资金较充足的企业。同样,银行往往是物流金融业务的组织者。

在后向物流金融服务中,最典型的模式是实践中基于应收账款的物流金融服务。具体有两种模式。

第一,出口贸易中信用证融资(结构性出口前融资)。结构性出口前融资是指出口企业在已签订购销合同的条件下,以履行该合同产生的应收账款为担保和基本还款来源的融资方式。在这一融资模式中,银行最关注的是借款企业根据合同要求生产、交付商品的履约能力和买方按期支付货款的能力;因此银行对物流的监控主要是企业按照合同生产、交付等履约情况,而不再是商品本身的变现价值。由于销售价格多在合同中约定,因此可以进行此类融资的商品种类也更加广泛。对于买方付款的风险,主要通过选择信用良好的大型买家(或者接受信用高的银行开出的信用证),在一些情况下也可以辅之以出口信用方担保措施来规避。

第二,下游企业应收账款信用融资。供应链上资金不足的企业,利用来自下游企业延迟支付的应收账款作为信用凭证,以获得银行的融资服务。这一模式以供应链中上下游企业的信用迁移为主,物流跟踪控制为辅,解决了融资企业的信用缺失和信息不对称问题等,取得了较好的融资效果。该融资模式主要考察企业的现金流和运营情况,特别是与供应链中核心企业的业务往来作为融资判断依据,辅之以收款账户托管锁定风险,突破了传统的评级授信、抵押担保等信贷准入条件的限制,支持了一大批经营良好、管理规范、产品畅销的中小企业。同时,能够发挥银行客户资源优势,围绕核心企业开展业务,实现集中经营和专业管理,提高融资效率。

3.4.2 基于资金约束供应链的代理结构

资金约束可以被定义为企业和供应链不同环节之间的融资需求和融资供给之间的格局不匹配,这意味着供应链上的某些环节面临着现金流不足的问题。

1. 概述

物流金融的核心模式和创新模式,实际上是在代理结构中,第三方物流企业存在两种类型的激励:一是传统第三方物流企业的激励;二是金融机构的融资激励。

在代理结构中,第三方物流企业通过与金融机构的结盟,可以为资金不足的供应链提供物流和金融集成服务。然而,研究表明,在代理结构中,第三方物流企业和金融机构的结盟可以解决供应链资金不足的问题,但是并不能降低供应链中传统的无效率问题:双边际化效应。也就是说,在代理结构中,供应链最高的效率只能是到达无资金约束下传统报童问题的效率。代理结构下的物流金融服务并不能协调供应链的收益。

在资金约束供应链的控制结构中第三方物流企业的角色可以部分协调供应链的效益。因为在控制结构中，第三方物流企业在资金约束的供应链中存在着三种类型的激励：一是传统第三方物流企业的激励；二是金融机构的激励；三是供应商的激励。

2. 融资约束的相关理论和影响因素分析

M-M 理论的基本假设如下。

（1）企业的经营风险是可衡量的，有相同经营风险的企业即处于同一风险等级。

（2）现在和将来的投资者对企业未来的息税前利润估计完全相同，即投资者对企业未来收益和取得这些收益所面临风险的预期是一致的。

（3）证券市场是完善的，没有交易成本。

（4）投资者可同公司一样以同等利率获得借款。

（5）无论借债多少，公司及个人的负债均无风险，故负债利率为无风险利率。

（6）投资者预期的息税前利润不变，即假设企业的增长率为零，从而所有现金流量都是年金。

（7）公司的股利政策与公司价值无关，公司发行新债不影响已有债务的市场价值。

根据早期经典的 M-M 理论，在资本市场完美的假设下，企业内源融资与外源融资是完全替代的，两者不存在成本差异，因此企业的投资与资本结构无关，仅取决于投资项目的优劣。放松这一严格假设后，信息不对称将导致企业外源融资的成本高于内源融资。当内源融资成本和外源融资成本存在显著差异时，企业进行外源融资时就会受到融资成本与数量的约束，这种约束叫作融资约束。

通过上述理论的分析，我们可以看到信息的对称度是影响融资约束最为核心的因素也是其根本因素，因为存在信息不对称导致的融资成本的差异，才最终导致企业融资约束问题的出现，具体来讲当信息不对称度高时，外部资金提供者对融资企业资金情况监督成本大于其机会成本时，外部资金提供者将拒绝提供资金给企业，当出现相反情况时，外部资金提供者才可能会愿意提供资金给企业，因此随着信息不对称度的降低，中小型企业所面临的融资约束也将逐渐降低。此外，影响企业融资约束的外部和内部因素也会对信息不对称度形成相互影响，比如资本市场的完善将降低信息不对称度，从而缓解企业的融资约束。我们可以把影响中小企业融资约束的因素用图 3.21 表示。

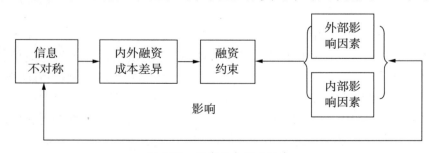

图 3.21　融资约束影响因素

3. 供链融资营理的资金约束模式

针对供应链中现金流缺口主要产生于发生应收账款、原辅料采购及库存仓储期间，可采用有针对性的金融模式和相关金融产品：基于应收账款的应收账款融资模式、基于采购和库存资金占用的保兑仓融资模式和融通仓融资模式，同时为了增加现金流，企业可根据自身业务采用有针对性的专项融资方式。例如，外贸企业可采用订单融资以延长应收账款周转天数，以根据上下游企业个体特殊情况融资方式。

（1）应收账款融资模式。该模式是指以中小企业对供应链上核心大企业的应收账款单据凭证作为质押担保物，向商业银行申请期限不超过应收账款账龄的短期贷款，由银行为处于供应链上游的中小企业提供融资的方式。

（2）保兑仓融资模式。保兑仓业务是指在作为产业链核心大企业的生产商承诺回购的前提下，由融资企业向银行申请以卖方在银行指定仓库的既定仓单为质押获得银行贷款额度，并以由银行控制其提货权为条件的融资服务。

（3）融通仓融资模式。融通仓业务是为中小企业设计供应链融资的存货融资服务模式。融通仓融资模式的基本原理是生产经营企业先以其采购的原材料或产成品作为质押物或反担保品存入第三方物流开设的融通仓，并据此获得银行的贷款。

（4）订单融资业务是指为支持国际贸易项下出口商和国内贸易项下供货商备货出运，应卖方的申请，银行根据其提交的贸易合同或采购订单向其提供用于订单项下货物采购、生产和装运的专项贸易融资。

借助供应链融资，链上任何一个节点企业都可以利用企业自身的上、下游交易关系所产生的应收账款、采购资金和库存资金占用等途径选择自己合适的金融产品进行融资，从而有效解决了供应链中的中小企业融资难题。

4. 相关的案例

在物流金融的核心模式中，物流金融服务的提供商除了第三方物流企业外，还可以是其他类型的企业，例如贸易公司（同时也提供物流的集成服务）。本案例的物流金融提供商是一家贸易投资管理公司，其为医疗设备供应链提供了物流和金融集成式服务，为银行和企业合作构建服务平台，其运作模式见图3.22。

如图3.23所示，贸易投资公司（物流金融服务提供商）主要提供三种服务：

（1）贸易代理服务，帮助医疗设备供应链下游分销商向上游供应商采购物品；

（2）金融服务，包括委托贷款、库存融资、应收/应付账款管理、担保、保险代理等；

（3）物流服务，包括货代、仓储和配送等。

贸易投资公司融通仓服务的出现，有效地降低了供应链物料流、信息流和资金流的成本，有效地提高了供应链管理的效率，使得医疗设备供应链各个参与方获得"共赢"的局面。例如，下游分销商获得高质量的物流和金融服务，提高销售收益；上游供应商不仅扩大销售额，而且账款回收期短，降低了风险；贸易投资公司增加利润源，提高了市场竞争力；银行机构在风险进一步降低的基础上，扩大业务规模和收益。

上述案例中，物流金融提供商在运作过程中表现出前面所述的三种类型的激励。

5. 国际结算物流金融业务

早在物流金融这个词汇在中国尚未出现之时，物流金融的业务早已在国企内部、民

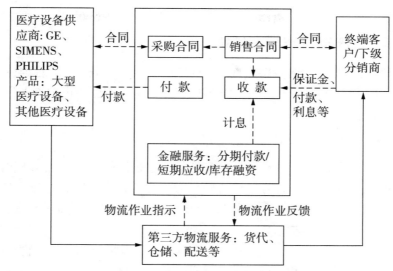

图 3.22　医疗设备采购的物流金融框架

间流通领域及外贸运输专业相关金融机构悄悄运行，不过那时的物流金融业务单一，还仅限于简单信贷的小品种业务。随着对信贷金融服务需求的增加，物流运营中物流与资金流的衔接问题日益凸显。

　　物流金融业务在国际结算中的应用，完整地继承了国际货物运输金融服务的标准规范，并逐步改造为本土内贸企业试行。特别是加入 WTO 后中国的物流业全面对外开放，由于贸易壁垒减少将推动进出口贸易的迅速增长，一些跨国物流公司也将加入国内物流业的竞争，使本土的物流业趋向国际化，各银行将为物流企业提供优质的信用证开证、结售汇、多币种汇入汇出汇款、出口托收和进口代收、进出口托收、进出口押汇、打包贷款等全功能贸易融资服务和非贸易国际结算服务。同时也开办了保证业务，为保证资金及时安全回收、减少资金占用，物流企业需要银行提供与其贸易结构相适应的应收账款保理业务及其他保证业务，主要包括关税保付保证、保释金保证、付款保证、为企业提供投标保函、履约保函、预付款退款保函等。这些带有国际金融性质的物流金融服务产品，比单一的物流金融信贷有了长足的发展，它除了带有国际金融、国际贸易结算的历史痕迹外，还借鉴了国际保险与金融证券业务的功能特征，使得物流金融业务更加规范化、国际化。物流金融业务扩展方向与特征还表现在其个性化服务的方面，针对不同规模的物流企业，物流金融业务可采用不同的平台实现其扩展功能。如，网上银行的 B2B 业务主要适用于中小型规模的物流企业。

　　物流金融是一个蓬勃发展、不断创新的领域，围绕物流运行和商品特点，时有新产品出现，如商品物流证券化融资、担保公司参与下的物流融资等，具体案例中的模式设计更是千差万别，但万变不离其宗，关键是控制货权、把握商品价格、保持商品总值对融资敞口的对价（保障）效应。除了物流融资业务外，物流费用保理、物流结算、物流担保、物流保险等业务也可以被纳入物流金融的广义范畴，但由于其产品完善程度不高、业务量不大,或者属于保险等其他金融同业的业务范畴,受篇幅限制,我们在这里不做深入的探讨。

3.4.3 第四方物流金融服务创新

第四方物流金融服务结合金融机构的实时监管要求,为提高三方管理协调效率,一方面,增加了银行的客户,筛选出更为优质的客户;另一方面,也相当于为银行提供了一个担保方,降低了风险。

1. 第四方物流金融服务概述

【3-6拓展知识】

第四方物流的成功运作需要大量的资金支持,在我国现阶段,第四方物流涉及的合作各方结合比较松散,自筹资金有限,直接融资门槛太高,间接融资面临信息不对称,发展资金的问题便成了致命的难题。

(1)第四方物流。

第四方物流专门为第一方物流、第二方物流和第三方物流提供物流规划、咨询、物流信息系统、供应链管理等活动。第四方物流是为物流业者提供一个整合性的物流,包括:金融、保险、多站式物流配送的安排。其与第三方物流的差别则在第三方物流只单纯地提供物流服务,第四方物流则是整合性的,例如:可协助进出口关税问题、收款等功能。第四方物流是提供物流系统设计与整合者。

(2)第四方物流金融服务与平台创新。

第四方物流金融服务是针对物流金融业务对跨行业信息获取、共享及运作流程规范上的特殊要求,针对客户存货的动态质押,结合金融机构的实时监管要求,为提高三方管理协调效率,面向物流金融业务高效运作而构建的一个集信息化系统、智能化设备及管理咨询于一体的系统集成服务模式。

2. 第四方物流金融服务业务

金融机构是发展动产质押融资业务的中坚力量和根本性推动力量,金融机构最初推动动产质押融资业务是基于风险控制的需要,采取动产质押融资模式可以有效地控制风险。最初的运作模式主要有银行和融资客户两方,银行与指定仓库签订协议,要求仓库没有接到银行的指令不得放货。其主要特点是质押物商品脱离了正常的供应链运作体系,处于静态仓储控制。经过一个阶段的发展以后,金融机构已经意识到物流金融的发展必须更好地满足客户的需求,从市场需求来讲,客户不满足简单的、静态的、没有效率的质押融资服务,而是希望在正常的贸易生产过程中满足融资和物流服务的需求。不同于传统质押贷款中银行—借款企业的两方关系,动产质押融资作为一个较为复杂的系统,它的参与主体包括银行等金融机构、第三方物流企业及融资企业。

3. 第四方物流金融服务平台运作模式

第四方物流金融服务平台是一个以动产质押融资为核心的物流金融业务创新服务集成平台,是物流金融业务中的供需双方(金融机构与融资企业)及物流公司这三者之间以及保险、评估等增值服务机构的资源整合者与信息服务提供者。第四方物流金融服务平台不是任何一方的竞争者，而是采用信息技术、资源整合及专业服务为合作伙伴提供独特及广泛的物流金融整体解决方案的第四方物流金融服务平台。金融机构通过平台激活优质动产担保资源，拓宽中小企业客户市场，转变传统发展方式；改善信贷结构、降低信贷管理成本，提高资金收益率。融资企业通过平台获得安全、透明、灵活的质押物仓储物流服务，实现销售与抵押两不误；拓宽融资渠道，降低综合融资成本。物流公司可通过平台拓展物流增值服务，增加营收来源；提高物流仓储作效率及客户黏性，严控质押监管业务风险。

4. 平台组成

第四方物流金融服务平台主要由物流金融业务与风险管理系统、网络化智能仓储物流管理系统、智能物流集成工作站及外部信息系统数据接口集成等四项功能模块组成，这四项功能模块既可以各自独立运行的，为客户提供物流仓储、贷款融资、行情资讯、物流金融业务管理等方面的资讯与信息管理系统服务，也可由全体或数个功能模块集成整体的服务平台，为开展物流与供应链金融业务的各方提供完整的解决方案。物流金融业务与风险管理系统集存货质押融资管理、金融质押监管、风险管理等功能于一体，实现各环节的无缝衔接，并融存货实物监管、工作量统计和融资成本核算于一身，为存货质押贷款业务各方提供全方位的管理决策依据。物流金融业务与风险管理系统在确保数据安全的基础上为金融机构、第三方物流（监管）以及融资企业的 WMS、ERP 等信息系统提供多种开放式数据接口，以确保仓储－质押－监管的业务联动与数据共享。智能物流集成工作站是一个各类物联网传感及计算设备与相关系统软件的集合体，布置于动产质押监管仓库，主要用于自动采集质押物相关的各类信息数据，并按设计规则对信息数据进行处理与传递。网络化智能仓储物流管理系统是基于 RFID 的仓库管理系统，是在网络化管理系统中引入 RFID 技术。整个系统具有支持多组织，多仓库业务处理；多客户、多仓库、多货物仓储管理；客户可通过网络进行库位预约及入库库位推荐；支持跨组织、跨仓库之间的分拨与调拨；可自定义配置业务流程与特性；详尽的库存交易跟踪与多维度的货物跟踪；自定义多权限管理；对仓库到货检验、入库、出库、调拨、移库移位、库存盘点等各个作业环节的数据进行自动化的数据采集，保证仓库管理各个环节数据输入的实时性与准确性等特点。

3.4.4　国际物流金融服务的运作模式

国际物流金融服务是指面向国际物流业的运营过程，通过应用和开发各种金融产品，有效地组织和调剂国际物流领域的货币资金流动。

1. 概述

国际物流金融服务是通过应用和开发各种金融产品，有效地组织和调剂国际物流领域的货币资金流动。这些资金流动包括发生在国际物流过程中的各种存款、贷款、投资、信托、租赁、抵押、贴现、保险、有价证券发行与交易，以及金融机构所办理的各类涉及物流的中间服务等。

可以看出，国际物流金融是为物流产业提供资金融通、结算、保险等服务的金融业务。在国际物流金融中涉及 3 个主体：国际物流企业、客户和金融机构。

国际物流企业与金融机构联合起来为资金需求方企业提供融资，物流金融的开展是这三方非常迫切的现实需要。

物流和金融的紧密融合能有力支持社会商品的流通，促使流通体制改革顺利进行。物流金融正成为国内银行一项重要的金融业务并逐步显现其作用。

此外，国际物流金融不仅能提升国际物流企业的业务能力及效益，还可以为企业融资及提升资本运用的效率。

对于金融业务来说，物流金融的功能是帮助金融机构扩大贷款规模降低信贷风险，在业务扩展服务上能协助金融机构处置部分不良资产，有效管理客户，提升质押物评估，企业理财等顾问服务项目。

2. 资产流通模式

资产流通模式是指国际物流企业利用综合实力、良好信誉，通过资产经营方式为客户提供融资。

物流、物流加工等集成服务，其包括替代采购模式和信用证担保模式。

（1）替代采购模式。这是由国际物流企业代替借款企业向供应商采购货品并获得货品所有权，然后根据借款企业提交的保证金的比例释放货品。

（2）信用证担保模式。国际物流企业与外贸公司合作，以信用证方式向供应商支付货款，间接向采购商融资，供应商将货物送至融通仓的监管仓库，根据保证金比例，释放货物给采购商。

3. 资本流通模式

资本流通模式指金融物流提供商利用自身与金融机构良好合作关系，为客户与金融机构创造良好的合作平台，协助中小型企业向金融机构进行融资，提高企业运作效率，其主要包括仓单质押融资业务模式、担保模式、直接融资模式。

（1）仓单质押融资业务模式。仓单质押贷款是制造企业把商品存储在国际物流企业仓库中，国际物流企业向银行开具仓单，银行根据仓单向制造企业提供一定比例的贷款，国际物流企业代为监管商品，这也是当前物流行业主要拓展的金融业务。

开展仓单质押业务，既可以解决货主企业流动资金紧张的困难，同时保证银行放贷安全，又能拓展仓库服务功能，增加货源、提高效益，可谓一举多得。

仓单质押作为传统信用向现代物流发展的一个延伸业务，在得到越来越多的企业认可后，也被看成是一种金融产品，因此仓单质押模式比较适应物资流通类企业的资金困难和银行放贷难的市场特点，能够较好地解决银行和企业之间的矛盾，它通过仓储企业作为第三方担保人，有效地规避了金融风险，可以在相当长一段时间内，解决很多国家（地区）信用体系不健全的问题。

（2）担保模式。统一授信就是银行把贷款额度直接授权给国际物流企业，再由国际物流企业根据客户的需求和条件进行质押贷款和最终结算。

国际物流企业向银行按企业信用担保管理的有关规定和要求提供信用担保，并直接利用这些信用额度向相关企业提供灵活的质押贷款业务，银行则基本上不参与质押贷款项目的具体运作。

该模式有利于企业更加便捷地获得融资，减少原先质押贷款中一些烦琐的环节，也有利于银行提高对质押贷款全过程监控的能力，更加灵活地开展质押贷款服务，优化其质押贷款的业务流程和工作环节，降低贷款的风险。

（3）直接融资模式。在国际物流企业的物流业务流程中，当国际物流企业为发货人承运一批货物时，国际物流企业首先代提货人预付一半货款，当提货人取货时则交付给国际物流企业全部货款。

国际物流企业将另一半货款交付给发货人之前，产生一个资金运动的时间差，即这部分资金在交付前有一个间隔期，在资金间隔期内，国际物流企业等于获得了一笔便利的资金。

在这里，这笔资金不仅充当交换的支付功能，而且这种资本的流动是紧密地服务于物流服务的。

这不仅加快客户的流动资金的周转，有助于改善客户的财务状况，为客户节约了存货持有成本，而且为企业带来比其他模式更大的利润。

（4）综合模式。综合模式包括资产流通运作模式和资本流通运作模式，是一种物流高层次运作模式，其对金融物流提供商要求较高。

以上国际物流金融服务类型是符合当前市场特性的国际物流金融服务业务运作模式，其实际业务操作会依据相关模式予以开展。

本 章 小 结

通过本章的学习，读者应该能够了解现代物流金融理论中的前沿问题，对现代物流金融的具体内容和运作模式有一个较为全面的了解。本章详细论述了现代物流金融的基本功能、类型、要素与学术意义，介绍了物流金融的科学理论与具体操作，以及物流金融服务中的管理，给出了关于现代化物流金融理论的整体图景，以便能够对其理论建设有一个比较全面而准确的认识，对物流金融的主要内容、总体框架和系统，以及物流的学术概念及学术性意义进行了论述；通过对物流金融相关知识的描述，重点讨论了现代物流金融创新的学术价值，确立了物流金融对现代物流理论新的运作模式。

买方信贷　预付类融资　存货类融资　应收类融资　静态抵质押授信　动态抵质押授信　厂商银融资模式　融通仓　代收货款模式　替代采购模式　信用证担保模式　买方信贷模式　授信融资模式　垫付货款模式　票据池　池融资　池保理　国内/国际保理　承兑汇票

讨论与思考

1. 简述现代物流金融运作模式的种类与作用。
2. 简述权利质押与动产质押物流金融模式。
3. 简述商品货权和库存混合融资模式。
4. 简述厂商银融资模式。
5. 简述垫资—代收货款模式的主要运作方式。
6. 简述信用证担保模式的业务过程。
7. 简述票据池与池融资的主要内容与运作方式。
8. 简述银行承兑汇票"票据池"质押业务。

第 4 章 物流金融典型业务模式流程

【学习目标】

1. 掌握主要典型业务模式的基本概念和分类；
2. 了解存货质押的物流金融业务基本运作模式；
3. 掌握融通仓物流融资的运作模式；
4. 掌握保兑仓物流金融的运作模式；
5. 了解未来提货权融资业务仓储监管模式；
6. 熟悉物流金融未来货权开证的基本理论。

【教学要求】

知识要点	能力要求	相关知识
典型业务模式	（1）掌握概念与分类 （2）了解物流金融各类业务的模式	（1）物流金融运作的相关概念 （2）主要模式的分类
存货质押的业务模式	（1）掌握融通仓模式的运作方法 （2）掌握物流金融基本知识点	（1）统一授信与综合授信 （2）综合授信
贸易合同业务模式	（1）掌握代客结算模式 （2）掌握保兑仓模式 （3）了解海陆仓模式融资物流	各类融资模式的流程
未来提货权业务模式	（1）了解未来提货权融资业务仓储监管模式 （2）熟悉未来货权开证的基础理论	融资业务模式流程

【章前导读】

党的二十大对未来5年乃至更长时期党和国家事业发展的目标任务和大政方针作了全面部署,对以中国式现代化全面推进中华民族伟大复兴提出了明确要求。当前,世界百年未有之大变局加速演进,前进道路上各种矛盾问题和风险挑战更加错综复杂。目标越宏伟,形势越复杂,任务越艰巨,越是要坚定信心、保持定力,使中国式现代化始终沿着正确方向前进。

物流金融是一个新的概念,在供应链业务活动中,运用金融工具使物流产生价值增值的融资活动。在物流金融中涉及三个主体:物流企业、客户和金融机构。物流企业与金融机构联合起来为资金需求方企业提供融资,物流金融的开展是这三方非常迫切的现实需要。

我国物流企业如何与金融机构协作,进行第三方物流服务创新,满足企业对金融服务和第三方物流服务的迫切要求,已经成为我国物流、银行界和研究人员关注的重要问题。

在实际运行中,库存在所难免,且多为不合理库存,使得供应链企业间交易成本增加,运行效率受到制约,而存货占用资金又常常使企业面临流动资金不足的困境,严重制约了企业发展。这种资金不足的风险在中小企业的发展中更加明显,物流金融业务的应运而生,对供应链提高效率和工商企业的可持续发展具有重要意义。

物流金融业务模式中的多种业务活动,既可以在物流企业、生产企业的生产销售环节进行也可以在采购环节进行,并且有许多典型的物流金融业务模式。

【引例】

顺丰:供应链金融

2015年,顺丰集团组建了金融服务事业群,利用其在全国建成的快递服务网和以"交易数据、物流信息、系统对接、监控系统"等大数据服务的天网为基础建设了"顺丰速运"的金融信贷体系,开展"供应链金融物流"业务模式创新。

顺丰的供应链金融基本形成,包括基于货权的仓储融资、基于应收账款的保理融资、基于客户经营条件与合约的订单融资和基于客户信用的顺小贷。四个产品基本涵盖与快递物流有关的金融服务。顺丰金融信贷产品全景图如图4.1所示。

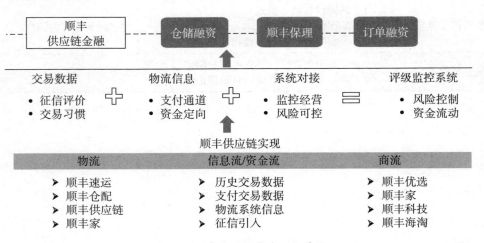

图 4.1 顺丰金融信贷产品全景图

4.1 典型业务模式的概念与分类

随着第三方物流企业的逐步发展成熟，物流服务逐渐向价值链的其他环节延伸，如提供采购、销售、交易、电子商务、金融等衍生服务，这些服务都是在第三方物流企业提供传统物流服务的基础上衍生而来的，从当前的趋势可以看出，提供物流衍生服务必将成为第三方物流企业发展的方向。

4.1.1 银行与物流企业的关系模式

银行由监督融资企业转变为监督物流企业，银行与物流企业的关系模式也发生了根本的转变，银行对物流企业有了比较详细的了解，管理成本随之降低。鉴于银行与物流企业的关系的重要性，我们在本节中进行较详细的叙述，便于读者能够深刻认识银行与物流企业的关系在物流金融业务中的重要作用。

1. 银行与物流企业的关系

现代物流发展离不开金融服务的支持。物流金融作为一种全新的理念，超越了金融行业与物流企业之间单纯金融服务的模式，大大提高了二者的整体效率，对金融业、物流业及企业都产生了深刻的影响。

物流金融的本质是金融机构通过与物流企业的合作创新，以物流企业所从事贸易项下的货物为依托，对物流企业资金投放、商品采购、销售回笼等经营过程的物流和资金流进行锁定控制或封闭管理，依靠物流企业对处于金融机构监控下的货物和资金的贸易流转所产生的现金流实现对金融机构授信的偿还。

【4-1 拓展知识】

2. 银企关系模式具体划分

理论上银企关系模式主要分为市场性银企关系和企业性银企关系。银行和企业是社会经济生活中的两个重要的微观经济主体，前者创造信用，为社会提供金融产品，是社会资金的主要调剂者；后者为社会提供产品和服务。

【4-2 拓展知识】

3. 物流金融的主要模式的业务流程

物流金融的业务流程有许多种，但主要模式的业务流程大致如下。

（1）借款人与物流企业签订《仓储协议》，明确货物的入库验收和保护要求，并据此向物流企业仓库交付货物，经物流企业审核确认接收后，物流企业向借款人开具专用仓单。借款人同时向指定保险公司申请办理仓储货物保险，并指定第一受益人为银行。

（2）借款人持物流企业开出的仓单向银行申请贷款，银行接到申请后向物流企业核实仓单内容（主要包括货物的品种、规格、数量、质量等）。

（3）银行审核通过后，借款人、银行、物流企业三方签订《仓单质押贷款三方合作协议书》。仓单出质背书交银行。

（4）物流企业与银行签订《不可撤销的协助银行行使质押权保证书》，确定双方在合作中各自应履行的责任。

（5）借款人与银行签订《银企合作协议》《账户监管协议》，规定双方在合同中应履行的责任。借款人根据协议要求在银行开立监管账户。

（6）仓单审核通过，在协议、手续齐备的基础上，银行按约定的比例发放贷款到监管账户上。

（7）货物质押期间，物流企业按合同规定对质押品进行监管，严格按三方协议约定的流程和认定的进出库手续控制货物，物流企业只接受银行的出库指令。

（8）借款人履行约定的义务，将销售回收款存入监管账户。

（9）银行收到还款后开出分提单，物流企业按银行开出的分提单放货。直至借款人归还所有贷款，业务结束。

（10）若借款人违约或质押品价格下跌，借款人又不及时追加保证金的，银行有权处置质押物，并将处置命令下达给物流企业。

（11）物流企业接收到处置命令后，根据货物的性质对其进行拍卖或回购，来回笼资金。

4.1.2 物流金融典型业务主要模式的分类

物流金融典型业务在现阶段的表现形式有很多类型，物流金融服务包括物流金融、物流银行、物流保险等类型。

1. 按照金融视角分类

物流金融按照金融视角可分为：货权、保理、收单、票据、租赁等业务。

【4-3 拓展知识】

1）货权

货权，即货物的所有权，是对货物的占有、使用、收益和处分的权利。目前在标准化或类标准化商品交割领域，主要存在三种货物交付模式，即卖方送到、买方自提及货权转移；具体交付的形式、风险、所有权转移的节点的业务控制形成了物流金融中的货权业务类别。

2）保理

保理是指卖方将其现在或将来的基于其与买方订立的货物销售/服务合同所产生的应收账款转让给保理商，由保理商向其提供资金融通、买方资信评估、销售账户管理、信用风险担保、账款催收等一系列服务的综合金融服务方式。

物流保理其主要业务是以物流公司的应收账款的债权获得流动资金的一种方式。物流保理业务的基本流程如图 4.2 所示。

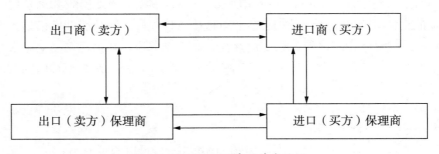

图 4.2 物流保理业务的基本流程

第4章
物流金融典型业务模式流程

（1）应收账款融资模式。上游的中小企业将核心企业给它的赊账凭证转让给金融机构，进而取得融资用以继续自身再生产，若到还款期限中小企业不能还款，则金融机构可凭应收账款向核心企业收款。

（2）预付款项融资模式。下游的中小企业向金融机构上缴一定押金并凭借核心企业的信用向金融机构贷款，所获贷款用以向核心企业进货。为确保中小企业的融资是用于进货，通常会引入第三方物流企业对货物进行监管。

按照发生买方信用风险时商业保理公司是否对卖方有追索权，商业保理可以分为追索权保理和无追索权保理。

按照在应收账款转让时是否立即将卖方应收账款债权转让事宜通知买方，商业保理可以分为明保理和暗保理。

按照保理预付款是否与应收账款逐笔对应，商业保理可以分为逐笔保理和池保理。

按照保理预付款期限的不同，国内商业保理分为短期保理和中长期保理业务。

针对特定的市场需求，商业保理可分为信用保险保理、工程保理、融资租赁保理、定向保理、服务保理等保理业务。

服务保理是指商业保理公司为卖方提供应收账款管理服务的保理业务。服务保理不要求卖方向商业保理公司转让债权。

3）收单

由于物流公司是商品交易双方的中介方，因此代收货款收单业务是一种增值服务，快递公司、区域零担、快运公司等普遍存在千分之一到百分之一不等的代收货款手续费。

发货方将客户订购的物品交付物流公司，并由物流公司的终端派送人员在上门送货的同时，根据清单上标注的应付金额代发货方向客户收取货款，物流公司再定期将代收的货款结付给发货方。

专线的收单环节：提货人、送货员、出纳、门店负责人、专线总部归集、财务发放、货主接货，现金流转链条过长导致各环节极易失控。

【4-4 拓展知识】

4）票据

运输票据通常是指代表运输中的货物或证明货物已经付运的单据。它们具体反映了同货物运输有关的当事人（如发货人、承运人、收货人等）的责任与权利，是货物运输业务中最重要的文件，也是结汇的主要单据。物流发票是一种法定的商业票据，详细记录了物流服务的提供者和接受者之间的交易信息，包括但不限于服务的类型、数量、价格等。这张票据不仅用于财务结算，也用于税收、结汇等业务。

物流业实行营改增试点后，"货物运输服务"由3%的营业税调整为11%的增值税；"物流辅助服务"由5%的营业税调整为6%的增值税。

所以顺理成章地形成了无车承运人平台，与当地税务机关联网联控，为合作企业和单车经营者开具增值税发票。"互联网+大数据+税务"实现平台远程监管和联网开票。

5）租赁

由于物流基础设施投资较大，如叉车、货架、托盘、运营车辆等，因此融资租赁业务在物流领域蓬勃发展，主要包括商用车租赁、托盘租赁、叉车租赁、货架租赁、分拣设备租赁、信息设备租赁、货船等。

融资租赁是集融资与融物、贸易与技术创新于一体的新型金融产业，具体是指出租人根据承租人对租赁物件的特定要求和对供货人的选择，出资向供货人购买租赁物件，并出租给承租人使用。承租人分期向出租人支付租金，在租赁期内租赁物件的所有权属于出租人所有，承租人拥有租赁物件的使用权。租期届满，租金支付完毕并且承租人根据融资租赁合同的规定履行完全部义务后，对租赁物的归属由出租人和承租人协议约定，一般租赁物所有权由出租人转让给承租人。

融资租赁的核心是以"融物"为手段，达到"融资"的目的。在这个过程中，虽然租赁物的所有权和使用权发生了分离，但在使用期限内，租赁公司对使用权并没有绝对的干预权。融资租赁允许企业通过租赁方式获得设备的使用权，同时承担相应的租金和利息，从而实现资金的融通。

现在的物流企业多是中小规模，产能的提升还是靠设备的更新、运力的增加，通过这样的方式提升产能。

租赁产品不断丰富，租赁的标的和产品线不断延伸，车辆类的资产、设备类的资产，都属于动产的范围之内。

租赁业务形态有：直接租赁、售后租赁、转租赁、经营租赁、联合租赁、创新型租赁、委托租赁、杠杆租赁等。

2. 按照金融在现代物流中的业务内容分类

【4-5 拓展知识】

随着现代金融和现代物流的不断发展，物流金融的形式也越来越多，按照金融在现代物流中的业务内容，物流金融大体上分为物流结算金融、物流仓单金融、物流授信金融。

3. 按照物流金融业务模式分类

（1）预付类融资。先票/款后货融资业务模式：针对动产及货权抵（质）押授信，是指融资企业先交纳一定的保证金进行授信贷款，用于支付货款；然后按照合同的约定按时按量发运质押的货物，并将货物交付给物流企业进行监管。此时货权在银行，融资企业提取货物时，需按合同要求的最低比例向银行打款赎货。

（2）存货类融资。借款企业以银行认可的货物为抵（质）押申请融资。企业将自有的存货交付给物流企业进行监管，不转移所有权，银行据此给予一定比例的融资。此项业务有静态或动态抵（质）押两种操作方式。

（3）应收类融资。对于企业的应收账款，除银行传统应收账款产品外，物流企业可通过为其下游企业解决预付款的方式来解决。

4.2 存货质押的物流金融业务模式

存货质押的物流金融业务模式按照融资对象的不同以及产品生产经营的不同阶段和方式分类，可以分为存货的物流金融业务模式与贸易合同的物流金融业务模式两大类。本节我们主要讨论存货的物流金融业务模式。

4.2.1 基本概念

存货质押贷款是指融资企业将自有或者第三人（经有权人同意）具有合法所有权的库存货物（原材料、半成品、产成品）存入物流机构仓库中，并以物流机构出具的仓单或直接利用存货为质押标的，物流机构在质押期间对质押物进行监管。

1. 存货质押贷款主要模式

存货质押贷款主要包括就地仓储融资、信托收据融资和质押单存货融资三种模式。

（1）就地仓储融资。银行根据协定雇佣第三方（通常称为就地仓储公司）充当存货控制人（银行）的代理人来管理存货。

（2）信托收据融资。借款人将货物存入公开仓库，借款人当天应将销售收入转到贷款者账户。

（3）质押单存货融资。它是近年来国外银行普遍开展的存货质押贷款业务。

2. 商业模式特征

无论国内还是国外，存货质押融资业务都是物流金融的最基本形式之一，针对存货开展的物流金融业务具有巨大发展空间。

需要融资的企业（即借方企业），将其拥有的动产/存货作为担保，向资金提供方（即贷方）出质，同时，将质押物转交给具有合法保管动产资格的中介公司（物流企业）保管，以获得贷方贷款的业务活动。

这种业务活动既可以在企业的销售环节进行，也可以在企业的采购环节进行。

（1）质押融资。权利质押和动产质押，而非不动产抵押。

（2）物流企业参与。两方契约关系→三方契约关系。

（3）不影响商品流通。它把流动货物/存货拿来作为质押。

这种业务的一个主要特征就是不影响商贸型企业运作，其优点是质押物不被冻结，商家可以通过不断"追加部分保证金—赎出部分质押物"以满足正常经营需要，顺利解决融资和资金占压问题。

现实业务操作中具有多种表现形态，如出厂证（汽车）、仓单（棉花）、总量控制模式（各类金属材料）等。

3. 质押的形式

一般存货质押形式为：存货+抵押；存货+保证金；存货+抵押/保证金。存货质押贷款利率大约在央行同期同档次贷款利率基础上上浮30%，但综合了各种监管费用之后，融资综合成本会有所上升。

4. 常见的产品的分类

常见的产品的分类包括应收类、预付类、质押融资产品类、订单融资类、供应链信用融资类、动态折扣类，下面介绍其中的几类。

应收类包括保理，也就是应收账款转让融资，还有应收账款的质押融资、票据贴现、票据质押、票据池等。质押融资产品类包括存货质押融资、仓单质押融资，还包括一些结合远期交易的组合型产品。保理又分为明保理和暗保理；根据有无追索权又分为有追索保理和无追索保理等很多的细分产品。

4.2.2 存货质押融资业务模式

存货质押是指需要融资的企业（即借方），将其拥有的存货做质物，向资金提供企业（即贷方）出质，同时将质物转交给具有合法保管存货资格的物流企业（中介方）进行保管，以获得贷方贷款的业务活动，是物流企业参与下的动产质押业务。

目前来看，用作质押的存货范围已经得到很大程度的扩展：采购过程的原材料、生产阶段的半成品、销售阶段的产品、企业拥有的机械设备等都可以当作存货质押的担保物。

1. 国外存货质押融资模式

（1）委托（简单/严密）监管模式。借款企业将质押存货交给银行以获取贷款，银行则委托物流企业对质押存货甚至借款企业进行相应的业务控制。其中，委托简单监管只要求物流企业行使一些和仓储相关的简单监管职能；而委托严密监管则可能要求物流企业行使一些特殊的监管职能。

（2）统一授信模式。一种是银行拨给物流企业一定的授信额度，但物流企业并不自行提供贷款服务，而是在额度范围内提供辅助的监管服务，其实质仍然与委托监管模式相同。另一种是银行将一定的贷款额度拨给物流企业，由物流企业根据实际情况自行开发存货质押融资业务，设立合乎实际的合约和确立相应的业务控制方式，银行只收取事先协商的资本收益。

（3）物流银行模式是指物流仓储企业和银行组成专门的物流银行（也称质押银行）直接与借款企业发生联系的存货质押融资模式。

2. 国内存货质押模式

在我国，存货质押融资主要采取了委托监管模式和统一授信模式，根据存货的形态分为原材料、在制品、产成品三种状态。

（1）存货质押授信。当前银行应用最广泛的产品。它是指借款企业以自有或第三方合法拥有的动产作质押的授信产品。为了控制风险，一般银行需要第三方物流企业或监管机构对客户提供的存货质押的商品实行监管。存货质押授信分静态和动态两种。

① 静态存货质押授信。要求比较苛刻，不允许客户以货易货，只能以款易货。严重约束了企业的正常运作。

② 动态存货质押授信。对客户用来担保的存货价值设置一个界限，客户必须在生产经营的过程中，担保的存货价值不能低于这个界限，而高于这个界限的存货客户可以自由使用。在这个模式下，客户既可以以货易货，也可以以款易货，日常生产经营活动受到的限制就小了很多。

银行倾向于质押货物的价值比较容易核定，如钢材、木材等。质押率方面，不同种类的存货、不同的银行都会设置不同的质押率。一般而言，原材料比较容易变现，质押率比较高，产成品虽然市场价值高，但相对来说不易变现，所以质押率会低一些。

存货的质押地一般是在生产地。借款企业可以用同一批货物向其他银行质押，产生重复质押的问题，而且如果企业经营不善，易发生其债权人抢货的状况，从而给以货物为质押品给予融资的银行造成很大损失。所以银行会要求企业以不动产抵押与动产质押结合来给予融资，以平衡风险。

（2）存货质押授信流程如图 4.3 所示。

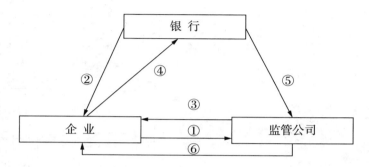

图 4.3　存货质押授信流程图

① 企业、银行、监管公司签订三方合同后，企业将原材料和产成品交付银行指定仓库（企业生产地仓库），由监管公司负责监管。
② 银行确认质押物后，按设定质押率给企业以一定敞口授信额度。
③ 监管公司审核最低限额，限额以上质押物可自由进出。
④ 所需质押物低于最低限额时，中小企业向银行交纳保证金。
⑤ 银行给贷款企业发提货单，并指示监管公司给客户发出相应数量的质物。
⑥ 监管人员验收贷款企业的提货单并根据银行指示发货。

3. 存货动态质押产品操作流程

质押融资除了存货仓单以外，又可以分为动态的和静态的、标准的和非标准的，甚至有的银行还会创新出一些新的品种，比如普通监管类的动产融资、输出监管类的动产融资，还有借款人处置出资的产品等。

存货动态质押产品的要点是能够覆盖其他产品，也能够覆盖一些非标准质押产品和标准质押产品。存货动态质押产品是静态存货质押产品的一个延伸。金融机构设定融资企业在监管仓库保有的最低库存物货值，监管机构按规定进行质押物总价值的日常监控，总货值在最低库存物货值之上，融资企业可以自由办理货物的出入库，但是新入库的货物必须符合金融机构的要求。当质押物的总货值低于最低库存物货值时，融资企业不能提货，必须补足相应的保证金或者增加相应价值的质押物，存货动态质押产品流程如图 4.4 所示。

融资企业在这种模式下，可以以货易货或者以款易货，跟静态的融资相比，在最低库存物货值得到保障的基础上可以正常地存取货物，所以它不影响企业的日常经营活动。

【4-6 拓展知识】

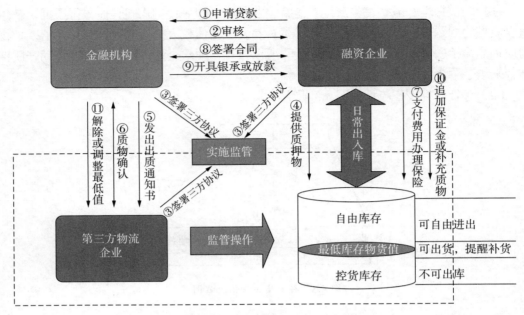

图 4.4 存货动态质押产品流程图

4.2.3 开展存货质押融资业务的意义

对于银行而言，存货质押融资是一种金融产品，其主要特点是：有实际的货物作为债券保证；有第三方中介——物流企业对货物实施监管，并对货物的真实性、安全性承担责任；贷款安全系数提高，贷款规模扩大，有稳定的客户。

1. 银行开展存货质押融资业务的意义

银行开展存货质押融资业务的主要客户是一些中小型企业和民营企业，企业只要交一些保证金，银行就可以提供贷款用于企业的生产和销售。以广东发展银行为例：广东发展银行目前 80% 以上的客户为中小企业，70% 以上的贷款投向这些中小企业，提供金融服务的中小企业大概有几万家。

存货质押融资业务意义在于：存货质押融资业务可以帮助银行吸引和稳定客户，扩大银行的经营规模，增强银行的竞争能力；可以协助银行解决质押贷款业务中银行面临的"物流瓶颈"——质押物仓储与监管；还可以协助银行解决质押贷款业务中银行面临的质押物评估、资产处理等服务。

2. 第三方物流企业开展存货质押融资业务的意义

对于物流企业而言，存货质押融资业务的主要特点是：在保管的基础上增加监管功能；对客户和金融业负责，是独立公正的第三方；专业化的服务确保货物的安全；服务领域向供应链延伸，理论上可以做到全程监管服务；承担货物损失的赔偿责任。

存货质押融资业务意义在于：可以提高第三方物流企业相对于竞争对手的优势，存货质押融资业务正成为第三方物流企业吸引中小企业的重要手段，可以成为第三方物流企业的新的利润来源。第一，向中小企业收取手续费获取一笔不小的利润；第二，服务中产生的货币的时间价值也为企业带来了利润。

▶ 案例 4-1 ◀

> 当UPS为发货人承运一批货物时，UPS首先代提货人预付一半货款；当提货人取货时则交付全部货款。UPS将另一半货款交付给发货人之前，产生了一个资金流动的时间差，即这部分资金在交付前有一个沉淀期。在资金的沉淀期内，UPS等于获得了一笔不用付息的资金。UPS用这一笔不用付息的资金从事贷款，而贷款对象仍为UPS的客户或者限于与快递业务相关的主体。在这里，这笔资金不仅充当交换的支付功能，具有了资本与资本运动的含义，而且这种资本的运动是紧密地服务于业务链的运动的。

业务中的保险服务可以提高物流公司的防风险能力。

可以利用存货质押融资业务中的保险服务为物流各环节活动保驾护航，从而提高物流公司的防风险能力。

3. 生产流通企业开展存货质押融资业务的意义

（1）盘活库存资产，加快了中小企业生产销售的周转效率。一般来说，我国的产品在装卸、储存、运输、销售等环节产生的流通费用约占商品价格的50%，物流过程占用的时间约占整个生产过程的90%。由于经销商占压在采购和库存上的资金不能迅速回收，大大影响了企业生产销售的周转效率。在存货质押融资模式下，物流公司、厂方、银行和经销商有效地结合起来，使供应链上的供应、生产、销售、运输、库存及相关的信息处理等活动形成一个动态的质押方式。

（2）为中小企业解决了抵押难的问题。通常来说，企业向银行申请贷款的都是以固定资产来抵押的，而中小企业往往限于自身规模，可供抵押的固定资产非常少，一定程度上制约了银行向中小企业发放贷款。而存货质押融资允许中小企业拿流动资产如原材料、产成品等来抵押。目前，我国存货质押融资业务已初具规模，有效地缓解了长期以来存在的中小企业通过抵押来融资的难题。

（3）以动产和货权为抵押品的融资方式可以支持很多用途的授信，包括开立信用证、流动资金贷款、商业承兑汇票保证贴现、银行承兑汇票、保函等。对于业务正处于高速发展阶段，销售网络和物流配送系统尚未成熟的中型企业，存货质押融资可以帮助企业迅速建立销售、配送网络，提供集融资、资金结算、配送、仓储监管为一体的综合金融服务解决方案，使其迅速拓展全国分销网络。对于资产规模较小，急需资金来扩大其销售规模的小型企业，存货质押融资可以增加企业的流动资金，降低其营运成本，扩大销售，提高效率和竞争力。

（4）节约财务费用。可逐批质押、逐批融资，根据需要安排资金赎货，从而实现财务费用的最小化。

4.2.4 典型业务模式

由于仓单融资与各类质押业务有关联，仓单质押也是不同的物流仓单融资中最基本的一种重要业务模式，因此我们仍以仓单质押融资为例叙述其业务操作流程。

1. 基于存货的仓单质押融资业务操作流程

存货仓单质押是指申请人将其拥有完全所有权的货物存放在银行指定物流公司，并以物流公司出具的仓单在银行进行质押，作为融资担保，银行依据质押仓单向申请人提供的用于经营与仓单货物同类商品的专项贸易的短期融资业务。

以借款人使用自身在库动产仓单质押融资为例，仓单质押融资时物流企业与各方关系如图 4.5 所示。

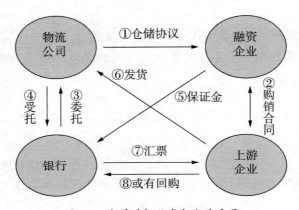

图 4.5 仓单质押融资各方关系图

2. 仓单质押项下的货物必须具备的条件

（1）所有权明确，不存在与他人在所有权上的纠纷。
（2）无形损耗小，不易变质，易于长期保管。
（3）市场价格稳定，波动小，不易过时，市场前景较好。
（4）适用用途广泛，易变现。
（5）规格明确，便于计量。
（6）产品合格并符合国家有关标准，不存在质量问题。

仓单质押多操作于钢材、建材、石油化工产品等大宗货物。

3. 银行对业务申请人的基本要求及同时应满足的条件

（1）银行将可用于质押的货物（现货）存储于本行认可的仓储方，并持有仓储方出具的相应的仓单。
（2）业务申请人应当对仓单上载明的货物拥有完全所有权，并且仓单上载明的是货主或提货人。
（3）业务申请人以经销仓单质押项下货物为主要经营活动，从事该货品经销年限大于等于一年，熟知市场行情，拥有稳定的购销渠道。

（4）业务申请人资信可靠，经营管理良好，具有偿付债务的能力，在我行及他行均无不良记录。

（5）业务申请人融资用途应为针对仓单货物的贸易业务。

（6）银行要求的其他条件。

4. 融资额度及方式

（1）仓单质押的融资额度可根据申请人及货物的不同情况采取不同的质押率，最高不超过所质押仓单项下货物总价值的70%（有些银行最高可做到90%）。

（2）仓单质押融资业务可采取多种融资形式，包括流动资金短期贷款、银行承兑汇票、综合授信、银行付款保函等。

5. 开展仓单质押业务的意义

开展仓单质押业务，既可以解决货主企业流动资金紧张的困难，又可以保证银行放贷安全，还能拓展仓库服务功能，增加货源，提高效益，可谓"一举三得"。

首先，对于货主企业而言，利用仓单质押向银行贷款，可以解决企业经营融资问题，争取更多的流动资金周转，达到实现经营规模扩大和发展，提高经济效益的目的。

其次，对于银行等金融机构而言，开展仓单质押业务可以增加放贷机会，培育新的经济增长点；又由于仓单所代表的货物作为抵押，使放贷的风险大大降低。

最后，对于仓储企业而言，一方面可以利用能够为货主企业办理仓单质押贷款的优势，吸引更多的货主企业进驻，保有稳定的货物存储数量，提高仓库空间的利用率；另一方面又会促进仓储企业不断加强基础设施的建设，完善各项配套服务，提升企业的综合竞争力。

4.2.5 融通仓模式

融通仓是由物流企业和银行提供的一种金融与物流集成创新服务，除了提供基础的委托监管存货质押融资外，还可以提供信用担保融资，即统一投信模式。

1. 融通仓的相关概念

（1）融通仓的内涵。第三方物流企业是依托银行，以中小企业为服务对象，以中小企业流动资产在第三方物流企业的仓储为基础，涵盖中小企业信用整合、商品配送与传统商业流通的综合性融资平台。融通仓与金融机构不断巩固和加强联系，依托融通仓设立中小企业信用担保体系，以便于金融机构、融通仓和企业更加灵活地开展质押贷款业务。充分发挥融通仓对中小企业信用的整合和再造功能，可帮助中小企业更好地解决融资问题，而且银行拓宽了服务对象范围，扩大了信贷规模，也给第三方物流企业带来新的利润增长点，带来了更多、更稳定的客户。

（2）融通仓的运作机制。中小生产企业以流动资产作为质押物或反担保品存入第三方物流企业的融通仓，从而获得第三方物流企业提供的银行信用担保，解决中小企业的资金短缺问题，中小企业后续生产过程中可分期付款。第三方物流企业负责融通介质的日常管理、价值评估、物流配送、信用担保等服务，成为银行与中小企业之间资金融通的纽带。

(3)融通仓的模式。融通仓模式与存货质押授信最大的不同在于存货的监管地,融通仓货物的监管地不在借款企业,而是在第三方物流企业的仓库。

客户将第三方物流企业开设的仓库中的原材料、半成品和产成品存货作为担保,银行再给予借款企业贷款,设置一个库存界限,借款企业在生产过程和销售过程中以款易货或者以货易货,只要保证仓库的最低库存界限即可。

第三方物流企业的作用和责任要比存货质押授信中大得多。第三方物流企业先要有自己的仓库,还要提供货物运输、价值评估、货物流动的监管、存货的保管等工作。因此,银行对第三方物流企业的资质也会作一个详细的要求。具体流程如图4.6所示。

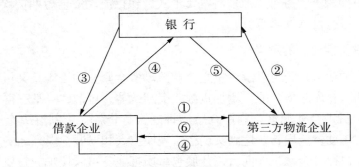

图4.6 融通仓流程图

① 借款企业、银行、第三方物流企业签订融资协议和仓库监管协议,借款企业将质押物存放到第三方物流企业的仓库。

② 第三方物流企业对存货价值进行核定后,向银行出具动产质押证明文件,通知银行发放贷款。

③ 银行根据第三方物流企业提供的单据核定的额度和存货的种类,按照一定的质押率给借款企业发放贷款。

④ 借款企业按经营过程的需要自由使用货物,并分阶段向银行偿还贷款取得存货或者向监管仓库补充新的货物以维持仓库货物存取平衡。

⑤ 银行通知第三方物流企业向借款企业发放与归还金额或补充物相等价值的货物。

⑥ 第三方物流企业发出货物,借款企业将所得货物用于生产或销售。这种方式适合融资规模要求比较小、融资期限比较短的企业,也适合生产销售有较强季节性的企业。

2. 融通仓的功能

融通仓的目的是用资金流盘活物流,或用物流拉动资金流,所以参与的物流、生产、中介和金融企业都可以通过融通仓模式实现多方共赢。融通仓的产生将为我国中小企业的融资困境提供新的解决办法;将提高商业银行的竞争优势,调整商业银行信贷结构,有效化解结构性风险;将促进第三方物流的进一步发展。

3. 融通仓的渠道

融通仓为中小企业融资提供了新渠道,企业在发货以后就可以直接拿到相当大比例的货款,大大加速了资金的周转,对那些从事高附加价值产品、供应链内部联系相当密切、发货频率很高的产业而言(例如,电脑、手机、家用电器),融通仓带来的收益就特别可观。即使对那些价值不是很高但是规模相当大的企业,由于其发货数量大,总体的货值也很高,融通仓也会给它们带来较高的收益。

4. 融通仓的核心

在物流运行过程中,发货人将货权转移给银行,银行根据物品的具体情况按一定比例(如60%)直接通过第三方物流企业将货款交给发货人。当提货人向银行付清货款后,银行向第三方物流企业发出放货指示,将货权交给提货人。当然,如果提货人不能在规定的期间内向银行偿还货款,银行可以在国际、国内市场上拍卖掌握在银行手中的货物或者要求发货人承担回购义务。由此可见,银行在融通仓运作中起了核心作用,考虑到中国的物流费用大概占GDP的15%,应该说融通仓可以给银行带来很好的商机:一方面是有比较可靠的贷款对象;另一方面是有很好的服务收入来源。

5. 增值服务

在物流金融活动中,第三方物流企业扮演了以下角色:第一,银行为了控制风险,就需要了解质押物的规格、型号、质量、原价和净值、销售区域、承销商等,要查看货权凭证原件,辨别真伪,这些工作超出了银行的日常业务范畴,第三方物流企业由于是货物流通过程的实际执行者和监控者,就可以协助银行做好以上工作;第二,一般情况下,商品是处于流动变化当中的,作为银行,不可能了解其每天变动的情况,即安全库存水平也就是可以融资的底线,但是如果第三方物流企业能够掌握商品分销环节,向银行提供商品流动的情况,则可以大大提高这一限额。

从上述可知,第三方物流企业是银行的重要助手,近年来,物流业的高速发展和第三方物流企业在资产规模、运营规范化和信息系统水平方面都取得了巨大进展,通过开辟新的运作模式和服务项目成为第三方物流企业的战略方向。

6. 融通仓运作模式

融通仓作为一个综合性第三方物流服务平台,它不仅为银企间的合作构架新桥梁,还良好地融入企业供应链体系之中,成为中小企业重要的第三方物流服务提供者。融通仓业务运作模式主要有仓单质押、信用担保融资和买方信贷这几种运作模式。

(1)仓单质押。在仓单质押业务中,融通仓根据质押人与金融机构签订的质押贷款合同及三方签订的仓储协议约定,生产经营企业采购的原材料或待销售的产成品进入第三方物流企业设立的融通仓,同时向银行提出贷款申请;第三方物流企业负责进行货物验收、价值评估及监管,并据此向银行出具证明文件;银行根据贷款申请和价值评估报告酌情给予生产经营企业发放贷款;生产经营企业照常销售其融通仓内产品;第三方物流企业在确保其客户销售产品的收款账户为生产经营企业在协作银行开设的特殊账户的情况下予以发货;收货方将货款打入销售方在银行中开设的特殊账户;银行从生产经营企业的账户中扣除相应资金以偿还贷款。如果生产经营企业不履行或不能履行贷款债务,银行有权从质押物中优先受偿。在实践中,还存在一种延伸模式,即在一般仓单质押运作基础上,第三方物流企业根据客户不同,整合社会仓库资源甚至是客户自身的仓库,就近进行质押监管,极大地降低了客户的质押成本。

(2)信用担保融资。银行根据第三方物流企业的规模、经营业绩、运营现状、资产负债比例及信用程度,授予第三方物流企业一定的信贷配额,第三方物流企业又根据与其长期合作的中小企业的信用状况配置其信贷配额,为生产经营企业提供信用担保,并以受保企业滞留在其融通仓内的货物作为质押品或反担保品,确保其信用担保的安全。贷款企业在质物仓储期间需要不断进行补库和出库,企业出具的入库单和出库单只需要经过融通仓的确认,中间省去了金融机构确认、通知、协调和处理等许多环节,缩短补库和出库操作的周期,在保证金融机构信贷安全的前提下,提高贷款企业产销供应链运作效率。同时也可给信用状况较好的企业提供更多、更便利的信用服务,第三方物流企业自身的信用担保安全也可得到保障。

(3)买方信贷。在保兑仓模式中,制造商、经销商、第三方物流企业、银行四方签署"保兑仓"业务合作协议书,经销商根据与制造商签订的《购销合同》向银行交纳一定比率的保证金,该款项应不少于经销商计划向制造商在此次提货的价款,申请开立银行承兑汇票,专项用于向制造商支付货款,由第三方物流企业提供承兑担保,经销商以货物对第三方物流企业进行反担保。第三方物流企业根据掌控货物的销售情况和库存情况按比例决定承保金额,并收取监管费用。银行给制造商开出承兑汇票后,制造商向保兑仓交货,此时转为仓单质押。这一过程中,制造商承担回购义务。

7. 控制与管理

通过融通仓进行资金的融通,虽然有动产质押物提供质押担保,但参与各方特别是贷款银行和第三方物流企业还是应注意风险的控制与管理问题。就贷款银行而言,事前应对承担融通仓业务的第三方物流企业和申请加入融通仓融资系统的企业的信用状况进行必要的考核,确保将符合国家产业政策,有产品、有市场、有发展前景、有利于技术进步和创新的生产企业以及有较大规模和实力、有较高信用等级的第三方物流企业纳入融通仓融资体系;事中应对融通仓业务各环节,特别是质押物的评估、入库、出库、货款结算等环节实施适度的监控,并特别注意防范第三方物流企业与生产企业串谋骗贷行为;事后应对成功与不成功的融通仓业务案例进行经验总结,对参与企业的信用状况进行评估、记录,并以此作为决定今后是否继续合作的参考。对第三方物流企业来说,风险的控制与管理主要体现在对会员企业的信用状况评估,对入库质押物的价值评估、对质押物和结算货款的去向的跟踪与监控等环节上。中小企业主要应考虑自身的还贷能力和获取贷款资金的投资合理性问题。只有参与各方都注意风险的防范、控制,加强管理,融通仓业务才能真正起到融资桥梁的作用。

融通仓融资单笔业务量通常较小而次数频繁,只有有效地降低每笔业务的成本,才能使这一业务得到持续发展。因此,融通仓业务开始运作之前,参与各方应认真进行协商、谈判,确定融通仓业务的具体运作方式,明确各方的权利、义务、违约责任的承担等。在分清责任的情况下,签订合作协议,并将融通仓业务各环节的分工与协作程序化、制度化、可操作化。在此基础上,利用计算机网络系统对各业务环节进行实时跟踪、处理、协调与监控。只有这样,才能在保证融通仓融资安全的情况下,简化业务流程,降低交易费用。

提供融通仓服务的第三方物流企业必须具备较高的整体素质。目前,我国的物流企业整体素质还有待提高,应加大在思想观念、科技含量、品牌意识、人才培养、产业化水平等方面的改革和资源投入。

4.2.6 统一授信与综合授信

1. 授信概述

授信是指商业银行向非金融机构客户直接提供的资金,或者对客户在有关经济活动中可能产生的赔偿、支付责任做出的保证,包括贷款、贸易融资、票据融资、融资租赁、透支、各项垫款等表内业务,以及票据承兑、开出信用证、保函、备用信用证、信用证保兑、债券发行担保、借款担保、有追索权的资产销售、未使用的不可撤销的贷款承诺等表外业务。简单来说,授信是指银行向客户直接提供资金支持,或对客户在有关经济活动中的信用向第三方作出保证的行为。

(1)授信方式。商业银行授信分为基本授信和特别授信两种方式。基本授信是指商业银行根据国家信贷政策和每个地区、客户的基本情况所确定的信用额度。特别授信是指商业银行根据国家政策、市场情况变化及客户特殊需要,对特殊融资项目及超过基本授信额度所给予的授信。商业银行的授信,应有书面形式的授信书。授信人与受信人应当在授信书上签字和盖章。

(2)授信书的内容。授信书应包括以下内容:①授信人全称;②受信人全称;③授信的类别及期限;④对限制超额授信的规定及授信人认为需要规定的其他内容。

商业银行的授信书应报中国人民银行同级管辖行备案。涉及外汇业务的授信书,应报外汇管理局同级管辖局备案,转授权还应同时报商业银行总行备案。商业银行业务职能部门和各级分支机构与客户签订业务合同时,须向其出示授信书,双方应按授信书规定的授信范围签订合同。

(3)授信审批流程。授信审批流程如图 4.7 所示。

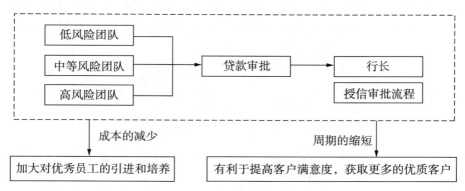

图 4.7　授信审批流程

(4)授信范围。基本授信的范围应包括:①全行对各个地区的最高授信额度;②全行对单个客户的最高授信额度;③单个分支机构对所辖服务区的最高授信额度;④单个营业部门和分支机构对单个客户的最高授信额度;⑤针对每个客户的不同方式(贷款、贴现、担保、承兑等)。

特别授信的范围包括：①因地区、客户情况的变化需要增加的授信；②因国家货币信贷政策和市场的变化，超过基本授信所追加的授信；③特殊项目融资的临时授信。

2. 统一授信

统一授信是指银行作为一个整体，按照一定标准和程序，对单一客户统一确定授信额度，并加以集中统一控制的信用风险管理制度，也是商业银行对单一法人客户或地区统一确定最高授信额度。

（1）统一授信项下业务品种包括贷款、商业汇票贴现、商业汇票承兑、保函等表内外授信业务，只要授信余额不超过对应的业务品种额度，在企业经营状况正常的前提下，企业可便捷地循环使用银行的授信资金，从而满足企业对金融服务快捷性和便利性的要求。统一授信的内容还包括贷款、贸易融资、贴现、承兑、信用证、保函、担保等表外信用发放形式的本外币。

（2）统一授信的业务种类。对集团企业内各法人（或关联企业）逐一进行授信。将集团企业（或关联企业）整体视为单一法人进行统一授信，统一识别评判、管理控制集团企业（或关联企业）的整体风险。对该集团内各个法人（或关联企业）不再单独设定统一授信额度。

（3）统一授信管理。统一授信管理是指商业银行对单一法人客户或地区统一确定最高授信额度，并加以集中统一控制的信用风险管理制度。

银行根据长期合作的物流企业的规模、管理水平、运营情况把贷款额度直接授信给物流企业。物流企业再根据客户的运营情况和质押物给予贷款，并且利用客户存放在监管仓库的货物作为反担保。银行基本上不参与质押贷款项目的具体运作。

该模式一方面有利于企业便捷地获得融资，减少一些烦琐的手续和环节；另一方面有利于提高银行对质押贷款整个过程监控的能力，优化其质押贷款的业务流程和工作环节，降低贷款的风险。

统一授信要求第三方物流企业有一定的资质，目前国内符合资质的第三方物流企业为数不多，而且在授信金额上也有一定的限制。统一授信融资业务流程如图4.8所示。

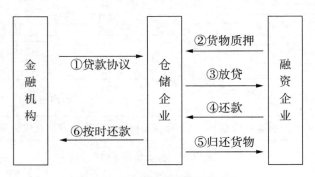

图4.8 统一授信融资业务流程

3. 综合授信

（1）综合授信是指商业银行在对综合授信客户的财务状况和信用风险进行综合评估的基础上，确定能够和愿意承担的风险总量，即最高综合授信额度，并加以集中统一控制的信用风险管理制度。例如，银行根据借款人的资信及经济状况，授予其一定期限内的贷款额度。在授信期限及额度内，借款人可根据自己的资金需求情况，随用随借，不必每次都办理烦琐的贷款审批手续，还可以尽可能地减少利息支出。

（2）综合授信的对象一般只能是法人，综合授信的形式是一揽子授信，即贷款、打包放款、进口押汇、出口押汇、贴现、信用证、保函、承兑汇票等不同形式的授信都要置于该客户的授信额度上限以内，以便集中统一管理和有效控制信用风险。实行综合授信，对客户来说，既获得了银行的信用支持，解决了资金困难，又减少了资金占压。对银行来说，既争取和稳定了优质客户，推动了各种信用业务的发展，又增强了自身的竞争力，并有效地控制了信用风险。同时，实行综合授信，简化了授信的手续。只要在综合授信额度内，客户根据需要可以随时向银行提出授信申请，银行可以立即放款，简化了内部审批的程序，提高了工作效率，实现了一次签约，多次授信。因此，综合授信已得到银行的普遍采用。

（3）个人综合授信额度包括抵押额度、质押额度和信用额度，对于这三种额度，借款人可以单独申请或合并申请。其中申请抵押额度须以本人名下的可设定抵押权利的房产作为抵押担保，抵押额度不超过银行认可的抵押物价值的70%（有的银行规定，如果土地性质是划拨的，抵押额度为60%）；申请质押额度须以银行认可的质押物进行质押担保，质押额度不超过质押物价值的90%；信用额度由银行依据申请人提供的资料和调查结果，按个人信用评定标准予以评定，上限为30万元。

4.3 基于贸易合同的物流金融业务模式

企业为了筹措到继续运营的短期资金，缓解资金紧张的局面，以贸易合同为支撑，通过特定的程序取得经营所需资金的行为，我们将其称为贸易合同的物流金融业务模式。

4.3.1 代客结算模式

代客结算是指所有在交易所内达成的交易最终都要送到结算所，由交易所进行统一的结算。这样，任何一项交易的买卖双方相互间不再有任何关系，不为对方负有财务责任，而只通过各自的结算所属公司间接地对交易结算负责。

代客结算分为两个模式：垫付货款和代收货款。

1. 垫付货款模式

垫付货款是指发货人将货权转移给银行，银行根据市场情况按一定比例提供融资，当提货人向银行偿还货款后，银行向第三方物流企业发出放货指示，将货权还给提货人。

1）垫付货款模式一

通过垫付货款可以解决发货人资金积压的困扰。对第三方物流企业而言，其盈利点就在于将客户与自己的利害关系连在一起。

典型业务类型有应收账款融资和订单融资。

发货人委托第三方物流企业送货，第三方物流企业垫付扣除物流费用的部分或者全部货款，第三方物流企业向提货人交货，根据发货人的委托同时向提货人收取发货人的应收账款，最后第三方物流企业与发货人结清货款。除了发货人与提货人签订的《购销合同》之外，第三方物流企业还应该与发货人签订《物流服务合同》，在该合同中发货人应无条件承担回购义务。垫付货款模式一如图4.9所示。

图4.9　垫付货款模式一

2）垫付货款模式二

如果第三方物流企业没有雄厚的资金实力，就需要引入银行作为第四方。在货物运输过程中，发货人将货权转移给银行，银行根据市场情况按一定比例提供融资。当提货人向银行偿还货款后，银行向第三方物流企业发出放货指示，将货权还给提货人。当然，如果提货人不能在规定的期间内向银行偿还货款，银行可以在国际、国内市场上拍卖掌握在银行手中的货物或者要求发货人承担回购义务。垫付货款模式二如图4.10所示。

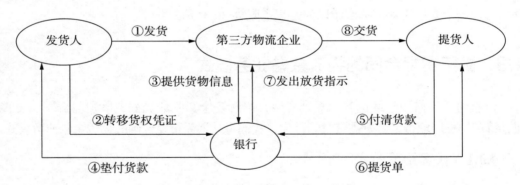

图4.10　垫付货款模式二

3）垫付货款模式的基本流程

垫付货款的基本流程如图4.11所示。

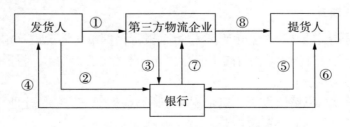

图4.11　垫付货款的基本流程

在图4.11中：①发货人向第三方物流企业交货；②发货人向银行转移货权凭证；

③第三方物流企业向银行提供货物信息；④银行向发货人垫付货款；⑤提货人向银行付清货款；⑥银行向提货人提供提货单；⑦银行向第三方物流企业发出放货指示；⑧第三方物流企业向提货人交货。

4）垫付货款模式适合的条件和在实际操作中的注意事项

垫付货款模式适合的条件如下。

（1）第三方物流企业应具备完善的信息系统。

（2）货物质量和市场价格稳定。

（3）第三方物流企业能够向银行提供相关货物情况。

（4）第三方物流企业与银行能形成战略合作关系。

（5）垫付货款模式应用中的注意事项。

垫付货款模式在实际操作中的注意事项如下。

（1）发货人与提货人签订《购销合同》。

（2）第三方物流企业、银行和发货人共同签订《物流服务合同》。

（3）发货人应无条件承担回购货物的义务。

（4）《物流服务合同》中应明确预付货款的金额（通常为总货款的一半）。

（5）第三方物流企业须接到银行放货指示后方可向提货人交货。

（6）银行应核实货权凭证，辨别真伪。

（7）银行应及时掌握货物规格、型号、质量和市场行情等。

2. 代收货款模式

1）代收货款模式概述

代收货款是独立于买卖双方交易外的第三方代卖方从买方收缴应收款项的有偿服务。这样的方式比较安全、方便，受到不少企业的重视和广泛应用。

代收货款业务的出现打破了买卖双方一对一面对面的交易方式，它为商户解决了电视购物、网络交易中商品配送与资金结算不方便、不及时的难题，也避免了买卖双方非面对面交易带来的信用风险。在物流领域，通常是指在合同约定的时限与佣金费率下，第三方物流企业为发货方承运、配送货物的同时，向收货方收缴款项转交发货方的附加值业务；代收货款模式详见图4.12。

代收货款模式常见于B to C 业务，并且在邮政物流系统和很多中小型第三方物流企业中广泛开展。

图4.12 代收货款模式

（1）代收货款作用。代收货款作用就是在交易货物时由收款人收取货款。使用代收货款可以使买卖双方安全可靠地进行交易，同时减少流通的现金结算，也可以让双方省去各自花费很多时间去寻找对方的货款。

（2）代收货款的运作方式。代收货款的运作方式是买方到银行或其他金融机构账户内购买货款凭证，然后由买方授权收货单位进行代收，代收后买方收到货款凭证，向收款人出具账单，收款人再将账单寄到银行或其他金融机构进行收款登记，这样双方便可以互相验收凭证，实现货款的支付。

（3）代收货款的优点。使用代收货款的优点就是可以更安全可靠地传递货款，双方可以放心交易，双方可以提前把货款转到银行账户或其他金融机构账户，这样可以有效防止违约风险，对双方都是有利的。同时，可以提高交易效率，节省时间，大大提高企业整体运作效率，可以有效减少成本。

（4）代收货款的安全性。因为货款凭证和双方的信息是由第三方金融机构管理的，所以这种方式可以有效防止欺诈。同时，第三方金融机构还负责管理交易过程中产生的手续费及其他支付，以及相关税务等信息，可以让双方放心使用，并可以为企业提供更全面、及时的服务。

（5）代收货款的基本流程。代收货款模式的基本流程如图 4.13 所示。

图 4.13　代收货款模式流程

2）代收货款模式符合运作的条件
（1）发货方和第三方物流企业有良好的合作关系。
（2）货物质量较稳定，货损、货差较小。
（3）货物易于计量。
（4）收货方信誉较高，能够做到货到付款。

3）代收货款模式应用中的注意事项
代收货款模式在实际操作中的注意事项如下。
（1）第三方物流企业应定期与供货企业结清所代收的款项。
（2）第三方物流企业所代收的款项不应超过一定的数额，并尽量采用银行转账方式，避免现金业务。
（3）第三方物流企业与供货企业结清款项的条件为款项金额达到一定额度或达到一定期限。
（4）供货方与第三方物流企业、供货方与收货方应签订相关委托收款合同。
（5）供货方与第三方物流企业应就代收货款的相关费用应在合同中明确。

3. 代客结算的其他模式

代客结算除垫付货款和代收货款两种模式外，还可将应收账款融资和订单融资两种模式归入其中。

1）应收账款融资
应收账款融资就是以未到期的应收账款向金融机构办理融资的行为，是指企业以自己的应收账款转让给银行并申请贷款，银行的贷款额一般为应收账款面值的 50%～90%，企业将应收账款转让给银行后,应向买方发出转让通知,并要求其付款至融资银行。

(1) 作用。

应收账款融资可以满足借款人因应收账款占用造成短期流动资金不足的融资需求,优化客户财务报表。很多企业从控制经营风险的角度考虑,在财务上实行现款现货制度,买卖双方都如此的话,交易业务就遇到很大障碍,因为物流活动必然造成买和卖之间有一个时间间隔,此时应收账款融资业务形态就有了很大的生命力。

(2) 功能特点。

① 缩短企业应收账款收款天期;② 降低了买卖双方的交易成本;③ 提高了资金的周转速度;④ 提高人力运用效力,免除人工收账的困扰;⑤ 优化企业应收账款管理,为企业活化除固定资产以外的资产科目;⑥ 透过应收账款增加营运周转金,强化财务调度能力。

(3) 运作方式。

① 应收账款质押融资,即供货企业以应收账款债权作为抵押品向融资机构融资,融资机构在向供货企业融通资金后,若购货方拒绝付款或无力付款,融资机构具有向供货企业要求偿还融通资金的追索权。

② 应收账款保理,即供货企业将应收账款债权出卖给融资机构并通知买方直接付款给融资机构,将收账风险转移给融资机构,融资机构要承担所有收款风险并吸收信用损失,丧失对融资企业的追索权。

③ 应收账款证券化,是资产证券化的一部分,指将企业那些缺乏流动性但能够产生可以预见的稳定的现金流量的应收账款转化为金融市场上可以出售和流通的证券的融资方式。

▶ 阅读案例 4-2 ◀

渣打银行应收账款融资成功案例

LWB 公司为专业化工产品出口企业,客户多在南非与欧洲。目前最大两位买家先后提出将贸易结算方式改为赊销,即发货后 90 天再 TT 汇款。

该公司很苦恼,同意则担心资金积压过大,不同意又怕失去这两家资质很好的贸易伙伴。

该公司的问题在渣打银行轻松获得了解决。经调查,这两家国外进口商具有较好的商业信誉,故此渣打银行同意给予这两家公司共计 100 万美元的应收账款额度。额度内 LWB 公司一发货就可凭发票和提单等获得 90% 的货款,资金获得了最大限度的利用,销售额也得以扩大;国外买家也应获得了更为宽松的付款条件而感到非常满意。

2) 订单融资

订单融资是指企业凭信用良好的买方产品订单,在技术成熟、生产能力有保障并能提供有效担保的条件下，由银行提供专项贷款，供企业购买材料组织生产，企业在收到货款后立即偿还贷款的业务，物流金融实践中，往往被视为预付款融资。基于企业业务订单的融资模式是近年来针对中小企业融资难现象而出现的新型金融业务创新品种。

订单融资是以企业已签订的有效销售订单为依据，发放针对该订单业务的全封闭式贷款，指企业凭信用良好的买方产品订单，在技术成熟、生产能力有保障并能提供有效担保的条件下，由银行提供专项贷款，供企业购买材料、组织生产，企业在收到货款后立即偿还贷款的业务。

业务办理流程如下所述。

（1）企业与购货方签订购销合同，并取得购货订单。

（2）企业持购销合同和购货订单向银行提出融资申请。

（3）银行确认合同、订单的真实有效性，确定企业的授信额度后，企业在银行开立销售结算专用账户。

（4）企业与银行签订订单融资合同及相关担保合同。

（5）银行向企业发放贷款，企业须按合同规定用途支用贷款，完成订单项下交货义务。

（6）购货方支付货款，银行在专用账户扣还贷款。

从近几年我国物流金融业务创新的发展趋势上看，基于存货的物流金融业务蓬勃兴起，基于贸易合同的物流金融业务（应收账款融资）处于由国外大型物流企业引进过程中，基于贸易合同的物流金融业务（订单融资）则处于探索之中。

从参与主体的角度看，贷款方由单纯的商业银行向银行、担保机构、保险机构等联合体方向发展，物流企业由单纯的拥有仓库资产的企业向第三方物流企业、中介公司、特许连锁经营方向发展，而申请贷款的企业则由流通企业向流通、生产企业等发展。

从基于存货的物流金融业务模式发展看，质押物品的监管方式也正在发生着变化，动态质押监管业务已成为主要监管方式。

从国际上企业生产经营方式的演变来看，以销定产已经成为主流趋势，因此基于贸易合同的物流金融业务在我国也会具有更大的发展前景。

4.3.2 保兑仓模式

保兑仓（买方信贷）是融通仓融资的主要操作模式之一，是以银行信用为载体的金融服务，是仓单质押的延伸。

1. 保兑仓模式概述

保兑仓是指以银行信用为载体，以银行承兑汇票为结算工具，由银行控制货权，仓储方受托保管货物，承兑汇票保证金以外金额部分由卖方以货物回购作为担保措施，由银行向供应商（卖方）及其经销商（买方）提供的以银行承兑汇票为结算方式的一种金融服务。

制造商、经销商、第三方物流企业、银行四方签署保兑仓业务合作协议书，经销商根据与制造商签订的购销合同，向银行交纳一定比率的保证金，一般不少于经销计划向制造商此次提货的价款，申请开立银行承兑汇票，专项用于向制造商支付货款，由第三方物流企业提供承兑担保，经销商以货物对第三方物流企业进行反担保。第三方物流企业根据掌控货物的销售情况和库存情况按比例决定承保金额，并收取监管费用。银行给制造商开出承兑汇票后，制造商向保兑仓交货，此时转为仓单质押。

2. 保兑仓模式产品特点

保兑仓模式产品的特点有：利用银行信誉促成贸易；有效保障卖方货款回笼，提高资金使用效率；为买方提供融资便利，解决全额购货的资金困难；通过保兑仓，大大缓解了交易双方的现金压力，提高了资金周转，真正实现了制造商、经销商、第三方物流企业和银行的多赢。

3. 保兑仓模式的优势

（1）对供应商（卖方）而言，首先通过增强经销商（买方）的销售能力，解决了产品积压问题，扩大产品的市场份额，从而获得更大的商业利润。其次锁定销售渠道，在激烈的市场竞争中取得产业链竞争优势。最后无须向银行融资，降低了资金成本，同时也减少应收账款的占用，保障了收款。

（2）对经销商（买方）而言，银行为其提供了融资便利，解决全额购货的资金困难。买方可以通过大批量的订货获得生产商给予的优惠价格，降低销售成本，而且对于销售季节性差异较大的产品，可以通过在淡季批量订货，旺季销售，获得更高的商业利润。

（3）对于银行而言，通过保兑仓的业务，能获取丰富的服务费及可能的汇票贴现费用，同时也掌握了提货权。

4. 保兑仓风险

（1）对于卖方，其风险显然来自买方的失信和经销不力。在银行承兑汇票到期后，如果买方缴付的保证金余额低于银行承兑汇票的金额时，即买方不能完全实现销售，则卖方就必须将承兑汇票与保证金的差额部分以现款支付给银行。

（2）对于银行而言，其风险存在买方和卖方的合谋骗贷的可能。

5. 保兑仓模式的业务流程

保兑仓模式的业务流程如图 4.14 所示。

（1）买方向银行缴存一定比例的承兑保证金。
（2）银行签发以卖方为收款人的银行承兑汇票。
（3）买方将银行承兑汇票交付卖方，要求提货。
（4）银行根据买方交纳的保证金的一定比例签发提货单。
（5）卖方根据提货单向买方发货。
（6）买方实现销售后，再缴存保证金，重复以上流程。
（7）汇票到期后，由买方支付承兑汇票与保证金之间的差额部分。

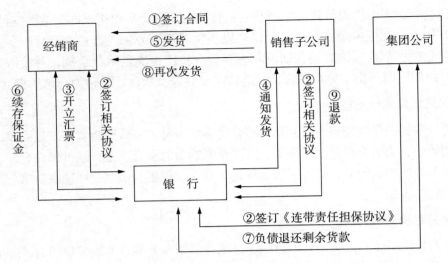

图 4.14 保兑仓模式的业务流程

4.3.3 海陆仓融资物流

融资物流（业务）是质权人（通常是指银行）为了更安全地控制质押货物，利用物流公司对货物实时、实地监管的能力，与物流公司合作推出的一种业务模式。融资物流的主要模式包括以下四类：仓单质押（实物仓）、保兑仓、融通仓和海陆仓。下面简单介绍海陆仓。

1. 海陆仓的概念

海陆仓模式，它是将以海运或海陆联运方式运至国内港口或内陆仓库的未来进口货物作质押，适用于进口开证和该信用证项下进口融资的一种单笔贸易授信业务。结合物流传统海运业务，借用仓单质押理念，基于海上在途监管并包含两端仓库（堆场）监管在内的一种全程质押监管模式。

海陆仓是融资物流的主要模式之一。海陆仓业务是指在传统仓单质押融资模式基础上，发展成为集货物在途运输质押融资监管模式与仓单质押模式为一体的，从货物起运地至目的地，仓储质押监管、陆路运输监管、铁路运输监管、沿海运输监管、远洋运输监管等任意组合的供应链全程质押融资监管模式。

2. 海陆仓模式的优点

（1）对于大宗商品的进口，如果企业因银行授信额度不足或无法落实足额担保而可能面临交易取消，那么就可以向银行申请海陆仓业务，通过单笔贸易授信方式满足企业的授信额度需求，进而帮助企业成功运作大宗商品进口贸易。

（2）融资节点提前到货物集港起运处，扩大了银行融资空间，实现了双赢。

（3）货权清晰，规避了重复质押的风险。

（4）质押物一般都是畅销货物。

▶ 阅读案例 4-3 ◀

上海某钢贸企业海陆仓业务

上海某金属材料有限公司是一家钢贸企业，注册资金人民币 1500 万元，属中等规模钢材经销商。主营：螺纹钢、中厚板等。主要上游：首钢、宣钢、营口等。客户经销流程如下。

（1）向异地厂商支付全额采购款，厂商收款后发货。
（2）客户雇佣运输公司前往厂商处接货，进入货物运输阶段。
（3）销售阶段。
① 运回上海本地的仓库存放，在市场需求旺盛的情况下，从入库至销售完成时间大约为一周，短的在入库当天即销售完毕；但是从当地集港开始，直至运输存放上海仓库，根据不同的厂商，时间可能占用 30~50 天。
② 在起运前或运输途中就找到了下家，完成销售，货物可能不需再运回上海。
传统动产融资模式遇到的问题如下。
① 未来货权质押。厂商需承担差额回购或者阶段性回购之类的责任，该客户部分上游厂商过于强势，不配合银行进行厂商银模式合作，而部分厂商规模又较小，不符合银行对未来货权模式下核心厂商资质的准入标准；
② 现货质押：货物必须进入上海的监管仓库并办完质押手续后才能融资，在市场行情好的情况下，客户会在非常短的时间内完成销售，这样的融资周期变得很短，客户往往不从银行寻求融资。
问题：
客户的整个采购加上销售的周期大约有 80% 的时间是货物集港及运输途中，客户有盘活在途货物资金占用的需求，而传统动产融资模式却没有满足客户需求的相应的产品。

3. 海陆仓操作流程

海陆仓业务操作流程如图 4.15 所示。
（1）三方签订《进口货物监管和质押协议书》，第三方物流企业接受银行委托，根据协议内容承担监管责任。
（2）进口商向银行提交相关资料，申请授信额度。
（3）经银行有关审批部门核定授信额度，与进口商签订《授信协议》，同时进口商提交一定金额的保证金，申请开立信用证。
（4）国内第三方物流企业需与其国外装货港代理公司联系，国内银行也与该国外通知行保持联系。
（5）国外出口商将货运至港口，按信用证要求发货，国外物流代理公司进行装货，装完船后，出口商便向进口商银行寄送全套单据，第三方物流企业便开始进行在途监管。

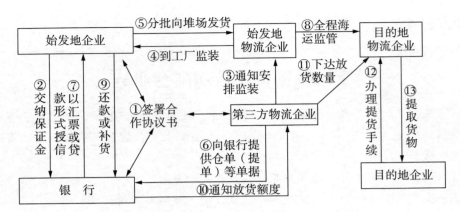

图 4.15　海陆仓业务操作流程

(6) 进口商银行收到并持有全套单据，经进口商确认后，银行签发《单据交接通知》并第三方物流企业签收，信用证项下，银行办理付款。

(7) 货物在途监管过程中，第三方物流企业需确保货物的安全。在船舶抵港前，船代需进行船舶进港申报，等船舶靠岸后由货代安排船舶卸货、换单、进口清关商检等事宜。

(8) 进口商银行可在进口商需要时，向其提供一定量的贷款，以作为通关缴税的费用。

(9) 收到货物后，第三方物流企业履行货物报检及通关手续，将货物运至指定仓储地点。

(10) 第三方物流企业签发以银行作为质权人的《进仓单》，银行与进口商共同在第三方物流企业办理交接登记，由第三方物流企业按照合同规定监管质押货物，进入现货质押流程。

(11) 进口商根据其生产/销售计划安排提货，在提货前都必须归还银行相对应的货款，第三方物流企业在审核银行签发的《出库单》无误后，放行相应货物。

4. 开展海陆仓的意义

(1) 开创了全流程监管的新模式。传统动产融资模式基本都是半流程监管，而海陆仓模式是全流程监管，为动产融资的发展带来了新思路。

(2) 营销机会好。由于海陆仓模式在市场中需求量大，而现阶段，银行介入的比例并不大，各家银行对该模式尚处于起步阶段，所以目前海陆仓业务的营销成本也不高，市场空间还相当大，而且，随着经济的复苏，客户的经销周转都会加快，更显出了海陆仓盘活在途资金占用的实用性。

(3) 海陆仓模式在收益方面比传统动产融资模式略高，一般派生存款比例与授信敞口比例可达到1∶1，还可向客户收取海陆仓业务手续费和敞口额度占用费等中间业务收入。

5. 银行的风险控制方法

(1) 银行要求监管商作为承运人替客户去上游厂商处接货并负责运输至监管仓库内，监管责任从接货开始直至货物赎货完毕为止。

(2) 监管商在上游厂商处或厂商交货的集港处，在接收并控制货物时，即向银行出具质押仓单（监管财产清单），代表货物已处于质押监管之下，银行据此可以为客户办理放款手续。

4.4 未来提货权融资业务模式

4.4.1 未来提货权融资业务概述

未来提货权融资是指买方企业以其与核心客户之间的购销合同和未来提货权利为依据申请融资并用于支付货款，融资成功后，买方可以以银行开具的提单为提货凭证在第三方仓库提货，以销售回款作为第一次还款的融资业务。

1. 帮助买方企业提前融资

未来提货权融资可以帮助买方企业提前融资，及时完成货款支付，有效地提升了他们的提货能力，并且帮助他们获得较高的价格折扣。同时还可以免除卖方的回购担保，有较好的市场适应力。此外，融资工具多样，包括贷款、银行承兑汇票等。

2. 风险控制

对于银行来说，在未来提货权质押融资业务中操作风险较大。因此银行对于单据的把握非常重要，必须制订严密的制度，确保合规操作，特别是对于这类融资申请的一系列审核和相应的风险控制。

例如，银行需与借款人、仓库方签订监管合同（包括办理提货权仅凭银行通知指示、须注明有关跌价补充质物条款、签订质押合同）。同时，用于质押货物的价格由分公司业务管理部审定，根据发票、合同、付款凭证及综合考虑货物的市价综合确定的。

3. 具体操作

供应商、经销商和银行先签订三方协议。经销商向银行缴存银行汇票金额 30% 的保证金，银行开立以经销商为出票人、供应商为收款人的银行承兑汇票，银行通知供应商给予经销商提取与汇票金额 30% 等值的货物。经销商实现销售之后，将货款回笼再存入保证金账户，银行收到钱款后，通知供应商发放等值货物，依此类推如图 4.16 所示。

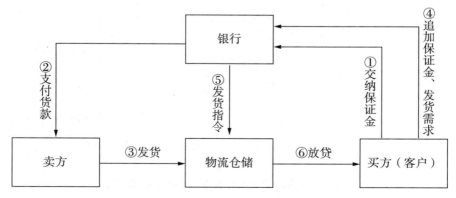

图 4.16 未来提货权融资业务示意图

在实际操作过程中，需要注意的是，经销商必须事先在银行账户存入不低于合同金额 30% 的款项，银行发放的贷款数额不得高于合同金额 70%。银行贷款的款项必须与经销商自有的款项一起直接付给供应商或者开具以供应商为收款人的银行汇票，供应商在收到相关款项后出具相关收款证明。

4.4.2 未来提货权融资业务保兑仓模式

未来提货权融资业务保兑仓模式是指由供货商根据银行指令直接发货给借款人并承担连带清偿责任（回购义务）的业务操作模式。

1. 概述

未来提货权保兑仓模式国内信用证是指银行以控制购货商（开证申请人），向供货商购买的有关商品的提货权为手段，为购货商开立国内信用证，用于向供货商进行采购。供货商则根据银行指令进行发货的业务。本产品采取的是保兑仓模式，即供货商根据银行指令直接发货给开证申请人，供货商同时承担未售出货物差额连带清偿责任（回购义务）的业务操作模式。

这种模式的融资方式手续简便，一般情况下，无须购货商提供其他的担保。融资效率高，借款人在授信期限内可以根据自己的购销状况循环使用额度。提货方便，首次保证金可以用以提货。

银行根据购货商申请为其提供融资，用于支付上游供货商货款，由供货商按照银行指令进行发货的业务。

该模式就是供应商在收到买方支付的银票后将货物发往指定的仓库，待质物入库后质物提货权就归银行所有，仓库根据买方的提货申请、银行签发的提货单进行发货，银票到期时买方在银行账户中的资金需要大于银票的票面金额。若买方到期银行账户资金不足，且无力偿还银行敞口，供应商则需负责回购质物支付等价货款用于弥补银行敞口（此时供应商承担连带责任保证的担保责任便体现出来），见图 4.17。

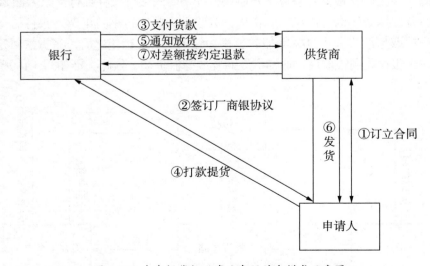

图 4.17　未来提货权融资业务保兑仓模式示意图

（1）未来提货权融资的主要适应对象。未来提货权融资是一种新型的融资方式，指的是企业将未来的商品提货权作为抵押物，通过融资渠道向银行申请贷款，来解决采购所需资金，促进企业的运营和发展。

该业务主要适用于盈利能力较强的企业，且具有一定的市场认可度，有足够信用等级的企业可以采用未来提货权融资的方式进一步扩大企业运营规模。

（2）未来提货权融资风险控制。银行在为企业提供未来提货权融资服务时，要对企业的风险做出严密的控制。一方面，银行会对申请人的资质、合同价值、融资方案和保证金等进行评估；另一方面，银行还要对企业的保证金和未来货物设定严格的标准，并约定明确的借款期限和利率。

2. 产品功能

未来提货权保兑仓模式国内信用证可以解决购货商因传统担保不足情况下的融资需求，以较少的自有资金获得较大的订单，享受批量订货的折扣优惠，利用供货商实力进行信用增级，方便取得银行融资支持。帮助供货商在货款及时回笼的前提下扩大销售量，抢占市场份额，扶持经销商共同发展，提前确定销售规模，稳定客户关系。

3. 业务流程

（1）买卖双方之间签订《购销协议》，约定卖方向买方出售货物，同时买方向银行申请贷款用于预先支付货款。

（2）买方根据《购销协议》向银行申请贷款。

（3）银行审核通过后，开具以供应商为收款人的银票，买方将银票交付供应商。

（4）银行与仓储监管方签订《仓储监管协议》，供应商收到银票后将质物发往银行指定的仓库。同时将仓单等单据交给金融机构，质物移交银行所有。

（5）买方向银行交纳一定保证金后，并发起提货申请。

（6）银行收到买方交纳的保证金后，按一定比例向买方签发提货单，并指示仓库监管方可释放相应货物给买方。

（7）买方提货。

（8）买方后期再提货，再通过缴存一定的保证金获取货物的提货权，重复上述（5）、（6）、（7）的流程。

（9）汇票到期后，由买方支付承兑汇票与保证金之间的差额部分。到期若买方无力偿还银行敞口，供应商需承担连带责任保证。

未来提货权融资业务保兑仓模式业务流程如图4.18所示。

4. 具体操作步骤

（1）授信申请。申请人向银行各经营机构提出业务申请，并提供以下资料。

① 购货商提供的资料、公司证明文件等资料、企业生产经营活动及产供销的基本情况、银行要求的财务报告（含报表附注）、银行要求的其他文件。

② 供货商提供的资料、公司的证明文件等资料，银行要求的其他文件。

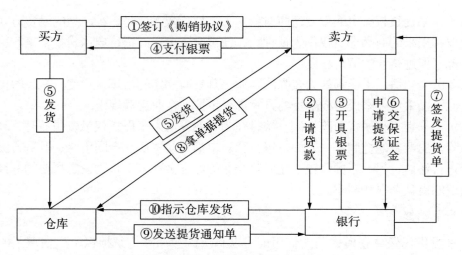

图 4.18 未来提货权融资业务保兑仓模式业务流程

（2）签订三方协议。授信申请被批准后银行、供货商、购货商签订《未来提货权融资业务合作协议书》。

（3）放款。根据购销合同，签订具体融资协议，落实放款条件后银行予以放款，此款项根据约定用于直接向供货商支付货款。

（4）申请提货。购货商追加保证金或偿还借款后，向银行申请提货。

（5）发货通知。银行同意后向供货商发出发货通知。

（6）发货。供货商根据银行指令向购货商发送货物。

（7）到期保证金补足或全额偿还贷款本息后，该笔业务正常结束。

4.4.3 未来提货权融资业务仓储监管模式

未来提货权融资业务仓储监管模式是指物流银行根据申请向经销商提供融资，用于向供货商支付货款，由供货商根据约定直接发货到物流银行指定的仓储监管单位或目的地，转化为银行质押物的业务操作模式。

1. 概述

银行根据申请向购货商提供融资，用于支付供货商货款，由供货商根据约定直接发货到银行指定的仓储监管单位或目的地，转化为银行质物的业务操作模式。

申请未来提货权融资的企业必须具有良好的盈利水平和信用等级。银行通常会要求申请该业务的企业具有一定的条件。

2. 功能

解决购货商因传统担保不足情况下的融资需求；帮助购货商以较少的自有资金获得较大的订单，享受批量订货的折扣优惠；帮助购货商在货物未形成质押物时即取得融资；帮助供货商在货款及时回笼的前提下扩大销售量；抢占市场份额，扶持经销商共同发展；帮助供货商提前确定销售规模，稳定客户关系。

3. 优势

助力企业提前融资：未来提货权融资可以帮助企业提前获得资金，更好地满足资金需求。

扩大提货能力：企业可以使用融资获得更大的提货能力，以满足业务需求。

获得更高的价格折扣：企业可以获得更大的价格优惠，提升利润空间。

减少卖方回购担保：企业不再需要承担回购担保的责任，减少企业的成本和风险。

4. 业务流程

① 申请人、供货商与银行签署《三方合作协议》，申请人、监管方与银行签署《仓储监管协议》。

② 申请人缴存保证金。

③ 授信资金或银行承兑汇票支付给上游供货商。

④ 供货商发货到银行指定地点，以银行或银行指定的监管方为代理收货人，落实第三方监管。

⑤ 办理抵质押手续。

⑥ 申请人打款赎货。

⑦ 银行通知监管方释放货物。

未来提货权融资业务仓储监管模式业务流程如图 4.19 所示。

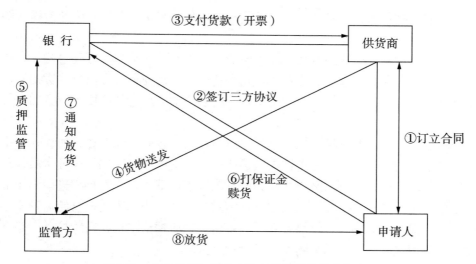

图 4.19　未来提货权融资业务仓储监管模式业务流程

5. 具体操作步骤

（1）授信申请。申请人向银行经营机构提出融资申请，并提供以下资料。

购货商提供的资料：①公司证明文件等资料；②企业生产经营活动及产供销的基本情况；③银行要求的财务报告（含报表附注）；④银行要求的其他文件。

供货商提供的资料：①公司的证明文件等资料；②银行要求的其他文件。

（2）签订三方协议。授信申请被批准后银行、供货商、购货商签订《未来提货权融资业务合作协议书》。银行、购货商、仓储机构签订《货物质押监管合作协议》(《仓单质押监管合作协议》)。

（3）放款支付。根据购销合同，签订具体融资协议，放款条件落实后银行予以放款，银行根据约定直接向供货商支付货款。

（4）供货商按照约定将货物发送到银行指定的仓储监管机构。

（5）申请提货。购货商追加保证金或偿还借款后，向银行申请提货。

（6）通知发货。银行同意发货后向仓储机构发出发货通知。

（7）发货。仓储监管机构根据银行指令向购货商发送货物。

4.4.4 未来货权开证

未来货权开证是指银行根据进口商的申请，在进口商交纳一定比例的保证金后，对无担保部分以控制信用证项下未来提货权为手段，为进口商开立信用证，提供融资支持。

1. 概述

未来货权质押业务是指客户以其未来的货权质押给银行，向银行申请融资，银行以贷款、承兑、进口开证等各种融资形式发放的、用于满足客户贸易或生产领域配套流动资金需求的融资业务。

未来货权质押业务分为先票/款后货业务模式和未来货权质押开证业务模式两种业务模式。

先票/款后货业务模式指本行、授信申请人、卖家、仓储监管方签订协议，约定银行直接向卖家支付货款（现金、银行承兑汇票等），卖家按照银行指令将货物发送到银行指定仓库，授信申请人将货物质押给银行，后续按动产静态动产质押业务的有关规定办理。

未来货权质押开证业务模式指银行、授信申请人、仓储监管方签订协议，约定银行根据授信申请人的申请，在授信申请人根据协议规定交纳一定比例的保证金后，对保证金以外的部分以信用证项下未来货权作为质押为授信申请人开立有物权进口信用证，国外卖家根据信用证条款将货物发送到本行指定港口，授信申请人委托仓储监管方办理相应报关报检、提货、运输、仓储等事宜。办妥后货物质押给本行，后续按动产静态动产质押业务有关规定办理；信用证到期，银行对外付款。

2. 功能

（1）拓宽融资渠道，解决进口商传统担保方式不足时的进口融资需求。

（2）规避市场风险，帮助进口商合理安排进口，规避市场价格波动风险。

（3）解决资金困难，帮助进口商以较少的自有资金，扩大进口规模。

（4）优化融资结构，为进口商进口、生产、销售过程提供全程融资服务。

（5）多种融资支持，未来货权开证可以配套进口开证、进口押汇、进口代付等融资方式。

3. 特点

（1）进口商在没有抵押担保的情况下，可获得免担保开立进口信用证。
（2）利用少量保证金扩大采购规模，在商品价格上涨的情况下获得杠杆收益。
（3）可利用银行信用大量采购商品以获得销售折扣。
（4）提前锁定价格，防止涨价风险。

4. 未来货权开证模式流程

未来货权开证模式流程如图 4.20 所示。
（1）进口商向银行提出未来货权开证申请。
（2）银行经审批后，对外开立信用证。
（3）供货商按照信用证规定发运货物，并通过议付行向开证行寄单。
（4）银行收到进口单据后，进行审核并通知进口商。如单据先到，由进口商付款赎单，或待货到后转为货物质押。如货物先到，进口商可申请办理担保提货。
（5）办理货物质押的，由银行委托仓储公司监管，进口商付款提货。
（6）对外支付，信用证到期，银行对外付款。

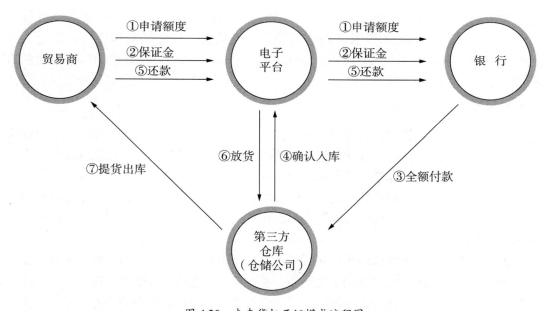

图 4.20　未来货权开证模式流程图

5. 申请材料

（1）开证申请书。
（2）进口商品属配额、许可证、备案制度管理的，提供相应的配额批文、许可证和备案表。
（3）进口合同、内销合同（如有）、代理合同（如有）。
（4）货物质押监管合作协议。

（5）保险权益转让书，如价格条款为CNF（成本加运费价）或FOB（离岸价），还应提交全套保险单正本。

（6）如需要办理进口押汇，应在开证时提交进口押汇申请书。

（7）银行要求的其他材料。

4.5 物流企业的物流金融参与模式

第三方物流企业参与下的物流金融模式有代客结算、融通仓、海陆仓三项业务的运作模式。第三方物流企业参与下的物流金融，涉及的有货主企业、银行、第三方物流企业三方的金融活动，是一项创新型的物流增值服务。

4.5.1 第三方物流企业的参与模式

物流企业在经营发展中，应用物流金融可以有效改善传统企业融资困难的问题，提升企业专业优势，实现供应链上下游企业的沟通和联系，为企业提供仓储监管和货物运输服务。

对企业经营活动进行实时监控，了解产品销售情况，对于可能出现的风险进行分析，一旦出现信贷风险可以及时向银行预警，有效提升企业的竞争优势，创造更大的经济效益。当前我国很多的物流企业在转型发展中，通过物流金融可以创造更多的利润。

1. 代理模式

第三方物流企业代理银行对质押物进行监管，并收取一定的管理费用，第三方物流企业提供验收、价值评估、仓储保管、货款流向监管及质押物的拍卖处理等服务，不承担市场风险；一般包括仓单质押和保兑仓业务。

（1）收益。银行可以将质物监管、变现等业务委托给第三方物流企业，发挥其网络和信息的优势，以其专业性代理银行进行质物监控。银行专注于其擅长的金融运作，能更加有效利用资源。

有实力的物流企业能脱颖而出获得更大的市场份额和业务量。由于参与更有附加值的服务中，经营利润也能得到相应的提高，避免与小型运输、仓储公司在低层次的同质化竞争，另外通过与银行的合作巩固了第三方物流企业与借款企业的业务关系，建立自身较为稳定的客户群，并且增加了对潜在客户的吸引力。

借款企业一般是为数众多的中小企业，由第三方物流企业凭借良好的信用及与银行的合作关系，来帮助借款企业获得银行的贷款，起到了很好的桥梁作用。

（2）风险。第三方物流企业承担较少的风险，借款企业主要是承担市场风险，而银行由于在业务中起着主导的作用，其承担了更多的风险。

第三方物流企业需对新质物进行估值，避免借款企业以次充好而产生坏货风险，需印证借款企业提货单的真伪，另外在动态质押中货权风险也要给予关注，要避免多重质押和非法的质押物。

银行在借款企业交纳一定保证金后向供应商开具银行承兑汇票,这本身就有一定的风险。银行还要减少第三方物流企业与借款企业合谋骗取银行贷款的可能性。

2. 担保模式

第三方物流企业向银行提供信用担保以获得银行的统一授信,根据客户的需求进行灵活放贷和结算,需承担客户违约等造成的风险损失。

(1)收益。从银行角度,银行可以节省本来要对众多中小借款企业进行调查评估的成本,由于银行给第三方物流企业统一授信的额度一般较大,符合银行降低放贷成本的要求,同时又获得对中小企业融资市场的占有,扩大业务量从而提高收益。

从物流企业角度,资产性的收入提高了总体业务利润率的同时,节省了这项物流金融服务在时间、劳动力及服务上的费用,从而使之更有竞争力,进而占有更多的市场份额。

从借款企业角度,流程的简化能降低其服务费用,更重要的是时间的节省和运营效率的提高,企业通过统一授信服务能更加及时获得资金和释放质押物,增加企业对市场反应的灵敏性,从而增加企业收益。

(2)风险。银行承担较少的风险,而第三方物流企业由于在业务中起着主导的作用,其承担了更多的风险。

银行的风险在于第三方物流企业能否按期偿还贷款本息及其他金融服务的费用。

第三方物流企业利用银行的授信额度内的资金自主选择物流金融服务对象并全程监控服务过程,需防范市场风险及借款企业的违约风险等。

3. 自营模式

第三方物流企业集贷款与物流服务于一身,包括垫资、代收货款等资产运营模式的服务及将物流与银行业务一体化的综合模式,国内目前还不允许金融机构的混业经营,主要是开展垫资等服务。

(1)收益。第三方物流企业除获得货物运输等传统的物流费用外,还因为延迟支付获得了一笔不用付息的资金,这笔资金可以用于向其他客户提供物流金融的贷款服务,从而获取额外的资本收益。第三方物流企业通过为采购方垫资服务和为供应商的代收货款服务增强了对购销双方的吸引力,以特色服务扩大了对市场的占有,同时增加传统的物流服务业务量并获取新业务的收益。

供应商在货物交付物流企业运输时就获得一部分的预付款,可以直接投入生产经营,从而减少在途货物对资金的占用来提高运营效率。

采购方无须事先支付货款而只需在提货时结清,这样能减少采购方在同强势供应商交易中需支付预付款而给企业带来的资金压力,三方的利益都得到了保障。

(2)风险。第三方物流企业承担的风险较大,但其能有效避免供应商和采购方合伙欺诈的发生,收益能获得确保。

供应商的风险在于是否选择了信用高的第三方物流企业,在只获取一部分货款的前提下将货物交由物流企业承运可能承担风险,第三方物流企业在取得货款后能否按时将剩余货款交给供应商也存在风险。

三种模式应用范围比较：代理模式、担保模式、自营模式，对于物流企业来说风险越来越大，同时收益也越来越大，而银行所承担的风险以及得到的收益正好相反，这与金融资产的特性是一致的，即承担高风险一般要求收到高收益；代理模式适用于一些物流业不太发达的地区，主要的风险由银行来承担。担保模式适用于物流企业提供的服务相对多样的地区，第三方物流企业资金实力比较雄厚，可以承担较大风险。而自营模式下，第三方物流企业相对于前两种情况则更有能力承担更大风险，拥有自己完备的管理模式以应对风险。

4.5.2 企业利用供应链的融资模式的流程

企业利用供应链的融资模式就是银行将核心企业和上下游企业联系在一起并提供灵活运用的金融产品和服务的一种融资模式。物流企业主导模式是物流企业凭借与供应链各参与主体的物流合作关系，利用自身掌握的客户、信息等优势，通过结算服务达到为核心企业延长账期、向上下游中小企业提供融资服务的一种金融模式。

企业利用供应链的融资模式的流程如图 4.21 所示。

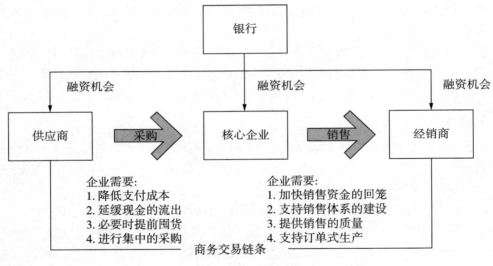

图 4.21　企业利用供应链的融资模式的流程

1. 应收账款融资

为方便理解与思考，假定供应商为 A，下游企业经销商等角色为 B，资金提供方为 C。

（1）保理。保理本质上是债权的转让，是资金提供方 C 从交易双方 AB 中的卖家 A 手中买入其应收账款。保理业务根据风险也分为回购保理和买断保理，回购保理代表着如果 C 收不到剩下的钱，那么可以找 A 回购剩下的资金，A 在这个过程中对资金的回收承担责任；买断保理意味着 C 能不能收回资金与 A 没有关系，即"买断"。

业务流程如下。

B 向 A 赊账 3 个月账期，其双方达成赊销协议，形成应收账款，同时 A 向银行转让该协议即应收账款。然后A和C通知B账款转让的消息，B与A、C各自确认情况属实后，C向A放款融资，三个月后，B向C支付账款。

（2）反向保理。通过在整条供应链网络中的焦点企业的背书授信，为上下游的企业做融资贷款担保。

业务流程如下。

我们假设B同样也为焦点企业。B与A达成交易关系，形成应收账款。B与C签订合作协议，将应收账款转让给C。随后C对A进行审查，接下来，如果审查没有问题，那么C就可以给A发放贷款（扣除一点利息）。当时间到了后，C找B收取账款，账款由B偿还。

（3）保理池融资。其本质与第一点的保理相同，就是A将与多个B的应收账款打包后转让给C，C根据其总额度按一定比例给A放款。

（4）融资租赁保理。在此例中，A为租赁方，B为企业方，C为银行，D为供应商。

企业B需要购买大型设备，但无力支付。B找到A，A通过购买设备后转租给B，B按时偿还租金，当租金满足购买资金后，所有权转移给B。在偿还租金的过程中，B只有使用权。在这种情况中，往往需要A一次性承担大量的资金投入。

业务流程如下。

A与D达成购买协议，并且跟B达成融资租赁协议，然后A与C合作，将应收账款转让给C（也就是B每月需要支付的租金）。随后，C对B、A进行审查，若通过，C与A签订融资租赁保理协议。A通知B债权转让，让B以后直接转给银行。

（5）票据池融资。跟保理融资一样，但其区别是票据的变化，保理是发票，是交易凭证，不可变现。这里的票据是汇票，可随时变现，风险比保理低。

2. 库存融资

融资的依据是现实中实在的货物，库存是库存融资的前提。在整个库存融资的过程中，因为银行没有仓库，所以就需要物流企业的加入。

我们假设A为企业，B为银行，C为第三方物流企业。

（1）静态质押融资。A向B提出静态质押融资申请，然后A将库存移交给B指定的第三方物流企业C，同时向B交纳一定比例的货物保证金；B得到C的收货通知且收到A的保证金后，向企业提供融资。如果在运营过程中A需要取出质押的货物，则需要向B追加保证金；B收到保证金后通知C向A放货，A需要多少货物就需要追加相应的保证金。静态质押只能用追加保证金的方式将货物取出。

（2）动态质押融资。动态与静态不同的地方在于动态支持企业以货换货，但是基于B规定的一定限额以上的货物才能易货。我们假设一个体系，在这个体系中，增加了经销商D，A为生产商。

业务流程如下。

A与B达成双边合作协议，B在A筛选出的名单中二次筛选出D，然后与A、D签订一份三方合作的融资协议。在其中，银行将以汇票的形式为A中下游的D融资，D收到汇票后将其转让给A，从A处进货；A将货物送至D所在地的第三方物流企业C

（物流企业由 B 指定），同时需要将生产合格证送至 B；在这之后，D 要销售多少货物，就需要向银行归还相应的融资款项或追加保证金，也可以以货换货（整体货物价格不低于 B 规定的最低限额）；当 B 收到还款或 C 收到新货的消息，就可以让 C 向 D 放货，同时向 D 返还生产合格证。D 拿到生产合格证后，就可以销售。

在现实情况中，一般货物会直接放在经销商的场地，但是生产合格证却放在银行手里，也就是说，不需要第三方物流企业参与。

在质押过程中，B 一般要与 A 签订回购协议，确保货物不会砸在自己手上。当库存货物稳定，价格易于估算，用动态质押融资比较合适，反之静态。

（3）普通仓单质押融资。仓单是仓库的提货单，代表着物品的所有权，可以转让，所以它属于有价证券，适用于当企业希望把暂时不用的库存货物变现，但是又想留着以后备用。

业务流程如下。

A 找到能够开具仓单的物流企业 C 开具仓单，随后 A 拿着仓单找到银行 B 做仓单质押融资，B 与 C 核实后，就可以接受仓单的转让，同时与 A、C 签订三方协议书，然后放款，但融资金额一般不会是仓单的原价，而是会保留一部分作为保证金。等 A 需要货物了，就向 B 支付本息，B 再通知 C 向 A 放货。

在借贷过程中，如果货物价格下跌，A 就需要及时向银行补足保证金；若不及时补足或是不还款，银行则可以"撕票"处理货物。

3. 预付账款融资

预付账款融资主要是针对下游企业向上游企业提前支付账款的融资，弥补资金缺口。

假设 A 为上游企业、B 为下游企业、C 为银行、D 为物流企业。

（1）先款后货，也就是先付款，后发货，这无非是 B 为了获取 A 更好的货品排期以及价格的优势。

业务流程如下。

B 与 A 签订采购协议，之后向 C 申请融资；C 收到申请后对该笔交易以及上下游企业的资质进行审查，审核通过后，B 需要向 C 交纳一定比例的保证金；C 代替 B 向 A 支付货款；A 收到货款后排期发货，但货物要发往 C 指定的物流企业 D；B 每向 C 还一次钱，C 就通知 D 向 B 放一次货。还钱放货方式如此循环，直至本息偿还完。在这个过程中，如果货物的市场价值下跌，B 需要追缴保证金；如果不交纳或者不偿还，C 有权"撕票"。在这个过程中，C 帮 B 向 A 付款的时候，往往采用的是汇票的形式，所以这种融资模式也常常称为先票后货。

（2）保兑仓融资，又称为担保提货融资，适用于 B 希望拿到 A 的价格优惠，需要一次性向 A 订许多货物，但 A 的产能跟不上；或者 B 希望在淡季提前订货，到了旺季可以提前提货。这两种情况都需要 B 向 A 一次性支付大量的货款。

在这种融资模式中，没有质押物，也没有第三方物流企业。现实中的保兑仓融资一般是通过银行承兑来支付的。

业务流程如下。

B 和 A 签订采销协议，确保 B 一次性支付货款后，A 能优先生产发货；随后 B 找 C 申请保兑仓融资，向 C 交纳一定的保证金；C 得到保证金后向 B 出示承兑汇票，并且与 A 达成按 C 签发的提单发货的协议；B 向 A 支付汇票作为货款，提货。C 根据 B 的承兑汇票保证金的比例签发提货单，A 根据提货单向 B 发货，B 得到货物完成销售后，向 C 追加保证金，C 给出提货单，A 发货，B 完成销售。如此循环，直至钱还完，货发完。如果在汇票到期之前，B 在 C 的保证金比汇票金额少，那么 A 需要将余额返还给 C。

▶ 阅读案例 4-4 ◀

物流金融支持下的喜马洋酒分销模式改革

喜马洋酒公司主要通过经销商分销的方式进行销售（如图 4.22）。

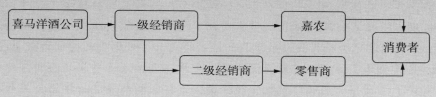

图 4.22　喜马洋酒公司现有的渠道模式

这种分销模式给喜马洋酒公司造成了许多问题。

一是所有的渠道都控制在经销商的手里，一些大的经销商明显有"客大欺店"的心态，仗着手里掌握的渠道，向喜马洋酒公司压价。

二是采用经销商的模式，使得喜马洋酒公司距离终端客户更加遥远，对于最终消费者实际需求的了解需要更长的回馈时间。

三是由于批发环节增多，每个经销商手中都或多或少囤积了一些存货，喜马洋酒公司无法掌握这部分存货的数量，生产计划很难控制，要么产量过剩导致存货积压，要么产能不够导致市场缺货。

四是有一些经销商私自向其他一些经销商分货，由此层层分拨、层层加价，最后到达消费者手中的产品不仅价格昂贵，而且货损率也相当高。

为了解决上述问题，喜马洋酒公司决定开拓新的渠道模式（如图 4.23），即跳过经销商，直接向零售商供货。

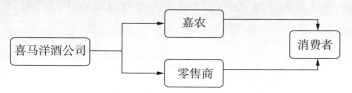

图 4.23　喜马洋酒公司希望采用的渠道模式

喜马洋酒公司首先选择了作为零售终端的嘉农合作开展直销模式，以此来降低双方的成本。由于喜马洋酒公司是一家中外合资的公司，作为控股方的外方投资曾经规定，任何客户都必须实行款到发货、现金结算的方式，不适用任何的账期，否则宁可不要这单生意。因此，喜马洋酒公司在降低价格的同时，提出货款现结的条件来取代之前经销商给予嘉农的30天账期。也就是说，以前当嘉农向经销商发出订单后，两个小时内，经销商会安排车辆把所订购的货物送到嘉农的仓库。等到嘉农将所送到的货物确认无误，收货完毕后，开始计算30天的账期，嘉农只需在30天后把该笔货款付清就可以了。在这种情况下，嘉农的现金流状况十分良好。而现在如果直接和喜马洋酒公司交易，嘉农就需要填补这30天的资金缺口。经过权衡资金成本和风险，嘉农不愿意采取喜马洋酒公司提出的现金结算的方式，于是双方陷入困境。

正在这时，灵孚物流公司联系喜马洋酒公司提出了一套解决方案。灵孚物流公司是一家总部设在澳大利亚的物流集团公司，刚刚开始在国内的业务，资金实力雄厚，它们在澳大利亚市场除了向客户提供传统意义上的物流服务，还提供其他多种增值服务，其中就包括物流金融业务。针对喜马洋酒公司的分销模式改革，灵孚物流公司不仅能够替喜马洋酒公司执行直销模式所需的物流配送，而且提出用澳大利亚市场上采取的物流金融模式来解决喜马洋酒公司和嘉农遇到的付款方式上的矛盾。其解决方案是由灵孚物流公司来提供贷款，先替嘉农付给喜马洋酒公司，然后等嘉农的账期到了之后再从嘉农那里把贷款收回，这样就能解决喜马洋酒公司和嘉农争执不下的30天账期问题。当然，灵孚物流公司得从中收取一定比例的服务费用，比如货款的3%，由喜马洋酒公司和嘉农共同承担。

这种做法既可以让喜马洋酒公司在不违反公司财务制度的情况下推行直销模式的改革，又可以让嘉农继续享受30天账期的条件。而且，灵孚物流公司作为专业的第三方物流，拥有自己的运输网络，可以以更有优势的运输成本来负责从喜马洋酒公司工厂到嘉农仓库的物流配送。

但是，喜马洋酒公司对灵孚物流公司所描述的物流金融业务究竟能否实施仍心存疑惑：

澳大利亚和中国的法律情况不同，在中国这种模式是否可行？

如果由灵孚物流公司来提供金融贷款，那是否就意味着喜马洋酒公司把货先卖给灵孚物流公司，然后由灵孚物流公司卖给嘉农，这当中会不会产生重复征税？

灵孚物流公司会不会又变成另一个变种的经销商？

而且，这业务操作流程如何？

业务参与方的责任和风险怎样，特别是灵孚物流公司本身的利润和风险又如何去控制？

第 4 章
物流金融典型业务模式流程

本 章 小 结

通过本章的学习，应了解物流金融典型业务模式，对存货质押的物流金融业务模式、贸易合同的物流金融业务模式、未来提货权融资的业务模式有一个较为全面的了解。本章还详细论述了物流金融一些典型业务的基本功能、类型、业务流程与实务操作，如代客结算模式、保兑仓模式、海陆仓等重要的融资物流方案，介绍了部分物流金融类型的理论与实操的具体描述，以及第三方物流企业参与物流金融服务模式中的管理；重点讨论了物流金融典型业务模式中新的应用方法，确立了物流金融对现代物流理论新的运作模式。

关键概念

货权　保理　收单　票据　租赁　物流结算金融　物流仓单金融　物流授信金融　存货质押　统一授信　综合授信　代客结算　垫付货款模式　未来提货权融资　未来货权开证

讨论与思考

1. 简述开展存货质押融资业务的意义。
2. 简述贸易合同的物流金融业务运作模式的内容。
3. 简述未来提货权融资业务保兑仓模式的运作方式。
4. 简述企业利用供应链的融资模式的操作流程。

第 5 章 供应链金融

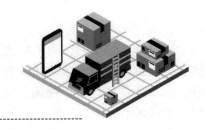

【学习目标】

1. 掌握供应链金融的概念和特征;
2. 了解融资业务中存在的问题;
3. 领会供应链金融的本质和特点;
4. 掌握供应链金融产品设计的基本内容;
5. 认识供应链金融与传统信贷的区别;
6. 明确供应链金融的发展与运作模式、构成要素和特征;
7. 掌握物流金融与供应链金融的关系;
8. 了解农业供应链结构与融资需求;
9. 掌握农业供应链金融产品设计。

【教学要求】

知识要点	能力要求	相关知识
供应链金融	(1) 掌握供应链金融的基本概念 (2) 了解融资业务中存在的问题 (3) 明确供应链金融研究的对象 (4) 了解供应链金融与传统信贷的区别	(1) 相关概念 (2) 与供应链金融相关理论
物流金融与供应链金融	(1) 了解物流金融与供应链金融体系框架 (2) 掌握二者的区别与运作流程	(1) 掌握基本知识点 (2) 供应链金融发展与创新
供应链金融的应用	(1) 熟悉供应链金融运作模式设计 (2) 了解供应链金融的发展与创新	供应链金融的整合形式创新
供应链融资担保	(1) 了解供应链融资担保的基本概念 (2) 掌握供应链融资担保应用模式	融资担保的难点
农业供应链金融	(1) 了解农业供应链金融的运作 (2) 掌握农业供应链金融产品设计	农业供应链融资需求

第 5 章
供应链金融

【章前导读】

金融服务创新的内容并不局限在融资服务上，在供应链的多数运营环节中同样存在很多的运营和金融集成创新服务，供应链金融服务创新工具被发达国家的企业界重视。

不论在国外还是国内，中小企业都是国民经济发展不可或缺的重要组成部分，它们在加快经济发展、提高经济增长效率、解决就业等方面发挥了重要作用。但是，融资难已逐渐成为中小企业发展的瓶颈：一方面，供应链往往由那些资金和规模都较大的核心企业主导，中小型企业在供应链中处于弱势地位，缺少话语权，导致中小企业应收账款周期偏长，而应付账款周期偏短，影响其正常现金流周转；另一方面，中小企业的信用等级评级普遍较低，可抵押资产少、财务制度不健全。这些情况使得中小企业很难从银行获得贷款服务。中小企业的固定资产只占企业资产很少一部分，主要资产以产品库存、原材料等流动资产形式存在，而这些却没有在中小企业融资时充分利用起来。

在这样的背景下，金融机构、物流企业及供应链上下游相关企业相互合作，开辟了基于供应链的中小企业融资业务模式——供应链金融，为解决这一难题提供了新思路。在这种模式下，金融机构从整个产业链的角度考察中小企业的融资需求，在更大范围内为中小企业提供动产质押等信贷服务。第三方物流企业利用自身优势，积极参与供应链金融，一方面帮助供应链中处于弱势地位的中小型企业利用原材料、库存等流动资产从商业银行获得质押贷款或信用贷款，另一方面为金融机构提供质物价值评估、监管及拍卖等服务，降低金融机构贷款风险。

【引例】

资金链制约公司发展的案例分析

LS 建材公司主营建材业务，采购款占用了公司大量资金，同时账面上有数额巨大的建材存货，存货占用资金的情况也非常严重，公司要扩大经营，但流动资金吃紧。LS 建材公司想到了贷款，但仅凭现有的规模很难从银行处获得融资，而公司又缺乏传统意义上的房地产作为担保，融资较为困难，眼下商机稍纵即逝，资金链制约了公司的发展。

上述这种状况普遍存在于中国各地的中小规模企业中，对于这样的问题，物流金融就可以轻易解决。

LS 建材公司在万般无奈之下，找到亿博物流咨询有限公司。很快，LS 建材公司在亿博物流咨询有限公司的帮助下采用物流金融的方法使公司出现了转机，快速解决了资金链困难的问题。

亿博物流咨询有限公司根据 LS 建材公司的实际需求和存在的问题，引入楷通物流设备有限公司作为质物监管方，为 LS 建材公司打开了银行的快速融资通道。针对存货，亿博物流咨询有限公司发现核定货值和货物质押方式能够解决存货问题，将该公司的建材存货作为质物向招商银行取得融资并委托符合招商银行准入条件的楷通物流设备有限公司进行监管（仓储）。招商银行根据融资金额和质押率，确定了由楷通物流设备有限公司监管的最低价值，超过最低价值的存货由该物流公司自行控制提换货，低于最低价值的部分由 LS 建材公司追加保证金或用新的货物入库。同时，楷通物流设备有限公司负责建材质押的全程监控，而监控的建材正是向招商银行贷款的质物，这就解决了采购款的问题。

对于楷通物流设备有限公司来说，一项业务可以获得两份收入：一份是常规的物流服务费；另一份是物流监管费。更主要的是，它通过物流金融服务稳定了客户关系。对于 LS 建材公司来说，好处显而易见，通过楷通物流设备有限公司解决了资金链问题，经营规模得到扩张。对招商银行来说，扩充了投资渠道，并且风险大大降低。

5.1 供应链金融综述

一般来说，一个特定商品的供应链从原材料采购到制成中间产品及最终产品，最后通过销售网络把产品送到消费者手中，将供应商、制造商、分销商、零售商和最终用户连成一个整体。在这个供应链中，竞争力较强、规模较大的核心企业因其强势地位，往往在交货、价格、账期等贸易条件方面对上下游配套企业要求苛刻，从而给这些企业造成了巨大的压力。而上下游配套企业恰恰大多是中小企业，它们难以从银行融资，最后造成资金链十分紧张，整个供应链出现失衡。

5.1.1 供应链金融的概述

供应链金融是商业银行信贷业务的一个专业领域，也是企业尤其是中小企业的一种融资渠道，是基于企业供应链管理需要而发展起来的创新金融业务。供应链金融，简单地说，就是金融机构、第三方物流和供应链上下游企业等充分发挥各自优势，相互协作，从整个产业链角度考察中小企业的融资需求，为供应链中处于弱势地位的中小企业提供融资服务。

1. 概念

供应链金融是银行围绕核心企业，管理供应链上下游企业的资金流、物流和信息流，并把单个企业的不可控风险转变为供应链企业整体的可控风险，通过获取各类信息，将风险控制在最低的金融服务。

2. 作用

供应链金融是商业银行基于企业供应链管理需要而发展起来的创新金融业务。它通过将核心企业与其供应链上下游企业联系在一起，结合动产，提供有针对性的信用增级、融资、担保、结算、账款管理、风险参与及风险回避等金融产品和组合服务，可在为企业盘活资金流的同时提高企业供应链管理的质量和效率。主要就是"1+N"的运作模式，1 是核心企业，N 是上下游企业。供应链金融近几年作为一种金融创新业务在我国得到迅猛发展，供应链金融作为创新型的公司融资服务，越来越受到商业银行的重视，已经成为商业银行和物流供应链企业拓展业务空间、增强竞争力的一个重要领域。

在供应链中,物流、资金流、信息流等是共同存在的,信息流和资金流的结合将更好地支持和加强供应链上下游企业之间的货物、服务往来(物流)(图5.1)。

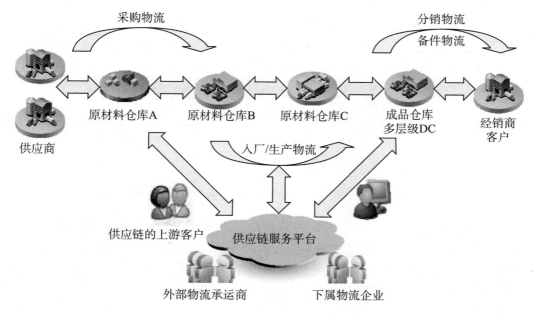

图 5.1 供应链服务的主要范围

供应链金融目前已经出现多种典型的业务模式,它们包括但不限于进口业务、出口业务、保兑仓、境内外物流、海陆仓和池融资等。

3. 特点

供应链金融最大的特点就是在供应链中寻找出一个核心企业,以该核心企业为出发点,为供应链提供金融支持:一方面,将资金有效注入处于相对弱势的上下游中小企业,解决中小企业融资难和供应链失衡的问题;另一方面,将银行信用融入上下游企业的购销行为,增强其商业信用,促进上下游企业与核心企业建立长期战略协同关系,提升供应链的竞争能力。在供应链金融的融资模式下,处在供应链上的企业一旦获得银行的支持,资金这一"脐血"注入配套企业,也就等于进入了供应链,从而可以激活整个"链条"的运转,而且借助银行信用的支持,还为中小企业赢得了更多的商机。

4. 要素

供应链金融是一种较为复杂的融资模式,涉及多个企业之间的合作和协调,主要包括金融机构、第三方物流企业、中小融资企业及供应链中占主导地位的核心企业。另外,良好的外部商务环境能为企业的发展和相互合作带来很多方便,在供应链金融服务中也是一个很重要的因素。"$1+N$"供应链融资构成要素和相互关系分析如图5.2所示。

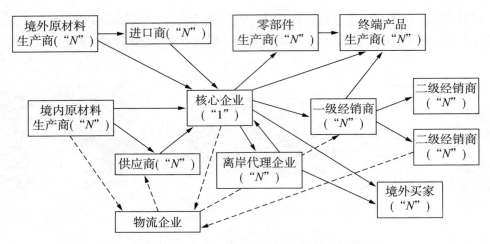

图 5.2 "1+N"供应链融资构成要素和相互关系分析

供应链金融在我国仍然处于初步发展阶段,不过受益于应收账款、商业票据及融资租赁市场的不断发展,供应链金融在我国发展较为迅速。目前,国内供应链金融集中在计算机、通信、电力设备、汽车、化工、煤炭、钢铁、医药、有色金属、农副产品及家具制造业等行业。供应链金融参与方包含商业银行、核心企业、物流企业、电商平台等各个参与方。

5.1.2 供应链金融常见模式

从组织角度,可以将供应链金融划分为物流企业主导模式、核心企业主导模式和金融机构主导模式三种,这三种称为供应链金融的组织模式。从业务操作角度,可以将供应链金融划分为应收账款融资模式、保兑仓融资模式和融通仓融资模式,这三种称为供应链金融的业务模式。

1. 供应链金融的组织模式

(1) 物流企业主导模式。物流企业凭借与供应链各参与主体的物流合作关系,利用自身掌握的客户、信息等优势,通过结算服务达到为核心企业延长账期、向上下游企业提供融资服务的一种金融模式。赊销方式在商品交易环节容易导致上下游企业资金紧张甚至资金链断裂,但通过该种模式,可以为上游供应商提供"应收账款"短期融资服务,在一定程度上解决了短期内资金流动性差的问题。

物流企业主导的供应链金融模式操作流程如图 5.3 所示。

(2) 核心企业主导模式。在供应链产业生态中,具有较大规模、良好信誉、完善制度、健全财务体系、广泛融资渠道的,对上下游企业具有一定支配管理作用的优质企业就是核心企业。在该模式中,核心企业需要全盘考虑,与上下游企业建立和谐发展关系。在此情形下,上下游企业能否得到长远发展也会直接影响到核心企业产品的供应与销售,甚至影响核心企业产品战略的成败。也就是说,在此种模式下,核心企业与上下游企业之间共同发展却又互相制衡和依赖,核心企业根据自身优势,发起建立供应链发展基金,为上下游企业的发展提供资金支持。

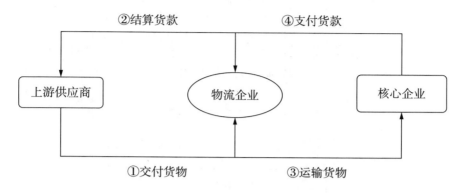

图 5.3 物流企业主导的供应链金融模式操作流程

核心企业主导的供应链金融模式操作流程如图 5.4 所示。

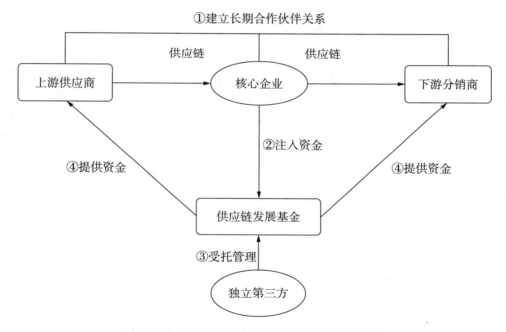

图 5.4 核心企业主导的供应链金融模式操作流程

(3) 金融机构主导模式。对于上下游企业来说,缺乏规范的管理和实体资产,导致其直接从商业银行融资难的问题。基于此,供应链金融模式应运而生:银行将整条供应链上的参与企业进行有机整合,银行不再对供应链上单个企业进行分散授信,而是综合考虑整条供应链的运作机制、发展前景、信用状况来对中小企业进行贷款。

金融机构主导的供应链金融模式操作流程如图 5.5 所示。

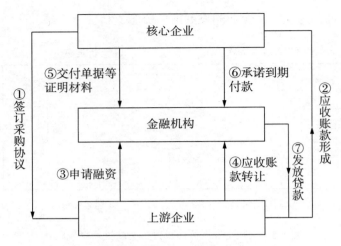

图 5.5 金融机构主导的供应链金融模式操作流程

2. 供应链金融的业务模式

（1）应收账款融资模式。应收账款融资指融资企业为了获取运营资金，将应收账款作为标的物进行质押从而获得贷款的融资业务。

在供应链金融中，资金需求企业与核心企业签订合同后，因核心企业销售回款存在一定的周期，通常约定先货后款的结算方式，因此资金需求企业账上存在应收账款，以便有足够的资金继续投入生产经营。资金需求企业以该笔应收账款向金融机构进行权利质押以此获得贷款，核心企业提供相关说明或者担保，承诺将销售回款支付给金融机构，以作为资金需求企业偿还贷款的方式，金融机构审核后决定是否发放贷款。

应收账款融资模式操作流程如图 5.6 所示。

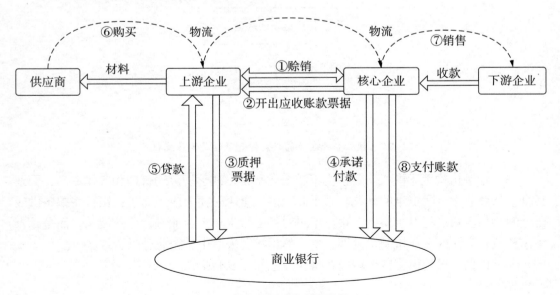

图 5.6 应收账款融资模式操作流程

（2）保兑仓融资模式。保兑仓融资即预付账款融资模式，是指以银行承兑汇票作为结算工具，由商业银行对存货进行控制，第三方物流企业接受商业银行委托保管货物，对超出银行承兑汇票的部分由卖方回购仓单作为担保的一种特定票据业务。保兑仓融资模式针对的是下游企业（买方）的购买环节，核心企业（卖方）以"仓单"为质押物并承诺回购从而对下游企业融资活动进行担保。

保兑仓融资模式操作流程如图5.7所示。

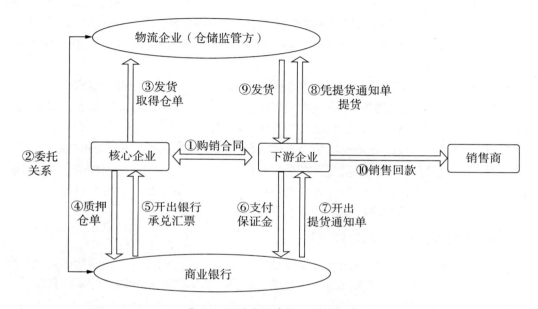

图 5.7　保兑仓融资模式操作流程

（3）融通仓融资模式。融通仓融资即存货融资模式、动产质押融资模式，是指融资企业以存货作为标的物并质押给金融机构以申请信贷支持，并且以信贷资金支持的销售收益作为首先偿还信贷资金来源的一种融资模式。

融通仓融资模式操作流程如图5.8所示。

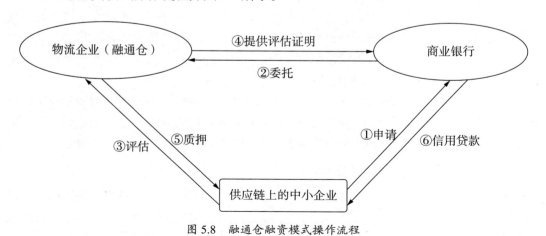

图 5.8　融通仓融资模式操作流程

5.1.3 供应链金融流程控制要点

供应链金融流程控制的要点以担保标的物区分的担保环节来体现,法律关系不同、标的物不同会引发不同的法律风险,从而在供应链流程中关注和控制的要点不同。

1. 应收账款质押融资模式下流程控制

(1)关注基础合同的效力——基础合同无效或不存在。法律只保护合法的债权转让,若基础合同存在《中华人民共和国民法典》(以下简称民法典)中规定无效的情形,则基础合同将被认定无效。基于基础合同产生的应收账款质押的效力也存在不确定性,质权是否有效设立存疑。

(2)基础合同的履约情况——基础合同履约瑕疵。若出质人在履约过程中履行合同不当或交付的标的物存在瑕疵,则应收账款的债务人可以基于合同约定就瑕疵提出抗辩或者减少应收账款的支付,导致质权人的质权无法保障。

(3)应收账款质权因抵销权行使而灭失。根据民法典第五百六十八条的规定,若应收账款质权设立时基础合同的双方当事人互负债务,而该债务的标的物种类、品质相同的,任何一方可以将自己的债务与对方的到期债务抵销。基于此,发生了债务的法定抵销,则设立应收账款质权的权利基础将不复存在。

2. 动产质押融资模式下流程控制

(1)质物存储过程中的瑕疵导致质权受损。在动产质押的模式下,质物的接收和保管是否良好直接影响到最终质权的实现效果。实践中,若第三方物流企业承担检验质押物质量的任务,而付款人为出质人,此时监管人就不得不考虑付款方的利益,从而放松对出质人质押物的监管,导致质权人权利难以保障。

(2)动产质权自交付时设立,未完善交付手续导致质权未能设立。民法典第四百二十九条规定"质权自出质人交付质押财产时设立"。实践中,质物的仓储保管通常由商业银行与融资的中小企业和第三方物流企业签订质押监管协议,监管是由物流企业进行的。若未进行交付手续的完善,动产质押的质权自始未设立。

(3)出质人无质物处分权导致质权受损。动产作为质押物明显有别于不动产的弊端便是无法通过外观或证书等载体体现其所有权人。若出质人以其无处分权的动产进行出质,在质权人行使权利时,根据民法典的规定,用益物权人、担保物权人行使权利,不得损害所有权人的权益,因此质权人的质权将受到影响。

(4)质押物价值变动导致质权受损。动产质押中,质物由于存储时长导致自身价值贬损或者因市场行情变动导致的价格降低,使得原有质权对应的价值降低,质权人权利受损。因此,在实务中应当注意在动产作为质押物的供应链模式下的融资比例,合理降低风险。

3. 预付账款融资模式下流程控制

(1)核心企业资信的风险控制。在预付账款融资模式中,核心企业是融资的核心,核心企业在负责对质押物进行监管的同时,也为融资企业提供担保。在该模式中,银行的授信主要针对核心企业。因此,处于供应链主导地位的核心企业,必须具有良好的信誉和对上下游企业强有力的掌控能力。核心企业的资信状况越好,上下游企业的合作质量、供应链金融契约关系强度就越高。若核心企业的资信出现问题，将对整个供应链产生影响。

（2）法律关系复杂，司法实践裁判标准不一导致的风险。在预付账款融资模式下，涉及生产商与经销商的买卖合同关系、生产商与银行的融资合同关系、生产商与银行的担保关系等法律关系。由于法律关系的复杂性，在发生纠纷时，司法机构难以有明确统一的裁判标准，导致各方权利人的权益保障不具有统一性和标准性。

5.1.4 供应链金融与传统信贷的异同

供应链金融是以企业信用为核心，根据信用评级不同进行不同的授信。传统贷款业务是商业银行最重要的资产业务，通过放款收回本金和利息，扣除成本后获得利润，所以信贷是商业银行的主要盈利手段。虽然都是满足企业的融资需求，但供应链金融与传统信贷相比，不只是"个性化解决方案"的营销口号，而是在思路、实现模式和管理方法上都不同。传统信贷的评估聚焦于单个企业节点，贷款质量基本上由企业经营情况决定。而供应链金融的风险关键在于供应链的稳定性，对于供应链的评价不仅优先，而且更加复杂。譬如供应链节点之间的关系是否"健康"，这一超出经营数据之外的因素在供应链金融中至关重要。换句话说，单个节点的信用对供应链的贡献或破坏性，没有节点之间的业务联系重要，因为良好的交易模式加上严格的监控流程可以消化单个节点的信用波动。

【5-1 拓展知识】

5.1.5 互联网金融与供应链金融异同

互联网金融是指传统金融机构与互联网企业利用互联网技术和信息通信技术实现资金融通、支付、投资和信息中介服务的新型金融业务模式。互联网金融不是互联网和金融业的简单结合，而是在安全、移动等网络技术得以实现的基础上，被用户熟悉接受后（尤其是对电子商务的接受），自然而然地为适应新的需求而产生的新模式及新业务，它是传统金融行业与互联网技术相结合的新兴领域。

供应链金融服务作为融资模式创新，通过供应链上相关企业的互相协调与优化设计大大降低交易成本，提高整条供应链的经济效率。供应链金融主要从交易频率、交易稳定性、资产专用性三个方面降低交易成本。供应链的核心价值之一在于整合信息资源，实现上下游企业间的有效沟通，减少信息在供应链中传递的损耗，最终达到信息共享、降低信息不对称的目的。

互联网金融与供应链金融异同如下所述。

1. 区别

（1）商务模式不同。供应链金融主要是企业之间通过供应链关系，进行的资金流转与借贷关系的建立，主要涉及 B2B 业务而不是 C 端业务。而互联网金融则是以新型的互联网技术手段为支撑，对 C 端的资金进行整合，从而处理 C2B 或 C2C 的业务，对 C 端依赖性较大。

（2）金融目标不同。互联网金融主要目的是对个人资金进行整合，从而实现借贷和基金业务，主要盈利点为金融手段的利息。而供应链金融则是为了解决供应链的上下游企业资金的流动性问题，通过借贷促进资金流动，进而达到使供应链流畅运行的目的。

（3）核心特点不同。互联网金融的核心特点是其以互联网为基础的技术手段。供应链金融的核心特点是围绕其核心企业，服务其核心企业。

（4）面临的行业痛点不同。互联网金融拥有很好的信息交流渠道，整合了大量资金，但缺乏优质的金融资产。而供应链金融则是具有十分优质的资产，但缺乏信息渠道和资金端。

【5-2 拓展知识】

2. 联系

（1）供应链金融与互联网金融均缓解了信息不对称程度。
（2）供应链金融与互联网金融均降低了交易成本。
（3）供应链金融与互联网金融均借助信息技术进行风险管理。

5.2 物流金融与供应链金融的关系

物流金融与供应链金融是两种不同的融资方式。由于两者均包含了金融和物流两类服务，又都以中小企业为主要服务对象，因此在融资实务中经常被混淆。鉴于此，我们对这两种融资方式的概念、运作主体、运作模式等分别进行了论述、理清，进一步指出两者的区别和金融机构选择融资方式的流程，并对融资活动中可能产生的问题进行分析，提出了相应的对策，以期各运作主体均能达到收益最大化。

5.2.1 相关概念及两者区别

供应链不仅是资金链、产品链、信息链，还是一条信用链条，只不过节点之间的信用水平差异较大，并且会相互影响，核心企业不仅在供应链中处于强势，并且其融资能力也无可替代。供应链金融是围绕核心企业，以应收账款融资、存货融资和预付账款融资三种融资模式为基础的一种新兴金融服务，在解决中小企业贷款问题上扮演着重要角色。供应链金融有助于解决我国中小企业的融资难、融资成本高的问题。

物流金融是物流运作过程中将金融工具手段运用到物流业务的供应、仓储、运输等各环节；调动整个供应链资金的活跃性，促使资金流与物流、信息流和商流整合，提高资金利用率。

简单来说，物流金融涉及第三方物流企业，第三方物流企业提供融资服务，并对资金运行进行监控；而供应链金融中核心企业范围较广，可以是供应链环节中的供应商、经销商、供应链服务商等。

【5-3 拓展知识】

供应链金融与物流金融两者之间最大的区别是：供应链金融是供应链中核心企业的一种金融支持，它偏向于涉及产品的制造、流通和加工的企业；物流金融是物流企业乃至物流业的金融产品。

1. 两种融资方式的可行性

在国外，众多的银行及大型物流公司对物流金融和供应链金融业务进行了实践，获得了良好收益。在国内，经济的发展和中小企业融资的迫切需求为物流金融和供应链金融的发展提供了内在动力,和国外相比,它们虽然起步较晚但发展较快。这是因为:一是银行迫于竞争压力,需要对金融产品进行创新;二是物流企业的蓬勃发展、不断创新,以及第三方、第四方甚至第五方物流的服务方式相继出现,为物流金融及供应链金融提供了物流保障;三是目前我国中小企业仅存货就高达 3 万多亿元,若按 50% 的贷款折扣率计算,这些资产可以担保生成约 1.5 万亿元的贷款。实践证明,这两种融资方式既能有效盘活中小企业存量资产,缓解融资难的问题,又为金融机构及物流企业拓展了业务范围,开拓了广阔的市场。

2. 两种融资方式的相关概念

为了能正确区分两种融资方式,我们将物流金融和供应链金融的定义进行比较。

物流金融是包含金融服务功能的物流服务,指贷款企业在生产或发生物流业务时,为降低交易成本和风险,通过物流企业获得金融机构的资金支持。同时,物流金融也是物流企业为贷款企业提供物流监管及相应的融资及金融结算服务,使物流产生价值增值的服务活动。物流金融服务模式如图 5.9 所示。

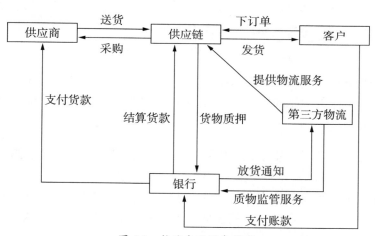

图 5.9 物流金融服务模式

图 5.9 为通常意义上的物流金融业务关系,从图中可以看出,物流金融仅为供应链或非供应链上的某一贷款企业进行服务,由于仅面向一个企业,此融资方式流程简洁,不存在关联担保,且融资关系简单清楚,风险性小。

供应链金融指基于企业商品交易项下应收应付、预收预付和存货融资而衍生出来的组合融资,是以核心企业为切入点,通过对信息流、物流、资金流的有效控制或对有实力关联方的责任捆绑,针对核心企业上下游长期合作的供应商、经销商提供的融资服务,其目标客户群主要为处于供应链上下游的中小企业,如图 5.10 所示。目前供应链金融已应用在了汽车、钢铁、能源、电子等大型、稳固的供应链中。

由图 5.10 可以看出,供应链金融是为某供应链中一个或多个企业的融资需求提供服务,它的出现避免了供应链因资金短缺造成的断裂。在具体融资过程中,物流企业辅助金融机构完成整条供应链的融资,供应链金融模式不同其参与程度也不同。由于面对整条供应链的企业,金融机构易于掌握资金的流向及使用情况。

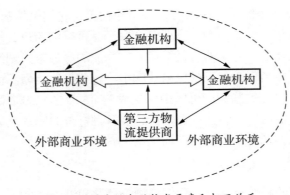

图 5.10 供应链金融构成要素和相互关系

5.2.2 两种融资方式的区别

通过前面的论述可以看出，物流金融与供应链金融在具体的融资活动中既有共性也有差别，除去运作模式的不同，其区别主要在服务对象、担保及风险、物流企业的作用、异地金融机构的合作程度和融资方式的选择。

1. 服务对象

物流金融是面向所有符合其准入条件的中小企业，不限规模、种类和地域；而供应链金融是为供应链中的上下游中小企业及供应链的核心企业提供融资服务。

2. 担保及风险

开展物流金融业务时，中小企业以其自有资源提供担保，融资活动的风险主要由贷款企业产生。

供应链金融的担保以核心企业为主，或由核心企业负连带责任，其风险由核心企业及上下游中小企业产生。供应链中的任何一个环节出现问题，将影响整个供应链的安全及贷款的顺利归还，因此操作风险较大。但是，金融机构的贷款收益也会因整条供应链的加入而随之增大。

3. 物流企业的作用

对于物流金融，物流企业作为融资活动的主要运作方，为贷款企业提供融资服务；供应链金融则以金融机构为主，物流企业仅作为金融机构的辅助部门提供物流运作服务。

4. 异地金融机构的合作程度

在融资活动中，物流金融一般仅涉及贷款企业所在地的金融机构；对于供应链金融来说，由于上下游企业及核心企业经营和生产的异地化趋势增强，因而涉及多个金融机构间的业务协作及信息共享，同时加大了监管难度。

5. 融资方式的选择

通过上述分析，金融机构正确、合理地为贷款企业选择融资方式是各运作主体收益最大化的前提。若其未详细考察企业的内部经营情况和外部环境，仅凭以往放贷经验盲目地为贷款企业提供融资方案，将导致金融机构降低收益、失去潜在客户群及增加不良贷款，同时，影响贷款企业的生产经营，甚至阻碍其所在供应链的发展。

金融机构制定出正确选择融资方式的方案并提供个性化融资方案的流程图。金融机构接到企业的融资请求后，首先考查其是否为供应链中的核心企业，若是核心企业又仅为自身融资，则采用物流金融方式；若是核心企业与上下游企业合作提出的融资请求，金融机构则采用以核心企业为主的供应链金融融资方案；其他情况在此不再一一赘述。图 5.11 为供应链融资模式的选择示意图。

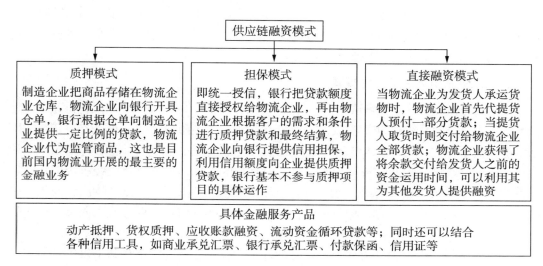

图 5.11　供应链融资模式的选择

5.3　供应链金融的应用与创新

供应链融资与供应链管理密切相关，供应链管理是针对核心企业的供应链网络而进行的一种管理模式，供应链融资则是银行或金融机构针对核心企业供应链中各个节点企业而提供金融服务的一种业务模式。

5.3.1　供应链融资的特点与运作模式

供应链融资是指金融机构充分利用供应链中的信息流、物流、资金流的特点，通过监控订单、物流、资金，建立可靠的风险防范平台，为供应链中的不同环节提供相应的资金支持的服务过程。

1. 供应链融资的特点

（1）供应链融资必须基于供应链信息的共享。企业间的订单、库存、物流等信息传统上都被认为是企业的商业秘密，供应链融资的基础就是对这些信息进行共享，甚至是公开。只有这样才能有效建立供应链融资的风险防范平台，才能有效发挥供应链的融资功能。

（2）供应链融资往往基于核心企业展开，以增强整条供应链的竞争力。从典型的供应链来看，供应链中占有主导地位的企业，往往是实力雄厚的生产企业，其供应商和分销商广为分散，处于供应链中的弱势地位。供应链金融服务就是要将资金流整合到供应链管理中来，既为供应链各个环节的企业提供商业贸易资金服务，又为供应链中的弱势企业提供有效的资金支持，以提高整个供应链的竞争能力。

（3）供应链中资金和物流运转的不对称性，构成供应链融资的盈利和防范风险的空间。资金流反映出资本的货币功能及作用，它具有支付、信用等功能，在物流运动中起到重要的推动作用。但由于货币还具有很强的时间属性，尤其在借助信息载体后，它的运动速度非常快，可以用分秒来计算，运作成本相对较低。物流实体则由于受到时空、物理状态及运输环境等因素的制约，周转速度相对要慢得多，同时，运作成本较大。这种运转的不对称性构成了供应链融资的盈利和防范风险的空间。

2. 供应链融资的主要运作模式

实现供应链融资，前提是选定行业背景下的欲融资产，并对于融资产品在行业中的地位及作用进行全面系统的调研分析，据此锁定产能的上下游供求关系，明晰产品销售的网络渠道，梳理各种对应关系，整合资源形成完整的供应链系统。因此，必须本着资本从源头注入，到终端产品收回的流程规则，进行对客户的选择、考察，建立经济合理和供求完善的供应链系统。整体解决方案，首先是建立、理顺与供产销三方及物流企业相对称的信息流，其次再用其对称、稳定可监管的应收应付账款信息及现金流引入金融机构的参与。

从供应链融资来看，其大体上可以分为基于完整供应链的融资和基于供应链特定环节的融资。鉴于我国绝大部分的供应链融资是基于供应链特定环节的融资，在这里，我们只对这种融资方式进行分类讨论。

供应链融资无疑是金融市场中的"长尾"，正被愈来愈多的银行发现并开发。供应链融资的模式有应收账款融资、库存商品供应链融资、应付账款融资等。

5.3.2 应收账款融资

应收账款融资是最为常见也是与金融合作最多的一种方式，随着电商系统的完善，很多应收账款融资也通过电子商业承兑汇票的方式，进行票据类融资。这类产品的增信措施在于下游企业的反担保，比如通过票据类融资，作为前手的下游企业，受到追索权的限制，在承兑人不能兑付票据时，持票人可向前手进行追索。同时上游核心企业，为该类产品提供了未来还款保证。

1. 概念

应收账款融资是指企业以自己的应收账款转让给银行并申请贷款，银行的贷款额一般为应收账款面值的50%～90%，企业将应收账款转让给银行后，应向买方发出转让通知，并要求其付款至融资银行。应收账款融资是集融资、结算、财务管理和风险担保于一体的综合性金融服务。

应收账款融资模式的具体操作方式是中小企业将应收账款质押给银行进行融资，并由第三方物流企业提供信用担保，将中小企业的应收账款变成银行的应收账款。之后核心企业将货款直接支付给银行,如图 5.12 所示。核心企业在供应链中拥有较强实力和较好的信用,所以银行在其中的贷款风险可以得到有效控制。

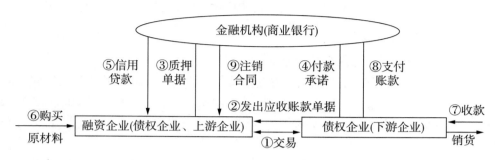

图 5.12　应收账款融资模式

2. 应收账款融资的方式

(1) 应收账款抵押融资,即供货企业以应收账款的债权作为抵押品向融资机构融资,融资机构在向供货企业融通资金后,若购货方拒绝付款或无力付款,融资机构具有向供货企业要求偿还融通资金的追索权。

(2) 应收账款让售是指应收账款持有人(出让方)将应收账款所有权让售给融资机构,由它直接向客户收取款项的交易行为。应收账款让售方为无追索权让售和有追索权让售两种。

(3) 应收账款证券化是资产证券化的一部分,指将企业那些缺乏流动性但能够产生可以预见的稳定的现金流量的应收账款,转化为金融市场上可以出售和流通的证券的融资方式。

3. 应收账款融资的环境建设

(1) 建立企业的商业信用。卖方企业在给予购买方商业信用时,要考虑对方的资信,要使应收账款有收回的足够保证。商业信用的建立,根本上要靠企业的盈利能力和成长能力。

(2) 建立良好的银行信用。我国商业银行需完善银行信用:一是应重组国有商业银行,加大银行间竞争;二是加强银行高管人员的资格审查,带动和提高金融界的信誉;三是建立信用制度,改善金融秩序;四是加大金融立法,加强行业自律。

(3) 建立应收账款融通公司。融通公司根据信用部门对各企业、银行每一笔业务的信用评价,考虑风险与收益,决定是否接受企业申请。

(4) 建立资信评级机构。专业的信用评估机构必须调查买方资信和卖方资信,以降低信用风险。

(5) 加强应收账款法律体系建设。商业信用和银行信用都得依靠法律规范来重建和维持,融通公司的风险也要依靠保险法来分摊。

4. 应收账款融资成本

应收账款融资成本包括以下几类。

(1) 机会成本。企业赊销意味着企业不能及时回收货款,本可用于其他投资并获得收益,便产生了机会成本。

（2）管理费用。客户信誉调查费用、账户记录和保管费用、催收费用、收账费用、收集信息等其他费用构成了管理费用。

（3）坏账成本。随规模而成正比例增长的坏账损失，成为最大风险。

5. 应收账款融资的优点

应收账款融资的优点有以下几个方面。

（1）改善资产负债率。企业既可获得资金又不增加负债，用所获得资金来加快发展。

（2）具有非常高的弹性，当销货额增加，可将大量的购货发票直接自动地转化为资金。

（3）成本相对较低。以应收账款作为担保品，良好的客户的信用状况，能以较低的利率获取贷款。

（4）融资时间短、效率高。金融机构所提供的成本较低而效率较高的专业信用审核服务提高了效率。

（5）促使企业加强管理，决策科学化。必须从财务、会计、生产、营销和人事等各个方面完善管理，以良好的信誉和资信为其融资创造条件。

6. 应收账款的融资方案

参与主体主要是围绕供应链上的供应商和下游企业，以及参与应收账款融资的金融机构。基于应收账款的融资方案有以下几个方面。

（1）供应商与制造商进行货物交易。

（2）供应商收到货物购买方的应收账款单据，货物购买方成为制造商。

（3）供应商将应收账款单据质押给商业银行。

（4）制造商向银行出具应收账款单据证明和付款承诺书。

（5）银行贷款给供应商。

（6）融资后购买原材料和其他生产要素。

（7）制造商销售产品，收到货款。

（8）制造商将应付账款全额支付到供应商在银行指定的账号。

（9）应收账款质押合同注销。

其中，(3)(4)(5)(7)(8)(9)都有商业银行的参与，这样通过供应链中应收账款在商业银行中的质押融资活动，供应商可以及时获得商业银行提供的贷款，不但有利于供应商乃至整个供应链的运作管理，而且有利于商业银行改善不良的集中信贷结构，提高贷款收益率，加快中小型企业健康稳定的发展和成长。

▶ **阅读案例 5-1** ▶

应收账款融资的应用

2019年，中国建设银行江苏省分行为江苏工业园区内的冠鑫光电公司（以下简称冠鑫公司）提供了应收账款质押贷款业务。冠鑫公司主要从事生产和销售薄膜晶体管液晶显示器成品及相关部件，其上下游企业均是强大的垄断企业。其在采购原材料时必须现货付款,而销售产品后,货款回收期较长(应收账款确认后的4个月才支付)。随着公司成长和生产规模扩大,应收账款已占公司总资产的45%,公司面临着极大的资金短缺风险,严重制约了公司的进一步发展。中国建设银行江苏省分行详细了解到冠鑫公司的处境后,果断地为其提供了应收账款质押贷款业务,由第三方物流企业为该项贷款提供信用担保,帮助冠鑫公司解决了流动资金短缺瓶颈。

基于应收账款的供应链融资风险主要集中在制造商。一般而言,金融企业为了防范风险,选择的还款企业(制造商)应该是供应链的核心企业,是资金、产品、信息、技术的主要控制者。从目前我国的零售行业发展来看,除了具有行业垄断优势的企业以外,银行一般不会选择零售企业作为还款企业。

5.3.3 库存商品供应链融资

库存商品供应链融资模式简称库存融资,也被称为存货融资,是指供应链中的融资企业将库存货物(如原材料、半成品、成品等)进行质押,向银行/金融机构出质,并将质押物交给第三方监管仓库进行监管,从而获取融资的行为。而存货融资需要保证货物质押权的有效性,以及货物的现金价值、变现能力及监管力。库存融资与应收账款融资一样,都是以资产控制为基础的商业贷款。

1. 概述

这种动产质押融资方式为金融机构从卖方手中买下转运途中、仓库中的货物,直至买方一次或分批次买下这些货物,从而减少买卖双方对流动资金的需求,动产质押模式如图5.13所示。开展这项业务必须有有效的手段跟踪货物的运输及仓库的进出,除了需控制客户的信用风险,还必须充分考虑各种市场风险。

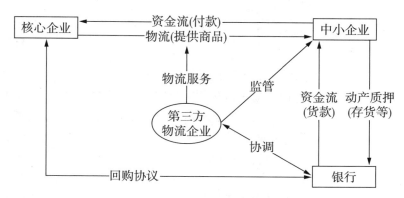

图 5.13 动产质押模式

库存商品供应链融资模式建立在"支付现金"至"卖出存货"期间的货币时间价值基础之上,由商业银行通过与第三方物流企业的业务合作,共同为融资企业提供库存商品融资服务。银行必须具备存货融资服务的专门服务平台和管理账户,以及相应的信贷风险评估能力。第三方物流企业在融资服务中为企业提供物流和信息支持。

库存商品融资模式中,融资企业、银行、物流企业签订三方协议,协议质押对象、质押期间、仓储费用、质押比例等；融资企业把存货仓单交给银行，并获得银行贷款；银行在质押期间可以不定期检查货物情况；物流企业有义务保证仓单所列货物与实际相符并及时向银行汇报货物情况。贷款到期后，融资企业还款，银行归还仓单给融资企业，融资企业凭仓单提货。

银行对仓单质押融资风险防范的关键在于对抵押货物变现能力的评估。一般而言，银行更加倾向于选取变现能力强的商品作为抵押物。例如，在铝行业的供应链融资，整条供应链的风险防范都是基于金属铝本身的变现能力而设定的。再如，中国建设银行公布的可以作为库存抵押的商品目录，仅仅包括3个大类20个品种的商品，分别是钢材类、有色金属类、化工原料类。

这种库存商品融资运作模式主要针对中小企业运营阶段。该模式主要特征是以动产质押贷款的方式，将存货、仓单等动产质押给银行而取得贷款。第三物流企业提供质物监管、拍卖等一系列服务，如有必要，核心企业还会与银行签订质物回购协议（图5.13）。这种模式将"死"物资或权利凭证向"活"的资产转换，加速动产的流动，缓解了企业现金流短缺的压力。动产质物具有很大流动性，但风险很大。第三方物流企业和核心企业与银行等金融机构合作，可有效降低信贷风险，提高金融机构参与供应链金融服务的积极性。

通常，企业会通过加强供应链上下游企业与物流仓储之间的信息沟通来降低生产中因牛鞭效应而引发的库存。现今由于供需市场环境的变化频繁，导致产品生产周期不断缩短，企业为了能保证稳定持续的供货能力，开始加大库存量来应对市场的波动。但企业持有大量库存，就无法做到将产品变现，相当于占用了企业的流动资金，同时还加大了库存管理的成本费用。

在这样的市场情况下，库存融资对生产制造型的中小企业来说意义十分重大。尤其是在大多数企业无法增加供应链管理成本的情况下，库存融资模式帮助企业解决了减少库存和增加现金流两方面的问题。

2. 业务模式

（1）静态抵/质押授信。

静态抵/质押授信：①融资企业将向指定第三方物流公司交付质押物，监管仓接收货物并对货物进行检验；②银行/金融机构获得货物担保权之后，向融资企业下发融资资金；③当融资企业需要赎回质押货物时，向银行/金融机构偿还贷款及利息；④银行/金融机构在收款后，向监管仓发送发货指令；⑤监管仓在收到发货指令后，发货给融资企业。静态抵/质押授信模式如图5.14所示。

（2）动态抵/质押授信。

动态抵/质押授信：①融资企业将向第三方物流公司交付质押物，监管仓接收货物并对货物进行检验；②银行/金融机构获得货物担保权之后，向融资企业下发融资资金；③银行/金融机构根据抵/质押的商品价值来设定最低限额，限额以上的商品可以自由进出库，且可以以货易货；④当融资企业需要赎回质押货物时，向银行/金融机构偿还贷款及利息；⑤银行/金融机构在收款后，向监管仓发送发货指令；⑥监管仓在收到发货指令后，发货给融资企业。动态抵/质押授信模式如图5.15所示。

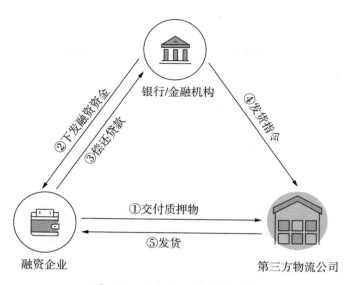

图 5.14 静态抵/质押授信模式

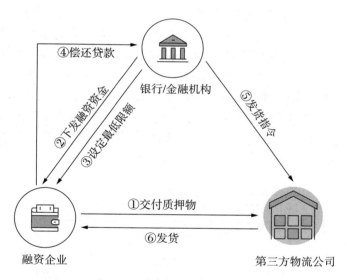

图 5.15 动态抵/质押授信模式

（3）普通仓单质押融资。

普通仓单质押融资：①融资企业将质押货物交付给第三方物流公司，并获取仓单；②融资企业利用仓单向银行/金融机构申请仓单质押融资；③银行/金融机构向第三方物流公司核实货物情况，并完成仓单的质押转让；④三方达成一系列合作协议，履行各自义务；⑤银行/金融机构根据仓单现金价值的一定比例向融资企业提供融资资金；⑥当融资企业需要赎回货物时，向银行/金融机构偿还贷款及利息；⑦银行收款后，通知第三方物流公司放货给融资企业，完成货物交付。普通仓单质押融资如图 5.16 所示。

（4）标准仓单质押融资。

标准仓单质押融资：①融资企业向期货经纪公司采购，采购商品为大宗商品，如有

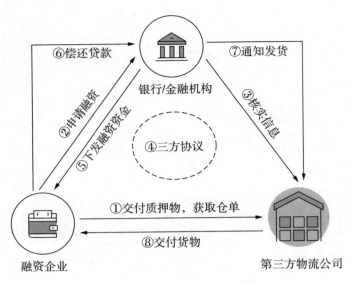

图 5.16 普通仓单质押融资模式

色金属、贵金属、钢材、天然橡胶、纸浆、燃料油、沥青等；②期货经纪公司将期货标准仓单转交给融资企业；③融资企业提交标准仓单向银行/金融机构申请融资；④银行/金融机构审核申请材料，根据仓单金额的一定比例，向融资企业下发资金；⑤当融资企业需要赎回标准仓单时，向银行/金融机构偿还贷款及利息；⑥银行收款后，将标准仓单归还给融资企业，或商量处置方案。标准仓单质押融资如图 5.17 所示。

库存融资模式通过盘活因库存占用的资金成本，将企业的积压库存转化为现金流，来推动企业生产经营的持续发展。同时还能降低商品库存管理费用，来帮助产业链中的企业实现扩大生产规模，从容应对市场需求的波动变化。

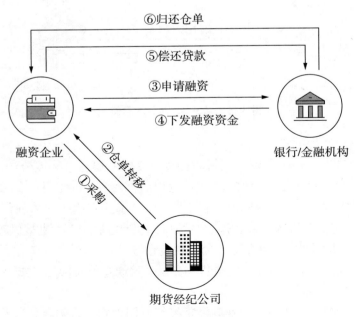

图 5.17 标准仓单质押融资模式

5.3.4 应付账款融资模式

应付账款融资是指以货到付款或赊销为结算方式的国内商品或服务交易中,对于买方的合格应付账款(不含预付账款),在应付账款日为买方提供短期资金融通,并可以直接向卖方进行支付的一种服务功能。应付账款融资具体包括融资申请、融资还款申请、修改、授权、查询等功能。

1. 概念

应付账款是最为普遍的商业信用融资方式,它是企业在购买货物时暂时由于未付款而对卖方产生的欠款,即卖方允许买方在购货后的一定时期内支付货款的一种信用形式。

这种运作模式主要针对商品采购阶段的资金短缺问题。该模式的具体操作方式由第三方物流企业或者核心企业提供担保,银行等金融机构向中小企业垫付货款,以缓解中小企业的货款支付压力。之后由中小企业直接将货款支付给银行,其中,第三方物流企业扮演的角色主要是信用担保和货物监管。一般来说,第三方物流企业对供应商和购货方的运营状况都相当了解,能有效地防范这种信用担保的风险,同时也解决了银行的金融机构的风险控制问题。

买方替其签约的制造商购买原材料,可以促成应付账款融资。近几年,一种新的融资方式是由买方、买方的签约制造商、原材料供应商共同签署相关协议,用买方的应付账款支付原材料供应商的货款。因为资信较高的买方确定了原材料的价格与数量,从而使得交易能够成立。在这种情况下,银行不仅要管理买/卖双方的订单/发票及应付/应收账款,还要将原材料供应商的相关交易关联起来,如图5.18所示。

在规范的商业信用行为中,债权人(供货商)为了控制应付账款期限和额度,往往向债务人(购货商)提出信用政策。信用政策包括信用期限和给买方的购货折扣与折扣期,如"2/10,$n/30$",表示客户若在10天内付款,可享受2%的货款折扣,若在10天后付款,则不享受购货折扣优惠,应付账款的商业信用期限最长不超过30天。

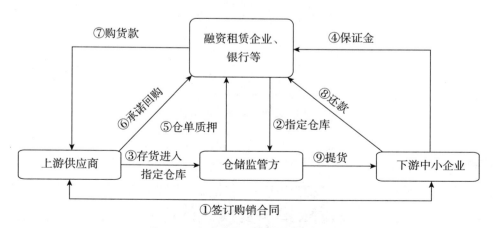

图 5.18 应付账款融资模式的典型结构

2. 特点

应付账款融资的优点在于易于取得,无须办理筹资手续和支付筹资费用,而且它在一些情况下是不承担资金成本的。缺点在于期限较短,放弃现金折扣的机会成本很高。

商业票据是指由金融公司或某些企业签发,无条件约定自己或要求他人支付一定金额,可流通转让的有价证券,持有人具有一定权力的凭证。如汇票、本票、支票等。

企业想要进行商业票据融资,必须具备以下基本条件。

(1)信誉卓著,财力雄厚,有支付期票金额的可靠资金来源,并保证支付。

(2)非新设立公司,发行商业票据的必须是原有旧公司,新开办的公司不能用此方式筹集资金。

(3)在某一大银行享有最优惠利率的借款。

(4)在银行有一定的信用额度可供利用。

(5)短期资金需求量大、筹资数额大,资金需求量不大的企业不宜采用此方式筹集资金。

3. 定义

应付账款融资是一种由买方主导的融资方案,融资提供方通过购买应收账款的方式向该买方供应链中的卖方提供融资。货物或服务的卖方用这项技术可以选择在实际到期日前获得应收账款(以未偿付发票显示)的贴现金额,融资成本通常与买方信用风险直接挂钩。买方仍然承担到期付款的责任。

在该技术的所有情形下,买方均已对发票进行付款核准。

4. 应付账款融资模式流程

应付账款融资模式流程如图 5.19 所示。

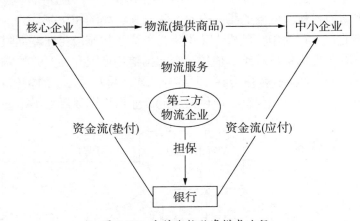

图 5.19 应付账款融资模式流程

▶ 阅读案例 5-2 ▶

应付账款融资模式的应用

重庆永业钢铁(集团)有限公司(以下简称永业钢铁)在当地是一家非常著名的钢铁加工和贸易民营企业,2002 年曾获得"全国百强钢材营销企业"的称号。因为地域关系，永业钢铁与四川攀枝花钢铁集团（以下简称攀钢）一直有着良好的合作关系。永业钢铁现有员工 150 多人，年收入超过 5 亿元，但与上游企业攀钢相比在供应链中还是处于弱势地位。

永业钢铁与攀钢的结算主要是采用现款现货的方式。2005 年永业钢铁由于自身扩张的原因，流动资金紧张，无法向攀钢打入预付款，给企业日常运营带来很大影响。2005 年年底，永业钢铁开始与深圳发展银行（以下简称"深发展"）接触。深发展重庆分行在了解永业钢铁的具体经营情况后，与当地物流企业展开合作，短期内设计出一套融资方案：由物流企业提供担保，并对所运货物进行监管，深发展重庆分行给予永业钢铁 4500 万元的授信额度，从而缓解了永业钢铁的资金短缺压力。

5.3.5　供应链金融的主要内容及应用流程

供应链融资是指银行通过审查整条供应链，基于对供应链管理程度和核心企业的信用实力的掌握，对其核心企业和上下游多个企业提供灵活运用的金融产品和服务的一种融资模式。由于供应链中除核心企业之外，基本上都是中小企业，因此从某种意义上说，供应链融资就是面向中小企业的金融服务。

1. 概念

供应链融资和物流银行、融通仓相似，服务的主体都是资金严重短缺的中小企业，它围绕"1"家核心企业，通过现货质押和未来货权质押的结合，打通了从原材料采购，中间产品及制成产品，到最后经由销售网络把产品送到消费者手中这一供应链链条，将供应商、制造商、分销商、零售商直到最终用户连成一个整体，全方位地为链条上的"N"个企业提供融资服务，通过相关企业的职能分工与合作，实现整个供应链的不断增值。

供应链融资服务不同于传统的银行融资产品，其创新点是抓住大型优质企业稳定的供应链，围绕供应链上下游经营规范、资信良好、有稳定销售渠道和回款资金来源的企业进行产品设计，以大型核心企业为中心，选择资质良好的上下游企业作为商业银行的融资对象，这种业务既突破了商业银行传统的评级授信要求，也无须另行提供抵押质押担保，切实解决了中小企业融资难的问题。

供应链金融包括动产质押、标准仓单质押融资、先票/款后货、保兑仓国内保理、应收账款质押等业务。

2. 供应链金融项下的动产质押业务

动产质押业务是指融资企业在正常经营过程中，以其已经拥有的银行认可的动产作质押，交由银行认可的监管企业进行监管，以动产价值作为还款保障，以融资企业成功组织交易后的货物销售回笼资金作为融资企业第一还款来源，偿还银行信贷资金的融资业务。

银行提供静态质押和动态质押两种业务模式，静态质押模式下客户必须通过打款赎货的方式提货；动态质押模式下客户可通过以货换货的方式，采用银行认可的、新的等值货物置换已质押的货物。

【5-4 拓展知识】

3. 供应链金融标准仓单质押融资业务

【5-5 拓展知识】

标准仓单质押融资业务是指银行以借款企业自有或有效受让的标准仓单作为质物，根据一定质押率向借款企业发放的短期流动资金贷款。在借款企业不履行债务时，银行有权依照民法典及相关法律法规，以该标准仓单折价或以拍卖、变卖该仓单的价款优先受偿。

4. 先票 / 款后货

先票 / 款后货是基于核心企业（供货方）与经销商的供销关系，经销商通过银行融资提前支付预付款给核心企业并以融资项下所购买的货物向银行出质，银行按经销商的销售回款进度逐步通知监管企业释放质押货物的授信业务，如图 5.20 所示。

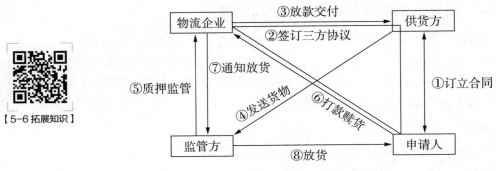

图 5.20　先票 / 款后货基本流程

5. 供应链金融下的保兑仓业务

保兑仓是指以银行信用为载体，以银行承兑汇票为结算工具，由银行控制货权，卖方（或仓储方）受托保管货物并对承兑汇票保证金以外金额部分由卖方以货物回购作为担保措施，由银行向生产商（卖方）及其经销商（买方）提供的以银行承兑汇票为结算方式的一种金融服务，如图 5.21 所示。

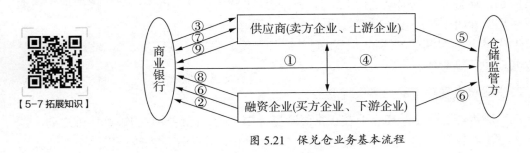

图 5.21　保兑仓业务基本流程

6. 国内保理业务

国内保理业务是指保理商（通常是银行或银行附属机构）为国内贸易中以赊销的信用销售方式销售货物或提供服务而设计的一项综合性金融服务。卖方（国内供应商）将其与买方（债务人）订立的销售合同所产生的应收账款转让给保理商，由保理商为其提供贸易融资、销售分户账管理、应收账款的催收、信用风险控制与坏账担保等综合性金融服务，如图 5.22 所示。

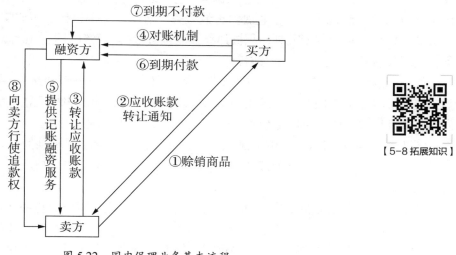

图 5.22　国内保理业务基本流程

7. 应收账款质押业务

应收账款质押业务是指融资企业以合法拥有的应收账款质押给银行，银行以贷款、承兑等各种形式发放的、用于满足企业日常生产经营周转或临时性资金需求的授信业务。

5.3.6　供应链金融的发展与创新

供应链金融近几年作为一个金融创新业务在我国得到迅猛发展，已经成为商业银行和物流供应链企业拓展业务空间、增强竞争力的一个重要领域。

1. 发展趋势

供应链金融巨大的市场潜力和良好的风险控制效果，自然吸引了许多银行介入。深圳发展银行、招商银行最早开始进行信贷制度、风险管理及产品的创新。随后，围绕供应链上中小企业迫切的融资需求，国内多家商业银行开始效仿发展"供应链融资""贸易融资""物流融资"等名异实同的服务。时至今日，包括四大银行在内的大部分商业银行都推出了具有各自特色的供应链金融服务。同时，随着外资银行在华业务的拓展，渣打、汇丰等以传统贸易融资见长的商业银行，也纷纷加入国内供应链金融市场的竞争行列。

供应链运营模式需要变革，企业正在设法构建灵活敏捷的数字化供应链网络，以期在艰难时局中突破重围，有力带动增长并实现盈利。

（1）发展。

传统企业仍是中国经济的重要支柱，电子商务本身并不能改变物流管理、资源调配和支付结算的本质，但却可以极大地提高效率。传统产业链的电子商务化是未来实现企业利益的最大化和提升全供应链竞争力的必然趋势，在这一过程中，产业电商和在线供应链金融的结合将日趋紧密，势必衍生出更多新的增值服务，产生新的行业生态，推动产业金融服务的模式逐步走向成熟。

① 从金融机构来看，原有的金融机构（包括银行）多以信贷业务为主，而信贷业务由于本身条件限制，无法为企业提供有效服务，所以，金融机构应积极响应国家号召，打破原有信贷业务的制度限制；积极建立供应链金融模式。针对供应链金融的创新型业务，实现现有管理方式的变革与创新。

② 从理财格局来看，股市、虚拟货币等理财产品均有一定风险；而银行、余额宝等渠道获取收益又较低，为满足用户多方面的投资需求，金融机构应依托供应链金融开发相应的如应收账款、供应链金融 ABS 等理财产品，丰富理财市场。

③ 供应链金融机构必须响应国家号召，深耕供应链金融领域以促进金融与实体经济的深度结合，为广大投资者带来更符合收益预期及安全保障的理财产品。

（2）趋势。

推动供应链金融发展变革和理财格局，供应链金融将呈现新的趋势。

① 将向更加细分行业发展，更加专业化、服务精准化。供应链金融在不同行业的应用，必然衍生出不同的行业特性，这将促使供应链金融向更细分、更精准、更专业的方向发展，产业金融的综合服务将逐渐走向成熟。近几年，各大金融机构已在细分产业、细分领域展开了线下的供应链金融，如民生银行打造乳业产业链金融，与国内某知名乳制品企业合作，专门为其及上下游提供适合的金融服务。

② 逐渐改变商业银行原有信用评估体系。信息获取的成本将大大降低，信用体系将进一步完善，不同金融机构之间的数据将会实现共享。供应链金融通过互联网深度应用，交易、物流等数据将更加容易获取，并经过大数据技术处理，形成特定信用报告，方便金融机构更好地去判断和决策。

③ 大数据应用得到充分体现。金融机构对贷款企业或贷款对象的监控，将从财务报表等静态数据，转变为动态数据的实时监控，将风险降到最低。目前已有大数据机构与金融机构合作，为企业客户量身定制企业版的"体检报告"，依托丰富的真实数据来源和大数据处理技术，计算出各标准数据的区间范围，通过上下游企业数据的匹配，对其资信进行合理判断，这类报告最大的亮点是数据实时变化，并提供了部分数据变化预测，对业务周期全程化进行监控，能够做到及时通知和给出建议，从而将金融机构风险降到最低。

④ 供应链金融与产业电商的深度结合推动产业金融走向成熟。

2. 创新

基于以上问题，金融行业应从观念、技术、组织、制度上提供一些创新，以利于供应链金融的运行与控制。

（1）观念创新。

在观念创新上，要时刻牢记创新是金融发展永恒的主题，创新无处不在、无时不有。

（2）技术创新。

在技术上，通过互联网的技术创新，建立我国产、供、销的完整供应链信息系统。将互联网运用到基础产业和服务产业，建立起不同行业、产品的基础供应链信息管理平台，为供应链金融实现技术的整体管理创造条件。

解决信息对称问题，为中小企业信用提供依据。传统模式下，银行主要查看核心企业以及上下游企业的财务报表，都是过去、静态的数据；而供应链金融机构通过大数据模式，动态数据得到了有效收集，使得金融机构实时掌握企业的经营情况，提高了决策的灵敏性。

（3）组织创新。

在组织上，突破供应链金融仅仅作为银行业务创新的范畴，围绕着供应链管理，建立能够集提供物流服务、信息服务、商务服务和资金服务为一体的供应链第三方综合物流金融中介公司。它既有现有的第三方物流公司的职能，又具有充当银行和生产、供应、销售之间的融资角色的职能。对银行来说，有必要对其管理体制、业务流程和盈利模式进行相应的变革，可以围绕供应链金融业务建立相应的业务事业部制，通过供应链金融业务的整体外包或部分外包的合作形式与供应链第三方综合物流金融中介公司合作，提供全面的金融服务，建立全面的业务风险管理模式，实现企业、银行风险控制和绩效指标任务的顺利完成。

（4）制度创新。

在制度上，实现从原有的银行分业管理向混业管理的转变，允许银行把非核心的业务合理有序地外包给专业的第三方综合物流金融中介公司。在供应链金融服务中，由于银行作为质押人，不完全具备监管质物的条件，此时第三方综合物流金融中介公司的产生，不但可以担负起帮助银行看管质物的职责，而且可以为银行提供相关的信息、商务服务，改善信息不对称情况，提高银行等金融机构的风险管理、市场控制和综合服务能力，从而形成服务于银行等金融机构的新的金融中介产业，适应社会经济的发展。

5.4 供应链融资担保

供应链融资是银行围绕相关行业中的核心企业，通过审查供应链，基于对供应链管理程度和核心企业实力的掌握，以企业的货物销售回款自偿为风险控制基础，对其核心企业和上下游多个企业提供的融资、结算、风险管理等综合性金融服务方案。银行不再单纯看重企业的规模、固定资产、财务指标，也不再单独评估单个企业的状况，而是更加关注其交易对象和合作伙伴。

5.4.1 融资担保分析

银行通过控制核心企业的物流关系，以现货质押和预付款融资模式，控制了企业的资金流，有效规避了银行资金的风险。

1. 融资担保概述

融资担保是担保业务中最主要的品种之一，是随着商业信用、金融信用的发展需要和担保对象的融资需求而产生的一种信用中介行为。

信用担保机构作为除金融机构（包括银行）、企业或个人这些资金出借方与主要为企业和个人的资金需求方外的第三方保证人为债务方（资金需求方）向债权方（资金出借方）提供信用担保——担保债务方履行合同或其他类资金约定的责任和义务。在其业务性质上，融资担保具有金融性和中介性双重属性，属于一种特殊的金融中介服务。

2. 融资担保业务分类

融资担保业务可分为间接融资担保和直接融资担保两种。

（1）间接融资担保。①借贷担保：银行贷款担保、民间借贷担保。②贸易融资担保：信用证担保、商业票据承兑、贴现担保、应收账款保理、融资租赁担保。

（2）直接融资担保。债券担保、基金担保（保本基金）、信托计划担保、资产证券化担保。

3. 担保项目分析

供应链融资方案中，银行通过"巧用强势企业信用，盘活企业存货，活用应收账款"三大路径将中小企业融资的风险化于无形，通过供应链融资的组合，把原来中小企业融资难的三大障碍即"信用弱、周转资金缺乏、应收账款回收慢"解决了，从而使这一模式具有低风险的存在基础。供应链融资担保是实现了银行、供应商、核心企业、信用担保机构四方共赢的融资担保方案。

1）银行

（1）有效防控风险，拓展优质中小企业客户群。

（2）实现公私业务联动，拓宽零售信贷发展空间。

（3）提升重点客户服务水平，巩固重点客户银企关系。

（4）实现结算资金体内循环，提高银行综合收益。

2）供应商

供应商作为供应链融资服务的受益者是显而易见的，利用应收账款"自偿"，做到"借一笔、还一笔、完一单"，自贷自偿。首先，从银行获得相应的融资帮助企业解决了贷款难的问题，解决了其资金问题，有利于其可持续性发展；其次，企业加快了资金使用的效率，赚取更多的利润。

3）核心企业

核心企业和供应商实行的是相互合作、共生共荣的关系。一方面，核心企业依赖于供应商提供优质的商品服务，同时，以日益增多的商业利润不断地扩大经营规模；另一方面，供应商又依赖于核心企业销售其商品，以腾出资金和赚取利润来扩大生产规模，进行可持续的发展。合作双方为了争取最大的利润空间，有时又互相矛盾。核心企业与供应商的对抗，对企业的长期发展是很不利的，必将从相互制约、互有所图的关系向新型的相互合作、共生共荣的双赢伙伴关系发展。核心企业将会对供应商给予一定的扶持和相关的资金帮助。供应链融资将切实地帮助核心企业扶持其产业链中的供应商。

4）信用担保机构

信用担保机构在其间提供了新型的服务担保，获取了相关的收益。服务担保是指金融机构提供的综合融资服务项目，包括资产评估、财务服务与分析、不良资产处理等一系列融资服务。

信用担保机构在中小企业融资服务中的地位越来越重要。鉴于当前的银行资源、客户、风险、政策等综合性情况，银行希望并需要信用担保机构能提供配套的相关服务担保等一系列的融资金融服务来配合银行的核心工作。中小企业群体根据自身的条件也希望有信用担保机构配合来完成其对发展资金的需求。

5.4.2 融资担保的难点

供应链融资担保是集合了四方的新型金融服务。由于其涉及面广泛，企业沟通烦琐，且每条供应链的情况不同，这给担保公司在其间参与设置了障碍，具体包括以下几点。

1. 供应链的寻找

供应链的寻找即核心客户的寻找，所有的融资都是以一个供应链的核心企业为中心连接点的。核心企业是在一个行业内的知名企业，如上市公司或者中国 500 强企业。核心企业的资本实力雄厚，财务信用状况非常好，业务链庞大，有多个企业围绕在其旁边与其形成一个完整的供应链系统。核心企业往往凭借其实力在与供应商合作的时在资金结算方面具有优势，表现为资金往来有账期，这样势必占用供应商的资金、资源，造成供应商资金缺乏，有融资的需求。

2. 核心企业

核心企业是供应链系统的连接点，也是供应链融资系统的关键。在整个融资方案中，核心企业愿意为其供应商提供相应的保证，确认供货单证及其承担相应的费用等责任都关乎整个融资服务。因此，获取核心企业的支持就变得特别重要，且核心企业为此项融资愿意付出的代价也相当重要。

3. 资金提供

银行在融资服务中是整个融资服务的资金提供者，根据核心企业与供应商的信用状况，银行结合自身的人力资源及资金状况，考虑是否融资、融资额度多少，以及是否需要担保公司的介入。针对核心企业信用资质特别好，且供应商的企业资质银行也能认可，核心企业在融资中愿意付出的代价也相对比较低，银行会认为没有必要引入担保公司进行相关的担保金融服务；针对核心企业信用资质很好，但供应商的企业资质一般，或者核心企业的信用资质一般的情况，银行会希望担保公司参与降低银行风险。

4. 资金获得者

供应商是整个供应链融资的资金获得者。供应商获得相应的资金支持最关键的是融资成本问题，如果供应商能够接受融资成本，那么启动供应链融资担保就不是问题。

5.4.3 应用模式与收费

供应链融资担保流程开展业务可以通过由核心企业辐射供应商的模式，也可以通过供应商入手切入核心企业的模式。这里主要介绍核心企业辐射供应商的模式，其关联关系及流程如图 5.23 所示。

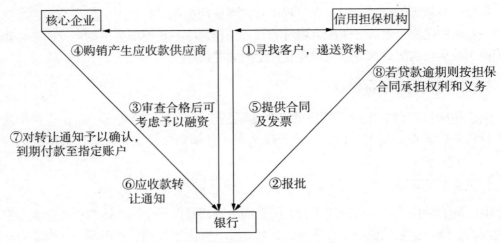

图 5.23　供应链融资担保各方关联关系及流程

1. 前期接洽

（1）针对核心企业的寻找，应通过报刊、电视、网络等媒体资源，寻找具备核心企业资质的相应企业信息，了解相关的供应链，通过电话营销（主要是采购部、财务部等主要部门）介绍相关的供应链融资服务，获取与企业当面会谈的机会。

（2）在与核心企业会谈中，应详细了解相关的供应链信息，主要包括供应链金额、账期等付款结算方式、对相关供应链中相关企业的支持度等与项目相关的信息。经过协商，获取核心企业的相应支持及其相关条件。

（3）与银行协商，详细介绍相应的供应链企业信息，获取银行融资额度的相关支持。

（4）在三方协商一致的条件下，签订《三方供应链融资框架协议》。

（5）在《三方供应链融资框架协议》的支持下，通过核心企业提供的相关信息与供应商联系融资项目，有意向者收集融资所需要的企业资料并签订相关的供应链融资担保协议和协助企业办理相关法律登记手续。

（6）整理供应商资料报银行审批。

2. 中期执行

供应商融资资料报送银行后，应及时与银行保持联系，互通相关审批信息，及时按照银行要求完成相应的补充资料等工作，并将相关信息反馈给供应商。待融资审批成功后，根据协议收取相关费用，并按照协议内容完成相应的供应链客户管理等工作。

3. 后期跟进

（1）融资合同到期前，定期回访客户，做好融资执行过程中的衔接工作，切实保证按合同顺利进行，并做好相应的风险控制。

（2）融资合同到期时，督促企业还款，务必做到"借一笔、还一笔、完一单"，定时与企业联系，定期对企业回访，了解其贷款使用情况，企业的生产、经营状况，并督促客户及时按约定还款等事宜，对申请人进行监督。

（3）融资合同到期后，被担保企业按合同约定到期偿还贷款本息，项目终止。被担保企业未能到期偿还贷款本息，担保公司履行其保证责任后，享有被担保企业的债权，应及时对该企业进行催收，尽量挽回担保损失。

4. 担保收费标准

供应链融资担保收费标准包括银行贷款利息佣金及企业担保费两部分。其中银行贷款利息佣金为银行基准贷款利率上浮30%的利息收入，由银行返还；企业担保费根据担保公司审批的条件收取，原则上也等于银行基准贷款利率的30%的利息收入，银行放贷之日由企业收取。

5.5 农业供应链金融

金融支撑是中国农业产业化发展的基本经济要素和内在动力。金融支撑的核心功能是满足农业产业链中各类主体的融资需求。但农业金融具有高风险、高成本的弱点，难以匹配金融机构的风险特性，目前理论研究者和社会各界提出了诸多对策，但对于怎样使用适当的金融方法和技术化解农业金融的高风险、高成本、低收益问题，理论研究一直存在争议。这也是中国农业金融目前面临的发展困境。

5.5.1 农业金融与供应链金融发展现状

近年来，中国商业银行开展的供应链金融实践，为中小企业融资的理念和技术提供了成功的解决方案。但农业在产业结构、生产运作特点上，与非农供应链相比差异较大。如何针对农业供应链特性，来设计农业供应链金融的应用模式和运作方法，实现降低融资成本和有效风险控制的金融功能，缓解农业供应链大量成员（中小微企业、农户）的短期融资需求，是业界所要研究的问题。

1. 农业金融

由于农业生产的天然弱质性和在国民经济的战略基础产业地位，世界各国都对本国的农业进行支持和保护。强化保护和增加投资一直是许多国家农业政策的主旋律。经济发达国家以其雄厚的经济实力为基础，通过多种方式对农业提供全面的金融支持。财政支持农业产业化实质上就是资金的支持，其方式有无偿投入、担保贴息、补贴、投资参股、借给有偿资金、建立风险基金等。

改革开放以来，农村金融组织体系不断完善，有效地提升了金融服务的覆盖面和渗透率。通过多年努力，我国正在形成银行业金融机构、非银行业金融机构和其他微型金融组织共同组成的多层次、广覆盖、适度竞争的农村金融服务体系，政策性金融、商业性金融和合作性金融功能互补、相互协作，推动农村金融服务的便利性、可得性持续增强。

可见，正规金融机构在商业化改革过程中，农业金融业务反而收缩；非正规金融（如民间高利贷）现象则在监管当局的打压下畸形发展，广大农户和农企的有效融资需求得不到有效供给。对供需失衡原因的研究表明，影响因素有制度缺失、风险控制、交易成本及资金存量等。其中交易成本是关键变量，从而信贷需求带有明显的被动性，有学者认为农村信贷市场失灵主要是由于信息不对称、道德风险，以及农户缺乏相应的抵押担保品。

2. 供应链金融

当前，国内将供应链金融应用于农业研究的理论、实践和成果较少，供应链金融与农业产业链融资创新的重要理论也不多见，理论层面的分析不够深入。

近年来，国内对农业金融的关注日益升温，理论研究涉及农村金融机构、市场运行、借贷行为及金融制度构建等方面。但受制于农业金融风险的特殊性，研究多停留在对策层面，缺少在金融方法和技术上的创新。在中国发展现代农业的大背景下，部分农产品的产业化已经初具规模，出现了一批有影响力的龙头企业，农业产业链也开始快步引入现代物流和供应链管理，为供应链金融的应用创造了条件。

▶ 阅读案例 5-3 ◀

运用农业供应链金融模式服务于"三农"

黑龙江省龙江银行截至 2010 年年底累计为 47 户涉农企业发放贷款 43851 万元，覆盖土地 3870 余万亩，惠及农户和就业人群 550 余万人。由于该行对推动农业规模化、设施化、合作社化发展的效果显著，被银监会评价为"全国第一家按照农业供应链来整体统筹谋划机构发展和农村金融服务的银行"。

宏河米业是大米产品的龙头企业，从事粮食收购及加工，拥有水稻生产基地，"嫩晶"和"金稻赢"牌长粒米和圆粒米已经取得绿色食品标志和 QS 认证。龙江银行通过"公司+农户"的供应链模式，以宏河米业的信用为基础对上下游进行融资，取得明显的金融效应。宏河米业累计获得贷款 2580 万元，企业资产、收入和利润等指标均有大幅度提高。

永裕肉禽有限公司是一家以鸡肉类深加工项目为主的加工企业。龙江银行通过公司与养殖户签订养殖合同、肉鸡保价回收合同、房产抵押承诺书，同时以五户联保方式对公司做出书面承诺，构成自偿式融资。银行累计对永裕肉禽有限公司投放贷款 1550 万元，对养殖户投放贷款 209 万元。

以上实例表明，农业供应链金融以龙头企业为核心，银行从供应链整体的运作状况来评估融资风险，而不采用传统以财务指标为主的标准，根据供应链的真实交易背景和龙头企业的信用水平来决定是否对上下游成员授信，借款人则依赖供应链的整体实力来提高信用等级，以达到银行的评估标准。

5.5.2 农业供应链结构与融资需求

根据物质有无生物属性将农业供应链划分为涉农供应链和工业连接型供应链（或称非农原材料供应链、泛工业型供应链）。这种划分方式对整个供应链的运营及物流管理都产生了根本的影响。

1. 农业供应链基本概念

农业供应链的概念与供应链的概念一样，至今尚未在理论界得到统一。一般认为农业供应链、农产品供应链及农业物流网络等概念所指相同，可统称为农业供应链。它包含农业生产的产前采购环节、农副业的种植和养殖环节、农产品的加工环节、流通环节及最终消费环节等，涉及的所有组织和个人的网络结构，即从"种子到餐桌"的过程。

现代农业在经营上，以市场经济为导向，以利益机制为联结，以龙头企业为核心实行产销一体化经营。龙头企业是供应链中的核心企业，对整条链起主要的组织管理和控制作用，如大众养殖者、农业专业合作组织、农产品加工制造企业、大型批发中心、大型配送中心及大型零售超市等。龙头企业主导整个链条来对市场需求变化进行反映，也是链中利益分配的主导者。结合目前我国农业发展趋势，以及主要农产品供应过程的共性，农业供应链结构的简化模型如图 5.24 所示。

农产品加工后进入流通环节，进入方式有经销商直接采购、批发中心集中交易、物流中心等方式。物流的方向是自上游到下游，而资金流则是沿相反方向，由下游的消费者到最上游的农户，消费者是供应链资金流的最终来源。现代农业要求"物商分离"，由第三方物流企业来执行产品由分散到集中，再配送到销售终端的过程，借助第三方物流企业专业化物流服务，可使得物流成本和服务水平得到最佳的平衡。

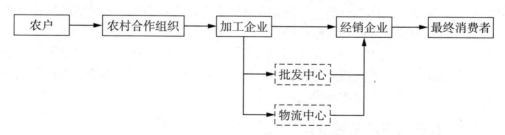

图 5.24 农业供应链结构的简化模型

农业产业化的多种经营方式中，龙头企业带动型是最主要的组织模式，包括"公司 + 农户""公司 + 农业大户（专业户）+ 农户""公司 + 农村合作组织 + 农户""龙头企业 + 基地 + 农户"等。

2. 农业供应链的运作特点

农业供应链的实体对象具有生命体征，这一特性导致农业供应链在供应链运作和资金流方面具有显著特点。

（1）生产对象固有的鲜活性导致产地分散、生产周期长、季节性强、供应刚性等特点。种植养殖的收获集中在某一时段,但生产资金投入则远早于收获期,资金缺口出现于生产周期的开始。

(2)产出与自然条件、装备水平、科技应用等密切相关,对外部条件的弱质性导致供应的不稳定性,灾害性损失的概率较高,风险大。

(3)成品加工的时间短,农产品消费弹性小,销售周期长,大量的库存存在于加工企业或销售网络中,存货占用企业流动资金的比例高,资金回收慢。

(4)部分产品的价值衡量缺少简便方法,需要专业机构对其品质、营业成本等按批量进行鉴定,增加了流通的成本。

3. 农业供应链的融资需求

农业金融具有周期长、季节性强、风险大等特点,融资需求在时间、数量、方式、偿还期、偿还方式等方面都与工业领域的中小企业融资存在本质的区别。流动资金缺口主要存在于生产、加工、销售三个环节。

(1)生产环节是供应链最薄弱的环节,即风险最大的环节。农户经济实力最弱,生产一开始就存在养殖、设备购置等方面的资金缺口。农户贷款具有分散、小额、缺乏抵押担保品等不利因素。商业金融机构面对成本收益严重不均衡的农户贷款,多会选择退出。目前,我国农村金融机构缺乏竞争,创新金融产品、服务动力不足,无法满足农户在农业产业化过程中日益多样化的融资需求。

(2)加工环节。初级农产品的上市、交易集中在较短的时间内完成,加工企业需要在短期内支付上游供应者大量的货款,形成较大的流动资金缺口。加工企业对上游农户的欠款,直接影响到农户的积极性和生产连续性。保证农户生产资金投入和及时获得货款支付,是农业供应链运作是否通畅的根本所在。

(3)销售环节。存货占用销售企业的大量流动资金,存货成本最终沉淀在产品的最终销价上,降低了产品的竞争力。经销企业的资金缺乏最终也会将资金压力传导到上游,从而导致供应链整体的资金流不畅。

另外,供应链中的强势地位者要求对方尽快付款,给弱势地位企业带来极大的压力。缺少金融机构的贷款支持,借款人有时不得不借助民间的高息借贷,生产利润被高利贷侵占,十分不利于产业的健康发展。

5.5.3 农业供应链金融设计

核心企业不仅在供应链中处于强势地位,并且融资能力也无可替代。然而纵览这一由核心企业驱动的业务链条,核心企业的强大信用并未被充分利用起来。首先外部输入资金集中在核心企业,不能对整个供应链形成最佳分配方案;其次过多资金沉淀在核心企业,也降低了银行的博弈能力和资本收益。

1. 农业供应链金融的应用条件

农业供应链金融是构架于供应链管理理念和现代物流管理的基础之上的,缺少这一基础的支持将难以实施。供应链金融利用对物流/资金流的控制,以及面向授信自偿性来隔离借款人的信用风险。传统农业具有产业化程度低、行业集中度低、作业地点分散、交易不集中（现金交易为主）、物流自营等特点，难以达到供应链金融的应用条件。

通过农业产业化，农业生产的产前、产中、产后形成比较完整的紧密联系、有机衔接的产业链条，组织化程度高，有相对稳定、高效的农产品销售和加工转化渠道。大型的加工企业、经销企业，以及具有规模效应的物流中心成为供应链的龙头企业，为供应链金融的应用创造了条件。另外，农业供应链金融的动产融资涉及第三方物流企业的监管服务，银行必须依赖物流企业对借款人信息流和资金流的控制，才能有效降低风险敞口和形成风险隔离机制。所以农业物流现代化，也是供应链金融的必要条件之一。目前，我国部分农业产业化和专业化已经步入快速发展阶段，存在具有优质核心企业的供应链，具有了供应链金融创新的基本条件。

2. 农业供应链金融的设计原理

如前所述，农业供应链中成员在生产、加工、销售三个环节存在现金流缺口，供应链金融从以上三个环节及时注入成员所需的流动资金，从而缓解供应链整体的资金短缺。风险管理始终是银行金融业务管理的核心；生产环节不存在可抵押的实物资产，可采用担保（保险）与动产融资相结合的方式；而加工和销售环节，成品是实物资产，具有性状和价值较为稳定的特点，可基于仓单质押来实现动产融资。农业供应链的原理与方法可归结为以下几点。

（1）供应链竞争力和运作状况是银行授信的基础。其中核心企业（龙头企业）的信用水平和行业竞争力对银行授信具有重大的影响，核心企业为银行提供其交易对象的信用状况，有效解决信息不对称和信息获取成本过高的问题。

（2）信用评级与债项评级相结合。不以考察借款人财务状况和担保为主，而是以贸易自偿性为基础，重视对交易背景的审查，将信用评级与业务评级相结合，提高债项评级权重。

（3）将授信客户与核心企业、合作组织实施信用捆绑。核心企业要承诺为借款人承担回购、销售调剂和未发货退款等准担保责任，合作组织承担连带担保责任。

（4）风险屏蔽与控制。银行与物流企业合作，依托后者的专业能力，对借款人的资金流、物流和信息流实施封闭控制，实现融资自偿性，当出现信用风险时，风险敞口能得到有效释放。

（5）低成本化。目前，银行推广电子商业汇票，并实现供应链金融"线上化"，银行、借款人和物流公司之间的交易信息实时传递，解决信息获取与监管成本的背反性问题。

3. 农业供应链金融创新模式设计

根据以上分析，结合供应链金融的基本模式，本章提出三种农业供应链的融资模式，分别针对生产、加工、销售等环节。

（1）生产环节的预收账款池融资。生产环节需重点解决广大农户的资金短缺问题，但银行与数量巨大的农户直接建立借贷关系是不现实的。以生产者的未来预期收入为标的抵押给银行，同时加工企业向银行承诺收购标的，银行在生产周期的开始支付生产急需的资金投入,农产品收购后,加工企业的货款直接支付给银行以抵扣借款。这一原理在理论上是可行的,但必须解决融资成本与金融风险问题。

规模效应原理可解决融资成本问题。农户与合作组织的合同、龙头企业与合作组织的订单,以及龙头企业和合作组织提供的上游生产者信息,是银行筛选、过滤借款人的主要依据。经过筛选的大量农户融资需求形成"池";银行为借款人建立相应的预收账款"池",并根据"池"容量为借款人提供一定比例的融资,实现预收账款的快速变现。

农业的高风险性是天然存在的,必须有相应措施来释放银行的风险敞口。担保机构和保险机构为生产者可能遭遇的自然灾害等重大损失提供保险,直接受益人为银行。银行还必须同加工企业签订承诺收购协议,购货方拒绝付款或无力付款时,银行有权向加工企业要求偿还资金。上述模式可称之为预收账款池融资模式,如图 5.25 所示。

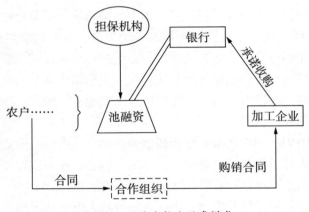

图 5.25 预收账款池融资模式

预收账款池融资模式的主要流程如下。

① 农户、合作组织和加工企业分别签订相应的合同,加工企业协助前者申请贷款,专门用于订单的生产。

② 农户依据合作向银行申请预收账款融资,以未来的货款支付作为还款。

③ 银行审查加工企业的资信状况和回购能力,审查通过则与加工企业签订回购协议。

④ 银行审查借款人的申请,形成"池",银行与借款人签订贷款协议,同时由担保机构提供担保,银行发放贷款给借款人。

⑤ 加工企业在收到借款人的货物后,将相应的货款直接支付给银行以抵扣借款,直到完成所有借款的抵扣为止。

预收账款池融资模式下,农户无须抵押便可获得用于生产的前期投入。此模式以加工企业的承诺回购为前提条件,由合作组织为借款人承担连带担保责任,再加上担保,使得银行的信贷风险可控。

(2) 加工环节的应付账款融资。收购并加工后的成品属于实物资产,可以用库存出售所获得的预期收益来向银行申请贷款,如图 5.26 所示。由银行指定仓库和委托物流公司进行监管，银行控制其提货权。银行根据评估机构的货值来发放贷款，库存出售后的货款作为还款。由于成品的性状比较稳定，具有可变现性，所以无须担保。

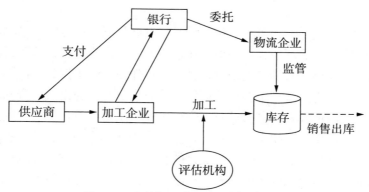

图 5.26　无须担保的应付账款融资模式

加工环节的应付账款融资模式的主要流程如下。

① 加工企业、物流企业、银行、评估机构达成合作协议。

② 加工企业收货并加工后，按批次向评估机构申请货值评估，向物流企业申请入仓和向银行申请应付款支付给供应商。

③ 银行收到评估机构的货值信息及物流企业的入仓信息后，向供应商支付货款。

④ 成品销售出库后，经销商支付的货款直接转入银行账户，以抵扣加工企业的借款。

⑤ 重复上述过程，直到完成所有借款的抵扣为止。

银行提供的代付款能有效缓解加工企业收购农产品的资金短缺问题。加工企业可做到"收购一批农产品，支付一批货款"，及时地兑付确保农户利益不受损失。

（3）销售环节的存货质押融资。未经加工的农产品不适合作为质物，但加工后进入流通领域的成品适合作为质物。供应链下的存货质押融资是由银行接受经销商的库存成品作为质押，并委托物流企业监管，向经销商发放贷款的融资模式。

存货质押融资模式运作的基本流程：经销商先以其自身的成品库存作为质物，存入银行指定的仓库，并据此获得银行的贷款，在质押产品后续的销售过程中逐步还款；物流企业提供质物的保管、监督和信用担保等服务。这种模式的实质是将银行不太愿意接受的流动资产（库存商品）转变为其乐意接受的动产质押产品。

农业产业化可以有效解决银行与农户之间信息不对称的问题，避免客户选择的盲目性，降低贷款的违约风险。通过龙头企业、合作社的担保或资金流监控，缓解了信贷人员的工作压力，节约了人力、时间等放贷成本。生产环节的预付账款融资保证了生产的顺利进行，加工环节的应收账款融资实现了加工企业的杠杆采购，经销环节的存货质押融资实现了经销企业的批量采购，从而使得"生产、加工、销售"各环节的资金缺口得到有效的补充，提高供应链整体的运作效率和竞争力。

本章小结

本章阐述了供应链金融物流的产生背景及其发展状况。供应链金融物流的产生背景主要是第三方物流服务的革新、中小型企业融资困境、供应链"共赢"目标、金融机构创新意识增强等。此外,有针对性地对金融物流运作模式做了探讨。按照金融机构(如银行等)参与程度的不同,把金融物流运作模式分为资产流通模式、资本流通模式和综合模式。所谓资产流通模式,是指第三方物流企业利用自身综合实力、良好的信誉,通过资产经营方式,间接为客户提供融资、物流、流通加工等集成服务;资本流通模式是指金融物流提供商利用自身与金融机构良好的合作关系,为客户与金融机构创造良好的合作平台,协助中小型企业向金融机构进行融资,提高企业运作效率;综合模式是资产流通模式和资本流通模式的结合。

关键概念

供应链金融的组织模式　互联网金融　库存商品供应链融资　静态抵/质押授信　动态抵/质押授信　国内保理业务　供应链融资担保　农业供应链金融

讨论与思考

1. 阐述供应链金融与传统信贷的异同。
2. 阐述物流金融与供应链金融的关系。
3. 阐述供应链金融的主要内容。
4. 阐述供应链金融的应用流程。

第 6 章
区块链物流金融

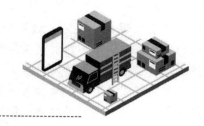

【学习目标】

1. 掌握区块链物流金融的基本概念；
2. 掌握物流金融的基本运作模式；
3. 熟悉区块链供应链金融的基本概念与商业运作模式；
4. 熟悉区块链供应链金融的市场作用；
5. 了解区块链物流金融的创新作用；
6. 熟悉供应链金融风险与控制的基本理论。

【教学要求】

知识要点	能力要求	相关知识
区块链物流金融的基本概念	（1）熟悉区块链技术的基本理论 （2）掌握物流金融的基本概念与运作模式	（1）区块链物流金融相关概念 （2）金融衍生品
区块链供应链金融的基本概念	（1）掌握区块链供应链的基本知识点 （2）掌握区块链供应链的运作模式	（1）区块链金融模式的建立 （2）区块链金融创新作用
区块链物流金融创新	（1）了解区块链物流金融服务的新型模式 （2）熟悉区块链物流金融的整合创新作用	区块链物流金融风险的规避

【章前导读】

党的二十大报告提出,到本世纪中叶,把我国建设成为综合国力和国际影响力领先的社会主义现代化强国。这对物质文明建设提出了更高目标,我们必须不断厚植现代化的物质基础,牢牢抓住高质量发展这一全面建设社会主义现代化国家的首要任务,完整、准确、全面贯彻新发展理念,坚持社会主义市场经济改革方向,坚持高水平对外开放,坚持把发展经济的着力点放在实体经济上,推进新型工业化,全面推进乡村振兴,深入实施区域协调发展战略、区域重大战略、主体功能区战略、新型城镇化战略,坚持教育优先发展、科技自立自强、人才引领驱动,开辟发展新领域新赛道,不断塑造发展新动能新优势,加快建设现代化经济体系,加快构建新发展格局。

区块链物流金融将物流企业数字信息引入银行信贷结构中,改变传统的银行—融资企业的两方模式为银行—物流企业—融资企业的三方模式。物流企业非常了解受信企业的物流状况以及日常的生产经营活动,尤其是对于物流外包的受信企业而言,物流企业更是深入参与其购销活动,这有助于有效监管动产质押、减少贷款风险、优化授信与受信企业间的信息不对称问题,从而推进信贷交易的达成。这是通过物流企业数据打造供应链金融产业带的新金融模式。

区块链物流金融以改善交易模式、提升交易效率、保障交易安全为核心,以代开证、再保理和福费廷跨行业务为主体,以商业银行监管法规和贸易金融实务经验为参照,紧跟行业发展趋势,优化操作流程,形成了平稳运行的技术标准、业务产品标准。区块链技术的分布式数据存储、点对点传输、共识机制、加密算法等特点,能够满足银行在开展跨行贸易金融业务中信息流通、数据安全、隐私保护、交易执行等多方面的管理和业务需求,在不改变银行各自流程的前提下,实现跨行交易的电子化、信息化和便捷化。

【引例】

京东:区块链技术在物流领域的应用

京东作为一家技术驱动型企业,早在2016年就开始布局区块链领域,领先行业全面启动了区块链技术的探索应用与研发实践。更重要的是,从全球范围来看,京东都是为数不多的具有丰富区块链技术落地场景的企业,京东区块链技术已经先后在数据交易、供应链管理、金融科技、政务及公共服务等领域落地,包括供应链追溯、动产评估、交易清结算、二手买卖、商品一致性、慈善公益、合同防伪、电子发票、资质备案、开放API(Application Programming Interface,应用程序编程接口)十大场景。在物流领域,京东区块链技术在生鲜、奶粉等行业的供应链追溯应用最为广泛。

(1)生鲜溯源。以京东上线的第一个供应链追溯案例为例:一头小牛犊生下来之后便佩戴耳标,从饲养过程中的所有生长数据(包括农户信息、防疫信息、食物信息等),到进入工厂后的体检化验数据等都会记录到区块链链条中;当一头完整的牛切割成小肉块后,再将每块肉与牛的对应关系进行精准地记录,并在生产线末端自动赋予其独一无二的条码,方便流通环节进行节点信息的采集;到达仓库后的相关操作信息都会被采集记录，均被写入区块链，利用区块链不可修改的特性传达给消费者全程可追溯的商品信息。在线下新概念超市 7FRESH 中，京东基于区块链技术专门为水果产品配备了"魔镜"系统，消费者可以即时查看产品的来源及营养成分等信息，让消费者真正放心购买。在农副产品方面，京东也通过区块链技术与农场综合管理平台对接实现了全程溯源，从农场到餐桌，提升食品安全。

（2）奶粉溯源。2017 年，京东与惠氏正式启动区块链品质溯源合作，基于京东区块链技术，消费者通过扫描奶粉包装底部的专属二维码即可查验真伪，同时可详细了解奶粉的各项物流数据，这实现了商品全程追溯，为消费者提供了安全的高品质购物体验。而在与雀巢的合作中，由于雀巢有自己的溯源系统及质量管理系统，因此雀巢在部署上还是沿用其原有系统代码，只是利用京东供应链的优势帮助其实现全流程信息的打通。也就是说，在大品牌具有自建品控体系、沿用其自身编码的情况下，京东区块链技术可以帮助大品牌实现数据渠道的打通；自身系统不全的中小品牌则可以使用京品码，从而实现全过程溯源。

京东利用区块链实现了跨主体的供应链信息的采集、存储，以及信息验证，通过将商品原材料过程、生产过程、流通过程、营销过程的信息进行整合并写入区块链，使每一条信息都拥有特有的区块链 ID（Idetification，身份识别）"身份证"，实现商品全流程信息追溯。

目前，京东区块链已经上线超过 300 个品牌商，接入 8000 多个 SKU（Stock Keeping Unit，库存单位），售前触达用户 28 万次，售后用户查询 65 万次，在库商品追溯码数量超过 6 亿条，已上链数据超过 1 亿条。

（3）成立溯源联盟。此外，京东还在政府机构的指导下成立了溯源联盟。如，2017 年 6 月，京东成立"京东品质溯源防伪联盟"，在农业部、国家质检总局、工信部等部门的指导下，运用区块链技术搭建"京东区块链防伪追溯平台"；2017 年 12 月，京东携手沃尔玛、IBM、清华大学电子商务交易技术国家工程实验室共同宣布成立中国首个安全食品区块链溯源联盟。

除了在物流领域利用区块链技术实现商品品质溯源，提高消费者对品牌的信任度，京东还逐步将区块链技术应用于贸易融资，如使贸易双方及银行间公开透明安全地共享真实可信的信息；在金融领域通过区块链技术大幅节约资本市场的成本，如在交易结算环节中应用区块链技术；在政务及公共服务领域实现合同及发票防伪、公益追溯，利用区块链技术实现精准扶贫，如京东"跑步鸡"项目；以及通过区块链技术解决大数据的安全性问题，保证数据的隐私性等。

6.1 区块链与区块链金融

6.1.1 区块链概要

区块链是一种新型应用模式，它是无形存在的一种模式，是一个信息技术领域的术语。从应用视角来看，简单来说，区块链是一个分布式的共享账本和数据库，即分布式数据存储、点对点传输、共识机制、加密算法等计算机技术的新型应用模式。

1. 释义

区块链，就是多个区块组成的链条，每一个区块中保存了一定的信息，它们按照各自产生的时间顺序连接成链条。这个链条被保存在所有的服务器中，只要整个系统中有一台服务器可以工作，整条区块链就是安全的。这些服务器在区块链系统中被称为节点，它们为整个区块链系统提供存储空间和算力支持。如果要修改区块链中的信息，必须征得半数以上节点的同意并修改所有节点中的信息，而这些节点通常掌握在不同的主体手中，因此篡改区块链中的信息是一件极其困难的事。相比于传统的网络，区块链具有两大核心特点：一是数据难以篡改，二是去中心化。基于这两个特点，区块链所记录的信息更加真实可靠，可以帮助人们解决互不信任的问题。

区块链技术是构建比特币区块链网络与交易信息加密传输的基础技术。它基于密码学原理而不是基于信用体系，可以允许任何达成一致的双方直接支付交易，而不需要第三方中介的参与。

2. 起源

区块链起源于比特币，2008年11月1日，一位自称中本聪的人发表了《比特币：一种点对点的电子现金系统》一文，阐述了基于 P2P（Peer to Peer，点对点）网络技术、加密技术、时间戳技术、区块链技术等的电子现金系统的构架理念，这标志着比特币的诞生。2009年1月3日第一个序号为0的创世区块诞生；几天后，即 2009年1月8日出现序号为1的区块，并与序号为0的创世区块相连接形成了链，标志着区块链的诞生。

3. 发展

2015年，"区块链 2.0"成为一个关于去中心化区块链数据库的术语。对这个第二代可编程区块链，经济学家们认为它是一种编程语言，可以允许用户写出更精密和智能的协议。因此，当利润达到一定程度的时候，就能够从完成的货运订单或者共享证书的分红中获得收益。区块链 2.0 技术跳过了交易和"价值交换中担任金钱和信息仲裁的中介机构"。它们被用来使人们远离全球化经济，使隐私得到保护，使人们"将掌握的信息兑换成货币"，并且有能力保证知识产权的所有者得到收益。第二代区块链技术使存储个人的"永久数字 ID 和形象"成为可能，并且对"潜在的社会财富分配"不平等提供解决方案。

物流行业前景广阔，从全球市场规模来看，2022年已达到12.256万亿美元。

4. 定义

狭义的区块链是指按照时间顺序，将数据区块以顺序相连的方式组合成链式数据结构，并以密码学方式保证的不可篡改和不可伪造的分布式账本。广义的区块链是指利用块链式数据结构验证与存储数据、利用分布式节点共识算法生成和更新数据、利用密码学的方式保证数据传输和访问的安全、利用由自动化脚本代码组成的智能合约，编程和操作数据的全新的分布式基础架构与计算范式。

5. 类型

（1）公有区块链。公有区块链的特点是世界上任何个体或者团体都可以发送交易，且交易能够获得该区块链的有效确认，任何人都可以参与其共识过程。公有区块链是最早的区块链，也是应用最广泛的区块链，各大比特币系列的虚拟数字货币均基于公有区块链，公有区块链是世界上有且仅有一条币种对应的区块链。

（2）联盟链。联盟链的特点是由某个群体内部指定多个预选的节点为记账人，每个区块的生成由所有的预选节点共同决定（预选节点参与共识过程），其他接入节点可以参与交易，但不过问记账过程（本质上还是托管记账，只是变成分布式记账，预选节点的多少、如何确定每个块的记账者成为该区块链的主要风险点），其他任何人可以通过该区块链开放的 API 进行限定查询。

（3）私有区块链。私有区块链的特点是仅仅使用区块链的总账技术进行记账，可以是一个公司，也可以是个人，独享该区块链的写入权限，本链与其他的分布式存储方案没有太大区别。传统金融都是想实验尝试私有区块链，而公有区块链的应用例如比特币已经工业化，私有区块链的应用产品还在摸索当中。

6. 特征

（1）去中心化。区块链技术不依赖额外的第三方管理机构或硬件设施，没有中心管制。自成一体的区块链本身，通过分布式核算和存储，各个节点实现了信息自我验证、传递和管理。去中心化是区块链最突出最本质的特征。

（2）开放性。区块链技术基础是开源的，除了交易各方的私有信息被加密外，区块链的数据对所有人开放，任何人都可以通过公开的接口查询区块链数据和开发相关应用，因此整个系统信息高度透明。

（3）独立性。整个区块链系统基于协商一致的规范和协议（类似比特币采用的哈希算法等各种数学算法），不依赖其他第三方，所有节点能够在系统内自动安全地验证、交换数据，不需要任何人为的干预。

（4）安全性。不掌控全部数据节点的 50% 以上，就无法操控、修改网络数据，这使区块链本身变得相对安全，避免了主观人为的数据变更。

（5）匿名性。除非有法律规范要求，单从技术上来讲，各区块节点的身份信息不需要公开或验证，信息传递可以匿名进行。

7. 架构模型

一般来说，区块链系统由数据层、网络层、共识层、激励层、合约层和应用层组成（见图 6.1）。其中，数据层封装了底层数据区块以及相关的数据加密和时间戳等基础数据和基本算法；网络层则包括分布式组网机制、数据传播机制和数据验证机制；共识层主要封装网络节点的各类共识算法；激励层将经济因素集成到区块链技术体系中来，主要包括经济激励的发行机制和分配机制；合约层主要封装各类脚本代码、算法机制和智能合约，是区块链可编程特性的基础；应用层则封装了区块链的各种应用场景和案例。该模型中，基于时间戳的链式区块结构、分布式节点的共识机制、基于共识算力的经济激励和灵活可编程的智能合约是区块链技术最具代表性的创新点。

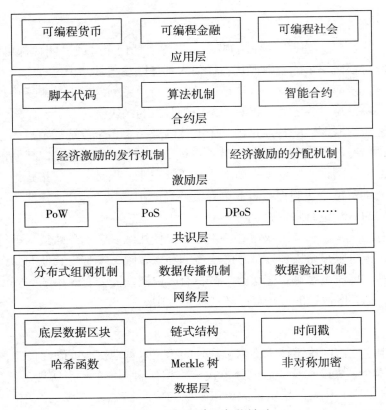

图 6.1　区块链基础架构模型

8. 核心技术

（1）分布式账本。

分布式账本技术本质上是一种可以在多个网络节点、多个物理地址或者多个组织构成的网络中进行数据分享、同步和复制的去中心化数据存储技术。相较于传统的分布式存储系统，分布式账本技术主要具备两种不同的特征。

① 传统分布式存储系统的执行是受某一中心节点或权威机构控制的数据管理机制，分布式账本往往基于一定的共识规则，采用多方决策、共同维护的方式进行数据的存储、复制等操作。分布式账本技术去中心化的数据维护策略可以有效减少系统臃肿的负担。在某些应用场景，甚至可以有效利用互联网中大量零散节点所沉淀的庞大资源池。

② 传统分布式存储系统将系统内的数据分解成若干片段，然后在分布式系统中进行存储，而分布式账本中任何一方的节点都各自拥有独立的、完整的一份数据存储，各节点之间彼此互不干涉、权限等同，通过相互之间的周期性或事件驱动的共识达成数据存储的最终一致性。传统业务体系中的高度中心化数据管理系统在数据可信、网络安全方面的短板已经日益受到人们的关注。普通用户无法确定自己的数据是否被服务商窃取或篡改，在受到黑客攻击或发生数据泄露时显得更加无能为力。为了应对这些问题，人们不断增加额外的管理机制或技术，这种情况进一步推高了传统业务系统的维护成本、降低了商业行为的运行效率。分布式账本技术可以在根本上改善这一现象，由于各个节

点均各自维护了一套完整的数据副本，任意单一节点或少数集群对数据的修改，均无法对全局大多数副本造成影响。

这两种特有的系统特征，使得分布式账本技术成为一种非常底层的、对现有业务系统具有强大颠覆性的革命性创新。

（2）共识算法。

区块链是一个历史可追溯、不可篡改，解决多方互信问题的分布式（去中心化）系统。分布式系统必然面临着一致性问题，而解决一致性问题的过程我们称之为共识。

各个节点对区块和状态达成一致需要由共识算法保证。共识算法的选择往往受制于具体的应用环境和应用目的。例如，当区块链系统用于公司内相对独立的业务部门之间的协作时，可以选择 CFT（Crash Fault Tolerance，故障容错）类共识算法，更利于业务效率提升，降低各业务部门达成互信和共识的成本；当区块链系统用于联盟成员之间的共识时，可以选择 PBFT（Practical Byzantine Fault Tolerance，实用拜占庭容错算法）、Tendermint 等防御一定的作恶节点，同时兼顾处理效率的共识算法；当区块链系统暴露于公网供所有人自由接入时，可能需要选择 PoW（Proof of Work，工作量证明）、PoS（Proof of Stake，权益证明）等能够容纳大量用户、容忍低于 50% 的作恶节点、能安全维护分布式账本的算法。这些算法各有利弊，互相难以替代，只有面向具体业务场景，才能设计出真正合适的算法。

（3）智能合约。

智能合约是一种旨在以信息化方式传播、验证或执行合同的计算机协议。智能合约允许在没有第三方的情况下进行可信交易，这些交易可追踪且不可逆转。其目的是提供优于传统合同方法的安全，并减少与合同相关的其他交易成本。基于区块链的智能合约包括事件处理和保存的机制，以及一个完备的状态机。该状态机用于接受和处理各种智能合约，数据的状态处理则将在智能合约内部完成。事件信息传入智能合约后，智能合约触发状态机进行判断。如果状态机中某个或某几个动作的触发条件满足，则由状态机根据预设信息选择合约动作的自动执行。

因此，智能合约作为一种计算机技术，不仅能够有效地对信息进行处理，而且能够保证合约双方在不必引入第三方权威机构的条件下，强制履行合约，避免了违约行为的出现。

（4）信息安全及密码学。

信息安全及密码学技术，是整个信息技术的基石。在区块链中，也大量使用了现代信息安全和密码学的技术成果，主要包括哈希算法、对称加密、非对称加密、数字签名、数字证书、同态加密、零知识证明等，其功能可总结为以下三方面。

① 防篡改。区块链采用密码学哈希算法技术，保证区块链账本的完整性不被破坏。哈希算法能将二进制数据映射为一串较短的字符串，并具有输入敏感特性，一旦输入的二进制数据，发生微小的篡改，经过哈希运算得到的字符串，便将发生非常大的变化。区块链利用哈希算法的输入敏感和冲突避免特性，在每个区块内，生成包含上一个区块的哈希值，并在区块内生成验证过的交易的 Merkle 树的根哈希值。

一旦整个区块链某些区块被篡改，都无法得到与篡改前相同的哈希值，从而保证区块链被篡改时，能够被迅速识别，最终保证区块链的完整性（防篡改）。

② 机密性。加解密技术从技术构成上，分为两大类：一类是对称加密，一类是非对称加密。对称加密的加解密密钥相同；而非对称加密的加解密密钥不同，一个被称为公钥，一个被称为私钥。公钥加密的数据，只有对应的私钥可以解开，反之亦然。

区块链尤其是联盟链，在全网传输过程中，都需要 TLS（Transport Layer Security，安全传输层）加密通信技术，来保证传输数据的安全性。而 TLS 加密通信，正是非对称加密技术和对称加密技术的完美组合：通信双方利用非对称加密技术，协商生成对称密钥，再由生成的对称密钥作为工作密钥，完成数据的加解密，从而同时利用了非对称加密不需要双方共享密钥、对称加密运算速度快的优点。

③ 身份认证。单纯的 TLS 加密通信，仅能保证数据传输过程的机密性和完整性，但无法保障通信对端可信（可能会有中间人攻击）。因此，需要引入数字证书机制，验证通信对端身份，进而保证对端公钥的正确性。数字证书一般由权威机构进行签发。通信的一侧持有权威机构根 CA（Certification Authority，证书授权）的公钥，用来验证通信对端证书是否被自己信任（即证书是否由自己颁发），并根据证书内容确认对端身份。在确认对端身份的情况下，取出对端证书中的公钥，完成非对称加密过程。

区块链安全是一个系统工程，系统配置及用户权限、组件安全性、用户界面、网络入侵检测和防攻击能力等，都会影响最终区块链系统的安全性和可靠性。区块链系统在实际构建过程中，应当在满足用户要求的前提下，在安全性、系统构建成本以及易用性等维度，取得一个合理的平衡。

9. 应用范围

区块链最主要的应用领域是在金融行业中的应用，如区块链物流金融、区块链供应链金融等，区块链在金融系统中的应用我们将在本章 6.1.3 中详细阐述。

区块链可应用到众多的行业中，应用范围十分广泛，这里仅列举部分应用领域。

（1）物联网和物流领域。区块链在物联网和物流领域也可以天然结合。通过区块链可以降低物流成本，追溯物品的生产和运送过程，并且提高供应链管理的效率。该领域被认为是区块链一个很有前景的应用方向。

区块链通过节点连接的散状网络分层结构，能够在整个网络中实现信息的全面传递，并能够检验信息的准确程度。这种特性在一定程度上提高了物联网交易的便利性和智能化。"区块链+大数据"的解决方案就利用了大数据的自动筛选过滤模式，在区块链中建立信用资源，可双重提高交易的安全性，并提高物联网交易便利程度，为智能物流模式应用节约时间成本。另外，它还利用了大数据的整合能力，促使物联网基础用户的拓展更具有方向性，便于在智能物流的分散用户之间实现用户拓展。区块链节点具有十分自由的进出能力，可独立地参与或离开区块链体系，而不对整个区块链体系有任何干扰。

（2）公共服务领域。区块链在公共管理、能源、交通等领域都与民众的生产生活息息相关，但是这些领域的中心化特质也带来了一些问题，这可以用区块链来解决。区块链提供的去中心化的完全分布式 DNS（Domain Name System，域名系统）服务通过网络中各个节点之间的点对点数据传输服务就能实现域名的查询和解析，可用于确保某个重要的基础设施的操作系统和固件没有被篡改；可以监控软件的状态和完整性，发现不良的篡改；并确保使用了物联网技术的系统所传输的数据没有经过篡改。

（3）数字版权领域。通过区块链技术，可以对作品进行鉴权，证明文字、视频、音频等作品的权属，保证权属的真实性和唯一性。作品在区块链上被确权后，后续交易都会进行实时记录，实现数字版权全生命周期管理，因此区块链也可作为司法取证中的技术性保障。系统利用 IPFS（InterPlanetary File System，星际文件系统），可实现数字作品版权保护（主要是数字图片的版权保护）。

（4）公益领域。区块链上存储的数据，可靠性强且不可篡改，天然适合用在社会公益场景。公益流程中的相关信息，如捐赠项目、募集明细、资金流向、受助人反馈等，均可以存放于区块链上，并且有条件地进行透明公开公示，方便社会监督。

（5）司法领域。区块链在促进司法公信、服务社会治理、防范化解风险、推动高质量发展等方面能发挥重要的作用。

10. 实际应用

区块链技术，作为一种新型的分布式数据库技术，逐渐成为了数字时代的焦点之一。在全球经济和科技的飞速发展下，区块链技术的普及和应用已成为数字经济发展的重要环节之一，也是未来经济增长的新动力。

随着技术的不断发展，区块链技术正逐步走进我们的生活中。目前，全球范围内已经有不少的企业和政府部门开始使用区块链技术来解决他们所面临的问题，区块链技术的主要应用如下。

（1）数字货币。区块链技术在数字货币方面的应用是最为人熟知的。区块链技术可以实现去中心化和安全共享，使得数字货币交易更加透明、安全和便捷。目前，全球各国都在积极推进数字货币的研发和应用。

（2）物联网。物联网是指通过无线网络连接和传感器技术，实现万物互联的一种技术模式。而区块链技术可以为物联网提供去中心化的数据管理，以及确保数据的安全和可信度。在未来，区块链技术和物联网将会更加深入地结合，创造出更多的新应用场景。

（3）供应链管理。区块链技术可以提供真实、不可篡改的供应链信息，使得供应链更加透明和高效。利用区块链技术，企业可以更好地跟踪物流、存储、生产等环节，有效防止假冒伪劣产品的流通。同时，由于区块链技术的去中心化特点，企业之间的合作也将更加高效和安全。

（4）数字身份认证。区块链技术可以实现去中心化的身份认证，使得个人数据更加安全和隐私。利用区块链技术，可以将个人数据安全存储，防止个人信息泄露和滥用，同时也能够防止虚假身份的冒充。数字身份认证将会成为未来数字经济中非常重要的领域之一。

（5）智能合约。智能合约是一种基于区块链技术的可编程合约，它可以自动执行预设的规则。智能合约可以被用来进行各种金融交易，包括交易结算、保险理赔等。智能合约的优点是高效、透明、自动化和安全。

（6）跨境支付。区块链技术可以极大地降低跨境支付的成本和时间，同时还可以保障交易的安全和可信度。利用区块链技术，可以直接实现国际汇款，无须经过中间银行进行转账，大大降低了交易费用和时间。

（7）投票和治理。区块链技术可以被用来进行投票和治理。区块链投票可以提高投票的安全性和公正性，防止选举舞弊。区块链治理可以帮助管理者更加透明和公开地管理组织，避免权力滥用和不公平。

（8）资产管理。区块链技术可以被用来进行资产管理。通过将资产信息存储在区块链上，可以实现资产的数字化和可追溯性，从而提高资产管理的透明度和效率。资产管理可以包括股票、债券、房地产等各种类型的资产。区块链技术可以帮助实现资产的安全性、流动性和分散化，从而降低风险并增加投资收益。

（9）数字时代的新经济机遇。随着区块链技术的不断发展和普及，未来数字经济中的新机遇也将不断涌现。区块链技术可以实现去中心化、安全共享和可追溯等特点，为数字经济提供了更多的创新和发展机遇。

（10）去中心化的新商业模式。区块链技术可以使得去中心化的商业模式成为可能，以及实现去中心化的金融和支付等服务。未来的数字经济将会更加注重个人的隐私和数据安全，以及去中心化的服务模式。

区块链技术在金融领域的应用有很多，它可以为金融行业带来更加安全、透明和高效的解决方案，随着区块链技术的不断发展和完善，它将在金融领域扮演越来越重要的角色。

【6-1拓展知识】

11. 重要性

从区块链被提出至今，区块链也从几个圈子中的小众话题，迅速扩散成为学界和社会大众广泛关注的创新科技。而区块链技术之所以会在短时间内受到如此大的重视，主要是因为它被很多人看作可以改变现有交易模式、从底层基础设施重构社会的突破性变革技术。

尤其是对于金融业来说，区块链有潜力为金融行业的经济和交易制度创造新的技术基础。区块链在金融业的应用不仅是对传统业务模式的挑战，更是创建新业务和简化内部流程的重要机会。毕竟以更低成本、更便捷的方式为更广泛的人群提供平等有效的金融服务，是发展普惠金融的根本目的，也是如今区块链席卷金融业的意义所在。

6.1.2 虚拟电子货币——比特币

比特币是一种P2P形式的加密数字货币。比特币不依靠特定货币机构发行，它依据特定算法，通过大量的计算产生，比特币由整个P2P网络中众多节点构成的分布式数据库来确认并记录所有的交易行为。P2P的去中心化特性与算法本身可以确保无法通过大量制造比特币来人为操控币值。基于密码学的设计可以使比特币只能被真实的拥有者转移或支付。这同样确保了货币所有权与流通交易的匿名性。

1. 比特币概述

加密虚拟电子货币比特币是由一名刻意隐藏自己真实身份化名为中本聪的神秘人士

于2009年1月启用的一种数字货币。中本聪鼓吹比特币能够让用户在一个去中心化的、点对点的网络中完成支付，不需要一个中央的清算中心或者金融机构对交易进行清算。用户只需要互联网连接以及比特币软件就可以向另外一个公开的账户或地址进行支付操作。

但也正由于中本聪在比特币发布之初便自己一个人持续"挖矿"从而囤积了大量比特币在自己手上，反而破坏了比特币去中心化的本意，最终比特币的未来可能是中本聪一个人的独裁。

聪是比特币最小的单位。1比特币包含1亿个聪。从设计上看，比特币的总供给无法超过2100万比特币（也就是2100万亿个聪）。流通中的比特币总量将按可预测的节奏增加，基于所设计好的代码机制，直到在2049年达到总供给量（见图6.2）。

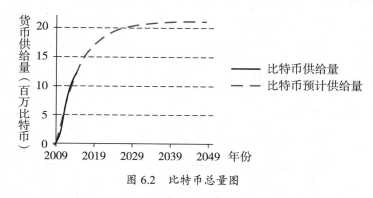

图6.2 比特币总量图

比特币网络通过"挖矿"来生成新的比特币。所谓"挖矿"实质上是用计算机解决一项复杂的数学问题，来保证比特币网络分布式记账系统的一致性。比特币网络会自动调整数学问题的难度，让整个网络约每10分钟得到一个合格答案。随后比特币网络会新生成一定量的比特币作为赏金，奖励获得答案的人。

2. 比特币的应用

（1）支付方面。在支付方面，比特币可以起到支付债务、地租、利息、税款和工资等作用。而这一个方面对于比特币而言，是非常简便的，而且操作迅速，可以节省大量的时间和精力。

（2）流通方面。比特币在国外非常火，有数百个电子商务网站都接受比特币，可以用比特币进行付款购物、兑换实物及各类服务，例如，在Bitmit等全球性的交易平台上可以实现比特币交易。此外，比特币建立了一套与主权货币兑换的机制——目前全球的比特币交易所大约有十几家，任何人都可以把比特币兑现成各个国家的货币。

（3）价值尺度方面。从Mt.Gox上曾经的交易火热程度来看，比特币的价值已经不言而喻了。一个比特币可以按照不同的比率来兑换成相应数量的美元、欧元、人民币等货币，也可以用来衡量购物网站上的商品价格。如果说传统货币的价值来自无差别的人类劳动，引申一下就可以得到，比特币的价值来源于计算机的无差别劳动。

（4）世界货币方面。比特币可以称得上是一种十足的世界货币。比特币，它不以任何国家或政府作为发行中心，也不依赖于权力的大小。凡是计算机网络能够到达之处，便可以进行关于比特币的交易，同时比特币的来源也不是随意由任何机构发行的，而是在无中心的 P2P 网络上的任何一个网络节点上被制造出来的，用分布式数据库来记录货币的交易，并使用密码学的设计来确保货币流通各个环节的安全性。

（5）贮藏方面。比特币也拥有贮藏手段这一职能，而且比特币这种职能在应对通货膨胀危机的时候效果尤为显著。比特币的价值来源于计算机的计算，而其货币本身，则可以以计算机文件的形式保存在硬盘等存储媒介中，只要文件不被破坏，没有黑客盗窃，这些货币就不会丢失。

3. 比特币的交易兑换

比特币刚刚出现的时候一文不值，1 美元平均能够买到 1309.03 个比特币，但如今比特币的价格已经多次地打破了纪录，2013 年年初，1 比特币的价格只有 13 美元，后来一度涨到 1000 美元。截至 2024 年，比特币的总市值已经超过 1 万亿美元。这对投机者来说十分有利，但大幅波动不利于比特币在交易中的普及。

比特币的知名交易平台有 Binance、火币、Coinbase 等。

4. 比特币的交易流程

比特币交易流程如图 6.3 所示。

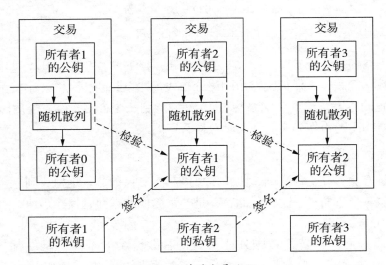

图 6.3 比特币交易流程

如果 A 要转一笔钱，A 就把签到数量加上 B 的公钥，即收款地址，用自己的私钥签名。而 B 看到这个签名，就可以了解的确是 A 转给了他一定的比特币。

A 在发起这笔交易的时候，必须把签过名的交易单广播到比特币的网络上，最终会让每个节点都知道这件事。B 从网络上不断收到别人的确认信息，当他收到足够多的确认信息后，就能确认 A 的确发出来这条交易单。这以后，B 就可以自由使用这笔比特币了。

当 B 将 A 转给他的比特币再转给 C 时，也会广播给足够多的人，让他们进行担保。

每个担保人只有确信 B 有足够多的比特币可以支付的时候才做确认。本质上,比特币网络并没有记录每一个比特币属于谁,它记录的是一个列表,包含这个比特币从诞生到当前的每一步交易。任何人试图确认一个交易单时,比特币网络都会通过检查这个列表来确认转出账号上有没有那么多比特币。

6.1.3 区块链金融

1. 背景及意义

法定货币通过中央银行控制货币的供给,并且在实体货币上面加上了防伪标识,这些安全措施能在一定程度上确保货币的安全。同理,加密的数字货币也需要采取一系列的保护措施,确保系统不被破坏,数据不会丢失。同时,还要防止交易的混淆。保证每笔交易只能被使用一次。所以,必须要有一个第三方数据中心来保存所有的交易总账,确保每一笔的现金只能被使用一次。比特币的出现解决了数字货币中长期存在的一个问题——双花问题。双花问题是指电子货币具有无限可复制性。比特币使用的区块链技术确保了每笔货币被支付后,不能用于其他支付,并且不再需要一个中心化的信息系统保存所有的交易数据,确保了数据的安全性和真实性。随着比特币的快速发展,区块链技术也逐渐被社会大众关注。

2. 概念

区块链金融其实是区块链技术在金融领域的应用。区块链本质就是一个去中心化的信任机制,通过在分布式节点共享来集体维护一个可持续生长的数据库,实现信息的安全性和准确性。区块链金融就是指在区块链技术的基础上,开发出一系列金融产品和服务,如数字货币、智能合约、去中心化交易所等。区块链技术的去中心化、不可篡改、安全可靠等特点,使得区块链金融在金融行业中具有广泛的应用前景。

3. 区块链金融技术

应用区块链金融技术可以解决交易中的信任和安全问题,因此其成为了金融业未来升级的一个可选的方向,通过区块链,交易双方可在无须借助第三方信用中介的条件下开展经济活动,从而降低资产在全球范围内转移的成本。区块链技术的应用和创新为供应链金融领域带来了前所未有的机遇和挑战。未来,随着区块链技术的不断发展和完善,供应链金融领域也将会迎来更加广阔的发展前景和更加丰富的创新应用。

4. 区块链在金融行业的应用

区块链金融主要应用方向:数字货币、数字票据、证券交易和权益证明、支付清算、保险管理。2016 年起,各大金融组织闻风而动,纷纷开展区块链创新项目,探讨在各种金融场景中应用区块链技术的可能性。

【6-2 拓展知识】

5. 互联网金融中的区块链金融

随着互联网金融的迅速发展,区块链技术逐渐成为了一种颠覆性的力量。

(1) 互联网金融与区块链的结合。

互联网金融最初旨在通过互联网技术的应用,打破传统金融业务中的地域和时间限制,实现移动支付、平台媒介等创新手段,拓展金融业务的多元化发展。而区块链技术更是从根本上摆脱了传统金融业务中的中央化、耗时和费用问题,它可以通过智能合约完成交易,保证交易的公开透明和安全可靠。

由此可见,互联网金融与区块链的结合,可以发挥出更大的作用。在这个背景下,国内互联网巨头们不断向区块链技术领域发力,纷纷投入资金、技术与人力资源,争夺区块链领域的"制高点"。

(2) 互联网金融各领域中的区块链技术。

① 数字货币。区块链技术为数字货币的发展提供了先决条件,比特币区块链技术为数字货币交易提供了技术保障,也使得数字货币交易逐渐成为了可能。目前,不少互联网金融公司都开始关注数字货币领域,尝试应用区块链技术。

② 支付清算。区块链技术无须第三方信任机构的背书,可以实现快速清算和结算,大大提高了支付清算效率,极大降低了成本。

③ 供应链金融。供应链金融是金融领域的一个重要分支,区块链技术给供应链金融带来了创新。通过区块链技术,可以打破供应链中信息交换的壁垒,提高资金流通性,大大降低供应链金融的成本。

6. 金融的区块链时代

区块链技术正处在加速演进成熟过程中,在全球金融领域的应用探索日益增多,主要国家和地区的金融管理部门对其应用态度是积极而理性的。中国在区块链领域拥有良好基础,技术研发、标准研制、生态培育、行业管理等工作有序推进,区块链技术在金融领域的适用场景和应用逻辑已较为清晰,相关应用探索逐步深入,落地场景和实践案例不断丰富,主要呈现出三大特点:一是应用探索较多,与业务需求结合紧密,调研机构区块链应用场景主要涉及供应链金融、贸易金融、保险科技、跨境支付、资产证券化等,分别占比 32.6%、11.2%、11.2%、7.9% 和 6.7%;二是参与主体多元,探索路径有所差异,国家互联网信息办公室区块链信息服务备案情况显示,涉及金融领域的区块链备案主体数量占比超 40%,类型涉及金融科技服务商、银行、基金公司、保险公司、小额贷款公司、商业保理公司等,呈现较为明显的多元化特征;三是底层技术研发力度有所加大,普遍关注信息安全和性能突破创新。约 40% 调研机构表示采用了自主研发的底层平台。在重点调研分析的 11 家已采用自主研发底层平台的机构中,近半数平台已开源或计划部分开源,多数平台已支持每秒千级的交易处理速度,半数以上平台在特定实验环境下可实现每秒万级的交易处理速度,性能对部分金融场景的应用约束有所减弱。

在金融这个已经发展了上百年的行业来看,加密资产的加入只不过是一种新的"衍生品"的诞生和一些"新钱"的崛起。

7. 区块链金融的未来发展

未来,区块链技术将有望在保险、国际贸易、借贷、投资与理财等领域得到广泛应用，与互联网得到更加完美的融合。随着区块链技术不断发展，区块链金融势必会成为金融行业的重要组成部分，给互联网金融注入新的动力。

总之，互联网金融中的区块链金融仍然处于发展中的阶段，但是，无论是互联网领域的一些巨头，还是初创公司，它们都确信未来的金融世界离不开区块链的贡献和帮助。目前，世界各大金融组织都在积极参与跨境数据流动国际规则制定，建立数据确权、数据交易、数据安全和区块链金融的标准和规则。

区块链技术作为一项新兴技术，虽然在金融领域还存在一系列难题，但其应用前景巨大。未来，随着技术的不断发展和监管的加强，区块链技术将会在金融领域得到更广泛的应用，为行业的数字化转型和智能化发展提供强劲支撑。

6.2 区块链背景下的物流金融

物流金融是指在物流行业的日常运营过程中，为了保证供应链条上相关企业日常运作中相关资金流的高效流动，所应用和开发的各种金融产品。随着金融机构创新意识不断增强，为了实现供应链"共赢"的目标，物流金融系统逐渐成形并迅速发展。区块链技术为各参与方提供了一个透明可靠的统一信息平台，提高了物流与供应链管理的效率，物流金融领域被认为是区块链一个很有前景的应用方向。

6.2.1 区块链物流金融概述

物流金融是运用供应链管理理念和方法，为供应链链条上的企业提供的金融服务，其模式是以核心企业的上下游为服务对象，以真实的交易为前提，在采购、生产、销售的各个环节提供金融服务。

1. 概况

物流金融服务是伴随着现代第三方物流服务的革命而生，在现代金融物流服务中，现代第三方物流企业业务更加复杂，除了要提供现代物流服务外，还要与金融机构合作，共同提供部分金融服务。

区块链技术诞生后，为物流金融行业引爆了一场翻天覆地的技术及产业革命。区块链平台具有高度包容性、高度安全性和极低成本的特征，这些都是传统物流金融公司难以赶超的核心优势。因此谁能在物流行业中率先使用区块链技术，谁就能在快速发展的行业中占领先机，成为引领物流金融行业未来方向的领军者。

在区块链金融创新中，物流金融技术创新是率先利用区块链技术的物流金融（合同物流）服务平台。物流金融行业打造了基于区块链的应收账款平台，实现了物流企业、平台方、核心企业、银行之间信用的高效传递，有效解决了中小物流企业应收账款的确权难、转让难、融资难的问题。

物流金融和供应链金融可复用区块链技术解决方案，因此在物流金融领域的区块链技术探索具有极大的产业拓展能力。一旦物流金融领域的区块链解决方案稳固成立，自然可以扩展到供应链金融领域，相应的市场业务布局将获得更大的增长空间。

在信息技术遍地开花的今天，区块链技术的信息共享、安全稳定、透明可靠、自动执行的特性能够切实解决物流金融业务发展过程的诸多问题。利用区块链技术，可以搭建一个安全、高效的物流金融服务共享平台，业务各主体能够通过金融服务平台共享供应链上的资源，保证"四流"（商品流、信息流、物质流、资金流）融合，实现业务主体之间信息共享、资源共享、业务流程透明，业务主体安全可靠，从而降低物流金融的风险，提高运营效率，降低运营成本。

2. 区块链物流金融服务系统的架构

基于区块链技术与物流金融两个角度的融合创新，以解决物流金融业务的现有问题为出发点，以满足各业务主体的需求为着眼点，可以设计如图6.4所示的基于区块链技术的物流金融业务的创新模式，其融合了国家现行法律法规、行业标准、技术标准，包括技术支撑与服务业务两个模块。

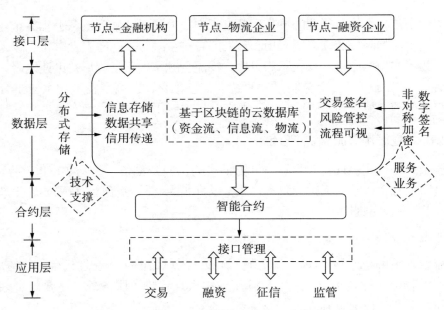

图 6.4 基于区块链技术的物流金融业务的创新模式

融合区块链技术与物流金融的创新模式有接口层、数据层、合约层与应用层。数据层主要是基于区块链技术构建"三流"（资金流、信息流、物流）融合的数据库，对各业务主体的物流、信息流与资金流实施透明管理，共享信息、资源，采用授信分割、信用担保、非对称加密技术降低风险，保证安全。接口层、合约层与应用层都属于业务服务模块。接口层主要是搜集与处理金融机构、物流企业与融资企业各节点企业的相关信息，处理信息；合约层主要是利用技术进行智能管理交易契约的签订、执行等；应用层主要是对接各金融服务业务，根据需求不同，进行交易、融资、征信与监管等服务。

3. 区块链物流金融服务系统的创新

基于区块链技术构建的物流金融服务的创新模式具有区块链技术的特征，同时创新了几项物流金融新功能：一是各业务主体之间信息共享；二是企业资质信用的全链透明；三是业务流程透明，全链参与。这些新功能有效解决了我国目前物流金融服务中的诸如风险监控不足、缺乏复合型人才等问题，最终形成供应链各主体的多赢局面。

4. 区块链物流金融服务系统的功能

区块链能实现信息的有效传递和存储，保证信息的安全真实、不可篡改和可追溯，因此，区块链赋予物流金融以新的功能，可以有效推动物流金融业务的创新发展。

（1）实现各参与主体信息对称。在传统物流金融业务模式下，交易、运输和融资相互独立，融资企业与销售商签订购买合同后向金融机构提出融资请求，但金融机构不了解各交易主体的信用状况和订单合同的真实性，因此需要投入大量人力、物力成本来掌握业务运作情况，以规避债务风险。引入区块链后，融资企业和销售商签订合同时就会被记入金融机构、物流企业、融资企业公认的区块中，区块中有严密准确的交易记录，金融机构可随时审查、校验和追溯交易信息。这种透明的公开记账使不同参与者可共用一致的数据信息，大大降低了成本，提高了效率。

（2）实现企业信用全链传递。由于信息不对称，各企业的信用状况只能在与交易直接相关的主体间传递，而在真实交易中，新的交易主体随时会加入进来，这时便无法共享信用信息。在区块链的支持下，每一笔交易就是一条链，交易记录、信用状况都会被各参与主体作为节点实时记录到区块链上，保证了企业信用全链渗透，即便新的主体参与进来也可完整查看链上信息，真正实现去中心化的信任机制。

（3）实现业务流程可视、全覆盖。物流金融业务利用区块链实现了点到点的强信任关系，以节点共同参与的分布式账本无须中心化机构维护，免受人为损害，保证了数据的安全性。在区块链内，每一笔交易都有共同认可背书，且各参与主体可随时查看物流金融业务的操作进度，实时规范业务流程。区块链将票据、订单合同等纸质凭证转化为数字资产，不同数据共用相同区块链数据，改善了物流金融仓单或质押物的流动性，释放了企业信用能力，缓解了业务融资难的问题，构建了良好的交易秩序和商业生态。

6.2.2 区块链物流金融服务系统业务模式

区块链与传统物流的结合，势必会让物流业焕然一新。而随着区块链技术的深入发展，区块链技术在成本、效率、价值创造等方面的优势，让其突破了数字货币的狭隘局面，也将显现出更加广泛的应用价值。

1. 区块链物流金融服务系统主要业务模式

区块链供应链金融模式是将物流企业的订单、发票、合同等信息录入到区块链中，并通过智能合约的形式锁定。当资金方看到企业的资信良好时，便可以将资金注入到智能合约中，企业也能够通过智能合约快速获取资金，实现资金的快速周转。

（1）技术支撑部分主要是利用区块链的可追溯性、分布式存储、数字签证、非对称加密算法等技术，将其作为发展区块链物流金融的基石。在区块链安全数据信息库中实现"三流合一"，利用区块链的可追溯技术对业务中的物流、资金流、信息流进行可视化管理；利用区块链技术对融资企业授信分割，改善信用担保机制；运用分布式存储保证数据的安全性，同时使用交叉验证保证业务真实性；运用非对称加密技术实现业务交易资金数字化，保障资金安全。

（2）应用服务部分包括接口层、数据层、合约层、应用层四个层级。其中，接口层主要用来采集信息和交换信息，采集信息主要是指采集金融机构、物流企业和融资企业相关信息，如：金融机构的社会地位、行业地位、发展战略等，物流企业的社会评价、企业规模、服务反馈、规范程度等，融资企业的资产负债状况、信用评级、社会评价、企业规模等。信息采集后，将相关数据信息分散于数据出入口来交换信息，以便于参与主体充分了解彼此企业状况。

数据层是整个业务处理系统中最重要、最核心的部分，主要是对数据进行数据处理和信息存储。交易数据经数据层时，利用分类、可视化等数据分析方法对数据信息进行集中处理和分析。然后，区块链利用 Fabric 存储机制将处理后的数据打包为区块进行信息存储，保证数据的安全性、准确性，同时提供数据检索接口供用户查询。

合约层主要通过编程技术构建智能合约来管理交易合同，智能合约以节点录入的信息为基础，交易完成时各节点自动执行合约并履行相应的义务，有效解决合约执行难、执行慢的问题。

应用层依托区块链的底层数据以及合约层的智能合约，按照使用对象功能的不同分为交易系统、监管系统、融资系统、征信系统等，根据不同的应用系统，利用编程系统来有条理地提供统计分析、监控、决策制定、查询、趋势预测等服务。

2. 区块链物流金融服务系统业务模式的应用

区块链给物流金融带来颠覆性创新，下面将以物流仓单金融为例，从仓单质押和保兑仓两个角度分析区块链在具体业务模式中的应用。

（1）区块链架构下的仓单质押业务。

仓单是支持现货交易的基础工具，是普惠实体经济的一种服务产品，但同时它也是一种无因票据，持票人不必证明持票原因，导致在传统的仓单质押业务操作中，常面临诸多问题，如：

① 目前，我国仓单的应用处于初级阶段，仓单乱用、套用、不会用时有发生，无法维持与改善交易环境，导致无法保证单据的有效性和交易的真实性。

② 仓单注册流程复杂，且货物入库、质检和仓储费用高，为降低人工成本，就无法避免道德风险和权力寻租的发生。

③ 除期货市场外，仓单流通管理机制还未建立，完全意义上的仓单质押融资的物流金融业务更是寥寥无几，体制不健全就造成参与主体间信息不畅通，业务完成时合约执行不及时等问题。

基于以上问题，为完全释放仓单质押的应用效力，搭建了"区块链+仓单质押"

的应用框架，使其在遵守法律规范和操作规程的前提下实现真实交易基础上的信息公开、多方协作信息的不可篡改、智能合约缩短履约时间。"区块链+仓单质押"业务流程如图 6.5 所示。

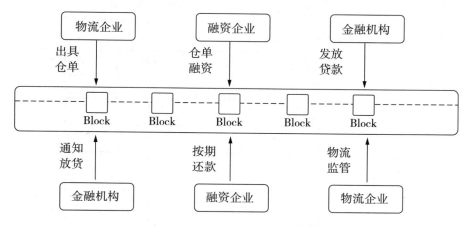

图 6.5 "区块链+仓单质押"业务流程

在区块链架构下的仓单质押业务，与传统的质押业务存在相似之处，仍按照"物流企业出具仓单—融资企业仓单融资—金融机构发放贷款—融资企业按期还款—物流企业监管—金融机构通知放贷"的基本流程，但交易模式有所改变。区块链架构下的仓单质押无须签订合作协议，各参与方根据流程将各自的操作信息记录到公认的区块链中，形成区块链仓单交易平台，通过平台参与方可实时关注交易进展，实现信息互通。

基于区块链的仓单质押业务具有以下优点。

① 利用数字签名进行身份认证，可以保证参与主体身份的真实性，有效避免了同一身份进行多次登录的现象，满足了参与主体保密性的要求。

② 在同一个商业模式下，业务系统覆盖不同的参与者，跨机构协作、点对点的交易确保成员区域和公共区域信息的一致性，保证了参与方互相监督和权利的互相制衡，实现完全的弱中心化、分布式的应用模式。

③ 智能合约通过对交易指令的过滤和判断，自动识别交易的真实性和合理性，交易完成时根据交易规则履行合约，避免了延时履约、不履约等行为的出现，保证了交易公平。

④ 线上交易直接生成的密钥文件具备完全的法律效力，无须二次确认，优化了流程，提高了效率。

⑤ 各区块间互相印证的机制，使得交易无须重复查验仓单的真实性，这种"信用增级"现象不仅能实现仓单流转的安全、高效，而且能确保仓单交易信息的可追溯和不可篡改。

（2）区块链架构下的保兑仓业务。

在保兑仓业务实际处理中，交易的合法性和交易中的风险管控除人工对业务的审查外，主要依靠供应链业务系统进行数据交换与对账。伴随着供应链业务的多样化、操作的复杂化，物流企业、金融机构、供应商、经销商、供应链管理方、电子商务商等多方参与，使得供应链业务由简单的"供给与需求"的关系向"多方协同管理"的关系转化。而区块链点对点交易的特性在处理各方业务协作方面可以产生良好的应用效果，因此，可将传统的保兑仓模式改造为去中心化的"区块链+保兑仓"。"区块链+保兑仓"业务流程如图6.6所示。

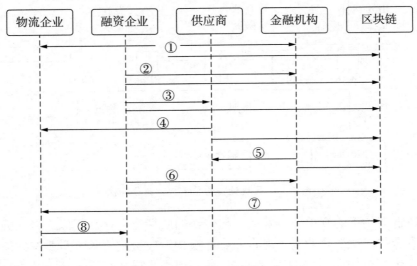

图6.6 "区块链+保兑仓"业务流程

①签订合作业务书；②申请开具银行承兑汇票；③向供应商采购货物；④质押物评估入库并进行监管；⑤银票到期时，向供应商付款；⑥履行还款义务；⑦放货通知；⑧归还质押物

在图6.6所示的业务流程中，任意两参与节点可分开布置业务操作，实现直接交互和在线签约，简化了业务流程，避免了中心化系统的弊端，所有的节点都具有完整的区块链台账，有效保证了保兑信息的真实性。

共识机制使信用成本大大降低。已经确认的交易记录，再次使用时无须确认，共同监督证明了交易的真实性、合理性。

以区块链作为保兑仓业务的技术支持，采用非对称加密算法保证库存对账、交单过程中的数据安全。数据以完整的区块保存，数据使用需要签名授权，保证了交易记录的可追溯性，使交易链条透明化。

6.2.3 区块链物流金融运作模型

物流金融的本质是以物流企业为核心的动产质押融资，决定融资成功与否的一个重要因素就是各参与主体能否如实履约。因此，通过区块链构建一个基于信用体系的、涵盖各参与方的运作模型，有利于开展物流金融业务，降低动产质押融资风险。

基于信用体系重构物流金融业务运作模型如下所述。

1. 设计原则

基于信用体系的物流金融业务运作模型的设计原则包括：①由物流企业主导；②各

参与主体的信息形成闭环;③在公共平台上,基于各参与主体申报的数据及评价能够构成信用评价体系的基本要素;④各参与主体只从事自己专业的环节,即专业的事情由专业的机构负责;⑤基于信用体系选择各参与主体的目标企业。

2. 物流金融业务运作模型的构建

根据以上原则,构建基于信用体系的物流金融业务运作模型,如图6.7所示。

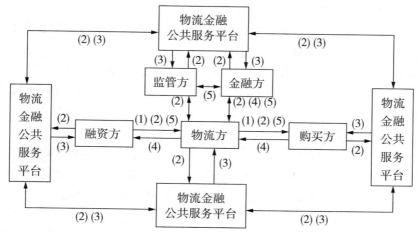

注:(1)表示物流;(2)表示信息流;(3)表示信用流;(4)表示资金流;(5)表示商品流。

图6.7 基于信用体系的物流金融业务运作模型

该运作模型的构成要素包括"五方""五流""一平台"。其中:"五方"是物流金融业务中的五个参与主体,即融资方、物流方、金融方、购买方、监管方;"五流"是完成物流金融业务所需要的五种数据流,即商品流、物流、资金流、信息流、信用流;"一平台"是指在物流金融业务中,用于登记信息及查询信用的公共服务平台。模型要素角色定位如下所述。

(1)"五方"角色定位。

① 融资方。基于动产进行融资的企业,即资金需求方。

② 物流方。独立的第三方,提供动产运输服务的企业,同时基于动产评估报告为融资方提供担保,是融资资金的实际管理者,也是物流金融业务的核心。

③ 金融方。融资资金的实际提供方。

④ 购买方。即动产的需求方。购买方对产品质量、物流运输及售后服务的评价构成了参与方信用数据中的一个要素。

⑤ 监管方。其为提供动产评估及监管的独立第三方专业机构。监管方应与其他各参与方没有利益关联,其客观性、独立性及专业性尤为重要。监管方可以由物流方委托,也可以由金融方委托,在信用体系健全的情况下,二者的委托结果可能高度契合,达到评估一致,双方认可的效果;如果委托方产生异议,监管方的最终委托结果应以金融方为准。

(2)"五流"角色定位。

① 商品流。伴随融资方、金融方及购买方之间进行动产融资、买卖交易等商业活动而产生的动产所有权转移的过程,包括动产的生产、销售、订购、质押、交易等信息。

② 物流。动产从融资方到购买方进行的空间和时间上的移动,包括动产移动过程中产生的包装、运输、配送等信息。

③ 资金流。伴随融资和交易过程产生的资金信息及使用流向。追踪资金流可以保证专款专用,有利于资金安全。

④ 信用流。各参与方的信用数据,由物流金融公共服务平台根据获取的信息流形成,是衡量各方能否如实履约的重要依据。

⑤ 信息流。各参与方为顺利完成合约而进行的信息获取、加工、辨别、储存、应用与传递活动。信息流将商品流、物流、资金流、信用流连接起来,作为媒介完成物流金融业务全过程。

(3)"一平台"角色定位。

物流金融公共服务平台是提供各参与方信息的登记、公示、查询、征信报告等功能的第三方独立公共服务平台,是物流金融业务顺利开展的基础。平台采用区块链技术搭建,具有独立运营、去中心化、可信任、多方共同维护、数据一致、不可篡改、时序性等特点。

3. 物流金融业务运作流程

基于信用体系的物流金融业务运作流程如图6.8所示。

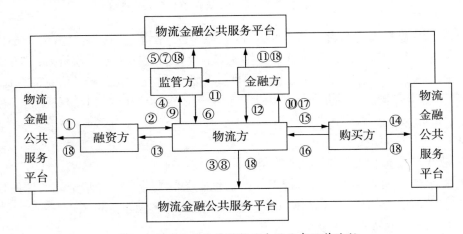

图 6.8 基于信用体系的物流金融业务运作流程

图6.8中的序号对应的具体流程为:①融资方基于动产进行融资,在公共服务平台上登记用以融资的动产信息;②融资方选择信用优良的物流企业发出融资请求;③物流方在平台上查询融资方的信用信息及动产信息,基于信用情况确定是否接受融资请求;④物流方依据征信情况选择并委托监管方进行动产评估;⑤监管方在平台上查询物流方、融资方的信用信息及动产信息,确定是否接受评估;⑥监管方临时监管动产并评估,此过程可选择以自有仓监管或租用公共仓存储监管(此过程包括确权);⑦监管方

在平台上提交评估报告并通知物流方（此过程动产所有权临时冻结）；⑧物流方审阅评估报告，依据评估结果决定是否接受融资方的融资请求，如不接受，通知监管方解除临时监管；⑨物流方提出动产监管需求，动产的存储可以依据仓储条件选择融资方、物流方及监管方的自有仓或租用公共仓；⑩物流方向金融方提出融资请求；⑪金融方查询平台信息，依据各参与方的信用及评估报告确定是否接受融资请求，或者融资方委托其他监管方进行评估或监管；⑫金融方向物流方发放贷款（动产所有权正式转移至金融方）；⑬物流方向融资方发放贷款；⑭购买方通过平台查询，确认融资方、物流方信用优良，签订购买合同；⑮物流方发货至购买方；⑯确认货物正式转移至购买方；⑰物流方向金融方偿还贷款；⑱各参与方将相关信息与评价登记至公共服务平台。

以上工作完成后，公共服务平台依据各参与方提交的信息计算信用值，业务流程结束。

整个融资过程基于信用体系，每个环节都将选择信用分值高、信誉优良的参与主体完成。信用体系的建立，则是在基于区块链技术建设的物流金融公共服务平台上，依据各参与方的信息流计算形成。任何一方在任何一环节都可以基于信用风险选择不合作，所以各参与方必须努力提高信用值，达到五方共赢的目的。

4. 区块链物流金融平台

区块链物流金融平台如同一架天平，通过由大数据、云计算、物联网、区块链和移动互联技术构筑的产业互联网云平台的产业核心数据一端连接物流行业的优质资产端，另一端连接优质的金融资金端。而金融风控的基础就是把握整个物流供应链的真实信息。供应链金融的实质不仅是为产业融资，更是对产业生态的优化。

区块链物流金融平台能高度嵌入物流企业的信息流、物流和资金流，为金融机构展现物流企业真实的交易数据，并能和金融机构一同开发基于物流供应链数字资产的结构化组合式的金融产品。

基于区块链的物流金融公共服务平台的模型构建如下所述。

如图6.9所示，物流金融公共服务平台体系结构在法律法规、行业规范及技术规范的约束下，由基于应用场景的服务应用层和基于区块链的技术支撑层构成。

基于应用场景的服务应用层包括接口层、数据层、核心层、合约层及应用层。其中，应用层涵盖了物流金融业务各参与主体及相关业务的7个子系统，即基础平台、企业平台、交易平台、监管平台、物流平台、融资平台、信用平台。合约层通过智能合约提供交易合同。核心层则基于信息流及信用算法形成各参与方的征信报告。数据层包括数据的结构、模型及存储方式。接口层提供数据采集、交换和输入的功能。

基于区块链的技术支撑层包括各节点达成共识与激励机制的共识层、网络层的P2P网络通信协议。

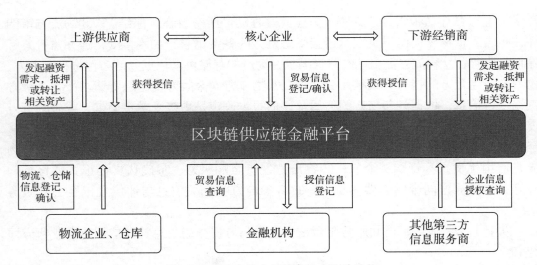

图 6.9 物流金融公共服务平台体系结构

物流金融公共服务平台的核心主旨是形成物流金融业务各参与方的信用记录。因此，平台的主要功能除了完成参与主体的基本信息登记、公示及提供查询服务，还有提供交易结算、物流跟踪、监管信息、售后服务、参与方评价等附加功能，平台会根据核心层征信体系的算法，自动完成企业信用的计算工作，从而形成物流金融业务各参与主体的信用报告。

区块链物流金融平台优势如下所述。

（1）实现全过程掌控。核心企业建立区块链供应链金融平台，实现核心企业、供应商、金融机构之间全面信息共享互联。

（2）实现穿透式监管。依托区块链技术，确保供应商资料信息、业务资料信息、金融资料信息的一致性和可靠性。确保了信息的完整性、全面性、透明度，并实现穿透式监管，避免出现重复借贷的情况。

（3）降低管理成本。在区块链构架下，可在开展业务的各个环节、各个职能岗位及时收集各类信息，并能保证信息全面、完整、紧密，基于此生成的确权凭证具有可信价值，间接提升了物流的协同效率，不需要各单位部门单独派遣人员跟踪收集信息，节约了大量的人力物力，降低了物流整体运作成本。

（4）融资成本低。由于区块链金融使用的是核心企业的信贷授信额度，因此其利率要远远低于民间借贷的利率水平。在资金周转极为紧张的中小企业，通过区块链金融管理，能加快供应链成员的资金周转效率，降低供应链整体成本，在整体上体现为核心企业的竞争力。

（5）防范税务风险。应用区块链技术的信任共识机制，与税务机关建立数据对接，打通信息壁垒，形成税收信息资源共享体系，为核心企业提供更加迅捷的税务风险应对手段。

（6）智能清算融资服务业务。由于区块链金融上各类信息全面、及时、完整，相关合约完成进度清晰明确，人工无法插手干预，经过互联网智能处理，则能按照设定流程快速精确地办理融资清算，确保金融系统的正常稳定运行，提高金融交易的安全性和透明度。

6.3 区块链供应链金融

在技术发展与场景落地的过程中，区块链技术在赋能实体经济等方面发挥的作用已愈发凸显。区块链所具备的数据共享、不可篡改、可溯源等特性，不仅可以改变传统供应链金融模式的数据交互方式，还可以降低金融风险。

6.3.1 区块链供应链金融系统概述

信用是金融的核心，而区块链供应链金融的关键在于信用在多个参与者之间的有效转移。在实体经济发展中，中小企业面临着融资难、融资贵的问题，关键的突破点是突破信贷流，从而更好地激活资产。

1. 概要

基于区块链的供应链金融系统，是以核心企业为中心，创建金融生态圈的。在金融生态圈中，使用核心企业的信用进行背书，按照实际供货量进行等价票据的网络发放，采用区块链技术，确保票据的合法性、透明性、公正性和安全性。

中小供货商，将货物提供给核心企业，核心企业会给供应商发放等价的区块链通证票据。供应商持有票据之后，可以去金融生态圈中的金融机构进行保理服务。因为有核心企业进行资产背书，所以能够加速中小企业的融资速度，降低融资成本。同时，区块链通证票据可以进行拆分，一级供应商可以直接拆分票据给二级供应商，实现区块链票据的拆分、流转和贷款。

基于区块链的供应链金融系统，服务于核心企业、金融机构、供应链的上下游中小型企业。通过区块链技术，实现透明、安全、高效的应收账款和保理服务，帮助中小企业实现快速低成本融资，扩大再生产；同时帮助金融机构提高资产利用率。

2. 业务支撑

解决传统供应链上下游参与成员之间的应收账款和中小企业融资难、融资贵的痛点，是支撑区块链供应链金融系统的底层基石。

通过资产证券化，信息数字化，通证流通化，信息上链，公开透明，促进供应链上下游各参与成员之间的资金利用率，降低中小企业融资成本，从而更有利于扩大再生产，进而促进整个供应链生态圈循环往复地发展提升，是区块链供应链金融系统的目标。

3. 关键技术

区块链供应链金融系统，基于区块链技术的溯源、智能合约、多签授权、身份验证、去中心化的共识机制等技术，创建金融生态圈。各参与方会在入驻系统的时候分配一个 address 和对应的私钥，其中 address 作为参与方的身份标识，私钥用于进行交易数据的鉴权和签名，只有签名正确，区块链才会认为交易合法。

数字通证在发行时，需要核心企业进行签名确认，签名之后的交易才会被广播出去。

持有通证的参与者,可以根据自己实际的需求,进行通证的拆分、流转、转移,不过都需要使用自身的私钥进行签名。

4. 特色亮点

区块链技术是利用块链式数据结构、分布式节点共识算法、密码学等计算方法,由自动化脚本组成的智能合约来编程和操作数据的一种全新分布式基础架构和计算方式。其去中心化、信息不可篡改、数据公开透明等特性使得区块链技术在溯源、供应链金融、医疗、教育、文娱、互联网等诸多领域都能进行联合应用。

基于区块链的供应链金融系统,基于核心企业,创建并维护金融生态圈。在区块链上发行一种数据通证,可以在公开透明、多方见证的情况下进行随意的拆分和流转。这种模式相当于把整个商业体系中的信用变得可传递、可追溯,为大量原本无法融资的中小企业提供了融资机会,极大地提高了票据的流转效率和灵活性,降低了中小企业的资金成本。

区块链供应链金融系统,其主要的优势体现在金融生态圈的各方参与者收获了多赢。核心企业:提升商业信用,增加收益;实现"白条"采购,提高资金的运转效率,多重收益;降低对传统融资工具的依赖,提升产业链竞争力。金融机构:批量获客,降低渠道成本;满足监管对普惠金融业务的要求;提升资金安全性和利用率。产业链中小企业:解决融资难、融资贵的问题;提高资金利用率和周转率,提高服务质量,保持贸易畅通。采用区块链作为数据通证的发行管理方式,提升了通证票据的透明性、安全性、溯源性。通证资产的随意拆分流转,提高了信息交互效率。

5. 应用范围

覆盖区域:以核心企业为信用背书的传统供应链金融生态;
覆盖群体:核心企业、金融机构、供应商、经销商。

6. 应用成效

应用前状况:中小企业应收账款缺口大,融资难、融资贵,扩大再生产的成本投入太高;金融机构不敢放款,中小企业没有信用背书;核心企业供货成本较高;应收账款无法证券化、无法进行高效流通。

应用后解决的主要问题或带来的新体验:应收账款证券化,可以方便地进行上链、流转、拆分,形成流通价值;以核心企业作为信用背书,中小企业可以更方便地融资和再生产,降低了生产成本;金融机构提高了资金利用率,增加了收益;整体生态圈降低了生产成本,提高了供应链竞争力。

7. 经济效益和优势

基于区块链的供应链金融系统可以为供应链参与者提供更高效、透明和安全的金融服务。以下是该系统的一些关键特点和优势。

(1)节约成本。中小企业扩大再生产的成本降低;核心企业的供货成本降低。

(2)创造价值。金融机构的资金利用率提高;供应链生态形成良性循环,供应链竞争力得到提升。

（3）去中心化信任。区块链技术的核心特点是去中心化和不可篡改的数据记录，这为供应链金融系统带来了更高的信任和透明度。各个参与者可以共享相同的数据记录，减少了信息不对称和欺诈的风险。

（4）智能合约自动化。供应链金融系统可以利用智能合约在区块链上执行金融交易和合同。智能合约可以自动执行各种金融活动，如订单融资、应收账款融资和库存融资等，提高交易的速度和效率。

（5）实时可追溯的供应链数据。区块链可以记录供应链中的所有交易和物流信息，使得供应链数据实时可追溯。这些数据可以用于验证交易和资产的真实性，提供更准确的风险评估和融资决策。

（6）去除中间商和降低成本。区块链技术可以通过去除中间商和降低交易和处理成本来改善供应链金融系统。智能合约的自动执行减少了中间环节和人为干预的需要，从而降低了交易成本。

（7）跨境交易和支付便利性。区块链技术可以提供便捷的跨境交易和支付解决方案。通过使用加密货币或稳定币作为支付工具，可以避免传统金融体系中的跨境支付限制和高费用。

（8）风险管理和溯源能力。区块链技术可以帮助供应链金融系统进行更精确的风险管理和溯源。通过区块链记录的数据，可以进行供应链中资产的真实性验证、溯源和监控，减少欺诈和假冒的风险。

（9）增加供应链参与者的融资渠道。区块链供应链金融系统可以为供应链参与者提供更多样化和灵活的融资渠道。通过数字化资产和智能合约，可以实现更多种类的融资工具和方式，促进供应链的资金流动。

总体而言，基于区块链的供应链金融系统具有提高效率、降低风险、增加透明度和创新融资渠道等优势。它可以促进供应链的可持续发展，推动贸易和金融的数字化转型。然而，实施这样的系统需要考虑技术、法律、监管和参与者之间的合作等多个方面的因素。

8. 常见融资模式

常见的"区块链+供应链金融"模式大致有以下 4 种：
（1）基于实物资产数字化的采购融资模式；
（2）基于核心企业信用的应付账款拆转融模式；
（3）基于多而分散的中小微企业再融资模式；
（4）基于历史数据／采购招标的订单融资模式。

6.3.2 区块链技术在供应链金融中的作用和价值

依靠区块链技术保证的供应链金融，为中小微企业融资难、成本高的问题提供了很好的解决思路，区块链供应链金融成为这条产业链上的中小企业的希望。

1. 区块链技术在供应链金融中的作用

随着信息技术的快速发展，区块链技术被广泛应用于不同领域。作为分布式账本技术，区块链技术在供应链金融中也具有广阔的应用前景，可

【6-3 拓展知识】

以解决传统供应链金融中存在的信息不透明、难以追溯和高成本等问题,提高供应链金融的效率和安全性。

2.区块链技术在供应链金融中的价值体现

通过区块链技术,能确保数据可信、互认流转,传递核心企业信用,防范履约风险,提高操作层面的效率,降低业务成本。

6.3.3 区块链供应链金融的应收账款融资模式

应收账款融资主要适用于核心企业话语权较强、上游供应商持有应收账款较多且有融资需求的行业,适用范围非常广泛,包括汽车行业、机械行业、电子产品行业等。

1.基本框架

(1)区块链技术应用于应收账款融资的主要模式。

由于供应链金融的业务特点,"区块链+供应链金融平台"主要以行业区块链的形式打造,依托区块链信息不可篡改与透明化的特点,实现核心企业信用在链上的分割与流转。图6.10展示了"区块链+供应链联盟"的主要参与方。其中,供应链金融平台作为服务提供方,负责提供供应链信息、客户信息等基础信息,并协助核心企业发行可以在链上流通的数字资产凭证;核心企业作为最终付款人,提供融资的还款来源;金融机构作为资金方,负责对接相应风险偏好的客户,为供应链上的各级企业融资。

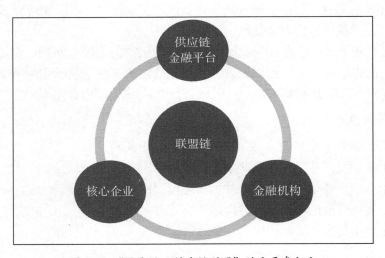

图6.10 "区块链+供应链联盟"的主要参与方

以供应链金融中最普遍的应收账款融资为例,"区块链+供应链金融平台"的主要业务流程如图6.11所示。核心企业和一级供应商签订供货合同,由于核心企业不愿立即支付,核心企业开具应付账款给一级供应商,平台向核心企业确认应付账款是否上链,得到核心企业的确认之后,平台将核心企业的应付账款转化为数字债权凭证,上链流通。数字债权凭证可拆分、可流转、可持有到期、可融资。

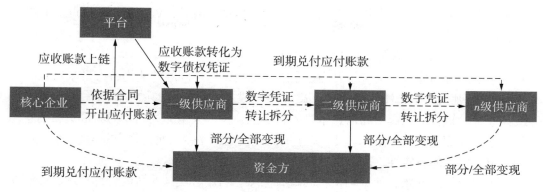

图 6.11 "区块链 + 供应链金融平台"的主要业务流程

各级供货商可以将数字债权凭证拆分转让一部分给上一级供应商作为货款；也可以选择持有部分凭证待核心企业兑付应付账款后将凭证变现；还可以利用数字债权凭证到金融机构进行融资，由于数字债权凭证的债务人是核心企业，所以各级供应商都可以享受到核心企业的优质信用，更容易获得较低成本的融资。核心企业兑付账款后，资金方和各级供应商都可以凭其持有的数字债权凭证获得相应的款项。

基于上述的模式，数字债权凭证的流通实现了核心企业到末端供应商的信用穿透。供应链上的中小企业可以依托核心企业的优质信用方便地进行融资。

金融机构也可以通过区块链平台追溯到供应链上的每家企业，了解其在供应链中的地位和权益，对其债权进行有效风险评估，放心地为其融资。

（2）区块链应用在应收账款融资的优势。

基于区块链技术打造的数字化债权凭证能够保证信息的不可篡改，同时带有时间戳的链式区块结构保证了数字债权凭证具有极强的可验证性和可追溯性。因此，基于区块链技术打造的数字债权凭证在经过多次的拆分、流转后依旧是依托于核心企业的优质信用，可方便地到金融机构进行融资。区块链应用在应收账款融资的优势主要有以下几点。

① 分布式数据存储打破信息不对称。区块链分布式存储的结构限定了交易信息和资产信息是由网络中所有节点共同认证的，并且每一个节点都记录有所有交易和资产的信息，如果某一节点记录的信息不同于其他节点，那么该信息就不会被认可并无法被记录到区块，这就保证了链上交易信息和资产信息的安全性。区块链时间戳的设计也决定了改变区块内的交易信息几乎不可能，因为想要改变一个区块，那么紧随其后的每一个区块都要相应改变，除非想篡改的人控制了全网一半以上的节点，否则想要篡改区块链上的数据是不可能的。目前的供应链金融业务中，资金方需要投入大量的人力物力去验证交易信息的真伪，增加了额外的风控成本。区块链的分布式存储的结构保证了信息的真实性与不可篡改，能够很好地降低资金端的风控成本。

② 智能合约自动执行，避免道德风险。前面我们介绍了区块链技术中的智能合约是事件驱动的、运行在区块链数据账本上的计算机程序，它可以嵌入到任何区块链数据、交易、资产上。智能合约基于区块链上不可篡改的数据，自动执行预定好并符合条件的合约。因此，区块链可以将整个链条上的企业债权流转过程记录在链条上，形成合

约。核心企业付款后，资金将按智能合约的规则自动化清算，资金提供方因此具有良好的回款保障。

（3）区块链解决传统应收账款融资难点。

区块链的应用能够解决传统供应链金融中的诸多痛点问题并能为各方带来好处。

① 对金融机构。解决辨伪难题，减少风控成本。在目前的供应链金融模式下，银行或其他金融机构很担心贸易信息本身的真实性，投入大量的人力物力验证贸易信息的真伪，增加了额外的风控成本。"区块链+供应链金融平台"通过将交易信息上网上链，保证了贸易信息的真实性，从而可以降低金融机构的风控成本。

解决资金闭环问题，使金融机构回款有保障。利用区块链的智能合约技术，能够保证交易自动化强制执行，贸易回款直接划至金融机构账户，解决了金融机构的信贷资金闭环问题。

帮助金融机构获取更多小微企业作为客户，拓展业务范围，提升金融机构的收益。作为供应商或经销商的小微企业对流动资金的需求往往很高，却由于信用评级较低无法到银行融资，银行损失了来自小微企业的收益。加入"区块链+供应链金融平台"，金融机构可以方便地开展小微企业的业务，因为小微企业持有的债权凭证来自于核心企业优质信用债权的拆分。重要的是平台并不参与债权资产的定价，定价完全由市场决定，金融机构可以向小微企业收取比核心企业更高的利率，但是风险并没有提高，因为底层资产仍然是核心企业的债务。

② 对融资企业（尤其是中小企业）。各级供应商可以依托核心企业的信用享受低成本的金融服务，解决融资难题，降低融资成本。对于大型供应商而言，运用区块链能够盘活应收账款，用核心企业应收账款支付自己的供应商，减少自身资金需求；对于中小供应商而言，运用区块链能够依托核心企业信用获得融资，显著降低融资成本。

③ 对核心企业。第一，改善核心企业的现金流和资产负债表。核心企业采用应收账款的模式延后支付的目的就是为了改善自身的现金流和资产负债表，而在供应链上处于相对弱势地位的供应商则承担了较大的资金周转压力，其对核心企业债期的长短也较为敏感。"区块链+供应链金融平台"可以让供应商方便地转让和拆分数字债权和获得融资，缓解了供应商的资金周转压力，从而降低了其对核心企业债期长短的敏感性，核心企业可以更方便地根据自身现金流和资产负债表的需求调整债期。第二，改善核心企业与供应商的关系。核心企业在这种模式中仍然处于相对重要的地位，应收账款的数字化和上链需要核心企业的确认。供应商依赖核心企业的优质信用降低了融资成本，核心企业也不必担心债期的问题，二者实现共赢，从而改善了核心企业与供应商之间的关系。

2. 金融机构搭建平台案例

下面将介绍以金融机构为核心发起方搭建平台区块链供应链金融实务案例。

2017年3月15日，赣州银行上线全国首单票链业务。该产品由赣州银行与深圳区块链金融服务有限公司合作开发，利用了区块链技术，基于中小微企业客户持有的银行承兑汇票为企业提供应收账款融资服务。该产品面向中小微企业持有的票面金额小、期限短、承兑银行较小的银行承兑汇票，力求解决小微企业融资难、融资贵的痛点。票链业务平台通过区块链技术连接小微企业与中小银行，建立银行联盟内的信用生态环境，赣州银行票链业务如图 6.12 所示。票链产品的交易结构如图 6.13 所示。

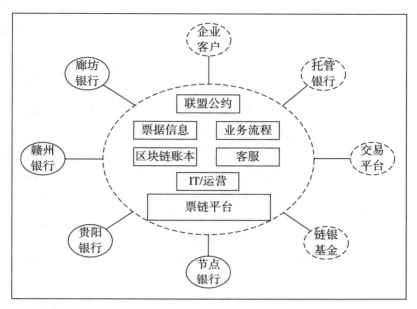

图 6.12　赣州银行票链业务

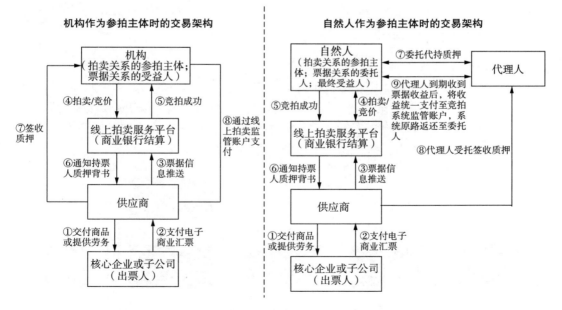

图 6.13　票链产品的交易结构

赣州银行票链业务通过区块链技术实现了数据分布式存储、交易全流程追溯、加密存储零篡改、银行间共识信任四大目标，从而有效解决了以往传统供应链金融模式的痛点。

赣州银行票链业务具有以下特点。

① 交易的安全性和便捷性。区块链技术中信息不可篡改和可追溯的特点保证了票链业务中交易票据和资金的安全性，同时，业务实现了线上操作，避免了烦琐的线下手续，企业仅需提供票据和转让合同即可在线上方便地进行票据融资，最快可当天收到融资款项。融资金额最小为1万元，最大为295万元，其中100万元以内的融资金额占比为96.32%。

② 融资成本低。赣州银行通过实现平台后端集中处理降低了运营费用，并把票链产品综合融资成本控制在6%左右，平均融资利率为6.22%，不仅低于市场贴现成本，而且低于金融机构针对中小微企业的融资产品利率水平，降低了中小微企业的融资成本，成为中小微企业解决融资难、融资贵问题的理想选择。

③ 融资期限的灵活性。中小微企业票据具有金额小、期限短、承兑银行较小、流动性差的特点，针对这些特点，赣州银行票链业务为中小微企业提供了灵活多变的融资期限供选择，融资期限最短为7天、最长为6个月，平均融资期限约为4个月，有效满足中小微企业客户"短、频、快"的融资需求。

赣州银行票链业务采用了以下风险控制措施。

① 由运营方节点行委派代表组成联盟决策委员会，对平台重要事项进行表决。
② 建立承兑人白名单制，对承兑行进行授信和分类。
③ 实行集中度管理制度，分类设定集中度限额。
④ 建立风险分担机制。

总而言之，赣州银行票链业务提高了中小微企业的融资效率、降低其融资成本，也带动了银行业务的扩展。

3. 第三方搭建平台案例

【6-4 拓展知识】

（1）腾讯微企链。

腾讯微企链是一款基于腾讯区块链底层技术和财付通清算能力，为企业提供应收账款融资等供应链金融服务的产品。微企链主要是以源自核心企业的应收账款为底层资产，打造可拆分和流转的债权凭证，通过区块链实现债权凭证的流转，保证不可篡改、不可重复融资，且可追溯。腾讯微企链主要业务模式如图6.14所示。

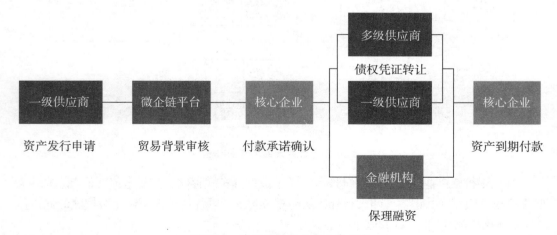

图 6.14 腾讯微企链主要业务模式

该平台具有以下特点。

① 利用区块链技术在资产端实现了企业应收账款资产和供应链仓单资产与核心企业电票资产的对接，解决了传统供应链金融体系中由于信息不对称、缺乏抵押物造成的二级、三级、多级供应商筹资难的问题，提升了核心企业与供应商之间的交易信任度。

② 有效解决中小微企业融资难题，降低中小微企业融资成本。目前中小微企业单独融资，给付的成本利息会在10%~20%，而通过该供应链条上获得的融资，成本会低于10%。

③ 帮助中小微企业实现秒级放款。腾讯还在其供应链金融开放平台中增加"过桥基金"的架构——当某个供应商需要融资时，先用这笔"过桥基金"对接，再将该笔基金和银行对接，从而提升他们的资金流转性。

④ 金融机构获得了拓展业务的抓手，获取更多中小微企业作为客户，提升自身收益。

⑤ 线上操作方便供应链上各企业参与。

⑥ 以核心企业服务费分成的方式吸引核心企业参与。

通过应用区块链技术，腾讯微企链平台为金融机构、核心企业、中小微企业提供了如下便利。

① 金融机构。获取小微业务抓手，拓展客源，增加收益来源；自主定价，提升收益；线上操作，无须复杂流程，降低业务成本，提高业务效率。

② 核心企业。改善现金流与负债表；提升供应链效率，改善供应商关系；以较低门槛获得投资收益；线上确权，分享服务收益。

③ 中小微企业。降低融资成本，提高融资效率；资产发行便捷，可拆分转让，提高流动性；可快速接入，全流程可手机操作，方便快捷。

（2）壹诺供应链。

壹诺供应链是布比壹诺金融推出的供应链金融产品。该产品在释放核心企业信用的同时破解信息不对称难题，有助于降低信任成本和资金流转风险。用区块链技术将企业"资产"转换为一种可拆分、可流转、可持有到期、可融资的区块链记账凭证。

壹诺供应链具体优势如下。

① 盘活企业资产，挖掘客户资源。将企业应收账款转化为可信区块链电子结算和融资工具，实现服务范围从服务一级供应商向N级供应商延伸，获取更多客户资源。

② 穿透式底层资产，降低风控成本。区块链多中心网络信任结构及其可追溯特性，保障数据资产完整可验证性，杜绝数据篡改，降低风控成本。

③ 改善融资环境，降低融资成本。将核心企业信任有效传递至多级供应商，解决中小微企业因缺乏信任背书融资难、融资贵等问题，打造高效的产业链生态圈。

④ 智能合约，杜绝履约风险。智能合约提供多种业务场景的合约模板，固化执行路径，减少人为干预，有效杜绝业务流程中的违约风险。

壹诺供应链是第三方平台，使用第三方平台能降低各方的维护成本，提高供应链效率。壹诺供应链的运作流程如图6.15所示。

【6-5 拓展知识】

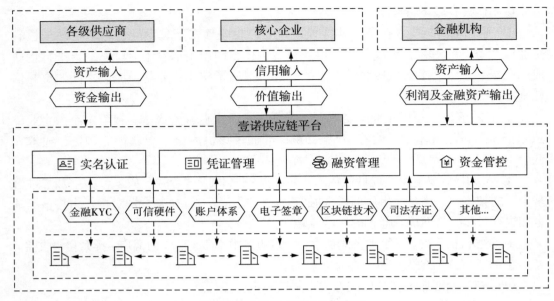

图 6.15 壹诺供应链的运作流程

6.3.4 区块链供应链金融的预付账款融资模式

区块链下的预付账款融资模式是在上游核心企业（销货方）承诺回购的前提下，中小企业（购货方）以金融机构指定仓库的既定仓单向金融机构申请质押贷款，并由金融机构控制其提货权为条件的融资模式。

1. 基本框架

（1）传统预付账款融资的主要业务模式。

① 银行给购货方融资，预付采购款项给核心企业，核心企业发货给银行指定的仓储监管企业，然后仓储监管企业按照银行指令分批放货给借款的购货方，即未来货权融资或者先款后货融资模式，详见图 6.16。

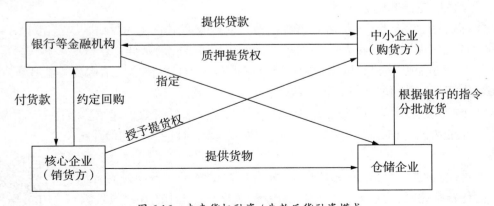

图 6.16 未来货权融资/先款后货融资模式

② 核心企业不再发货给银行指定的物流监管企业，而是本身承担了监管职能，按照银行指令分批放货给借款的购货方，即保兑仓业务模式，详见图 6.17。

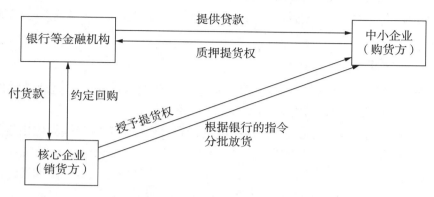

图 6.17　保兑仓业务模式

预付账款融资多用于靠近消费者的销售终端，且在货物价值较高、商品销售量较大的行业中运用较为普遍，如手机、电脑、家电等电子产品行业，汽车行业和高档服装行业等。

（2）传统预付账款融资的优势与缺点。

预付账款融资的主要优势是"支付现金"的时点可以尽量向后延迟，从而减少了现金流缺口。对于核心企业，通过预付账款融资可以打通下游的销售渠道，从而实现更大的营业收入。

【6-6 拓展知识】

预付账款融资的主要缺点是：①信息缺乏透明度、信任成本高；②多层级信用传递难度大；③多方交易系统复杂、融资效率低。

（3）区块链在预付款融资中能解决的问题。

供应链金融多用于典型的多主体参与、信息不对称、信用机制不完善的场景，与区块链技术有天然的契合性，见图 6.18。

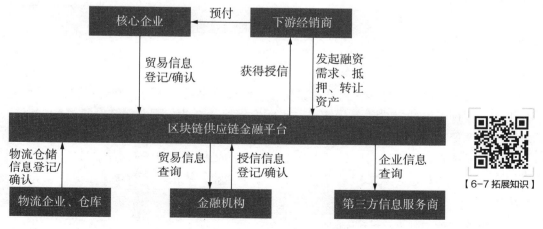

图 6.18　多主体参与基本框架

2. 实务与案例

现有的区块链预付款融资项目大致可以分为以下三类：专门针对预付款融资需求的供应链金融项目；为供应链金融提供信息及数据服务的风控项目；依附于应收账款融资的附属项目。

3. 丰收 E 融信

丰收 E 融信是专门针对预付账款融资需求的供应链金融项目，区块链供应链金融丰收 E 系列的经销商信用融资解决方案如下（见图 6.19）。

依托多维、丰富、可视的大数据风控模型，向合格经销商快速提供信用贷款，便捷完成货款支付，由经销商到期收货、还款，同时设置 B2B（Business to Business，企业对企业）平台资产处置规则以保障资金方的资金安全，实现资金、资产间的良性流转。丰收 E 融信打破了中小经销商的融资瓶颈，成为完善的融资服务解决方案，实现了集采平台、经销商和丰收供应链的"三赢"。其主要适用于经营较成熟、用户数量较多的快消品集采平台。

至于授信额度与期限，丰收 E 融信的单笔融资金额最高可达到向卖方采购金额的 80%；授信期限最长 12 个月，单笔融资使用时间最长可达 60 天。

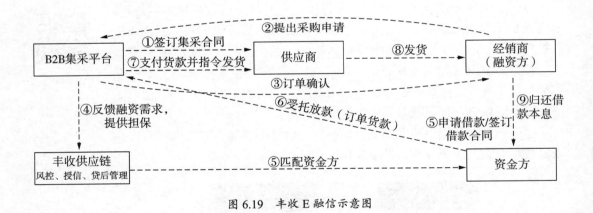

图 6.19 丰收 E 融信示意图

4. 壹企链

壹企链智能供应链金融平台通过链接核心企业与多级上下游、物流仓储、银行等金融机构，实现了区块链多级信用穿透、重新定义核心企业、下游融资全流程智能风控、对接境内外贸易平台和构建跨地区服务联盟。

借助新技术，壹企链可以破解中小企业与金融机构间信息不对称的难题，推动供应链核心企业信用穿透多级，覆盖更多长尾端中小企业，从根本上解决了部分中小企业融资难题。

5. 翼启云服 Blockworm BaaS

翼启云服 Blockworm BaaS 是为供应链金融提供信息及数据服务的风控项目。供货

第 6 章
区块链物流金融

商、物流、仓储、买家可以借助 Blockworm BaaS 平台把整个交易信息、物流信息、结算信息记录上链。大家基于区块链共同协作，共同记账，共同为整个交易的真实性证明。这能为后期企业融资增信（见图 6.20）。

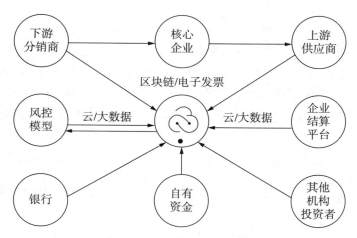

图 6.20　翼启云服 Blockworm BaaS 平台示意图

只要供应商把订单编号及发票信息的数据记录到 Blockworm BaaS 平台，金融机构便可进行数据溯源并提供相应的供应链融资。翼启云服 Blockworm BaaS 平台的应用场景如图 6.21 所示。

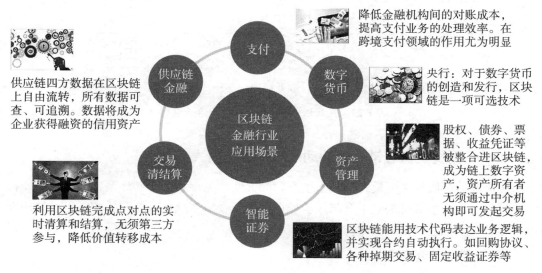

图 6.21　翼启云服 Blockworm BaaS 平台应用场景

6. 星辰亿链

星辰亿链是一个区块链大数据平台，基于供应链、大物流体系，为用户提供产地溯源、物品流通溯源、冷链运输溯源、区块链数据改造及基于区块链大数据的供应链金融等服务，致力于通过区块链、人工智能技术，帮助用户提升产业价值（见图 6.22）。

星辰亿链致力于打造（构建）服务于大供应链、大物流体系的区块链大数据平台，业务范围涉及原产地溯源、跨境流通溯源、冷链运输溯源、区块链数据改造、区块链风控、基于区块链大数据的区块链金融等领域。旨在通过区块链、人工智能、Mesh 网络、NBIoT 芯片等新兴技术，助力增量产业价值。

星辰亿链的解决方案中区块链主要起到两个作用：征信和授信资金管理。供应链金融平台由益链业务系统、底层区块链系统与公司无车承运人 SaaS 系统两两对接形成，通过星辰亿链提供的数据接口或者 SDK 进行对象化后，将该公司全流程业务数据、交易数据实时上链，以便穿透跟踪，证明业务的真实性，同时将业务数据、交易数据一起用于建立风控模型，进行风控管理，杜绝虚假贸易，帮助金融机构提高运营和风控效率。

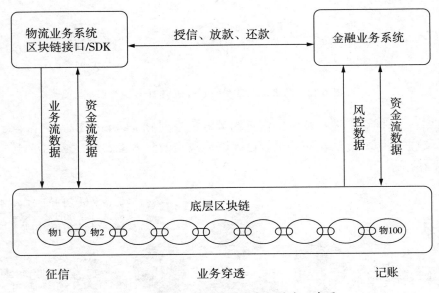

图 6.22　星辰亿链区块链大数据平台示意图

6.3.5　区块链供应链金融的动产质押融资模式

区块链动产质押融资模式是基于动产，如大宗商品现货的仓储环节，通过动产质押区块链登记系统生成可信电子仓单，实现可信电子仓单在登记系统内的流转以及转出至第三方交易系统进行交易、流转。

1. 大宗商品仓单平台

将区块链技术应用于某个大宗商品的大型仓单平台，是目前区块链在动产质押方面最为适用的领域，并且现在落地发展的项目也最多。基于区块链技术开发的，集仓单签发、转让、质押、融资、交易、清算、提单等功能于一体的综合性仓单平台，能够为大宗商品交易提供进、出口融资和内外贸综合联动的系统性服务方案。

长期以来，传统仓单交易信息存在数据造假、易篡改、可信度低等痛点问题，会导致仓单重复质押等情况。将区块链仓单作为行业标准并进行推广，商品入库同步生成数字仓单，货物的数量规格以及照片等信息都会被写入区块链，这样便可解决仓单可信度问题。同时，利用区块链仓单"多副本共同记账"的特点，实现多方见证，保证仓单信息的一致性、可信性，能够规避风险，并且规范仓单质押业务，避免仓单重复质押。这样，交易上下游的利益就得到了保证，各方对交易的可信度也得到极大提升，其减少了传统模式的交易环节，提升了业务的安全性、合规性和时效性。

2. 物联网动产质押授信

在区块链引入之前，物联网在供应链的应用已经开始。引入物联网仓储监管技术，最主要作用在于以机器感应替代人工监管，客观反馈仓储信息，提高仓储管理的可靠性，从而做到对质押物进行包括自动报警在内的实时全自动监控。但是，传统物联网技术的发展受到许多阻碍，例如，海量设备的入网，当接入设备达到数百亿或数千亿，云存储服务将带来巨额成本。区块链的去中心化特点，让数十亿、百亿的设备共享同一个网络，同时把成本控制得比较低。此外，传统物联网设备极易遭受攻击，数据易受损失且维护费用高昂。区块链的共识机制、不对称加密技术及数据分布式存储等技术优势，能够大幅度降低黑客攻击的风险，保障区块链—供应链上信息的安全性和可靠性。

3. 信用传输系统和共享平台

区块链技术还适用于构建信用传输系统和共享平台。基于区块链技术，能够实现信用证信息传输系统，实现了从信开到电开、信用证实时秒级到达，区块链凭借各操作环节透明可追踪、操作信息不可更改等特点，在大幅提高了信用证业务处理效率的同时，也增强了信用证信息的可靠性。同时也可以搭建一个区块链黑名单共享平台，允许所有金融机构将自己的黑名单数据加密存储在区块链上，实现欺诈风险的联防联控。

4. 动产质押融资模式

（1）模式概述。

供应链下的动产质押融资模式（存货类融资模式）是指银行等金融机构接受动产作质押，并借助核心企业的担保和物流企业的监管，向中小企业发放贷款的融资业务模式。在这种融资模式下，金融机构会与核心企业签订担保合同或质物回购协议，约定在中小企业违反约定时，由核心企业负责偿还或回购质押动产。

动产质押也可以通过仓单质押模式进行操作，仓单可以作为权利凭证进行质押。采用仓单质押的，应当在合同约定的期限内将权利凭证出质给质权人，质押合同凭证自交付之日起生效。仓单一般是指仓库业者接受顾客（货主）的委托，将货物收存入库以后向存货人开具的说明存货情况的存单。

（2）标准仓单和非标准仓单。

标准仓单是指由期货交易所统一制定的，由其指定的交割仓库完成入库商品的验收、确认合格后签发给货主并在期货交易所注册生效的提货凭证。标准仓单经期货交易所注册后，可用于进行交割、交易、转让、抵、质押和注销等。标准仓单质押是指商业银行以标准仓单为质押物，给予符合条件的借款人（出质人）一定金额融资的授信业务。

非标准仓单是指由商业银行评估认可的第三方物流企业出具的,以生产、物流领域有较强变现能力的通用产品为表现形式的权益凭证。非标准单质押是指商业银行以非标准仓单为质押物,给予符合条件的借款人(出质人)一定金额融资的授信业务。从商业银行与第三方物流企业合作物流金融的业务领域出发,非标准仓单质押业务更具有代表性。

(3)传统动产质押融资的缺陷。

① 行业信息化水平低,流通发展方式落后。

在仓单质押信贷中,很多行业的仓单质押融资的信息化覆盖程度低、质押仓监管不够智能,以及流通发展方式落后,导致融资的仓单重复质押,甚至频发虚假仓单质押等信用事件。其根源在于多数流通行业进入门槛低,绝大部分代储存的仓储企业信息化投入不足,创新经营服务模式一直未能取得突破,从而加大了仓单质押的信贷风险。

② 交易流程缺乏可视度和可信性。

供应链金融整合了商流、物流与资金流,如果线上的商流与线下的物流无法达到信息透明且全程可视,银行对押品的控货权便可能产生风险疑虑,这也会制约供应链金融业务的发展。价格缺乏透明度,就会出现传统贸易中买卖双方串通损害公司利益的情况。由于缺乏规范和标准化程度低,共享信息平台的建立受到了阻碍。物联网技术在部分国家起步较晚,由于物联网涉及的技术多,缺乏技术标准和行业规范,供应链管理过程繁冗和信息编码标准化程度很低,这无疑阻碍了供应链管理共享信息平台的建立。

供应链所代表的是商品生产和分配所涉及的所有环节,包括从原材料到成品制成再到流通至消费者的整个过程。目前的供应链可以覆盖数百个阶段,跨越数十个地理区域,所以很难去对事件进行追踪或是对事故进行调查。买方缺少一种可靠的方法去验证及确认产品和服务的真正价值,因为供应链普遍缺乏透明度,这就意味着我们支付的价格无法准确地反映产品的真实成本。

③ 银行基于风险控制不愿授信。

基于风险管理的考虑,银行仅愿对核心企业中有应收账款业务的上游供应商(一级供应商)提供保理业务(应收账款融资)或是对其直接下游经销商(一级经销商)提供预付账款融资或存货融资业务,因为银行仅信赖核心企业的控货能力或是调节销售能力。

目前的供应链金融业务中,银行或其他资金方除了关注企业的还款能力和还款意愿,也很关心交易信息本身的真实性。银行或其他资金方担心核心企业和供应商/经销商相互勾结篡改交易信息,因为需要投入人力物力去验证交易信息的真伪,这就增加了额外的风控成本。

反之,除了一级供应商或经销商外,银行一般不愿直接授信。另外,在金融实际操作中,银行非常关注应收账款债权"转让通知"的法律效力,所以都会要求一级供应商或核心企业签回"债权转让同意书",如果一级供应商或核心企业无法签回,也会造成银行不愿授信。

5. 基于区块链技术的解决方案

(1)区块链智能发票推动金融保理业务。

在区块链技术支持下,可以开发一个供应链金融智能保理应用系统,提供给所有供应链上的成员企业使用,二级供应商便可利用智能保理系统将开给一级供应商的发票上记载的该应收账款已转让给某银行的编码,发布在区块链上,而后一级供应商在此发票记录上添加其他必要的编码之后连同原转让信息变成联合编码,再发布在区块链上(见图6.23)。

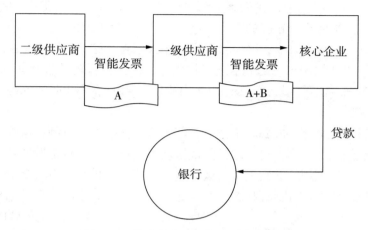

图 6.23　供应链金融智能保理应用系统

如此,核心企业当贷款到期时依法将款项付给银行。此外,银行也可以利用系统追溯每个节点的交易,勾画出可视性的交易全流程图,所以区块链技术为推广供应链金融保理业务到核心企业的二级以上的供应商提供了良好的基础。

(2)建立物流、资金流与信息流的全程可视的追溯体系。

从供应链管理服务入手,比如溯源、追踪、可视化等,将信息流、物流和资金流整合到一起,在此基础之上从事金融服务。区块链可保存完整数据,使得不同参与者使用一致的数据来源,而不是分散的数据,保证了供应链信息的可追溯性,实现了供应链透明化。

可以明确的是,由于整体透明度的提高,行业风险将被极大地降低,参与各方均将从中受益。区块链为供应链提供了交易状态实时、可靠的视图,有效提升了交易透明度,这将大大方便中介机构基于常用的发票、库存资产等金融工具进行放款,其中抵押资产的价值将实现实时更新,最终这将有助于建立一个更可靠和稳定的供应链金融生态系统。

(3)建立以区块链为核心的交易平台。

对于买卖双方来说,一切交易均通过交易中心线上交易来完成,由交易中心负责协调货权转移和货款支付,相当于在买卖双方之间加入了一个独立的第三方公信机构,不付完货款,交易中心不会向仓库发出货权转移指令,避免贸易中打白条、拖欠货款、三角债频发的情况发生。

供应链交易平台可利用区块链等信息技术,整合融资信息、商流信息、物流信息和资金信息,实现交易全程数据可视化。一方面,可实现供应链全员的信息的共享。供应链成员的信息经过授权认证后会进行一定程度的共享,使供应链金融参与主体之间能及时获取所需的信息和沟通。另一方面,可以建立供应链金融担保物的监控机制,对担保物的流动和安全性进行实时的监控和管理。交易平台在贸易过程中则要做好货权转移、货款支付的监督管理工作，以及交收服务工作和物流服务。同时，还可针对已进入指定交收仓库的货物对接资金方开展仓单融资业务，解决客户资金需求。

（4）区块链强信任关系降低信任成本。

在传统的供应链运作中，我们为了解决信任问题，往往会在第三方平台上进行交易，为此不得不向平台支付相应的费用，这就是所谓的信任的成本。

作为一种分布式账本技术，区块链采用分布式部署存储，数据不是由单一中心化机构统一维护，不可能按照自己的利益来操控数据，因此具备较强的 P2P 的强信任关系。同时在安全性方面，由于区块链对交易进行了加密，并具有不可改变的性质，所以分类账几乎不可能受到损害。

公司可以将所有文档都放到区块链上，基于区块链的运行机制，这些数据不能够被更改。一旦出现问题，当事方可以通过区块链技术快速定位在特定日期处于特定版本的合同文档，这对于处理纠纷非常关键。区块链上的所有文档对所有人提供完全平等的访问权，参与方可以快速访问目标材料，并且这种访问基于高度的信任关系和所有交易记录的可追溯性和可验证性。事实上，区块链包含对供应链金融至关重要的所有必要组件：时间戳、不可逆性和可追溯性。如果区块链本身可以消除我们的信任焦虑，则网络中任何两方便可进行直接合作，整个交易过程的信任成本将被降低。

6. 典型案例

2011 年上海发生的钢贸业崩塌事件，以及后来发生的青岛港有色金属骗贷案，暴露了现代仓储业背后隐藏的种种问题。而这两起事件的原因是传统仓单数据造假、重复质押等传统仓单难以解决的痛点。可以看出，传统仓单信息的不透明、易修改、可信度低等问题迫切需要得到解决。区块链由于其去中心化、完全透明和无法修改的特性，能够保证交易过程的完全可追溯和可查证，其分布式储存使得多方记账、过程易监管，可大幅提高可信度，保证交易的全部环节真实性和不可伪造性。区块链天然具有重塑供应链金融和安全信赖危机的特殊基因。

（1）深圳共营融资区块链。

深圳共营区块链有限公司和中农网合作，共同研发了区块链融资平台。该平台连接了 ERP 和银行，ERP 的融资合同先通过接口传送到区块链融资平台，融资平台再将合同 FTO（Freedom To Operate，自由实施权）传送到银行。银行用 FTP（File Transfer Protocol，文件传输协议）传回仓单至融资平台后，区块链融资平台再用融资接口传递仓单至 ERP。在该过程中，区块链融资平台运用区块链技术将合同和仓单上链，并且提供了一个区块链浏览器，可以公开地查看关于合同和仓单的信息，仓单确认、融资合同、资权转移、银行放款等全部交易相关信息和业务的全部流程都会在区块链浏览器中展示，区块链融资平台如图 6.24 所示。

区块链融资平台组合了仓单和区块链的概念，将仓单业务的数据及所在区块链交易 ID 与上级仓单变动交易的区块链组合，形成了区块链仓单。可以用区块链仓单的交易哈希值来验证交易的存在和溯源，同时也能够查看交易的发生时间和当前进度。该平台业务覆盖供应商、客户、银行等多方，一旦交易基于区块链仓单产生，交易信息便会被自动同步记录于各方账本，而任何一方都无法更改交易记录。

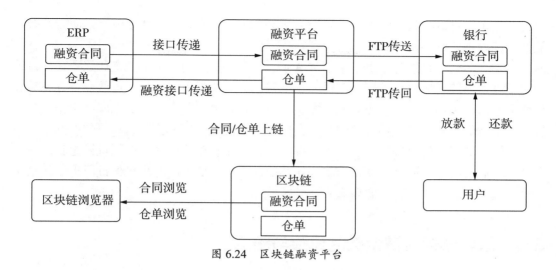

图 6.24　区块链融资平台

长期以来，传统仓单交易信息存在数据造假、易篡改等问题，会导致仓单重复质押等情况的发生。将区块链仓单作为行业标准并进行推广，利用区块链仓单"多副本共同记账"的特点，实现了多方见证，保证了仓单信息的一致性、可信性，能够规避风险，并且规范仓单质押业务，避免仓单重复质押。这样，交易上下游的利益就得到了保证，各方对交易的可信度也得到极大提升。

（2）加佳有色电商平台。

加佳有色是上海源庐投资集团旗下上海加佳信息科技有限公司与上海恒泛国际贸易有限公司共同发起并运营的有色金属电商平台。电商平台与科技的落地结合，使加佳有色实现了两个对应。第一个是交易数据和标的物数据数字化的一一对应。加佳有色将区块链技术与有色金属行业结合起来，作为一个大宗商品的交易平台，将平台交易数据和供应链金融服务平台的标的物数据结合并上链，并通过区块链"多副本共同记账"特性，实现多方见证，交易记录可追溯、可查证，确保交易数据和仓单信息的真实性和准确性，提升平台的公信力。第二个是货物和电子仓单的一一对应。加佳有色结合了物联网的 RFID（Radio Frequency Identification，无线射频识别）定制标签技术和视频监控系统，在交易的全过程对货物进行 7×24 小时的自动化无人监控。这样不仅使标的物仓单的真实性及唯一性得到保障，而且使整个交易链的可信性也得到了极大提升。

长期以来，大宗商品传统线下交易过程中存在着交易过程流程冗长、效率低下等问题，还有风险大、单据易篡改、资金不安全、交易不安全、信息不透明等痛点。加佳有色引入区块链技术、VR/AR（Virtual Reality/Augmented Reality，虚拟现实/增强现实）技术、大数据分析技术、人工智能技术形成全方位互联网服务平台，以技术为驱动力促进行业升级。与仓储系统、征信系统和物联网监控系统实时对接，能够保证仓单的真实性和有效性，解决了传统交易过程的不安全、信息非透明等痛点问题。

（3）金储仓单管理系统。

金储仓单管理系统是由金储、华清智芯和复杂美共同研发并联合发布的区块链仓单交易平台，该平台的特点为存货票据化，资产数字化。所有金融仓储公司都可登录该平台,并且在线交易标准数字仓单。中小微企业可以凭借数字仓单对接银行,使传统融资低效的问题得到解决。

金储仓单管理系统还提供了手机端 App,金融仓储公司和中小微企业只要在平台的手机端就可以简易完成仓单转让支付、仓单采购、仓单提货等操作。传统仓单存在着仓单数据造假、可信度低等痛点问题。区块链技术将仓单上链后,商品入库同步生成数字仓单、货物的数量规格及照片等信息都会被写入区块链,这解决了仓单可信度问题。另外,传统仓单存在转移周期长、不安全等问题,金储仓单管理系统在区块链上记录的数字仓单彻底解决这一问题,使得仓单的转移交易方便快捷,同时也可保证已电子化仓单传输的真实性,解决了信息源泉真实性问题。

6.4 区块链供应链金融的风险与防范

区块链供应链金融的风险主要包括合规风险、技术风险、操作风险等,而防范策略则包括加强合规管理、提升技术水平、优化操作流程等。区块链供应链金融作为一种新兴的金融模式,利用区块链技术的去中心化、安全性、不可篡改等特性,旨在提高供应链金融的透明度、效率和安全性。然而,这种新型金融模式的应用也伴随着一系列风险和挑战。

6.4.1 供应链金融的风险与成因分析

新型供应链融资模式涉及主体众多,操作流程烦琐,各环节环环相扣,任何一个环节出了问题,都很有可能牵一发而动全身,影响整条供应链的运作。例如,上海钢贸易事件、青岛港有色金属骗贷案和淮南矿业物流有限公司的资本黑洞事件等都给相关金融机构带来了巨大的财产损失。因此,对供应链金融的风险及成因进行分析,加强金融风险管控对中小企业的可持续、稳定和健康发展具有重要意义。

1. 贸易背景真实性风险

供应链融资具有自偿性的特点,这是指商业银行根据真实的贸易背景,给予企业信贷资金支持,企业的销售收入能够确保偿还相关借款。供应链融资业务中,几种模式背后发生的应收账款、预付账款、存货及核心企业的担保形成了复杂的交易背景。商业银行根据这些质押物、抵押物的真实性和可靠性判断融资需求企业能否实现自偿,进而决定是否为其提供融资服务。决策过程中最大的风险就是应收账款的真实性问题。银行往往因为付款方是核心企业,就忽略了对应收账款真实性的调查,第三方也没有尽职调查确权,最后才发现贸易合同、单据及票据等都是伪造的。更严重的是核心企业可能出于自身利益与上下游联合造假,双方伪造合同,进行虚假交易,恶意套取银行资金。银行若不能科学、准确地判断贸易的真实性,财产可能就会遭受重大损失。

2. 上下游中小企业自身状况风险

目前我国中小企业的治理现状不容乐观,为数众多的中小企业是从家庭式作坊发展起来的。家族式的管理环境很大程度上限制了职业经理人管理能力的发挥,企业实际还是所有者的附庸，所谓健全的管理体制也是名存实亡。另外，中小企业本身资产规模就小，抗风险能力差，再加上内部中高层管理人员经常流动，缺乏高素质人才和企业文化建设，导致管理不够规范、治理结构不健全、财务制度不完善。目前，中小企业经营数据透明度差、财务报表缺乏可信度、信用信息缺失造成的融资约束等问题仍然比较严重，为了快速获取资金，中小企业有可能铤而走险与同样需要业务量的第三方物流企业"同流合污"，串谋套取银行信贷资金。例如，物流企业作为第三方监管抵押物不公开，未尽到核实数据的责任和义务，就会影响银行对融资企业的信用分析、评价及发放贷款数的预估。

3. 核心企业信用风险

不同于供应链上游的中小企业，核心企业一般资产规模较大、信用等级较高、资本实力较为雄厚，在产业链中有较大的影响力，具备强大的信息获取和组织调控优势。因此核心企业在供应链运作中的作用不言而喻，其信用等级直接决定了整个系统的可靠性，是供应链金融业务发展的基础。通过区块链技术实现核心企业信用的无损传递，可以减少对上下游的风控成本，能够增强金融机构向上下游开展授信业务的意愿，降低了供应链融资业务的门槛。但倘若核心企业自身的资信出现问题，或者信用无法延伸至中小企业，则核心企业作为次债务人对供应链融资的担保力度将大幅减弱，从而势必将会中断整条链上业务的开展。比如，核心企业所处的市场环境发生重大变化，经营风险和财务风险短时间内剧增，而盈利能力和偿债能力大幅下降，供应链金融的自偿性基础将不复存在，金融机构也将面临财产损失的可能性。

4. 过分依赖于第三方风险

鉴于银行的主营业务不包含仓储业务，缺乏对质押物、抵押物监管控制的相关知识和能力，同时也为了降低质押贷款成本，在供应链融资业务中银行通常需要和第三方物流企业合作。物流是线下业务非常重要的一环，通过提供运输、仓储等服务获得收入，掌握可能用于担保的货物最详细的信息。随着供应链金融从"1+N"到"N+1+M"模式的转变，参与的经济主体越来越多，第三方物流企业提供的相关信息的真实性和可靠性越来越重要，成为一个重要的风险节点。一方面，第三方物流企业可能由于自身不够专业，不能准确判定质押物的资产价值或者不能科学预测未来价格变动趋势，使评估结果失真；或者自身监管不当、不尽责导致货物损失，未来变现价值变低甚至无法变现。另一方面，物流企业也可能为了自身利益与中小企业串谋哄抬质押物货值、擅自提取处置货物、伪造出入库登记单，向银行骗贷。

5. 业务操作风险

供应链融资业务涉及多方主体，经济关系错综复杂，牵一发而动全身，稍有操作不慎，都有可能使原始业务无据可查，银行因而设计了相对烦琐的业务流程，在经办人素养不高的情况下容易产生较高的操作风险。作为正在快速发展中的创新型融资模式，供应链融资对操作的严密性、专业性、执行力度提出了越来越高的要求，这也是业内人士都认同的最需要防范的风险之一。

6.4.2 防范供应链金融风险的对策

所谓系统金融风险和全局性金融风险是相对个别金融风险或局部性金融风险而言的。金融危机不管由什么原因引起，最终都表现为支付危机，如无法清偿到期的国外债务，银行系统已不能满足国内存款者的普遍提存要求继而进一步导致挤提甚至是银行破产。正是基于对流动性重要程度的重视，国外不少货币金融理论著作都将最初的系统风险定义为支付链条遭到破坏或因故中断导致的危险现象。

1. 建设"区块链+票据"平台

建设"区块链+票据"平台，可以及时、真实地反映线下线上交易、电商平台等互联网数据，还原真实的交易场景，消除信息不对称。对于不同的业务类型，银行可以确定不同的确权标准，特别是，针对应收账款的确权，要充分、完整，不能单纯依赖第三方中介机构，要逐一核查尽职调查材料等资料。有了区块链技术支持的线上确权功能，通过多方系统网络直联，核查会更加可靠、方便。从信息传递的角度来讲，分布式记账机制有助于银行对供应链上发生业务以及链上主体财务流水、资产动向等流动性数据进行动态监控，实现对各环节数据的可溯源，从而提升信息透明度，保证贸易真实性；也能促进银行改善内部管理，降低运营成本，增强风险防控能力。目前，国内一些公司已经针对各类应用场景，通过对商业模式、交易流程的改造，构建了大量的基于区块链技术的供应链金融平台，如中企云链的云信、趣链科技与德邦证券的区块链 ABS 等影响较大的平台，从不同角度实现了弱中心化的数字资产存储、转移和交易。

2. 建立健全上下游企业信用体系

要加快建立健全中小企业信用体系，打破企业信用体系仅来源于财务报表数据的局面；推进中小企业征信制度的发展，制定相关法律法规，有效降低银企双方的交易成本；督促政府充分发挥应有职能，提升社会信用；完善中小企业信用评级方式，与当前互联网大数据、区块链技术相结合，通过数据足迹，整合分散在不同主体的企业信息，做好产业链上中小企业的信用积累工作。

3. 智能合约约束各参与方

现实中，金融机构在发放贷款后可以通过区块链平台获取交易的有关信息和资料，并通过系统的溯源追踪功能对货物进行溯源和追踪，一旦满足交易合同中的付款条件，嵌入在区块链平台中的智能合约即自动划拨款项而无须各方人工核准，能够在很大程度上防范交易各方的道德风险和信用风险。需要注意的是，金融机构能够通过区块链系统对贸易中的资金流、物流、信息流进行实时监控，智能合约的应用也降低了应收账款质押的风险，但对于仓单质押业务帮助有限。在仓单质押业务中，用于担保的货物价值信息主要由物流企业确认，因此，要选择资信良好的第三方物流企业并及时对货物价值进行动态评估。

4. 加强金融科技人才储备

供应链金融业务复杂、类型繁多，在技术进步的驱动下也在不断地进行模式创新，金融科技元素的加入，增加了供应链金融风险管理的技术风险，而技术风险带来的损失可能比一般的金融风险影响更大,这就对相关的工作人员提出了更高的知识要求和技能要求。金融机构除了要对职员在产品设计、业务操作、风险管理、贷后管理等环节进行业务培训,还要分行业普及供应链行业特征、产品特性的有关知识,同时,也要对区块链、大数据应用等金融科技有一定的了解。因此,金融机构和企业都要加强金融科技人才的储备,以满足技术创新下的供应链金融风险管理要求。

本 章 小 结

供应链金融是金融业和实体经济高度结合的领域,区块链技术的应用可以在信息共享、智能合约、身份验证和风险管理等方面为其提供非常好的支持。区块链技术不仅可以确保供应链金融中的透明度和自动化程度,还可以更好地解决一些经济交易中存在的需求。可以预见的是,在未来,随着人工智能技术的逐步发展和扩展,区块链技术在供应链金融领域中的应用将更加广泛和深入。

通过本章的学习,学生能够全面了解区块链物流金融与区块链供应链金融的基本理论、运作模式,以及对区块链物流金融与区块链供应链金融业务的综合分析。本章较详细地论述了虚拟电子货币——比特币、区块链技术、区块链物流金融服务与管理、区块链供应链金融的基本概念、主要业务运作模式与管理的基本内容。

从宏观和微观的角度出发,本章全面介绍了实施区块链物流金融和区块链供应链金融的实际操作,并用典型案例加以说明;阐述了区块链金融所面临的风险,对区块链物流金融服务中的风险控制,运作以及应对策略也作了重点论述。

通过学习区块链金融的相关理论,学生可以拓展开展物流金融基本业务新的知识点,树立现代物流金融的创新理念。

关键概念

区块链技术　区块链系统　去中心化区块链　智能合约　密码学　区块链金融服务　区块链物流金融　区块链供应链金融　链上应收账款融资模式　链上应付账款融资模式　票链业务　仓单平台　物联网动产质押授信

讨论与思考

1. 简述区块链在金融领域的主要应用。
2. 简述区块链物流金融服务系统的架构。
3. 简述区块链物流金融服务系统的功能与创新发展。
4. 简述区块链技术在供应链金融中的价值体现。
5. 简述区块链供应链金融的动产质押融资模式。

第 7 章
物流金融平台与区块链供应链金融平台

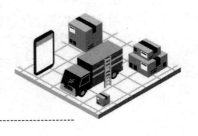

📖 【学习目标】

1. 掌握现代物流金融平台的基本知识;
2. 掌握现代物流金融平台的基本运作模式;
3. 掌握区块链物流金融平台的基本运作模式;
4. 熟悉区块链物流金融平台的结构设计;
5. 了解物流金融的创新作用;
6. 熟悉物流金融风险与控制的基本理论。

📖 【教学要求】

知识要点	能力要求	相关知识
物流金融服务平台	(1) 掌握物流金融服务平台的概念、作用及功能 (2) 熟悉物流金融服务平台架构	(1) 物流金融相关概念 (2) 金融衍生品
物流园区金融服务平台	(1) 掌握物流园区金融企业运作模式 (2) 掌握物流园区金融服务平台技术基本知识点	(1) 物流金融模式的建立 (2) 物流金融创新作用
区块链供应链金融平台	(1) 区块链供应链金融平台运作模式、应用场景 (2) 区块链供应链金融平台结构设计	(1) 银行智能联网监控管理系统 (2) 物流金融产品安全监控设计

第 7 章
物流金融平台与区块链供应链金融平台

【章前导读】

随着互联网和信息技术的发展，物流和金融行业已经逐步融合成为新一代的物流金融行业。物流金融行业旨在为各行各业的企业提供全方位、高效的物流运输和金融服务。然而，物流金融行业也存在诸多问题，如信息不对称、跨境支付难、资金运作效率低等。

区块链技术是一种去中心化、不可篡改、安全性高的技术，它已经被广泛应用于数字货币、智能合约等领域。区块链技术采用分布式、去中心化的方式，使得信息难以被篡改和操纵。区块链上的数据一旦被记录，就无法被修改或删除，从而保证了信息的真实性和安全性。另外，区块链技术也可以实现智能合约和数字身份等功能，保证数据的安全性和隐私性。这一点在物流金融行业中尤为重要，可以避免商业秘密被泄露，提高企业的商业信誉和安全性。

物流金融公共服务平台采用的区块链技术，以联盟链的形式构成。根据物流金融涉及多参与主体及业务的特性，采用具有准入机制的联盟链构建物流金融公共服务平台。由金融机构、监管方组成原始节点，需要参与物流金融业务的其他参与主体如物流企业、融资方、购买方经过审批，加入平台成为新节点。

【引例】

和诚智达：物联网金融新模式——运盈 e 贷

福建和诚智达汽车管理服务有限公司，结合多年服务物流运输企业的经验，开发了车队智能管理服务平台，即车辆精细化综合管理服务平台——"智汇车管"。同时，整合燃油供应商、车厂车商、维修养护厂、保险公司、银行等优质资源，结合软件系统、车载智能设备、物联网技术，为企业车队、物流运输企业提供车队融资、燃油管理、保险规划、运输管理、车载监控、购车定制、报表统计、运营分析、效益分析等全方位一体化的车队管理信息化与车辆精细化管理服务。

同时，通过在"智汇车管"平台汇聚的数据，优质物流企业就可以向"运盈 e 贷"提交融资信息，经审核后发布。广大投资客户在"运盈 e 贷"平台上获取借款物流企业的信息，自主选择、自由投资。物流企业获得融资后将在"车队汇"平台进行集中采购。最终募集的款项会被指定用于购买经营物资，包括但不限于车辆、燃油、车架、高速通行卡、保险等。

7.1 物流金融服务平台概述

物流金融服务平台从广义上讲就是面向物流业的运营过程，通过应用和开发各种金融产品以及各类信息，有效地组织和调剂物流领域中货币资金的活动。

物流金融服务平台是结合金融机构的实时监管要求，为了物流金融业务的高效运作而构建的一个集信息化系统、智能化设备及管理咨询于一体的系统集成服务平台。

7.1.1 平台的基本概念

平台经济是一种基于数字技术，由数据驱动、平台支撑、网络协同的经济活动单元所构成的新经济系统，是基于数字平台的各种经济关系的总称。平台经济的出现，无疑推动了经济领域的发展，平台与数字经济发展的跃迁是基于商业模式创新而进行的。

1. 市场现状

（1）平台释义。

平台，在本质上就是市场的具化。在平台经济中，市场从看不见的手，变成了有利益诉求的手。平台是一种虚拟或真实的交易场所，平台本身不生产产品，但可以促成双方或多方供求之间的交易，收取恰当的费用或赚取差价而获得收益。

（2）现状与背景。

2011年以来，我国物流业与金融业的融合愈加深化，物流金融业务取得了突飞猛进的发展，市场规模迅速扩大，2022年已达到8万亿元，预计2025年将达到13.6万亿元。

初级的物流园区往往采取粗放式经营，按"平方米"计算租金将场地租赁给物流企业，主要收入来源为仓库和办公楼租金；成熟的物流园区则根据入驻企业的需求，提供综合性的物流服务，如仓储管理、运输配送、信息服务、金融服务及其他增值服务，实现多业态营收。

成熟的物流园区通过提供综合服务，实现多业态营收，从单一功能园区向多功能园区转变，完善相关配套设施及服务，不断提升园区综合运营能力，这也是物流园区服务升级的基本方向。

然而，该业务在迅速崛起的同时，也暴露出了一系列的问题（见图7.1），特别是2012年以来华东地区连续暴发多起虚开仓单、重复质押危机案件，给银行、物流企业等造成重大损失。这给物流金融业务的发展带来了巨大压力，亟须一个有效的方案和途径，来解决该业务存在的突出问题。

图 7.1 平台构建背景

出现上述危机后，由于市场上没有有效的解决方案，物流金融业务出现了下滑。出于风险的考虑，众多银行与物流企业都缩减了业务规模，使得中小企业融资难的问题更加突出。国家有关部门对物流金融业务十分关注，要求针对行业危机寻找切实可行的解决方案。

（3）问题分析。

2012—2013年华东钢贸事件凸显出国内物流金融行业的粗放式经营情况，主要体现在信息化程度不高、信息不对称、缺乏标准化管控流程、信用难以保障、银企不能有效对接等方面。

国内开展物流金融业务的银行基本上都与多家大型物流企业签订了总对总合作协议，共同开展物流金融服务，但是整个物流金融业务基本上属于点对点的各自经营状态，造成了银行与银行之间、物流企业与物流监管企业之间的跨行业、跨企业之间信息的极大不对称，各自形成信息孤岛，导致物流金融业务隐藏着极大的潜在风险。

2. 金融服务平台的定义

现有的对金融服务平台的定义主要是从金融服务和营销管理的角度出发，或者体现在相关法律法规和经济统计中。比如英国学者亚瑟·梅丹对金融服务平台的定义是运用货币交易手段，融通有价物品，向金融活动参加者和顾客提供的共同收益、获得满足的活动的组织或者机构。

从上述意义上讲，金融服务平台既包括以计算机及信息技术为特征的虚拟服务平台，如B2B金融服务平台，也包括实体性的金融服务平台，具体指保险、银行和其他金融服务行业提供的服务平台。

3. 金融服务平台的特征

金融服务平台一般分为虚拟金融服务平台和实体金融服务平台。

（1）虚拟金融服务平台。

虚拟金融服务平台是指以结算服务、融资服务、物流保险及供应链风险为对象而进行的金融中间服务平台。它的主要特征有：融资方式的多样性、结算方式的信息化、供应链服务主体的利益共赢性、金融服务的中介性。

（2）实体金融服务平台。

实体金融服务平台主要包括银行类金融服务平台及非银行类金融服务平台。银行类金融服务平台包括国有银行、股份制银行、商业银行、农村银行。非银行类金融服务平台包括担保公司、小额贷款公司、融资租赁公司、创投基金及信托机构、保险机构。无论是银行类金融服务平台还是非银行类金融服务平台都具有以下特征。

① 盈利性。无论是银行类金融服务平台，还是非银行类金融服务平台，都无一例外参与市场化经营，以市场为导向，通过资金的运营，实现经济效益。它们都具有盈利性，并以此为目的。

② 服务对象具有针对性。实体金融服务平台往往针对某一特定范围或对象进行服务，如担保公司主要从事融资性或信用性担保业务，资产租赁公司主要从事资产的融资租赁业务。

③ 受国家宏观经济环境及政策影响比较大。金融服务平台是以资金为经营活动载体，其资金活动受国家经济调控及经济环境影响比较大，不同政策下的资金需求及服务是不相同的。

4. 金融服务平台建设的必要性

信息是金融的核心，构成金融资源配置的基础。物流金融信息中，最核心的是资金供需双方的信息，特别是资金需求方的信息（如借款者、发债企业、股票发行企业的财务信息等）。互联网金融模式下的信息处理是它与商业银行间接融资和资本市场直接融资的最大区别，其有三个组成部分：一是社交网络生成和传播信息，特别是对个人和机构没有义务披露的信息；二是搜索引擎对信息的组织、排序和检索，能缓解信息超载问题，有针对性地满足信息需求；三是云计算保障系统有高速处理海量信息的能力。

随着互联网金融的发展，我国各大金融机构纷纷将数据进行集中、整合和处理，这已经成为金融机构信息化建设的主流趋势，也是管理集约化的必然要求，是金融机构优化业务流程的必要手段，因此，物流金融后台数据中心建设已成为金融机构信息化趋势下的必然产物。物流金融后台数据中心作为承载金融机构业务的重要 IT（Information Technology，信息技术）基础设施，承担着金融机构稳定运行和业务创新的重任。

5. 金融服务平台的逻辑架构

金融行业应用程序通常需要处理大量的事务和数据尤其是大量的敏感数据，并且需要满足严格的安全和合规要求。因此在逻辑架构中需要采用适当的数据管理策略。物流金融服务平台逻辑架构如图 7.2 所示。

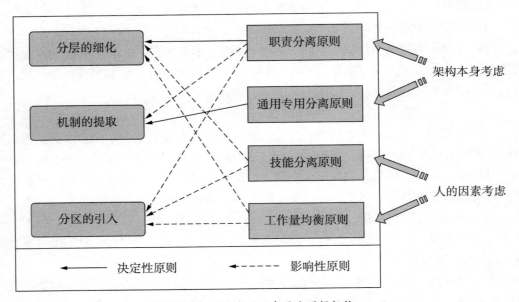

图 7.2　物流金融服务平台逻辑架构

7.1.2 物流金融平台的作用及功能

物流金融平台实际上是企业为了达到相关企业本身的融资需要或者投资需要，而刻意设计的一个独立的金融平台。

1. 物流金融平台的主要作用

物流金融平台的主要作用有解决银企之间的信息不对称问题、提高物流金融业务信息化建设水平、建立统一的业务风险监控体系、提供物流金融业务迅速发展的通道，以及提供其他服务等。

【7-1 拓展知识】

2. 物流金融平台主要功能

物流金融平台主要有五大功能。

（1）向中小企业提供信用担保服务，帮助中小企业从银行获得融资，而中小企业以货物所有权形式向金融平台提供反担保，保障双方权益。

（2）为托运人签发电子铁路运单，保障贸易顺利进行。

（3）金融服务的延伸，主要是向平台用户提供其他类别的金融产品服务，例如运费贷等产品。

（4）运单业务完成后，关于该笔运单的所有信息，将通过物流金融平台进行记录，并以数据形式永久保存。

（5）信息透明化，在贸易信息、货物运输信息、资金安全性等方面提供信息保障，有助于保障各参与主体的利益。

3. 物流金融平台的权益性功能

物流金融平台主要具有三大权益功能。

（1）在法律主体地位上，物流金融平台负责组织全程运输，其享有承运人的全部义务和权利，它可以在多式联运中发挥重要作用。此外，托运人只需与物流金融平台签订一次协议后，就可实现一单到底。

（2）该平台可以提供金融增信，解决中小微贸易企业的融资问题。

（3）该平台可以完成信息整合功能。物流金融平台的搭建和运营推广需要大量人力资源的助力，这使得搭建的物流金融平台业务流程专门化、专业化，平台功能更加全面、系统、完善，即充分利用平台功能，是平台及该业务模式未来的发展方向。

4. 物流金融平台的风险管控

物流金融平台一般都具有六大系统及风险管控的全过程管理。

物流金融平台致力于通过涵盖事前、事中、事后的全过程管理和增值服务，通过六大功能系统（存货担保登记系统、智能仓储管理系统、仓单流转交易系统、在线融资服务系统、增值服务系统、质物资产处置系统）为物流金融业务主要风险提供有效解决方案。

【7-2 拓展知识】

7.2 物流金融平台架构

物流金融平台是指专门为物流行业提供金融服务的平台，旨在通过应用和开发各种金融产品，有效地组织和调剂物流领域中货币资金的运动。这些平台通常涉及存款、贷款、投资、信托、租赁、抵押、贴现、保险、证券发行与交易等金融服务，以及金融机构所办理的涉及物流业的中间业务。

7.2.1 物流金融平台的构建

物流金融平台是一个为融资企业、物流企业、金融机构等物流金融参与主体提供商业机会和金融服务的专业化的信息平台，平台提供了物流、资金流、信息流采集和整合功能，为物流金融各参与方提供信息，以满足各方的信息交换、共享的需求。

1. 物流金融平台理论模型架构

物流金融平台在物流企业交易流程中可以在贸易信息、货物运输信息、资金安全性等方面提供保障，其带来的信息进一步透明化也有利于保障各参与主体的利益，激发其融入交易模式中的积极性。

（1）基于信用证交易模式的物流金融平台主要承担缔约承运人（多式联运中的多式联运经营人）的角色，平台主要依托完善的风控体系向用户提供相应的金融服务产品，系统主要包括内部业务流程控制、数据安全技术支持、法律风险监控、客户管理（客户筛选、黑名单）、企业评级以及资产保护等功能。

（2）平台主要为用户提供向中小企业提供信用担保的服务，以及其他金融产品（运费贷等）服务。

（3）在平台管理方面，设置用户管理、日志管理、金融机构管理、贷款信息、相关主体权限等模块。

一方面，平台会连接交易模式中相关主体所运营的数据系统，其中内部业务系统将会连接外部的物流系统，使得平台能够包含客户信息、货运数据、发货信息、货物追踪信息等，更全面地为平台用户提供发货服务、货物追踪服务，使用户可实时查询物流信息；另一方面，平台的外部数据主要来自工商数据、税务数据和相关法律信息，而提供金融支持的主要是银行。

（4）平台的创建要依托当下先进的技术支持，如运单电子化、票据电子化等相关技术，以及区块链技术、大数据技术和物联网技术，以此来保障平台的稳定性、有效性和安全性。

2. 公共服务平台技术架构

基于云存储可设计如下公共平台体系结构：前端是门户网站，中间层是基于应用的各子系统，后台是集中式数据存储。公共服务平台本质上是一个数据仓库系统。

可见，目前的实践应用中只有两种技术架构用于建设各领域的公共平台：一是"门户网站+后台存储",二是"门户网站+云平台存储"。但是,这两种技术架构在数据安全及去中心化方面都需要完善。

3. 需求分析

我们从物流金融的基本运作模式——仓单质押业务流程上可以看出,它的实现是以银行、客户和第三方物流企业(仓库)三方的大量信息传递和交换为基础的,仓库处于核心位置,是银行和客户业务关系的纽带,而银行和客户又是业务关系的主体。

(1)金融机构的信息需求分析。银行为了追求新的经济增长点,实行质押贷款,质物的保全仓为第三方物流企业的仓库。这既吸引了储户又实现了放贷,并能产生新的经济效益。但这里潜藏着信息不对称、信息失真、信息不及时的风险,银行要求仓库的仓单数据是真实、及时、可靠的。银行希望仓库给它带来信誉更高的客户,并可以委托仓库完成一些工作,如商品的评估与处置等。银行有将仓单质押纳入内部管理系统的需要。

(2)物流企业的信息需求分析。对物流企业而言,仓单质押是一项新的业务,并且该项业务的开展,不但涉及企业内部信息的管理,如客户、银行的基本信息和质押商品的基本信息,还涉及银行与客户之间的关系管理。仓单质押中的源数据来自仓库,仓库需要将仓单质押业务纳入内部管理系统,并做好同银行、客户的信息共享和交换,能让银行与客户更方便地开展仓单质押贷款,并及时了解商品的存储信息,要尽可能为银行和客户提供更全面的物流服务和代理业务。

(3)中小企业的信息需求分析。从中小企业的角度上看,允许企业利用在市场经营的商品作质押贷款,解决了经营问题,实现了经营规模的扩大和发展,提高了经济效益。在业务处理过程中客户关心的内容有:更方便地与银行沟通,及时地掌握商品的存储情况,将仓单质押纳入内部管理系统。

4. 物流金融平台信息化的特点

仓单质押贷款的开展需要有信息系统的强大支持,而且具有以下几个特点。

(1)仓库是客户商品的存放地点,并受到银行的监管,是仓库沟通银行和客户的桥梁,并且仓库会为银行、客户代理完成一些业务,物流金融信息系统的建设应以仓库为核心来规划和实现。

(2)物流金融信息系统所支持的不是单个企业内部的信息处理需求,而是三方企业之间的信息处理需求,这个需求系统不仅能够支持三方企业各自内部的业务处理,而且能够支持三方的协作。

(3)物流企业、金融机构与中小企业都有把仓单质押业务纳入内部管理系统的需求。从以上特点可以看出,物流金融服务平台信息化中最关键的一点是仓库。在仓单质押中,仓库、银行和客户之间存在着委托代理关系,而仓库是两种委托代理关系的连接点:一是作为银行的代理人,监管客户在仓库中的商品;二是作为客户的代理人管理仓库中的商品。客户同银行之间的一些业务将以仓库作为代理来完成,这样的方式简化了业务的操作过程,降低了三方业务来往过程中信息交互的复杂程度,提高了工作的效率。可是,仓库要取得双方的信任,首要的工作就是要建立并整合相互之间的信用,这是物流金融服务平台信息化的首要前提。

5. 物流金融信息系统的构架与功能

仓库数据中心是实现信息系统功能的基础。数据中心保存着仓单质押贷款开展过程中需要的所有源数据，仓库必须综合考虑三方的需求而对数据中心进行规划和维护，以确保仓单质押业务在仓库、银行和客户三者之间的开展，并为银行和客户提供实时、准确的增值信息服务，以实现仓单质押业务与其各自内部信息系统的集成。从技术的角度上讲就是要建立一个安全、高效的数据库。综合考虑三方的信息需求和仓单质押业务的特点，物流金融信息系统的建设可选用 B／S 三层体系（见图 7.3），应用程序和数据库都由仓储企业运行和维护，银行、客户通过浏览器进行相关业务的处理，并获取各自所定制的、用来完善内部信息系统的信息增值服务，这样可避免信息系统的重复建设。在该信息系统的支撑下，仓单质押业务的内涵得到了进一步的深化，并优化了传统的业务过程。

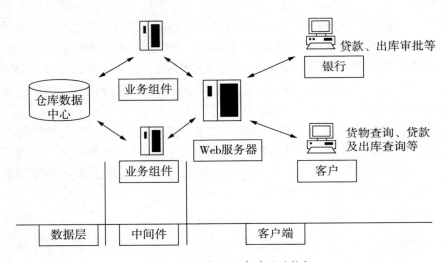

图 7.3　物流金融信息系统的构架

7.2.2　区块链物流金融公共服务平台

实现资金流和物流信息的实时获取是有效开展物流金融业务的保障条件之一，建设物流金融公共服务平台能够有效解决信息不对称、信息不及时、信息不完善等问题，能够促进中小企业信息化建设，有效控制物流金融业务风险。

强调运用区块链等新技术进行科技创新，区块链的技术特性可以从根本上解决交易背景真实性的问题，可以使物流金融各参与主体运用区块链技术形成并共享各自的交易信息。

1. 物流金融公共服务平台建设方式

构建物流金融公共服务平台，需要考虑以下因素。

（1）安全性是公共平台最基本的要求，尤其是涉及资金、监管、信用等重要数据的安全。

(2）节点数量较少时，联盟链的审核机制可以确保区块链的安全性。

(3）物流金融的相关参与方，需要经过委托、审核或申请加入，才能接受服务，符合审批加入的联盟链形式。

(4）面向动产的服务评价、监管信息、物流信息、各参与主体的企业信息上传时都需要遵守法律、法规，上传信息时同样需要审核通过。

(5）金融机构、监管企业作为审核节点，负责核准节点的加入。

(6）审核节点由区域内各金融机构及监管企业组成的节点构成：金融机构作为审核节点是因为其属于出资方，是资金风险的最主要承担者；监管方作为审计节点是为了确保质押的动产可以作为质押品出质。

基于以上因素，物流金融公共服务平台采用区块链技术，以联盟链的形式构成。根据物流金融涉及多参与主体及业务的特性，采用具有准入机制的联盟链构建物流金融公共服务平台。由金融机构、监管方组成原始节点，需要参与物流金融业务的其他参与主体如物流企业、融资方、购买方经过审批，加入平台成为新节点。

2. 物流金融公共服务平台体系结构

物流金融公共服务平台体系结构如表 7-1 所示。

表 7-1 物流金融公共服务平台体系结构

体系结构			层次功能
规范约束层	基于应用场景的服务应用层	应用子层	基础平台、企业平台、交易平台、融资平台、监管平台、物流平台、信用平台
		合约子层	提供智能合约功能
		核心子层	根据信息流，生成企业征信报告
		数据子层	数据模型、数据结构、数据存储
		接口子层	数据输入、采集、交换接口
	基于区块链的技术支撑层	共识子层	共识机制、激励机制
		网络子层	P2P 网络通信协议

1）服务应用层

服务应用层包括应用子层、合约子层、核心子层、数据子层、接口子层共 5 个子层。其中，应用子层涵盖了物流金融业务的全部功能，包括基础平台、企业平台、交易平台、融资平台、监管平台、物流平台和信用平台；合约子层则通过智能合约提供行为触发功能，实现数据提交、商品交易等功能；核心子层则通过系统核心算法，根据数据子层的信息流生成各参与方的征信报告；数据子层表述了数据的结构、模型和存储方式；接口子层提供数据采集、交换和输入的功能。

(1）应用子层。

① 基础平台。包括基础数据，规章制度，使用手册，奖惩机制等基本信息。

② 企业平台。物流金融的 5 个参与主体（银行、监管机构、融资企业、物流企业及购买方）在企业平台注册登记，提交企业基本信息。购买方在企业平台进行信息登记主

要是为了获取真实的购买记录及购买评价，包括对产品销售方即融资方、物流企业运输服务，甚至监管机构的存储服务的评价，以便通过这种全方位的评价，对参与主体做出全方位、多维度、多视角的征信评价。

③ 交易平台。融资企业的每笔销售记录、购买的每笔购买记录信息都会在交易平台登记。

④ 融资平台。融资企业的每笔融资业务，包括申请、评估、批贷、还贷、监管委托等完整融资业务流都可以在融资平台实现。

⑤ 监管平台。监管方对动产的监管全过程，数据及视频会实时显示在监管平台，以备相关方及时、随时查看动产信息。

⑥ 物流平台。物流企业的物流信息应在物流平台登记提交。

⑦ 信用平台。该平台是核心算法的实现，信用平台根据公共服务平台通过各种方式获取的静态、动态数据，依据算法形成各主体的信用报告，是整个公共服务平台最终的核心体现。

（2）合约子层。

合约是一组可执行的代码，通过设定各种执行条件，触发相关操作，如注册、审核、评估、交易、数据提交、查询等功能。

（3）核心子层。

根据各参与主体的信息流、信用流等数据，生成企业的征信报告。

（4）数据子层。

描述数据在公共服务平台的存储形式。

（5）接口子层。

数据的输入、查询及交换点。

2）技术支撑层

技术支撑层包括由 P2P 网络通信协议组成的网络子层及各节点达成共识及激励机制的共识子层。

（1）共识子层。其包括共识机制及激励机制：共识机制实质是审核节点对节点加入或者数据上传存储的审批；激励机制是指若参与主体上传有效的信息或评价，则可以获得一定的奖励。

（2）网络子层。节点间通过 P2P 网络通信协议实现通信。公共服务平台的核心主旨是形成物流金融各参与主体在业务运行过程中所有信息的公信记录，既包括财务数据、企业规模、企业信用等静态记载，也包括交易信息、动产评估、监管信息、商品流、资金流、物流信息及相关方评价等动态数据。

7.3　物流园区金融服务平台

物流园区构建"金融＋科技"核心驱动力，为实体经济发展注入"源头活水"，提供了数字经济时代下金融科技发展的"园区经验"。

7.3.1 物流园区金融服务平台概述

实体性金融服务平台往往针对某一特定范围或对象进行服务，金融服务机构是以资金为经营活动载体的，其在不同政策下的资金需求及服务也是不尽相同的。

1. 物流园区简介

物流园区是对物流组织管理节点进行相对集中建设与发展的、具有经济开发性质的城市物流功能区域。同时，它也是依托相关物流服务设施降低物流成本、提高物流运作效率，改善企业服务有关的流通加工、原材料采购，便于开展与消费地直接联系的生产等活动的、具有产业发展性质的经济功能区。

物流园区是指在物流作业集中的地区，在几种运输方式衔接地，将多种物流设施和不同类型的物流企业在空间上集中布局的场所，也是一个有一定规模的和具有多种服务功能的物流企业的集结点。其包括 8 个功能：综合功能、集约功能、信息交易功能、集中仓储功能、配送加工功能、多式联运功能、辅助服务功能、停车场功能。

现代物流园区主要具有两大功能，即物流组织管理功能和依托物流服务的经济开发功能。作为城市物流功能区，物流园区包括物流中心、配送中心、运输枢纽设施、运输组织及管理中心和物流信息中心，以及适应城市物流管理与运作需要的物流基础设施；作为经济功能区，其主要作用是满足城市居民消费需求、支持就近生产、开展区域生产组织所需要的企业生产和经营活动。

2. 智慧物流园区信息平台的内涵

智慧物流是一种以信息技术为支撑，在物流的运输、仓储、包装、装卸搬运、流通加工、配送、信息服务等各个环节实现系统感知、全面分析、及时处理及自我调整功能，实现物流规整智慧、发现智慧、创新智慧和生成系统智慧的现代综合性物流系统。

智慧物流园区以"智慧"为理念，以"网上交易、业务管理、商务协同"为核心，利用系统集成、平台整合，以及物联网、云计算、大数据等新技术应用，面向物流产业链，整合上游客户及合作伙伴，有效提供物流园区智能化管理和产业链的全程服务，全面提升物流园区价值及竞争力。

智慧物流园区依托全程物流电子商务平台，实现物流园区与平台双向协调，物流园区与物流园区信息共享，以平台构造节点化园区管理智能化、业务服务全程化、业务效益长远化为核心，打造高效智慧物流节点，是云物流的强力保障。

在智慧物流园区中，信息化管理覆盖到了物流园区每个角落、每个控制点，使人、车、物从入园到离开都实现数字登记、网络查询、数据库管理；信息平台可以支撑物流园区各类业务的开展，满足和适应入驻企业生产运营，实现物流园区运营智能化、机械化、信息化；促进入驻企业群体间协同经营机制和战略合作关系的建立；为支撑政府部门间的行业管理、市场规范管理等协同工作机制的建立及科学决策提供依据；基于大数据挖掘分析，提供多样化的物流信息增值服务。

3. 物流园区金融服务平台功能

物流园区金融服务平台的功能主要有：具备存货类融资、预付账款融资、应收账款融资、产品管理和风险管理功能，为供应链上下游企业提供金融服务和融资产品的管理；为供应商提供收取货款、定期对账、账款催收、销售分户账管理、应收账款融资等金融服务，以及应收账款质押融资、应收账款池融资、国内保理、国际保理等产品；为核心企业提供在线收款、应付账款管理、在线付款、到期自动付款、定期对账、企业资金管理和上下游企业担保融资等服务；为经销商提供支付贷款、定期对账、预付账款融资、存货类融资等金融服务，以及差额回购、阶段性回购、厂商担保、现货押融资和仓单质押融资等融资产品。

4. 物流园区金融服务平台分类

（1）虚拟金融服务平台。虚拟金融服务平台是指以结算服务、融资服务、物流保险以及供应链风险为对象而进行的金融中间服务平台。它的主要特征有：融资方式的多样性、结算方式的信息化、供应链服务主体的利益共赢性、金融服务的中介性。

（2）实体金融服务平台。实体金融服务平台主要包括银行类金融服务平台及非银行类金融服务平台，银行类金融服务平台包括国有银行、股份制银行、商业银行、农村银行。非银行类金融服务平台包括担保公司、小额贷款公司、融资租赁公司、创投基金及信托机构、保险机构。

5. 物流园区金融服务平台搭建的必要性

（1）实现园区定位、促进发展的需要。物流园区的战略定位非常重要，要实现这一功能定位，就必须在落实物流园区的管理模式、产业模式的同时，注重金融服务平台的建设，通过搭建金融服务平台，适应不同主体之间的金融服务需求，才能够促进园区的可持续发展，从长远上实现物流园区的定位。也只有组建与园区发展相匹配的金融服务平台，才能促进园区经济发展，充分发挥其"枢纽"作用。

（2）扶持入园企业发展，增加物流园区财税收入的需要。作为一个物流园区，在发展初始阶段，需要对园区的不同性质的企业进行资金上的支持和孵化，金融服务平台的组建显得尤为重要，只有对这些企业进行资金上的支持和孵化，才能培育出一批优秀的企业和税源，增加园区的财政收入，用于园区的投入和建设，形成自身的封闭循环发展。园区企业的发展离不开金融服务平台，金融服务平台促进了企业的发展和园区税收的增加。

（3）完善园区服务功能的需要。作为一个战略位置十分重要的物流园区，其除了传统意义上的物流服务功能，还需要配套的服务产业予以支持，其中金融服务是必不可少的服务之一，搭建不同类型的金融服务平台，满足不同主体的金融服务需求，是完善园区服务功能，促进园区功能定位的必然要求。

（4）提高经济效益的需要。物流园区金融服务平台的组建，将大大丰富园区业务内容，组建不同类型的金融服务平台，必将为服务于园区的企业带来良好的经济效益，为园区做大做强奠定坚实的基础，同时，金融服务平台的建立也将带来良好的社会效益，将会给物流园区的企业带来"新鲜血液"，带动园区的企业发展，促进园区富余劳动力的再就业，形成一个可持续发展的物流园区。

6. 物流园区金融服务平台的发展

随着物联网、云计算、大数据、人工智能和区块链等技术的发展，物流金融正逐步朝更多科技赋能的方向发展。物流园区金融服务平台以扶持中小微企业发展为导向，以助力政府服务能力数字化转型为目标，围绕园区特色产业链，整合商流、物流、信息流、资金流、信用流，实现"五流合一"，做到"资产数字化、数字金融化"；与银行、商业保理等金融机构联动，以平台模式运营，整合园区金融生态，助力金融科技产业创新发展；创新提出将数字人民币与物流金融结合，孵化数字人民币创新应用场景；同时，作为平台的重要产品和功能模块，其能丰富园区金融服务应用，助推园区普惠金融进程，助力实体经济发展。

近年来，物流园区积极抢抓金融科技发展机遇，以金融科技需求侧带动供给侧发展的思路，集聚面向企业端的金融科技资源，助力金融实现二次升级，多措并举打造金融科技创新与服务高地、示范与应用高地和人才与产业高地。未来，园区将进一步加快布局金融科技龙头项目，推进金融科技集聚区建设，树立金融科技特色化亮点，不断推动"金融+政府"应用场景开放，持续完善金融科技创新生态，为打造数字金融创新中心贡献力量。

7.3.2　物流园区虚拟金融服务平台搭建方案

1. 虚拟金融服务框架

虚拟金融服务包括结算服务、融资服务、物流保险及供应链风险管理等。金融机构通过与物流企业的长期合作与探索，逐步开发出一些同时适合国际贸易与国内贸易的物流金融产品。虚拟物流金融服务的当事人主要有供应商、第三方物流公司、借款单位和金融机构（包括银行、保险公司、租赁公司、担保公司）等。

2. 资金管理融资模式提供的服务

物流企业在为客户服务的同时，可代替客户付款或代替客户收款（不包括银行的结算业务）。具体业务形式有代收货款模式。这种模式已在我国发达地区的邮政系统和很多中小型第三方物流供应商中广泛开展。物流企业与其合作企业相互信任。委托收款的企业对物流费用提供信用保证，而物流企业提供代为收款业务。物流企业在一定程度上还可以利用代收货款的时间差，降低物流费用回收风险，合理调度资金。

当前，我国物流金融模式发展面临4个转变。

（1）从静态质押监管向动态质押监管发展。静态质押监管一定要到质押期结束才可放货，而动态质押则可配合企业不断进行生产、采购原材料、出货的要求而不断提货。

（2）从流通型客户向生产型客户发展。物流金融的最初客户主要是流通型企业（贸易商），现在的客户中生产型企业逐渐增加，而且从事物流金融的主体逐渐从第三方发展到第四方，发展成为贸易商、供应商、监管方、银行四方合作的业务模式。

（3）从自有仓库向库外仓库发展。目前中储系统库外监管的比例已经超过库内监管比例。

（4）从单一环节向供应链全过程发展。因有了供货企业的参与，物流金融覆盖了从供应链最上游供货企业直至最终销售用户的全过程，可开展全程物流监管来开展物流金融业务。

3. 物流园区物流企业联保金融管理服务

银行可以对物流园区内的企业开展联保联贷业务，解决企业抵押难问题，政府在产业发展基金中设立物流企业融资担保基金，为企业融资提供担保。

4. 虚拟金融服务平台的功能定位

物流园区虚拟金融服务平台的功能定位如下。

（1）充当银行与各个融资主体之间的融资媒介。"融资"和"信息化结算"是银行及其他金融机构与物流企业联系在一起的根本原因，没有融资和信息化结算需求，虚拟金融服务平台就失去了存在的意义。充当银行与各个融资主体之间的媒介是虚拟金融服务平台的首要职能。

（2）促进各个主体之间的信用关系。通过充当企业和银行等金融机构之间的媒介，把即时信息反馈给金融机构，让金融机构即时了解企业的信息，对企业的信用状况进行实时实地的分析，有利于促进彼此之间的信任及信用关系的形成。

（3）开展以融资及结算为纽带的延伸服务职能。通过金融服务平台的媒介职能，开展以结算及融资等配套的延伸金融服务职能，如对银行抵押监管资产的监管、代银行在授权额度内进行金融融资服务、对企业资产评估和审计进行委托招标、对企业在银行抵押质押资产进行保险服务等。

5. 支持金融机构入驻的政策

为了支持金融机构入驻园区，需要给予相关的政策支持，具体可采纳以下政策。

（1）用产业引导资金予以支持，给予入驻企业一定的资金补助。可在园区的产业引导资金中设立金融入驻企业引导资金，对于符合入驻标准的服务园区的金融机构，如银行、担保公司、创投公司等给予进驻园区的产业引导资金予以支持，对不同类型的金融企业制定不同的标准。通过吸引金融机构的入驻，提升园区的金融服务能力，促进园区企业的成长。

（2）对承租或购买办公用房给予一定的补贴。对于入驻园区的金融机构，在一定期限内，为其承租或者购买办公用房给予一定标准的补贴，支持这些金融机构的入驻。

（3）本级财政税收的返还。对于入驻园区的符合条件的金融机构，在一定期限内全额或部分返还本级财政留存的税收。

【7-3 拓展知识】

6. 为金融机构和入园企业提供的服务

（1）注册登记服务：简化审批程序，提高办事效率。

（2）协助符合条件的企业申请高新技术企业认定，并给予相关政策支持。

（3）对为园区成长性企业进行融资的金融机构给予一定的奖励和补助。

（4）加强宣传、制定服务标准工作流程。

（5）建立创业园公共服务信息平台。

（6）加强企业与政府、企业与企业之间的互动交流。

（7）加强协调，解决劳资关系，实现和谐稳定。

7.3.3 物流园区金融大数据平台技术要求

物流园区金融大数据平台的技术要求是非常严格的，因为它需要能够处理大量的数据，以便实现数据的分析和运用，下面介绍一些主要的技术要求。

1. 物流园区金融大数据平台总体技术要求

（1）金融大数据平台需要具备良好的数据存储能力。它应该能够存储大量的数据，并且能够支持多种数据类型，如文本、图像、视频等。同时，它还要支持不同格式的数据，如 xml、json、csv 等，以便支持不同的业务需求。

（2）金融大数据平台需要具备良好的数据处理能力。它应该能够对数据进行清洗、整合和转换，以便实现数据的可视化和分析。此外，它还应该能够支持复杂的数据分析技术，如机器研究算法、深度研究算法、图分析等，以便实现对数据的深入分析。

（3）金融大数据平台还需要具备安全性和可靠性。它应该具备安全的多层授权、多层加密等功能，以保护数据的安全性。另外，它还应该具备可靠的数据备份机制，以便在发生系统故障或者其他突发情况时，能够快速恢复系统。

（4）金融大数据平台需要具备良好的可扩展性。它应该能够根据客户的业务需求，快速扩展存储容量并提高处理能力，以满足客户的业务发展。此外，它还应该能够支持实时的数据更新和查询功能，以保证数据的准确性和及时性。

总之，金融大数据平台的技术要求非常严格，它需要支持大量的数据存储、处理和分析，同时还要具备安全性和可靠性，以及可扩展性。只有具备这些要求的金融大数据平台，才能真正实现数据的有效运用，提升金融服务的效率和质量。

2. 物流园区金融大数据平台技术架构

物流园区金融大数据平台的技术架构采用多层次形式。

数据源包括各类动态数据（如行为数据）、静态数据（如属性数据）、日志文件及其他数据等，可以是结构化的、半结构化的和非结构化的数据。

在数据采集层，各采集工具根据具体情况采用不同的技术实现方式，如对动态数据的采集，使用 C/S 架构的客户端采集 SDK（Software Development Kit，软件开发工具包），对日志文件使用 Map-Reduce 方式的分析提取工具，对静态数据按 Sqoop 方式从关系数据导入，对其他数据则使用定制化程序，等等。

ETL（Extract，Transform，Load，数据抽取、转换、加载）将采集到的各种数据整合成统一的数据模型，包括数据清洗、数据转换、数据规约、数据集成等。

在数据存储层，Hadoop 集群使用 Hadoop 技术生态圈的诸多关键技术，包括：分布式存储 HDFS（Hadoop Distributed File System，分布式文件系统）、并行处理 Map-Reduce 机制、No-SQL 数据库 Hbase、数据仓库 Hive、协调系统 ZooKeeper 等。此外，还需用到关系数据库担任数据中转、元数据存储、供某些软件使用等用途。

分析挖掘层的任务是在 Hadoop 集群实现各种分析挖掘算法和分析挖掘模型。算法和模型有两类：一类是抽象的数学算法（如聚类算法、关联分析算法）和数学模型（如神经网络模型、事物关联模型等），另一类是此基础上构建的专业算法（如金融客户分类算法、效果评估算法）和专业模型（如客户行为特征模型、效果评估模型）。

可视化展现将分析挖掘结果面向用户进行各种可视化展现（如散点图、直方图、分布图、饼图等），分析挖掘的质量也决定着展现的质量。

在业务实现层，分析挖掘结果集成到相应的金融业务系统中。其具体方式既可以是实现某个独立的新业务系统，也可以是在现有系统中实现一个或多个新模块，从而扩充或提升原有的功能。

3. 物流园区金融大数据平台物理架构

物流园区金融大数据平台采用集中部署方式，硬件环境由 Hadoop 集群服务器和数据库集群组成，如图 7.4 所示。

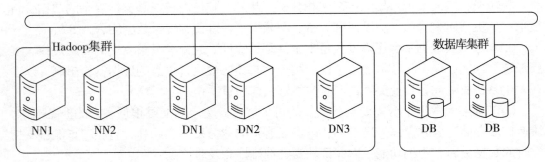

图 7.4　集群服务器和数据库集群部署方式

其中，Hadoop 集群包括两个 NameNode（主从方式）和多个 DataNode（最少 3 个，可根据需要增加）；NameNode 用于管理数据在 DataNode 上的分配，而 DataNode 用于数据的存储。NameNode 和 DataNode 采用相同的配置，运营环境中建议为：16 核 CPU 为 2 块，主频 2~2.5 GHz，内存 128 G，2 T 硬盘 12 块（注：硬件数量根据具体情况决定）。

数据库集群包括两台数据库服务器，采用双机热备方式。其配置建议为：16 核 CPU 为 2 块，主频 2~2.5 GHz，内存 64 G，2 T 硬盘 12 块。

4. 物流园区金融大数据平台功能

该平台功能如下所述。

（1）信息中心。后台管理各种用户权限的划分，根据业务建立监控仓的数据模型，监视整个系统的运行状况，对系统数据拥有最高权限，能按周、月、季、年生成各个仓库的详细统计报表。

（2）监控仓工作站点。拥有基本的仓库管理操作权限，包括进出库管理、库存盘点、报表生成、数据检索等。

（3）企业客户端。对抵押的库存进行查询检索，对进出库货物提交申请，按时段生成库存报表以备查询。

（4）银行客户端。对质押仓库存查阅，对仓库监管进行风险预警控制。能按周、月、季、年生成各个仓库的详细统计报表。

5. 物流园区金融大数据平台特色

该平台的建立，实现了安全、有效、快捷的物流金融服务管理体系、业务流程，实现了物流金融的业务运作，促进了本地中小企业融资难问题的解决，系统具有如下特色。

（1）设计操作界面体现了监管担保机构的权威性。

（2）实现数据查询统计功能，使进出库货物参数能够按客户要求视时段自动统计并生成数据报表。

（3）使银行用户具有监管审核功能，有效提高银行的监管力度；使企业用户具有进出库货物的提交申请功能，使企业货物管理有计划、有记录备档，实现企业用户的规范化管理。

（4）实现货物价值监管预警功能，加强系统人性化设计。

（5）实现远程货仓监控功能，加大物流金融系统的监管力度。

（6）预留接口，在获得授权后，可实现社会融资功能。

（7）实现物流金融的全程网上运作功能。

7.4 区块链供应链金融平台

供应链金融，就是银行将核心企业和上下游企业联系在一起提供灵活运用的金融产品和服务的一种融资模式。

7.4.1 区块链供应链金融平台概述

供应链金融作为一个新兴的、规模巨大的存量市场，区块链供应链金融平台能够为上游供应商提供资金注入的来源，提高供应链的运营效率和整体竞争力，对于激活供应链条运转有重要意义。

1. 区块链供应链金融平台简介

近些年，区块链技术呈现不断迭代更新向大融合方向发展的趋势，在存储方面，由单一键值数据库向关系型数据库、分布式数据库等方向发展。从生态环境来说，区块链正与云计算结合实现服务定制化多样化，跨链互联重要性凸显；另外，它使标准化工作提速，安全问题凸显引发关注，亟须行业重视并寻求解决方案。

区块链供应链金融平台的应用模式如图 7.5 所示。

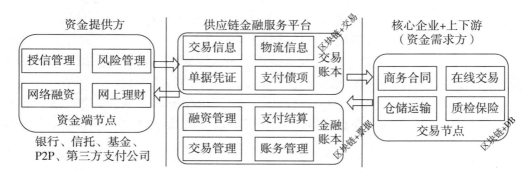

图 7.5　区块链供应链金融平台的应用模式

2. 区块链供应链金融平台的作用与意义

(1)"区块链+"的介入,可以强化区块链结构的信用价值。通过资产交易的完整记录,对应供应链金融资产的流动过程,所有参与人可以在线、实时见证和保证交易的真实性,无须第三方参与见证。供应链金融通过应用区块链技术不仅可减少人工成本、提高安全度、实现端到端的透明化,同时能够保证资产交易过程具有连续而完整的可信记录,从而为新的资金参与交易提供有力证明。

基于区块链的供应链金融平台,利用核心金融机构与大型企业的供应、代理关系传递信用,提升中小微企业在金融融资中的地位,加速其授信、融资流程,提升企业运行效率,其不仅关系到国内中小微企业的生存、发展与壮大,更关系到国计民生。

(2)区块链技术在供应链金融中的应用可以在金融活动和产业活动两个层面实现。金融活动层面的区块链应用主要是支付清算和数字票据,而在产业活动层面,区块链技术可以运用在权益证明和物流运作证明上。基于供应链金融领域多方协作的特点,产业链会涉及企业、金融机构、仓储物流、保险公司及众多渠道商,利用区块链技术,能将分散独立的单中心提升为多方参与的统一多中心,打通供应链上下游各个环节,提高信任传递效率,降低企业交易成本,促进供应链金融良性生态建设。

(3)"区块链3.0"是价值互联网的内核。"区块链3.0"(可编程社会)指区块链不再局限于加密货币和兼容应用,而是被整个社会和各个行业广泛使用,区块链成为社会底层设施。治理体系、社会体制、生产组织方式、财富分配方式由此变革。

"区块链3.0"可以对每一个互联网中代表价值的信息和字节进行产权确认、计量和存储,从而实现资产在区块链上的可被追踪、控制和交易。

以区块链技术为依托,充分利用大数据、分布式计算机架构、人工智能等最前沿的金融科技手段,为以风控管理为主的相关金融应用带来了关联作用。相比于主要解决点对点的去中心化支付的"区块链1.0",目前的"区块链3.0"在底层的计算、储存、网络传输方面都是建立在去中心化服务上,从底层就实现了更彻底完善的去中心化,同时在核心技术共识模块上更加先进,可根据应用场景选择不同的共识模块,同时在应用层能够提供完善的开发工具及管理工具,在用户体验上实现与互联网的无缝对接。

(4)传统的供应链系统是一个中心化的系统,这种系统往往部署在供应链金融企业(如银行),数据的收集往往依赖人工手段、以纸质单据为媒介。在整个采集过程由数据提供企业生成、打印,人工传递到银行,再由人工扫描录入,总体过程极为繁杂,人力投入巨大,各项经济成本高昂且操作风险点多。在少量实现电子对接的供应链金融系统当中,因为整个供应链上下游企业多,造成供应链金融系统需要与各参与企业进行大量的系统对接。这些系统模式各异,数据格式差异大,网络结构、通信协议千差万别,使得互联互通实施成本巨大,同时带来网络安全、数据安全等风险。稍有不慎,极易造成数据泄露等严重伤害事件,严重地打击了参与者直联互通的信心。

7.4.2 区块链供应链金融平台的设计方案与技术要求

区块链供应链金融平台要从广阔的发展视角出发，重在助力供应链产业链的补链、强链，以综合性金融服务基础设施的方式在产业网络中推广和应用，能够更好地发挥市场激励机制，规范供应链的运营，实现产业链中的信用、声誉等关系型契约要素量化、传递、交易，形成数字经济环境的新型"制度+技术"架构。

1. 设计原则

（1）以去主观信任为核心，加强风险控制管理。信任可被释义为"相信而敢于托付"，是风险状态下双方合作的基础。事实上，在传统供应链金融业务的开展过程中，核心企业信用无法实现跨体系传递。该种情况下，链上远离核心企业的多级供应商因难以获取核心企业的信用背书，在申请贷款时通常会被拒绝，阻碍了供应链金融业务的有序开展。而且，无论是金融机构还是核心企业，均难以构建完全真实、可靠的供应链金融业务处理系统。

例如，由核心企业构建该系统，可能出现数据造假风险，导致多级供应商仍难以顺利获得融资。区块链技术去中心化的全链信任机制，能够为金融机构、银行、企业分别提供可信的专属区块。具体而言，借助区块链技术所搭建的"区块链+供应链金融业务"处理框架，可为金融机构、核心企业、银行及多级供应商提供不同的区块节点，解决信息跨级传递较难、金融机构对中小企业信任度不够及信息不对称等问题。基于区块链的供应链金融业务处理框架可将核心企业开展供应链金融业务的相关数据上链，方便银行、金融机构审阅数据。在该模式下，链上参与主体均无法篡改与删除数据，保证了数据信息的真实可靠，促使核心企业与金融机构的信用在链上快速传递，解决了系统或人为主观信任所产生的交易风险。

（2）以操作自动化为基础，提高业务运营效率。供应链金融因涉及参与主体多、专业性强、链条长等特征，导致金融机构及参与主体在处理供应链金融业务时面临操作复杂、严重依赖人工操作等窘境，提高了链上参与主体的业务处理与操作成本。

因此，在设计供应链金融业务处理框架的过程中，实现业务操作自动化、简化数据共享与信息投放的工作流程，是保证业务快速处理、交易流程便捷的有力途径。而区块链智能合约的自动签署技术，不仅可以为供应链金融业务参与主体提供安全真实的条款合同，还能够简化业务操作流程，促使业务操作自动化，提高业务运营效率。借助区块链技术，链上参与主体可将业务合同嵌入区块，推动业务处理自动化。因此，构建区块链技术下的供应链金融业务处理框架，将极大地提高金融机构业务的处理效率，降低人工操作风险。

（3）以数据加密为宗旨，保证业务交易信息安全。由于供应链金融业务操作涉及主体较多、环节繁杂，核心企业或金融机构较难全面监察每一环节，数据信息易被篡改。而区块链数据加密技术能够保证供应链上下游企业之间的货物和服务往来资金流、物流和信息流等交易数据的安全性，提升供应链金融业务运营效率和效益。一方面，区块链技术利用共识机制与时间戳技术，可保证信息的真实与可追溯，降低供应链金融业务处理中的数据泄露风险；另一方面，借助区块链技术，供应链金融业务参与主体可加密储存及划分链上与链下数据，确保数据信息的安全与不可篡改，使数据在业务间高效地自主流转。此外，区块链中的哈希函数技术原理同样能保证业务交易信息安全。

2. 区块链类型的选择

根据去中心化程度，区块链可以分为三类，即公有区块链、联盟链和私有区块链。平台构建者应该根据供应链金融业务信息透明和隐私保护的特点，选择合适的区块链类型。公有区块链是完全去中心化的，每个人都可以作为网络中的一个节点，而不需要从其他任何节点获得访问权。公有区块链中的每个节点都可以加入或退出区块链网络，参与区块链上数据的验证、存储和更新过程。私有区块链是集中式的，适合独立组织使用。只有特定的节点可以加入私有区块链，这有助于控制和部署中心。联盟链部分去中心化，在区块链系统运行过程中，其共识过程可能受到某些特定节点的控制，只有链上节点才能参与到共识过程中。公有区块链的访问门槛过低，不利于隐私保护，交易速度也非常慢。私有区块链中的权力集中，只有一个实体可以管理区块链上的数据。因此，与公有区块链和私有区块链相比，联盟链的交易处理速度更快，节点权限可以设置，更加适合供应链金融业务场景。

（1）展示层。展示层是负责系统和供应链金融业务参与主体间交互的媒介。展示层的设计基于 MVC（Model-View-Controller，模型—视图—控制器）架构开发，能够支持多种浏览器。MVC 是一种将展示界面、业务逻辑及数据信息分离的组织代码框架，也是界面系统与交互的构成基础，其结构是为供应链金融业务参与主体提供多视图展示的应用程序。同时，MVC 架构与区块链分布式应用系统设计、分析相结合，再根据界面设计多样性、可变性需求，将交互系统分解成控制器与视图部件。

控制器有助于供应链金融业务处理使用 MVC 实现流程控制，便于简化网络应用程序开发。视图部件用于展示供应链金融业务参与主体的各项运营信息。

展示层的工作流程分为以下几步：第一，在视图管理器启动后，区块链会自动将适当的信息传递到导航器，导航器取出配置文件中的信息，依据配置信息创建相应的管理器；第二，区块链自动开启调用页面导航，寻找相应应用程序页面，并将调用状态管理器保存至分布式账本；第三，区块链调用导航器寻找适当的视图激活路径，传到视图管理器；第四，在视图显示后，区块链等待供应链金融业务参与主体在界面中执行动作，接收到动作则调用供应链金融业务逻辑进行控制，将处理完毕的结果自动储存至分布式账本，同时将结果发送到页面。据此逻辑可知，展示层能够使用区块链结合框架开发应用程序控制创新业务流程，实现新型管理状态、交互状态，使得页面操作更加连贯与便利。

（2）服务层。服务层主要负责校验业务层中的数据信息，并通过记录与储存操作内容，保证数据的安全性。其中，供应链金融通过服务平台标准化接口与区块链进行对接，将信息传递到后台实施数据处理，具体操作过程为：主体申请注册、主体身份验证、主体功能操作与主体信息保护。新供应链金融业务参与主体注册信息时，会产生新管理账号。服务平台会将新的申请信息上传至区块链技术基础平台进行注册审核，完成审核后将信息自动传送到区块链中，区块链分布式账本会对节点数据进行记录、储存。供应链金融业务参与主体只有在第一次登录时通过证书信息核验，才能正常使用。主体验证主要是对供应链金融业务参与主体的身份信息、登录信息进行验证，确认供应链金融业务参与主体的操作权限。在实际操作时，供应链金融业务参与主体的每笔交易与操作动作均会产生相应的证书信息，并在确认信息后传输给其他节点，以确保供应链金融业务参与主体的信息安全。供应链金融业务参与主体的操作流程详见图7.6。

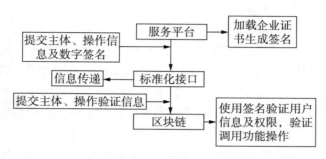

图7.6 供应链金融业务参与主体的操作流程

（3）数据层。数据层是整个供应链金融平台的底层技术，其用于数据处理、数据存储与数据上链。数据层在收到供应链金融业务参与主体的请求后，自动启动SDK层，并调用智能合约将数据上链。SDK层是封装Hyperledger Fabric的服务工具。上链数据主要链接核心企业与其他业务间的数据，是组成供应链金融业务整个环节的数据流。区块链会将每笔交易记录到区块节点，并审查、修改数据流的错误值，每经过一次修改，数据流都会被记录上链。区块链采用非对称加密、数字签名、哈希函数等技术确保供应链金融业务处理的信息安全。另外，供应链金融业务参与主体在交易过程中的所有操作均被记录上链，所存链上数据均与每次交易操作有关。

3. 区块链供应链金融平台的优势

供应链金融业务为银行、物流公司、平台等多方主体提供多样化、复杂化的交易场景，因此增加了不同业务的落地难度，并对各主体信用风险管控提出了更高的要求。在此情况下，供应链金融业务在开展过程中难免会遭遇确权信息难以确认、金融机构深入行业意愿低等限制。对此，可采用供应链金融平台作为金融机构管理中的重要组成元素，为链上中小企业、银行、物流企业等主体提供指导。供应链金融平台设计的核心逻辑在于，借助智能化、数字化方式推进企业从生产、运输到销售的各个环节，解决信息传递过程中存在的信息投放不对称、不准确问题。在此基础上，将区块链技术纳入供应链金融平台，不仅能有效降低各环节业务的复杂性，提高企业融资便利度并降低融资成本，还可强化中小企业运营管理质量，提升企业自身价值。区块链技术驱动下的供应链金融平台具有如下优势。

（1）提高供应链融资业务效率。在供应链金融业务中，相关参与主体借助区块链技术将交易数据信息写入不同区块中，并利用P2P网络组织各业务节点参与信息验证与记录。

在区块链中,供应链金融业务所涉及的所有主体均拥有相等的地位,可随时在区块上读写数据、产生与接受信息。当数据信息出现变动时,各节点均会收到其他节点的动态消息,且承担验证与记录数据的责任,确保数据一致及保证信息真实、不可篡改与可追溯。一方面,区块链技术的引入打破了供应链金融平台中传统的瀑布型操作流程,并可通过智能合约方式实时审核风险控制所需的各种材料,提升审核环节的质量与效率;另一方面,不同区块中供应链金融业务形成的交易信息可被任意授权节点查看,确保供应链金融各参与主体共享链上相关信息,降低信息获取成本与不对称程度。整体来看,区块链技术通过重塑供应链金融平台流程,促使链上各主体实现了便捷联系。

(2)实现供应链金融业务全流程透明化。在供应链金融业务中,传统纸质版商业票据具有支付、抵押与流转作用。然而,由于无法拆分商业票据票面价值,供应链金融业务中信用资产的有序流动受到极大限制,链上末端中小企业出现融资难情况。基于区块链的供应链金融平台拥有共识机制与可追溯特征,促使企业债权债务凭证在链上快速流转,解决末端中小企业融资难问题。同时,在融资审批过程中,金融机构可借助区块链技术记录业务往来中的每笔信用资产,无须二次审核供应链上企业的历史交易信息及参与方身份。因此,区块链技术不仅能够解决供应链金融平台中的监管问题,还能极大地降低人工监管成本。该模式仅需平台实时审核供应链上各主体的贸易背景与真实性,为核心企业解决信用传递与扩大供应链金融业务授信范围提供支撑。在此过程中,金融机构可利用区块链技术,将供应链金融业务中所涉及的信息流、资金流、物流等环节信息真实无误地展示出来,并通过物联网实现各区块信息核验,保证业务开展全流程透明化。

(3)增强企业再融资能力。由于供应链金融业务涉及环节众多,诸多金融机构、中小企业需逐一进行交易与收集信息。这些信息在相关环节中需经过工作人员审核,还需经历诸多复杂烦琐的审批流程,极大地降低了供应链金融业务的处理效率。智能合约作为区块链技术中的重要组成元素,可被有效嵌入供应链金融平台,提前将预设执行条款与相关流程写入不同区块。当编程条款被触发时,智能合约会自动执行与处理供应链金融业务相关合同内容。在没有第三方机构或主体参与的情况下,智能合约也能科学高效地执行合同条款。并且,智能合约技术能避免链上合同执行过程中存在的人为与道德风险,促使供应链金融平台下的合约条款实现自动化运作,降低人工审核成本,解决合约执行难问题。对于分散、数目众多的业务与资产项目,智能合约技术可准确控制与主导供应链上的企业,为中小微企业、客户建立信任。

4. 区块链的供应链金融平台应用要点

(1)利用区块链技术打通链上企业合作渠道。金融机构通过搭建基于区块链的供应链金融平台,深化链上中下游企业、银行、物流企业合作,提高各类资源要素配置效率。首先,物流企业能够借助平台发布物流服务数据信息,使链属企业依据详细的业务清单挑选合适的服务内容;其次,核心企业可借助平台将信用上传至链上中小企业、银行等主体区块上,畅通中小企业融资渠道,提高其融资效率;最后,商业银行可与链属企业签署线上合作协议,保证双方实现高质量合作。

（2）运用区块链技术实现信息资源有效配置。借助区块链技术，链上参与主体将相关交易信息写入区块中，有效保证了数据信息的不可篡改与删除。根据数据信息特征，区块链技术通过 P2P 网络验证与记录各节点数据信息，确保链上参与主体随时读写与查看交易信息，极大地优化了信息资源的配置。并且，在区块链技术下，涉及供应链金融业务的各类数据信息均可被任意节点授权查看，使得链上参与主体能实时共享供应链金融业务信息，降低各类主体信息的获取成本，解决供应链金融业务处理过程中存在的信息鸿沟问题。通过区块链技术重塑供应链金融业务信息流，促进链上主体快速便捷地开展交流与联系。

（3）通过区块链技术找到供应链金融业务处理的最佳平衡点。供应链金融平台的构建离不开金融机构、中小企业、核心企业、银行等主体，各参与主体经济效益的提高与信息资源的获取，也离不开供应链金融平台。在区块链技术的驱动下，供应链金融平台为各参与主体的合作与业务开展提供了更安全的场所，且促使各类信息资源在不同区块间实现有效传递。一方面，根据金融机构、银行等主体的特征，区块链技术可为链上企业的业务处理与决策提供有效的数据信息，从而提高金融机构供应链金融业务的处理效率；另一方面，区块链技术能精准投放数据信息，促进链上参与主体衍生与发展供应链金融业务，优化健全供应链金融平台。此外，链上主体利益权衡也是影响金融机构与其他企业合作的重要元素。因此，金融机构需借助区块链技术找到链上主体合作的最佳平衡点，以此构建满足各主体利益分配要求的供应链金融平台，促使链上主体实现可持续发展。

7.4.3 区块链供应链金融平台框架的设计过程

基于平台框架设计，围绕区块链技术的特征，从重构信息流、扩大授信范围、提升运作效率等角度，设计区块链供应链金融平台。

1. 设计思路

现阶段，将区块链技术嵌入供应链金融平台在我国尚处于尝试阶段，智能化、自动化框架设计还有较大提升空间。对此，供应链金融业务亟须在充分结合区块链技术的基础上，构建新型智能化供应链金融平台。在设计该平台之初应注意以下问题：一是梳理区块链技术各项优势特点；二是整合供应链金融相关业务；三是根据供应链金融业务主线及区块链特征，整合、溯源业务数据，明确供应链金融业务的主要方向。区块链技术与供应链金融平台的融合，有助于推进供应链金融业务处理向智能化方向发展。在生成供应链金融平台的过程中，要重点考虑信息流、资金流、商流及物流等方面的需求，为供应链金融业务对接、传递提供数据支撑。企业需根据供应链金融业务处理的复杂程度，明确各个事项在整个执行环节的外延、内涵。

2. 总体框架构建

立足上述设计思路，结合区块链技术，围绕传统供应链金融业务处理系统，设计基于区块链的智能化供应链金融平台，为金融机构、银行、中小微企业开展供应链金融业务提供技术支撑。此平台主要分为供应链金融业务平台与区块链技术基础平台。供应链金融业务平台重点用于对接供应链金融业务需求，并依据参与主体的不同需求，助力金融机构优化业务流程与添加业务模块。区块链供应链金融平台框架如图7.7所示。

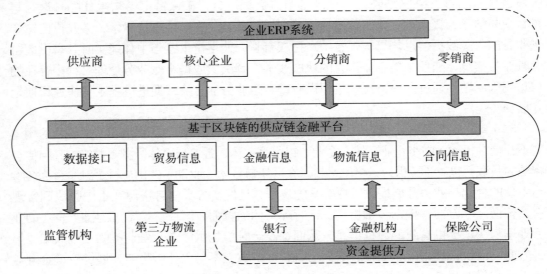

图 7.7 区块链供应链金融平台框架

3. 框架详析

（1）区块链技术基础平台。

（2）供应链金融业务平台。

① 业务处理模块。业务处理模块重点用于处理供应链金融具体业务，可依据供应链内容将其细分为以下三个区块功能。

A. 链属企业管理模块。其主要作用于核心企业、上下游企业、供应商等相关链属企业业务信息处理。链属企业登录"区块链+供应链金融"平台提交注册申请，填写相关信息并自动储存至区块链的分布式账本中。链属经销商在与供应商交易时，便可采用区块链技术基础平台标准化接口调取相关企业清单并选择心仪企业，系统会根据业务信息进行详细记录、储存以及发表。

B. 交易管理模块。核心企业通过"区块链+供应链金融"平台向链属中小企业发送业务交易订单，中小企业通过区块链接口查收订单，使用区块链技术自动对结果进行确认、核查；审查无误后发货，利用区块链将相关信息传输到系统接口并返回至核心企业；核心企业收到信息后，再通过区块链接口将货物信息录入分布式账本并公布信息。

C. 物流管理模块。供应商向供应链金融业务平台传输发货信息，将物流单据、发货信息单与出库信息单录入系统，借助区块链技术基础平台验证录入信息单并将其储存至分布式账本；同时，核心企业在接收到货物后，也将单据上传至分布式账本进行记录、储存。

② 业务账户管理模块。业务账户管理模块的重点是对保理公司、经销商、核心企业以及供应商四大类企业系统账户进行管理。其中，登录账户是四大类账户管理的主要事项，包含注册登录、密码修改等功能。以注册登录为例，其具体流程为：首先，经销商、

核心企业等相关人员在区块链技术基础平台中输入供应链金融业务的参与用户名、密码以及验证码。其次,区块链将自动检验登录信息是否规范,若规范则跳转至下页,若不规范则系统提示信息错误,并返回页面修改。再次,关联企业区块链接口获取认证信息后会启动区块链,将认证信息发送给区块节点进行验证。若通过认证,则获得许可凭证及供应链金融业务参与主体角色;若未通过认证,则将继续完善信息并等待下一关联企业认证。最后,关联企业依据许可凭证获取 ID 主界面导航栏页面列表。平台登录流程见图 7.8。

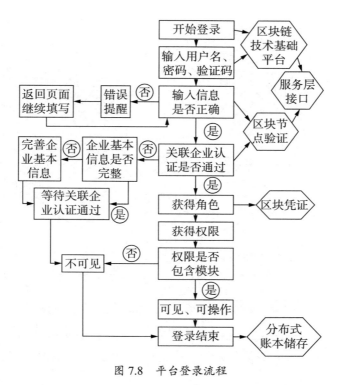

图 7.8　平台登录流程

由图 7.8 可知,在供应链金融业务参与主体输入登录信息后,页面会启动区块链接收数据,随后自动触发链码接口的查询账本,获取账本的密码、用户名。区块链会发出请求调用服务层登录接口,将数据传入服务层。服务层自动驱动区块节点对接收到的信息进行校验,若信息正确将进行下一步操作,若信息错误则自动返回页面作出错误提醒,重新填写信息直至完全正确。登录完成后,区块链会自动将登录信息储存至分布式账本,以便后续查看、修改与调用。

③ 业务项目管理模块。业务项目管理模块是供应链金融平台的核心,其主要包括应收账款融资业务与应付账款融资业务。由于两者的流程、内容较为相似,以应收账款融资业务为例,描述业务流程,见图 7.9。

应收账款业务是由经销商发起的业务,其由核心企业提供担保,确保经销商从保理公司借到足够资金,以维持正常商业往来。运用区块链拆分应收账款,将核心企业信用传递到末端,降低链上参与主体业务处理所产生的各类成本,具体步骤如下。

第一步，生成电子凭证。首先，经销商可采用智能合约编制合同，运用私钥将合同模板上传至线上；然后，由核心企业、供应商分别填写合同，确认后生成应收账款电子凭证。

第二步，申请融资贴现。供应商凭借应收账款电子凭证向银行申请融资贴现。

第三步，签署保理合同。基于区块链技术的履约监控及约束，银行、经销商及核心企业签署保理合同。

第四步，应收账款验证。区块链技术基础平台提取银行生成的应收账款电子凭证数据并进行校验。

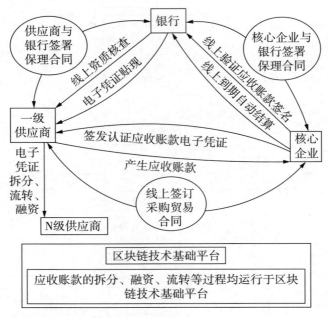

图 7.9　区块链供应链金融的应收账款融资业务流程

第五步，电子凭证贴现。银行采用区块链技术在线上对供应商电子凭证进行检验后，执行电子凭证贴现操作；金融机构在签收时对供应商完成资金代付，同时债权人从供应商变为金融机构。

第六步，电子凭证拆分流转。供应商能够将债权凭证进行拆分流转，并支付给上游供应商；上游供应商可持凭证向银行申请融资贴现。

第七步，到账还款。到应收账款还款日时，核心企业将相应资金转移至金融机构或持有债权凭证的供应商，完成业务闭环。

④ 业务合同管理模块。业务合同管理模块是供应链金融平台中的基础模块，具体模板的添加步骤为：第一步，核心企业与供应商通过区块链技术基础平台发起交易申请，经过系统审查后获得相应合同模板；第二步，核心企业与供应商在区块链技术基础平台页面添加生成合同模板，并填写表单中合同选项的名称及描述，签署合同签章关键字；第三步，将表单上传至各节点区块中进行验证，中途若检验出错误信息，表单将被返回到区块接口，由供应链金融业务参与主体重新填写模板后继续进行传输、

验证，直至信息完全准确；第四步，区块链在接收到合同信息后，将合同转化为 PDF 文件，并自动将合同模板信息保存至分布式账本中，同时将不同类型的合同模板进行分类。

⑤ 业务数据统计模块。业务数据统计模块主要包含企业借贷条件查询、借贷数据统计、系统服务费收取三方面功能。企业借贷条件查询运用区块链密钥技术查看项目的还款列表、当前交易状态等；其中，区块链密钥技术的运用使得交易信息更具安全性。借贷数据统计运用区块链技术监督核心企业、上下游企业及供应商等主体的按时还款情况，并对未及时还款的企业自动作出逾期提醒。系统服务费收取包括还款方式与还款状态两项内容：还款方式分为一次性还本付息、先息后本、按月还本、按季还本付息；还款状态分为已还款、未还款及逾期三种。

⑥ 业务平台管理模块。业务平台管理模块又被分为业务管理模块、业务权限管理模块、角色管理模块、区块链管理模块。业务管理模块进一步细分为普通管理与平台管理。普通管理难以保证供应链金融业务参与主体信息、密码、角色等信息的安全性。而运用区块链非对称密钥技术能够使信息更具安全性，令普通供应链金融业务参与主体获得专属权限。供应链金融业务参与主体可使用相应密码获取信息、重置密码，使信息资源更具安全性。平台管理与上述业务账户管理模块功能相同，因此不再重复阐述。业务权限管理模块是指对业务进行增、删、改、查，并在业务系统中形成一条权限链。权限链的数据包含两层系统，最多容纳两级菜单。角色管理模块是指对角色增、删、改、查，并对新增角色进行权限配置。角色中最大权限数即为该角色所属企业类型的权限。区块链管理模块用于信息呈现、数据信息展示，能够使企业管理员更为直观地看到系统交易数量与相关数据的动态变化，且能核实错误数据并及时纠正。

4. 结构设计

区块链供应链金融平台的结构设计首先应该考虑将物流、商流、信息流和资金流数据信息实时记录在区块链分布式账本中。然后，基于上链企业高频的交易数据，对相关实体进行动态信用评估，用于资金的匹配；并逐步沉淀小微企业自身的信用，将其记录在动态更新的数据仓库中，同时为监管部门提供相应数据接口。

具体而言，优化的区块链供应链金融平台的结构模块（见图 7.10）包括实时风险监测模块、动态信用评估模块、资产竞价适配模块、数据仓库模块及政府相关部门监督数据接口。

其中，实时风险监测模块负责跟踪平台链上企业的实时贸易动态，涵盖了基于物流信息的"四流合一"数据。该模块不仅需要对区块链分布式账本上记载的物流、信息流、资金流、商流信息进行确认和交叉验证，而且需要对交易、贸易往来的物流信息进行实时监测，确保在交易、贸易订单接收、发货、开具发票、货物运送、收货、收付款等一系列流程中，货物的真实状态可以被追溯和监测。同时，在每一个环节，交易是否完成，货物是否交付以及任何未完成或未交付的原因均记载在区块链上存证。显然，将基于"四流合一"的确权数据上传到区块链分布式账本中，可以高效地针对供应链上各项业务，进行实时全流程风险监测。特别是针对远离核心企业信用传递半径的 N 级供

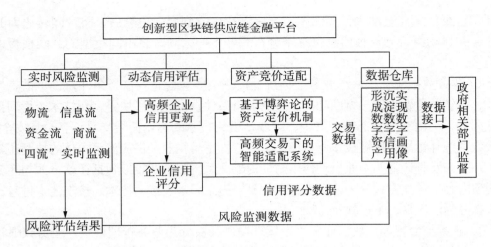

图 7.10 区块链供应链金融平台的结构模块

应商所涉及的货物、业务、票据和资金,也可以进行实时的风险评估,确定其履约风险,从而完成独立于核心企业信用的确权。这些风险评估和风险监督的数据,会实时上传到动态信用评估模块和数据仓库模块。

动态信用评估模块根据高频业务往来的企业物流数据和与之相对应的商务和票据信息,实时调整更新企业的信用评分,并将其信用评分上传到资产竞价模块和数据仓库。针对真实贸易场景的动态信用评估,源自核心企业对供应链的需求,却不简单依赖于核心企业的信用传递,这对于在供应链金融平台上培育出属于小微企业自身的企业信用具有重要意义,从根本上解决了小微企业的融资问题,实现授人以渔的目的。

资产竞价适配模块按照供需原则,通过企业信用评分,区分相应资产的品质,为资产方和资金方提供透明公平的匹配平台,资产竞价模块运行流程如图 7.11 所示。

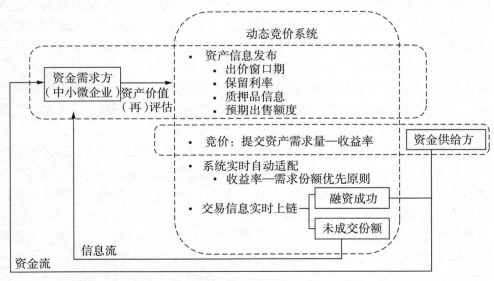

图 7.11 资产竞价模块运行流程

如图 7.11 所示，资金需求方，尤其是小微企业先对资产价值进行评估，并在系统中以资产信息发布方的身份发布出价窗口期、保留利率、质押品信息和预期出售资产额度等信息。同时，资金供给方，包括银行、保理机构、机构和个人投资者在系统中提交资产需求量、收益率等信息。资产竞价适配模块在接收到资金需求方和供给方发布的信息后，按照收益率—需求份额优先原则，将资金供给与需求进行实时自动适配，完成针对该资产的融资过程，匹配成功的交易信息被实时记载到区块链的分布式账本中。那些未能在给定窗口期内完成匹配的份额，将返回资金需求方资产池，经资产价值再评估之后，重新登录竞价系统重复上述操作。

综上所述，基于区块链的供应链金融平台具备以下几点创新性。

（1）新平台采集建立供应链物流的数字孪生信息，可以形成基于"四流合一"的确权数据，落地平台上贸易的全流程监测，做到风险实时预警。

（2）基于实时更新的贸易数据信息，为平台上贸易参与节点，尤其是为小微企业构建动态信用评分系统，沉淀大型及中小微企业信用。

（3）利用多边博弈模型完善资产交易定价机制，实现资产公平公开竞价及交易，提升供应链资产市场的有效性，从而降低供应链金融市场的成本。

（4）将平台上的交易数据信息沉淀成数字资产，搭建相关数据仓库，协助金融大数据的综合治理。

（5）为政府相关部门提供数据接口，助力金融监管。

5. 主体功能目标

（1）区块链管理平台的功能。

区块链的管理平台的功能模块见表 7-2。

表 7-2 区块链的管理平台的功能模块

模块	功能点
区块链监控	节点通信监控
	链高度监控
	交易数量监控
区块链管理	组织管理
	节点管理
	用户管理
	合约管理
	创世区块管理
	通道管理
Docker 管理	镜像管理
	容器管理
	容器日志管理

注：Docker 开发工具，是一个开源的应用容器引擎。

（2）交易应用功能。

在交易应用功能方面，该平台主要以图 7.12 中五种金融产品为主体进行推进，并将在未来进行更多的扩展。

在进行系统建设时，应特别注意在以下 4 个方面打下良好的基础。

① 客户关系管理。客户身份识别需有专门业务团队强调核心企业、各级供应商、业务关联方接入系统落实核心企业到期无条件按应收单所记录付款的义务。

② 业务管理。财务记账设置专门科目并对各级供应商融资价格进行管控，风险资产占用按贸易项下 20% 计量，与行内核心、信贷等系统高效协同。

③ 供应链业务模式选择。可选择一级供应商直接保理、二级到 N 级债权质押融资模式可选择嫁接保理公司再保理。

④ 账户体系。运用二类账户关联实体结算账户，通过向客户账户汇款确认客户意愿及信息。

图 7.12　交易应用功能示意图

6. 系统关联关系

系统关联关系详见图 7.13。

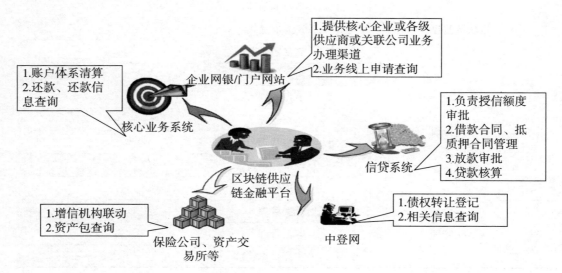

图 7.13　系统关联关系

通过对银行已有的系统进行整合，降低了银行的总体实施成本，提高了可接受程度。而通过与外部对接，更高程度上保证了上链数据的真实性，提升了直通率，解决了因为新系统的接入而带来的人员工作负荷增加问题。

7.4.4 区块链供应链金融业务应用场景

鉴于篇幅限制，本节仅以区块链供应链金融典型场景应收账款融资为例进行场景说明。

1. 业务场景确立

以区块链技术的共享账本为记账依据，充分实现信息流、资金流、物流统一；以核心企业的信用（核心企业到期付款的能力）为保障，并将其作为整个产业链条下第一还款来源，使风险可控；设立拆分、流转的收益分配机制，鼓励应收资产逐级流转，满足不同场景、不同参与方资金诉求。

（1）应收账款融资的业务场景。应收账款融资是供应链金融中最为基础、最为常见的融资模式，传统的供应链金融在处理应收账款融资时，难以确权，难以流转，造成产品交易成本高，风险高，上下游企业不愿接受等问题，从而造成银行难以进行业务拓展，中小企业难以盘活资金。

【7-4 拓展知识】

因此该系统的研发定位于应用场景，期望通过利用区块链的各项优势解决业务场景痛点，使传统低质的业务成为优质、高收益的明星产品。

（2）业务场景说明。

供应链上的应收账款融资产品，其最大的风险来自于难以确保应收账款的真实性，最大的阻力来自于应收账款的流动性，传统的处理手段是银行通过押汇或保理产品进行融资，为上、下游企业注入资金。但这种融资方式手法单一，成本高昂，且受限于单一银行的规模、风险偏好、对核心企业的授信等因素影响，实质上难以普及。在开展此类业务中，受限于银行的风险管理要求及核心企业对于上、下游企业的了解程度，一般也仅能为核心企业的直接供应商（即一级供应商）或个别一级供应商的供应商（二级供应商）提供融资，难以在二级供应商中普及或在之后层级的供应商中进行应用。

基于以上考量，所设计的方案为通过区块链供应链平台进行应收账款的登记、确权，从而形成一张合格的应收账单，一级供应商凭此应收账单可向其上游供应商（二级供应商）转让应收账款（二级向三级，以此类推）。供应链应收账款融资模式流程如图7.14所示。此种方式解决了核心企业的授信仅能为一级供应商服务而不能为更深层次的供应商服务的矛盾，增强了核心企业的信誉，为其扩大应付账单时间提供了支持；且一级供应商的应收账单可以直接转让给其上游而无须转换为现金（上游可再向其上游转让，以此类推），从而降低了财务费用，极大提升了此金融产品在企业中的可接受程度；另外，在某个环节的企业需要现金流时，可通过平台直接向银行提出融资要求，银行可通过平台完成交易的主要风险审核，这样便降低了交易成本，提升了效率，从而可以较为大量地接收此类需求，扩充业务量，提升总体收益。

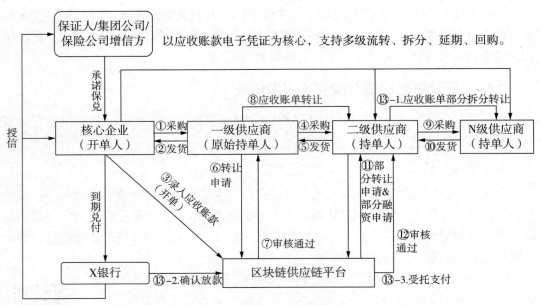

图 7.14　区块链应收账款模式流程

2. 银行与核心企业、供应商三方的利益

（1）核心企业利益拓展。

① 创新支付工具；② 延长支付期限；③ 降低有息负债；④ 解决三角债；⑤ 稳固供应商合作。核心企业利益拓展详见图 7.15。

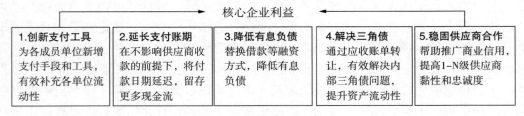

图 7.15　核心企业利益拓展

（2）供应商利益拓展。

① 收款有保障；② 收款零成本；③ 使用灵活；④ 放款速度快；⑤ 交易低成本；⑥ 操作便捷等。供应商利益拓展详见图 7.16。

（3）银行利益拓展。

① 核心企业确认债权；应收账款优质资产，风险低；资金脱虚向实，符合国家政策。

② 切入海量供应商数量；践行普惠金融。

③ 获取给核心企业放款的超额收益；其他产品收益。

银行利益拓展详见图 7.17。

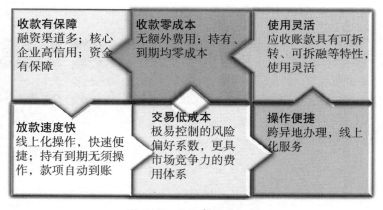

图 7.16 供应商利益拓展

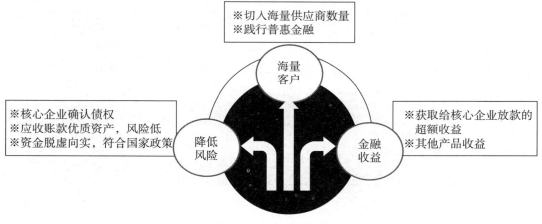

图 7.17 银行利益拓展

3. 技术选型

（1）选择联盟链。区块链有去中心化、防篡改、分布式、开放性、去信任、匿名性等特点，区块链分为公有区块链、私有区块链、联盟链。每种不同的区块链都有各自的特点。联盟链（见图 7.18）是多个机构或组织共同经营一个区块链，由每个机构或组织管理一个或多个该联盟链里的节点。注重隐私、安全、监管、速度快是联盟链的特点。联盟链采用认证准入机制，弱化了区块链的去中心化，根据节点的准入，赋予了节点完全信任性。正是由于联盟链保留了部分的"中心化"，可由其中几个权重较高的节点进行确定，其交易速度更快。联盟链使用的主要群体是银行，保险、证券公司，商业协会、集团企业及上下游企业。

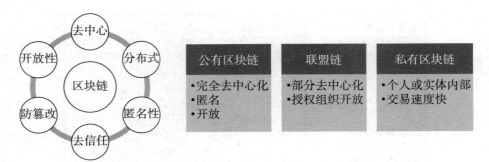

图 7.18 联盟链示意图

（2）选择 Hyperledger Fabric 的原因。

几种联盟链对比如表 7-3 所示。

表 7-3 几种联盟链对比

	Hyperledger Fabric	Ripple	国内某区块链
区块链类型	联盟链	联盟链 + 公有区块链	联盟链
共识算法	Order+Kafka	Ripple 共识机制	自研
智能合约	图灵完备 Go+Java	不支持	C#
是否开源	是	是	否
安全	可插拔国密、SHA、RSA	SHA、RSA	SHA、RSA
其他	模块可插拔（共识算法），社区活跃	主要解决汇兑问题	创业公司内部维护

Hyperledger Fabric（开发包）在银行、保险行业有大量的应用落地，是现阶段最成熟、应用最广泛的联盟链，选择 Hyperledger Fabric 满足供应链业务场景，也符合行业发展趋势。

（3）硬件选择。

供应链中，涉及的上、下游企业的 IT 技术力量普遍较为薄弱，在网络风险防范上几乎是空白的，但在 IT 投入上又极为敏感。基于这种现实及区块链应用所需的高带宽、高吞吐能力，最好采用具有普遍加密、高可用性、高性能和高可扩展特性的服务器。

4. 项目技术及建设方案

（1）区块链处理模型。

可编辑区块链是近年来新兴而颇有争议的研究课题。部分研究者认为不可篡改性是区块链技术不可动摇的重要根基，而数据编辑技术将会在去中心化的记账权之上增加中心化的编辑权这一"漏洞"，从而使得区块链数据在达成共识并上链后，再次面临着中心化，甚至是恶意的数据篡改风险。这种观点固然存在其内在的合理性，然而从区块链应用实践来看，目前区块链技术在信息监管、隐私保护、数据更新、可扩展性等四个方面都存在切实的数据编辑需求，迫切需要研究和应用可编辑区块链技术。区块链处理模型如图 7.19 所示。

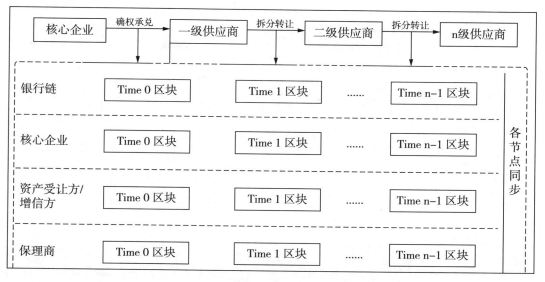

图 7.19　区块链处理模型

（2）区块链供应链金融—应收账款部分架构。

通过区块链联合多方构建多中心的管理平台，将企业应收账款转化为标准化数字资产凭证，在平台中实现应收账款的灵活流转、拆分和融资。实现基于核心企业信用的应收账款凭证在供应链上的多级流转，支持拆分、转让和融资，有效惠及除一级供应商外的多级供应商，实现了核心企业信用的多级传导，通过引入外部金融机构，为应收账款提供低成本融资利率。

区块链供应链金融应收账款架构如图 7.20 所示。

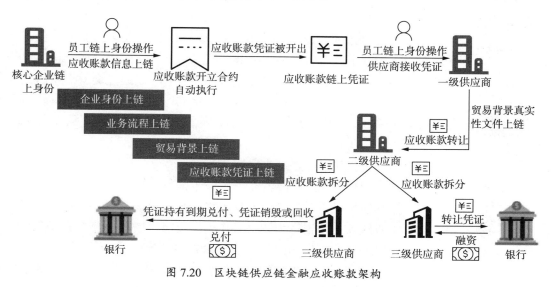

图 7.20　区块链供应链金融应收账款架构

（3）上链数据设计（示例）。

一笔业务数据在区块链处理的流程大致可分为三个阶段，分别是上链前处理阶段、上链处理阶段和智能合约处理阶段，上链数据设计（示例）如图 7.21 所示。

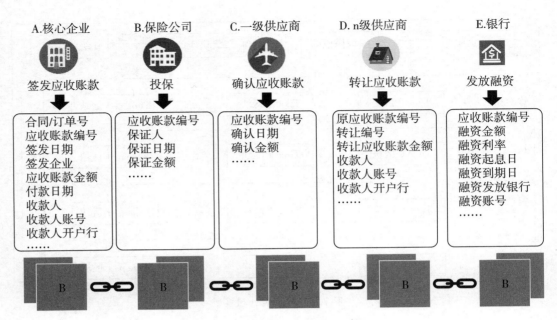

图 7.21　上链数据设计（示例）

① 上链前处理阶段。业务数据上链前需要进行业务数据处理，并且对信息进行签名。这些过程可以通过对应的工具，比如序列化工具和各种椭圆曲线的签名工具来完成，不过更多的时候是通过将各种工具集成的 SDK 来完成，以太坊的 web3 就是比较典型的上链前处理的开发工具。

② 上链处理阶段。处理完成的数据发送到区块链节点后，就形成了一笔区块链交易并进入上链处理的阶段，上链处理阶段大体可分为交易广播和区块共识两部分。

③ 智能合约处理阶段。上链处理完成后，业务数据已经记录在链上了，对于单纯存证的业务来说，将业务信息写入区块已经完成了这笔业务处理，只需记录存证业务的交易哈希值并在取的时候通过交易哈希值查询即可。但是大部分业务场景都需要进行一定的逻辑处理，因此通过智能合约处理是必需的。智能合约处理包括合约逻辑处理以及修改状态 Merkle 树等流程。

（4）区块链供应链金融应收账款业务流程。

区块链供应链金融应收账款业务流程详见图 7.22。

（5）区块链供应链金融转让应收账款业务流程。

转让应收账款是指银行为解决客户因应收账款增加而造成的现金流量不足，而及时向客户提供的应收账款转让的融资便利。在受让期间，银行委托转让人（销售商）负责向购货商催收已转让的应收账款，如在规定期限内银行未能足额收回应收账款，则由转让人无条件地回购未收回的部分。

转让应收账款应在智能合约条件下完成流程。智能合约是一种旨在以信息化方式传播、验证或执行合同的计算机协议。智能合约允许在没有第三方的情况下进行可

【7-5 拓展知识】

【7-6 拓展知识】

【7-7 拓展知识】

信交易,这些交易可追踪且不可逆转,区块链供应链金融转让应收账款业务流程详见图 7.23。

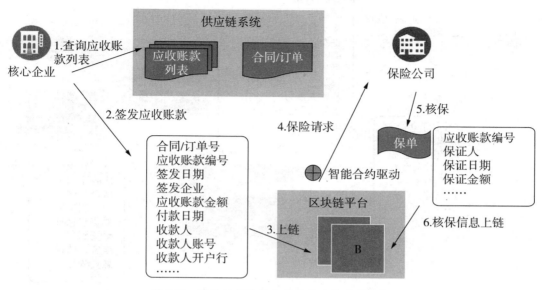

图 7.22　区块链供应链金融应收账款业务流程

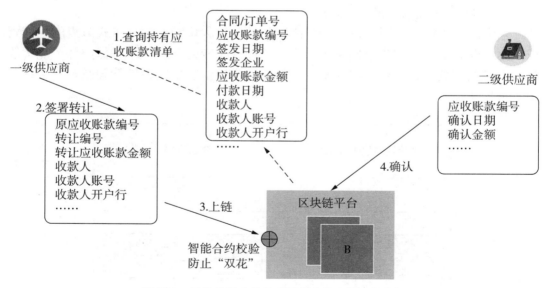

图 7.23　区块链供应链金融转让应收账款业务流程

(6) 区块链供应链金融应收账款融资业务流程。

应收账款融资业务流程是一个相对复杂的过程,需要企业和融资机构之间的合作和沟通。在申请融资时,企业需要提供充分的材料,融资机构需要进行充分的风险评估。在后续的催收过程中,融资机构需要积极且有效地催收应收账款,确保融资的安全性和成功性。

可通过图 7.24 了解区块链供应链金融应收账款融资业务流程。

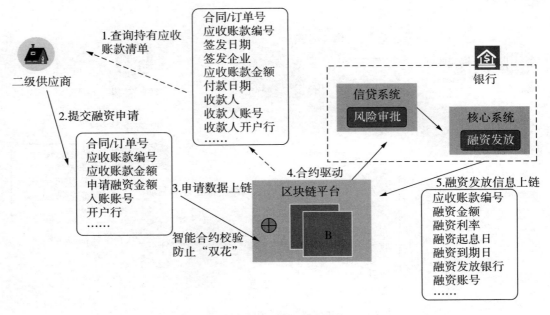

图 7.24　区块链供应链应收账款融资业务流程

（7）区块链系统管理及技术架构。

区块链系统管理本质上是一种新的网络技术。区块链通过分布式节点的存储资源，然后以共识机制同步存储整个节点，并通过相应的共识技术确保内部节点更改存储内容的有效性，以此保持完整的可搜索数据库。区块链系统管理及技术架构如图 7.25 所示。

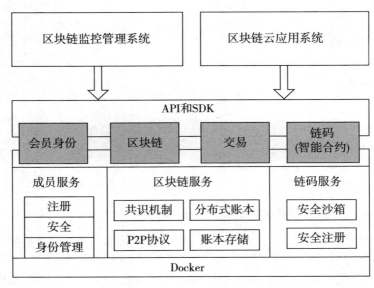

图 7.25　区块链系统管理及技术架构

(8) API 和 SDK。

SDK 是一系列文件的组合,包括 lib、dll、h 文件,文档、示例等;API 是对程序而言的,是提供用户编程时的接口,即一系列模块化的类和函数。可以认为 API 是包含在 SDK 中的。

对外提供区块链智能合约、系统信息访问接口,屏蔽区块链的复杂性,简化应用访问区块链,可方便用户应用快速接入区块链平台。

(9) 区块链监控管理系统。

区块链监控管理系统将区块链的运维管理图形化,降低了区块链系统运维成本,降低了区块链入门门槛,促进了区块链应用推广,区块链监控管理系统如图 7.26 所示。

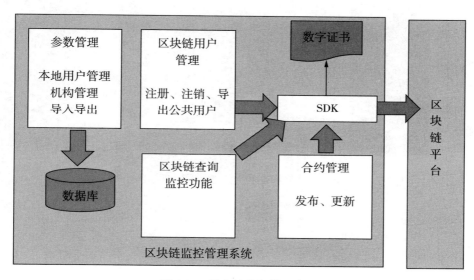

图 7.26 区块链监控管理系统

区块链监控管理系统的主要功能如下所述。

① 参数管理。管理使用该系统的本地用户,维护系统内机构清单,管理区块链系统的管理员用户及证书资料等。

② 区块链用户管理。负责在新银行接入系统时以区块链管理员的身份为其创建新用户,负责注销已有用户。

③ 节点管理。负责 Order、Peer 节点的安装部署、配置、运维监控等。

④ 合约管理。实现智能合约的发布、升级和撤销。

⑤ 区块链监控。图形化监控区块链节点状态、链状态、Docker 状态。

5. 区块链应用云系统

区块链应用云系统支持多住户,为参与机构提供快速接入区块链系统服务,提供区块链业务处理、查询等功能。云系统为解决微小企业接入区块链系统,方便微小企业零投入快速接入区块链系统,提升区块链业务场景吸引力。

区块链应用云系统基于 Spring Cloud 框架开发的分布式微服务云应用,采用开源分布式服务治理框架 Spring Cloud、Spring Boot，支持多种数据库、Web 应用服务器。微服务架构通过分解巨大单体式应用为多个服务方法解决复杂性问题；将服务拆分后便于敏捷开发以及团队合作开发；系统采用分布式架构提升系统容错性以及可扩展性，区块链应用云系统见图 7.27。

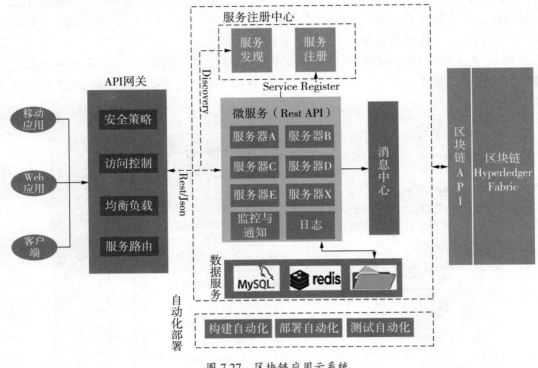

图 7.27　区块链应用云系统

7.5　物流金融安全监控

针对当前银行视频监控系统，本节专门介绍了一套智能化、网络化视频监控系统方案——智能联网视频监控系统。它是基于国际领先的行为识别技术、人脸识别技术和专用设备研发而成的。

7.5.1　银行智能联网监控系统

银行智能联网监控系统可以极大限度地节省资源、降低运行和人力管理成本，它本着"安全、节约、稳定"的原则，利用远程网络通信技术和视频处理技术，建设银行营业网点监控联网系统和异地守库综合监控管理系统。

1. 需求分析

经过多年的发展，银行的业务量不断扩大，各级管辖支行、二级支行、无人值守的自助银行和 ATM 系统减少了工作人员的工作强度并提高了工作效率。随着银行系统改革的加深，对各个职能部门的内控管理提出了更高要求，同时也对银行安防系统提出了更严格的要求（如何更好地保障支行、离行式 ATM 系统的安全运行）。

银行从加强内部管理和满足全行安全防范的需要，实现金融行业现代化、高效管理的具体要求出发，提出了结合现代安防行业发展水平，利用先进技术，采用安全可靠的设计方案，对全分行监控系统进行数字化改造，实现安防系统和职能管理的集中控制的要求，以提高全行安全防范和综合保障管理水平。基于此，以分行作为整个系统的网络中枢，支行为二级网络节点，储蓄点和分理处为三级网络节点，建立一个安全、高效、先进的智能安全联网管理系统远程网络监控体系势在必行。

为了降低基层人员的工作负荷并提高全行的综合安全管理水平，可采取如下步骤。

（1）数字视频监控系统管理权限从网点向分行中心转移。以各二级分行科技管理部门牵头，建立城市二级分行联网监控中心，对原先分散在各地管理的营业网点、自助银行、ATM 机和各地金库的数字图像监控系统和报警系统进行集中监控管理。

（2）整合专业接警和各类门禁系统的管理功能。增加对其他安防监控系统的集成，除了对已经建设的原 110 报警系统进行整合外，尤其注重对各种门禁出入管理系统的建设和集成，包括营业网点双门互动互锁门禁管理系统、离行 ATM 机设备间门禁管理系统、自助银行设备间门禁管理系统、重要机房门禁出入管理系统和金库多指纹门禁管理系统。

（3）将监控范围扩大到移动目标并和城市治安监控联网。增加对移动的运钞车辆和库包押运车辆的监控管理，增加对 GIS（Geographic Information System，地理信息系统）和 GPS（Global Positioning System，全球定位系统）的整合，便于对移动运钞车辆的监控。

2. 设计思想

随着银行监控系统数字化的完成或即将完成，银行对综合监控系统的需要已经十分迫切。但是据对多家银行保安和科技部门的调研，以及对银行现有系统的研究表明，目前市面上很多产品和方案已经不能满足新的业务需求。

一套系统核心的部分是它的体系结构设计和价值观。体系结构决定了系统本身是否能够适应银行监控规模的变化而进行伸缩、是否能够在用户需求变化的时候快速响应并无缝集成到原有的系统中去。体系结构也决定了一套系统是会在很短的时间内被淘汰，还是能够随着信息、视频、智能、安全技术的发展而不断自我完善。

价值观决定了系统是不是能够真正为客户提供所需要的东西，以及是否能满足客户日益发展变化的业务需求。它也决定了系统实现的每一个功能、每一个特点是否为了实现更多的业务价值而生。

智能联网监控系统采用了 J2EE 体系架构，J2EE 具有跨平台、高伸缩、易扩展的特点，被业界称为世界上大型企业级应用和关键任务应用的理想体系结构。

从银行的角度来讲，综合管理系统的最终目的应该是能够提供一个平台，在这个平台的管理之下，所有的组织结构（分行、支行、网点等）、设备（监控设备、报警设备、存储设备、外部设备等）、主机、系统等所有的被管理对象应该组合成为一个有机体，协同一致地为银行的监控管理目标服务。换句话说，平台内所有的设备和系统对银行来讲，就好像是一台无所不能、可以不断扩展的设备，为银行的各种机构、各种人员提供所需的服务。每一项功能模块的增加、功能的使用方法都遵循这样的思想。不管是组织结构管理、权限设置、实时监看、录像、存储、回放、检索、报警、门禁、设备巡检、故障处理，以及所有可能增加和扩展的其他功能都是从集中、统一、分层的方法出发来设计和管理的，在实际的使用中根据操作者的权限和要求能够覆盖到系统的所有、部分、特定的相关设备，从而提供极高的管理价值和个性需求满足。

3. 系统架构功能设计

根据以上的需求分析，智能联网系统可按照以下方式搭建金融监控系统，并可细分为监控前端、通信网络、监控中心几个主要部分。银行智能联网监控系统总体结构如图 7.28 所示。

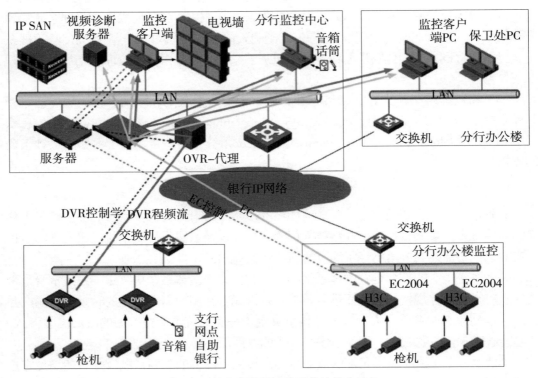

图 7.28　银行智能联网监控系统总体结构

该系统的整体功能有如下几点：(1) 现场监控；(2) 中心主控；(3) 中心分控；(4) 中心网络数字矩阵和电视墙控制；(5) 中心系统管理服务；(6) 中心 Web 客户端软件下载服务；(7) 中心流媒体转发服务；(8) 中心网络存储管理服务。

物联网是一项新兴的技术，是一个将各种信息传感设备（如红外感应器、GPS、通信装置等）与互联网结合起来而形成的巨大网络。由于物联网的相关技术可追溯、可视，因此一旦被运用于防范和规避金融物流的不确定性，将极大提升金融物流产品的安全性。然而，目前我国将物联网与金融物流结合起来的创新研究还很少。

7.5.2 物流金融产品安全监控设计

物流金融产品风险主要是由业务过程的不透明，缺乏有效的安全监管造成的。通过物联网技术的引进，可以对金融物流产品进行追溯，从而进行实时跟踪与监控。以下分别从信息的获取与信息的监管来设计架构。

1. 物联网金融质押品信息获取系统架构设计

利用物联网技术实现信息获取的一般过程为，在物品上贴上 RFID（Radio Frequency Identification，射频识别）标签，读写设备通过读取 RFID 标签中的信息，尤其是 ID 信息，通过这个 ID 信息向物联网名称解析服务器请求以获取该 ID 所对应的进一步详细信息的 URI（Uniform Resource Identifier，统一资源标识符），读写设备通过这个 URI 进行进一步的信息获取，实现信息的全面和透彻感知，基于标签的信息获取类服务基本原理如图 7.29 所示。

图 7.29　基于标签的信息获取类服务基本原理

为了获取质押品在整个供应链过程中的动态信息，我们需要研究从原料市场到产品市场这一过程中质押物品信息的读取与采集，基于物联网的质押品动态信息获取流程如图 7.30 所示。

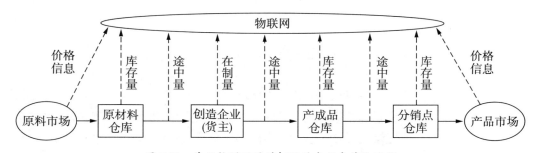

图 7.30　基于物联网的质押品动态信息获取流程

2. 供应链流动中的质押品的信息监管系统设计

在上述获取信息的基础上，银行需要对这些信息进行监管，一旦有关质押品信息出现异常，物流金融的各参与方均可以通过信息监管系统了解风险隐患（见图 7.31）。风险数据库中包含了通过实际调研所获得的大部分风险的类型及其对应的解决方案。这样，通过合理设计信息监管系统，系统不仅可以共享风险隐患，还能够使得风险关联方利用风险数据库进行风险的基本应对。对于未列入数据库的风险，需要参与方在协调的基础上做出最终优化措施。

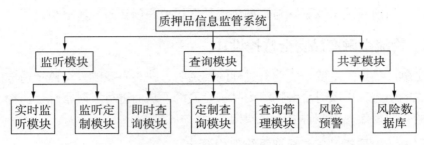

图 7.31　质押品信息监管系统

在整个监控过程中，主要采用了三大关键技术，即感知技术、网络通信技术和智能处理技术。运用这些可视化技术，对质押品从出厂到目的地进行全程跟踪，能有效保证质押品的数量和质量。在存储的过程中，能有效避免人员操作的失误、内部作案等问题。将实体货物信息存入数据库，随时对入库出库量进行统计，设立最低值警戒线，以确保库存量。通过物联网可视化可追溯技术，对物流的整个过程进行全程控制，组成一个巨大的网络控制平台，监控供应链的每一步流程。

7.5.3　银行物联网反盗码系统

银行安防系统的发展主要经历了三个阶段：一是以独立网点防盗防抢报警系统建设为主的阶段；二是以模拟监控和防盗防抢报警相结合的阶段，并实现了银行网点与当地公安 110 的联网；三是数字化改造阶段，将原有的以磁带录像为主的全模拟的监控系统改造为以数字硬盘监控录像为主的数字化监控系统，有些二级分行还利用硬件设备附带的客户端软件实现了简单的网点远程监控。

【7-8 拓展知识】

本 章 小 结

供应链管理包括规划和管理供应采购、转换和所有物流活动，其中渠道成员的协调和合作尤为重要，这些成员包括供应商、中间商、第三方服务提供商、客户。供应链金融的出现缘于在上述供应链活动中，完全采用内源性融资远远不能满足产业链的上下游企业扩大生产对资金的强烈需求。区块链技术采用分布式弱中心技术架构，让供应链中的供应商、采购商、物流企业及金融机构平等地参与到系统建设和业务操作中，使用高强度的密码技术，独特的链式存储机制和分布式账本技术，为物流金融系统提供了创新性的解决方案。

物流金融中的仓单质押本质还是动产物权质押及转移，在实施中主要面临五方面的问题，这些问题都能通过采用区块链技术得到解决。

通过本章的学习，学生们应该能够了解区块链物流金融与区块链供应链金融理论中的前沿问题，对区块链物流金融和区块链供应链金融的具体内容和运作模式有一个较为全面的了解。本章详细论述了区块链物流金融的基本功能、类型、要素与学术意义，介绍了区块链物流金融的科学理论与具体操作，给出了一个关于区块链物流金融理论的整体图景，以便学生们能够对其理论建设和相关知识有一个比较全面而准确的认识。

 关键概念

　　物流金融平台　平台的风险管控　平台理论模型架构　平台技术架构　区块链物流金融平台　物流园区金融服务平台　金融大数据平台　区块链供应链金融平台　物流金融安全监控

讨论与思考

1. 简述物流金融平台运作模式的作用与特点。
2. 简述区块链供应链金融平台的特点与基本运作模式。
3. 简述智慧物流园区信息平台的内涵。
4. 简述物流金融的安全监控与风险防范。

第 8 章
物流金融实务

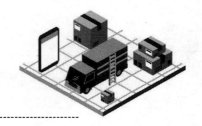

【学习目标】

1. 掌握国际贸易物流金融的概念和特征;
2. 了解国际结算中的物流金融运作;
3. 了解物流金融与重点行业的结合发展的具体内容;
4. 了解物流金融业务的财务管理的基本内容;
5. 掌握物流金融信息系统的内容和技术方案。

【教学要求】

知识要点	能力要求	相关知识
国际贸易物流金融	(1) 掌握国际贸易物流金融的基本概念 (2) 了解国际结算中的物流金融 (3) 明确国际结算金融研究的对象	(1) 与国际贸易物流金融相关的概念 (2) 与国际贸易物流金融相关的理论
物流金融与重点行业的结合	(1) 了解物流与金融机构的融合 (2) 掌握物流金融与铁路企业的结合 (3) 掌握钢材交易中心的物流金融业务模式	(1) 掌握基本知识点 (2) 物流金融发展与创新
物流金融业务的财务管理	(1) 熟悉物流企业财务管理的内容 (2) 掌握物流企业中物流金融的财务决策	区块链金融的创新模式
物流金融信息技术	(1) 掌握基本概念 (2) 掌握物流金融信息系统的应用	集成服务与信息共享

第8章 物流金融实务

【章前导读】

物流金融是物流企业在提供物流服务过程中,由大型的物流企业或金融机构为物流需求方提供的与物流相关的资金支付结算、保险、资金信贷等物流衍生的金融服务,其功能是实现物流与资金流的一体化。物流金融成为物流企业进行高端竞争的服务创新业务,是物流企业带动银行共同参与的新型金融业务。物流和金融的紧密融合能有力地支持社会商品的流通,促使流通体制改革顺利进行。物流金融正成为国内银行一项重要的金融业务,并逐步显现其作用。

现阶段,如何解决中小进出口企业发展的一大瓶颈——融资难成为业界普遍关注的话题。物流金融的引入可为中小型企业的外贸交易业务提供物流和金融集成的一体化服务,并对进行外贸交易的中小企业进行信用整合与信用再造。同时,质押贷款业务有利于银行规避经营风险,质押融资的发展为改善信贷资产结构、防范和控制金融风险提供了良好契机,因此银行也乐于参与并推进其进一步发展。

【引例】

日照银行:"数字供应链+物流金融"发展之路

近年来,云计算、大数据、物联网、区块链、人工智能等数字化新兴技术在供应链金融业务中得到越来越广泛的应用,使得对整个供应链信用的评估替代对授信企业(主要指中小企业)单一企业的评估成为可能,这样既能提高中小企业信用评估的准确性,又能够有效缓解中小企业融资难问题,为商业银行开展业务、防控风险增添了新的视角和解决方案。同时,数字供应链金融与实体经济深度融合,在以核心企业为中心的链上场景下,通过赋能、增信等方式,可以有效满足中小企业的金融需求,成为金融供给侧结构性改革的最重要组成部分,日益受到国家与金融机构的高度重视。

我国供应链金融发源于20世纪90年代的贸易金融,历经多年发展,现已形成相对成熟的理论框架和业务模式。2017年10月,国务院办公厅发布《关于积极推进供应链创新与应用的指导意见》,将"积极稳妥发展供应链金融"作为六大任务之一,标志着我国政府已将供应链金融的发展上升到战略高度。其后,国家出台多项政策大力扶持,用实际行动搭建平台,助力供应链金融实现高速发展。作为供应链金融业务的主力,商业银行结合自身情况与市场定位,竞相发力供应链金融,谋求业务转型,提升核心竞争力。日照银行充分利用地理优势特点,面向当地港口城市广阔的供应链金融市场,利用数字化科技赋能,走出一条以"数字供应链+物流金融"为核心主线的发展之路,切实降低中小企业融资门槛,践行服务实体经济、当地经济的企业使命。

8.1 国际贸易中的物流金融与应用

8.1.1 国际贸易物流金融的相关模式

1. 进口业务模式

（1）进口业务——信用证项下的合作模式。

该模式是指资金需求方与银行签订进出口合同，以资金需求方的仓单、动产或货权为质押品，银行向其提供用于满足其流动资金需求的融资业务。银行与出口商以及符合银行要求的大型物流仓储企业签订三方合作协议，仓储单位接受银行委托对货物进行有效看管，从而实现银行对质押存货的转移占有。

同时，由于我国许多进出口企业规模较小，信用评级不足以向银行申请贷款，因此可以考虑由中国出口信用保险公司核批相应信用限额、投保短期出口信用保险综合险，并将信保公司保单项下的赔款权益转让给银行，这样可以解决中小进出口企业资金有需求又难于贷款的困境。该模式流程如下。

① 进口商与出口商签订进出口购销合同，银行与大型物流仓储企业、进口商签订《进口货物监管和质押协议书》确定三方权利义务，大型物流仓储企业接受银行委托，根据协议内容承担监管责任。

② 进口商向银行提交有关资料，申请授信额度。经银行有关审批部门核定授信额度，与进口商签订授信协议，同时进口商提交一定金额的开证保证金，申请开立信用证。

③ 进口商银行向出口商开立以出口商为受益人的信用证。

④ 出口商按信用证要求发货，并向进口商银行寄送全套单据。

⑤ 进口商银行收到并持有全套单据，经进口商确认后，银行签发《单据交接通知》并由大型物流仓储企业签收，根据信用证项，银行办理押汇或承兑。

⑥ 进口商银行可在进口商需要时，向其提供一定量的贷款，以作为通关缴税的费用。

⑦ 收到货物后，大型物流仓储企业履行货物报检及通关手续，将货物运至银行指定地点仓储。

⑧ 大型物流仓储企业签发以银行作为质权人的进仓单，银行与进口商共同在大型物流仓储企业办理交接登记，由大型物流仓储企业按照《进口货物监管和质押协议书》和银行委托控制质押货物，进入现货质押流程。

进口商在每次提货前要将与货物相对应的款项打入银行的保证金账户中，银行为其出具等金额的出库单并经进口商签收确认；大型物流仓储企业审核出库单，在确认无误后为进口商办理出库单相对应货物的出库手续；其间，大型物流仓储企业对质物进行对账和核对工作，足额保证金到账后，银行解除质押。

（2）进口业务——现货质押模式。

现货质押模式是指进口商把质押品存储在信用良好的大型物流仓储企业的仓库中，

然后凭借仓单向银行申请融资，银行根据质押品的价值和其他相关因素向客户企业提供一定比例的贷款额度的模式。同时，物流仓储企业根据银行的委托负责监管和储存质押品，进口商在每次提货前要将与货物相对应的款项打入银行的保证金账户中，银行为其出具等金额的出库单，大型物流仓储企业审核出库单后为进口商办理出库手续。

2. 出口业务模式

出口业务指出口商所在地银行为出口商提供的以即将出口的货物或出口后的应收账款为质押的融资服务，主要有出口前的短期打包贷款和出口后的应收账款质押融资。

（1）出口业务—出口前的短期打包贷款。

出口前的短期打包贷款是银行依据出口商提供的合格信用证，银行会为持有者提供按期履行合同、出运交货的专项贷款，这是一种装船前的短期融资，使出口企业在自有资金不足的情况下仍然可以采购备料、加工，顺利开展进出口贸易。

此种运作模式的推广可以扩大出口企业的贸易机会，在出口企业资金紧缺而又无法争取到预付货款的支付条件时，该模式可帮助出口企业顺利开展业务、把握贸易机会。同时，它减少了企业的资金占压，使得出口企业在生产、采购等备货阶段都不必占用过多的自有资金，缓解了出口企业的流动资金压力。

（2）出口业务——出口后的应收账款质押（A/R）。

出口后的应收账款质押是指出口商由于属于非强势企业，在签订合同时无法获得信用证这种最有保证的支付方式，而采用货到付款的赊销方式，在进口商的资信等级良好的情况下，出口商可将未到期的应收账款质押给银行并委托由银行指定的物流企业进行货物运输和监管，由银行来承担买方信用风险、提供催收货款的资金融通服务。

此种模式有利于出口商在激烈的市场竞争中赢得有利地位，同时以应收账款作为质押，可避免资金被大量占用在应收账款上，提高了资金流动性，加快了资金周转，最大限度提高了企业的效益。

在我国的进出口企业中，中小型企业占了很大的比重，中小企业自身的特殊性，决定了其难以在金融市场上获得直接融资的机会，这就使得作为资金中介者的银行在其中饰演了关键角色，物流金融业务的引进和发展很好地适应了中小型进出口企业的运作模式，在为进出口企业提供高效物流服务的同时，也为其提供了其迫切需要的资金流服务，二者的结合进一步减小了银行发放贷款的风险，银行也乐于积极地拓展此项业务。目前，我国部分城市的一些银行已开始尝试以更加灵活的方式拓宽中小型企业的融资渠道，为其量身定制适合其发展的个性化综合金融服务方案。例如，招商银行天津分行、中国出口信用保险公司天津分公司、天津港集装箱货运有限公司、中储发展股份有限公司共同达成了中小企业出口信用保险项下仓港物流融资业务的全面合作协议。

8.1.2 国际结算中的物流金融

早在物流金融这个词汇尚未出现于中国之时，物流金融的业务便早已在国企内部、民间流通领域及外贸运输专业相关的金融机构中悄悄地运行了，不过那时的物流金融业务比较单一，还仅限于简单信贷的小品种业务。随着信贷金融服务需求的增加，物流运营中物流与资金流的衔接问题日益凸显。结算类及中间业务由于资金流量大，特别是现代物流的布点多元化、网络化的发展趋势要求银行能够为其提供高效、快捷和安全的资金结算网络以及安装企业银行系统，以保证物流、信息流和资金流的统一。

1. 国际结算中的物流金融概述

加入 WTO 后中国的物流业全面对外开放，贸易壁垒的减少推动了进出口贸易的迅速增长，一些跨国物流公司也加入国内物流市场的竞争，使本土的物流业趋向国际化，各银行开始为物流企业提供优质的信用证开证、结售汇、多币种汇入汇出汇款、出口托收和进口代收、进出口托收、进出口押汇等全功能服务和非贸易国际结算服务；同时开办了保证业务。为保证资金及时安全回收、减少资金占用，物流企业需要银行提供与其相适应的应收账款保理业务及其他保证业务，主要包括关税保付保证、保释金保证、付款保证，为企业提供投标保函、履约保函、预付款退款保函等。这些带有国际金融性质的物流金融服务产品，与单一的物流金融信贷相比有了长足的发展，它们除了带有国际金融的历史痕迹外，还借鉴了国际保险与金融证券业务的功能特征，为我国的物流金融业务向规范化、国际化迈进奠定了基础。物流金融业务扩展方向与特征还表现在其个性化服务的方面，针对不同规模的物流企业，物流金融业务可利用不同的平台实现其扩展功能，如网上银行的 B2B 业务主要适用于中小型规模的物流企业。

2. 国际结算的概念

国际结算亦称国际清算是指通过国际的货币收付，对国与国之间由于经济、政治和文化往来而发生的债权债务予以了结清算。由国际贸易及其从属费用引起的货币收付称贸易结算；由贸易以外的往来，如侨民汇款、劳务供应、出国旅游、利润转移、资金调拨、驻外机构费用等引起的货币收付，称非贸易结算。贸易结算是国际结算的主要内容。在国际收付款项直接通过运送货币金属结算的，称现金结算；利用票据转让和转账划拨结清债务的，称非现金结算或转账结算。在资本主义发展前期，国际结算主要通过现金结算进行；国际结算分为贸易结算和非贸易结算。

【8-1 拓展知识】

贸易结算主要包括票据—资金单据、汇款方式、托收、信用证、保函、保付代理、福费廷等业务。

非贸易结算主要包括非贸易汇款、非贸易信用证、旅行支票、非贸易票据的买入与托收、信用卡和外币兑换等。

8.1.3 国际结算现状

传统的结算方式，是以汇款、托收和信用证为基础的，其中信用证这种银基信用一直处于主导地位。随着世界经济的不断发展，买方市场的完善，竞争性方式日益多元化，出口商品除了依靠本身的优势（品质、包装、价格）占有市场外，还使用了商业信用交易方式加强核心竞争力。由此，商业信用成为了国际贸易发展的重心，整个国际结算体系下出现了信用证结算方式被边缘化的倾向。

1. 附属结算方式蓬勃兴起

保理、保函和包买票据等附属结算方式日益普及，它们作为新的结算方式，还在不断发展的阶段。国际保理业务在我国发展方兴未艾，其使得进口商能够获得无追索权的、手续简便的贸易融资；进口商出口货物可获得一部分预付款，借助保理业务可以提供赊销等业务，加大了产品出口的竞争能力，特别是对那些业务增长性强，但是急需资金的中小企业来说，运用保理业务可以增强产品的竞争力并获得融资。

2. 国际结算技术化

当前，国际交易电子支付相当普及，但我国目前国际结算还主要以传统方式为主，在网络化的今天，我国各大开展国际结算业务的商业银行已经加入 SWIFT（Society for Worldwide Interbank Financial Telecommunication，全球银行金融电信协会），利用计算机实现系统自动扣押、核押等安全功能，因此，国际结算的安全性和效率已经逐步提高。

3. 金融业务在国际结算中的运作模式

（1）一般结算模式。

① 电汇。所谓电汇是指汇款人将一定款项交予汇款银行，通过电报或者电传的方式将该信息传给目的地的分行与代理行，使汇款行向收款人支付一定金额的汇款方式。该方式除了适用于单位之间款项划拨，还适用于单位对异地个人支付有关款项（如各种劳务费等），也可适用于个人对异地单位支付有关款项（如学费等）。其模式比较单一，具体风险为信用风险。在该模式下，一方交货，另一方通过银行汇款；或者一方先付款，另一方再交货。在先付货款的情况下，进口商面临出口商延迟交货或不交货的风险；在后付货款的情况下，出口商可能会面临不能及时收回货款甚至收不到款的情况。电汇模式下，商业欺诈者通常采取向银行发送电传的方式，要求将汇款贷记给某账户或付现金给某人，然后在假的付款委托书上加列"使用某银行密押"的条文，再通过以某银行的名义向解付行发来密押证实电，从而骗取解付行付款。

② 付款交单。所谓付款交单是出口人的交单以进口人付款为前提，即出口人将汇票和货运单据交付银行托收时，要求银行只有在进口人付清货款时，才能交出货运单据。交单的方式分为即期交单与远期交单。虽然该模式在付款的时间上与电汇相比有所改进，但是仍然存在较大的风险。

尽管在付款交单模式下，进口商只有在确实履行付款义务后才能获取货权，但是在市场情况不稳定或者进口商经营不善的情况下，进口商也常常会拒付款赎单，此时，出口商不但不能收回汇款，还需要承担存仓、保险、短量与失窃等损失。

托收业务虽然通过银行进行办理，但是银行接受出口商的委托，仅仅起到法律代理人的作用，不承担保证收到货款的责任，对于单据的真伪也不过问。通常情况下也不会对到达目的地的货物负责看管等责任，能不能收回货款完全依赖于进口商的信誉度。

（2）银基结算模式。

① 信用证。所谓信用证是指开证银行根据申请人要求并按指示向第三方开立的载

有一定金额的，在一定期限内凭符合规定的单据付款的书面保证，是国际结算中最主要也是最常见的支付手段。该手段建立在银行信用基础上，可为先行发货的卖方提供相对可靠的保障，但是仍然存在一定的风险。

尽管信用证中规定了凭符合规定的单据付款，银行有义务审核一切单据，确定单据上是否符合信用证条款，但是银行对单据的真实与否及相关法律效力等概不负责。

从银行角度来说，有些资信能力低的银行开立的信用证一旦被接手，将直接导致收汇困难，结算时，银行会违背惯例，拒付货款，容易导致受益人货款两空。

不法外商通过先进技术和各种渠道，伪造编造各种单据进行诈骗，这些假单据仿真度高，而信用证是真实的，结果难辨真伪，从而骗货骗款。

② 银行保函。银行保函又称保证书，是银行、保险公司、担保公司或担保人应申请人的请求，向受益人开立的一种书面信用担保凭证，以确保申请人未按协议履行责任义务时，由担保人代其履行金融义务，进行支付或经济赔偿。银行保函是一种银行信用，是一种担保的方式，唯一的认证条件是拥有符合银行保函规定的单据，其风险主要有：A. 贸易合同在一定程度上就是受益人利用银行、企业对银行保函这种国际结算方式不熟悉的弱点，设置陷阱，获取索赔金额的一种手段；B. 受益人确实有与申请人完成商业交易的愿望，但预先在银行保函上设置了十分严格的条件，然后抓住另一方申请人在完成商业交易过程中某个环节上存在的疏漏进行索赔。

4. 物流金融国际结算模式

如果在国际结算融资业务中，充分引进第三方物流供应商与银行进行角色互补，便能有效降低结算与融资风险。第三方物流企业由于掌握了商品的实体，能够及时有效地对商品进行检验、保管，更容易实现商品的控制，而银行也可根据物流企业反馈信息进行相关业务操作。目前我国可以采取的物流金融模式主要有以下几种。

（1）垫付货款。

① 垫付货款模式1。

出口商在业务中委托第三方物流供应商（物流金融公司）承运，同时由第三方物流商对扣除物流费用的货款进行垫付，并在向进口商交货时，根据出口商委托向进口商收取应收账款，再由物流商与出口商结清货款。这样便解决了出口商资金积压问题，使进口商可及时收到货物，降低了双方的风险。这类第三方物流供应商通常有自己的银行或投资机构。垫付货款模式1的具体流程如图8.1所示。

由图8.1可以看出，当物流金融公司为出口商承运一批货物时，先代进口商预付一半货款，进口商在收货时则交付全部货款给物流金融公司；物流金融公司将另一半货款交付给出口商之前，等于获得了一笔不用付息的资金，可以用这笔资金从事贷款，其贷款对象仍为物流金融公司的客户或者限于与快递业务相关的主体。这不仅加快了客户的流动资金周转，有助于改善客户的财务状况，而且为客户节约了存货持有成本和拥有及运作物流服务网络的成本。

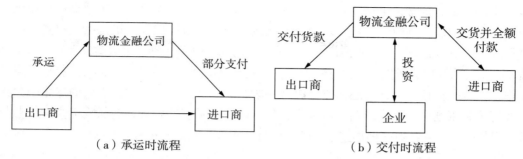

图 8.1　垫付货款模式 1 的具体流程

② 垫付货款模式 2。

当第三方物流供应商资金能力不足时就需要银行作为第四方介入，出口商将货权转移给银行，根据市场情况按比例提供融资，当进口商向银行偿还货款后，银行指示第三方物流供应商发货，将货权还给进口商；如果进口商不能在规定时间内偿还货款，对于质押物，银行有权在国际、国内市场上进行拍卖或者要求出口商回购。这需要银行了解质押物的规格、型号、质量、价值等，都需要第三方物流供应商的协助。垫付货款模式 2 的具体流程如图 8.2 所示。

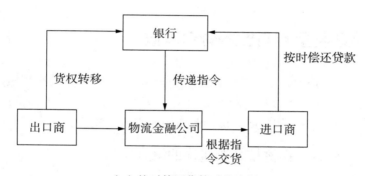

（a）按时偿还货款时的流程

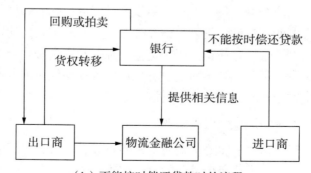

（b）不能按时偿还贷款时的流程

图 8.2　垫付货款模式 2 的具体流程

（2）保兑仓。

出口商通过第三方物流供应商与银行签订保兑仓业务合作协议书，根据购销合同向银行交纳一定保证金，申请开立银行承兑汇票，将其用于支付货款，由第三方物流供应商提供承兑担保，进口商以货物对第三方物流供应商进行反担保。银行给出口商开出承兑汇票后，出口商向第三方物流供应商交货，此时转为仓单质押。进口商分批向银行交纳货款，银行将仓单分成提单，第三方物流供应商向进口商分批交货。而第三方物流供应商是银行主要的授信单位，进出口方与银行的融资关系通过第三方物流供应商这个中介机构实现了紧密结合。从进口商角度来说，其可以获得融资的好处；而从物流金融企业与银行机构来说，其在更好地规避了风险的同时，实现了业务的拓展。

（3）银行授信。

在供应链中，进口商与物流公司是供应链中上下游企业的贯穿点。两者合作，一方面可以为银行的授信提供有利条件，使授信中涉及具体物流业务的操作与银行业务分离开来；另一方面，两者的合作可以使银行规避物资质押过程中出现的专业知识缺乏的问题，很好地解决了确保银行资产盈利性、安全性与流动性的问题。

物流金融模式的有效运作在信用方面提出了很高的要求。在实务中，进口商、出口商、银行机构、物流金融公司四家的风险，相互交叉，出现了一些重合。银行的信用、进口商的货物质押、物流公司的担保与进口商对物流公司的反担保相互作用，可以产生抵消效果，增强信用能力，实现多方共赢。

8.2　物流金融与重点行业的融合发展

【8-2 拓展知识】

信用是物流金融业务运作的基础，是吸引客户的主要资本之一。开展物流金融服务之后，物流企业作为联结企业与金融机构的综合性服务纽带，具有整合和再造会员企业信用的重要功能。

8.2.1　物流与金融机构的融合发展

与传统金融相比，现代金融最重要的特征就是金融创新。金融创新对社会经济生活产生了巨大的影响。物流金融业务的创新进一步推动物流业朝着多样化、综合化、个性化发展。近年来，金融业在存款、贷款、结算等方式上不断创新，使得客户在同一个账户下可以很灵活地调度资金，也使企业运用资金更加便利。金融业务可以根据企业的需要，为企业提供"量身定做"的各项新型业务，从而推动现代物流业最大限度地满足客户的各种需求，而金融企业本身也在推动物流企业发展的同时获得了不菲的收益。

【8-3 拓展知识】

1. 发展物流金融对金融业的益处

物流金融的发展给金融业带来的益处有：可为银行带来丰厚的中间业务收入；有利于培育金融业的潜在客户；为金融业带来新的信贷投向；可以使银行向物流企业提供理财服务。

2. 物流金融服务的风险问题

众所周知，物流金融服务具有一定的风险。目前国内物流金融服务主要有代客结算、仓单质押和保兑仓等。以仓单质押业务为例，存在五种风险。一是客户资信风险。

有的客户资信不好，货物以次充好，有的货物来源有问题。二是仓单风险。现在系统多以入库单作质押，它和仓单的性质相同，但仓单是有价证券，也是物权凭证，而入库单和仓单相比其对外的可信性大打折扣，加之有的物流企业无法保证仓单和入库单的唯一对应性和可靠性，这就给仓单质押的管理带来极大的困难。三是质押品种风险。目前的质押品种较多，不可能有统一的价格评估体系，如果质押商品的价格变化幅度较大，就会给金融企业带来很大的风险。四是提单风险。目前大多由货主和银行开提货单，这与仓单提货相比无法保证仓单的唯一物权性质。五是内部操作风险。内部操作风险主要表现在金融机构内部人员可能偷换仓单和发生操作失误等。

【8-4 拓展知识】

3. 物流金融服务的效率问题

质押贷款手续复杂、所需时间长，无疑降低了资金流的周转速度，并且增加了仓单质押的风险，所以要提高金融服务的效率，使仓单质押变成一种简便、可控性好的融资模式是今后开展物流金融服务的发展方向。由此可知，金融机构在发展物流金融的同时应从以下三方面加强风险防范、提高运行效率：（1）加强对客户的信用管理以防范金融风险；（2）开展统一授信的方式来提高物流金融的效率；（3）实施有效的过程监控。

8.2.2　物流金融与铁路企业的融合发展

物流金融与铁路企业的融合发展，促使了传统物流企业在向现代物流企业转变的同时，提升了自身的供应链运作水平；物流企业在金融物流活动中不可替代的优势在于掌握着大量的历史和实时的物流信息和供应链网络。

【8-5 拓展知识】

1. 物流金融与铁路企业融合发展的意义

经过长期发展，铁路企业建立了遍布全国的货物运输基础网络，通过运输通道实现了供应商和需求商的有效衔接，具有引入金融资本的网络载体。政府工作报告明确提出"拓宽中小企业融资渠道，切实解决中小企业特别是小企业的融资难问题"。就国民经济的总体构成而言，我国中小企业已经超过 4000 万户，创造的价值占国内生产总值的 58.5%，上缴税收占 48.2%，提供就业岗位占 75%。作为经济发展的重要组成部分，由于中小企业缺乏相应的融资渠道，融资难一直是制约中小企业发展的核心问题。铁路企业作为组织者和核心，通过资源整合与流程再造能够搭建资金需求企业的供应链服务平台，促进中小企业的信用升级，实现金融与工商产业的全面对接，促进国民经济的健康发展。

资金流、商流与铁路运输物流的有效衔接，为铁路运输业发展提供了基础货源，伴随着铁路路网规模的不断扩大，货源与运输能力的组织能够有效对接成为铁路内涵式发展的关键。货物运输是商业交易实现过程的必然结果，而资金的对应交付是商流和物流有效性产生的前提。以铁路企业为质押监管主体代替银行对工商贸易企业的"质物"进行静态的仓储监管或动态的物流监管，协助货物发运、企业融资，实现资金流引导下商流与物流的结合，必然进一步盘活企业存货、降低产品成本，使产品的物流需求从"潜在"向"现实"需求转化，拓展铁路运输有效货源。

2. 强化铁路多元经营物流企业核心竞争力

长期以来铁路多元经营物流企业开展了以运输、仓储、装卸、配送等职能为主要内容的专业化服务，以物流为核心内容的运营模式成为铁路多元经营物流企业收入的主要来源。随着国家物流振兴规划的实施，运输、配送等低端物流市场竞争激烈，即使对大型物流企业而言，卡车运输、货物代理和其他一般物流服务的利润率平均也只有2%。价格竞争成为许多企业唯一的手段。物流金融由于进入门槛资本金较高、人才专业化要求高等外在条件，成为大型物流企业构建竞争优势的有效手段。铁路多元经营企业经过多年的发展，具有遍布所有铁路专用线的货物运输监控站点，同时资金实力雄厚，不良资产率很低，完全能够通过既有网络实践物流金融，将其作为进一步强化核心竞争力的重要举措。

【8-6 拓展知识】

3. 铁路多元经营物流企业发展物流金融的具体途径

（1）强化与金融机构、融资企业的对接，开辟物流金融发展的市场基础。发展物流金融的前提和基础在于系统了解金融机构的授信需求、把握工商企业的融资市场。通过物流基础平台实现供需双方在时间、产品、额度等方面的有效对接。以物流促进商流，通过商流分析和资金流控制，实现物流金融的稳步发展。各铁路多元经营物流企业要强化与不同银行之间的对接，了解对应的物流金融产品、分析不同的融资成本构成，尽可能为客户提供高效、增值的服务；同时要系统掌握工商融资企业的需求，实现金融和物流服务的个性化结合。

（2）强化员工培训，奠定物流金融发展的人才基础。物流金融的实质是结构性融资产品的设计和销售过程。第三方物流企业需要与金融机构一起分析货物流程、确保质权的成立和行使，在实现质物完整性的同时对客户的个性化物流需求予以满足。实际运营过程涉及民法典等法律法规、不同类型的金融产品，以及物流行业的相关理论和具体实践。虽然铁路多元经营物流企业在多年的发展中培养了一定的专业人才，但现代物流与物流金融方面的专业人才还非常缺乏，需要进一步通过院校培训、与金融机构在业务上的交流及实践上的不断磨炼来强化人才队伍建设。

（3）强化跨企业合作，奠定物流金融发展的网络基础。网络是物流金融发展的有效载体和基础平台。物流网络地理范围的延伸可以延长工商企业融资的周期、增加资金流动的环节，而网络密度扩大使融资可能性不断拓展。我国铁路局管内干支线与众多的大型企业相通，并通过综合运输系统与我国的港口、公路枢纽相连接，奠定了物流金融发展的物理网络平台。同时由于大宗货物运输的战略合作关系，各铁路局与众多工商企业固化地形成了一种依赖于人与人之间关系的网络，这种"人脉"对应的非正式组织结构奠定了物流金融发展的社会资本基础。同时近年来硬件通信设施的不断投入，使各铁路局通过互联网／内联网相互之间进行动态的、系统的数据交换成为可能，奠定了物流金融发展的信息技术基础。各铁路局应该以多经物流企业为主体，强化不同铁路局之间、各铁路局与货物到达的对应港务局之间以金融为核心的物流合作，构建符合客户和金融机构需求的物流闭环监控网络，使目前被割裂的流程有效对接，奠定资金在更大范围内有效循环的网络基础。

（4）强化风险控制，实现物流金融稳步发展。物流金融作为铁路多元经营物流企业运营模式的一种创新，具有很强的市场性，面临法律、内部管理、运营、技术、信用等8个方面的风险，有效地分析和控制这些风险是物流金融成功的关键之一。物流企业应该帮助客户考虑融资过程中面临的不同类型风险系数，拟定防控措施，确保所有的风险和反馈结果都有对应的部门按照流程进行识别、预测、分析和管理，尽可能规避"隐患"，实现物流金融的健康运行。

8.2.3 物流金融与港口企业的融合发展

物流金融与港口企业的融合发展，实现了资本合理配置，促进了产业升级换代。金融机构、物流公司和商贸企业纷纷进入金融物流市场，使得大量资本渐渐进入了"被看好"的行业。

1. 港口企业开展物流金融的主要模式

我国港口作为大型区域性的或者国际性的物流中心，在对客户提供传统物流服务的基础上，拓展金融服务，将能提高港口企业整体服务水平和在同行业之间的竞争力。根据现货监管和风险控制的难度，港口企业开展物流金融的主要模式由易到难依次为：（1）仓单质押业务模式；（2）未来货权质押业务模式；（3）信用共同体业务模式；（4）统一授信业务模式；（5）供应链物流金融业务模式。

【8-7 拓展知识】

2. 港口企业开展物流金融的意义

港口企业拥有雄厚的实力和良好的信誉，作为物流中心，与中小企业有长期合作关系，并掌握了大量中小企业信息，能对其动产进行较好监控，在此基础上港口企业发展物流金融业务能很好地解决银企信息不对称问题，盘活供应链中中小企业的存货资产，实现银行、中小企业和港口企业三方共赢的局面。此外，港口企业发展物流金融业务还具有以下意义：可以拓展和提升我国港口服务功能，是发展现代港口服务活动的需要；有利于促进港口供应链的集成，并强化港口在供应链中的主导地位，实现多方共赢；能有效提升港口企业的整体效益和竞争力。

【8-8 拓展知识】

【8-9 拓展知识】

8.2.4 物流金融与钢材交易中心的融合发展

物流金融业务对广大钢材经销商来说非常重要，是不少经销商评估是否进入钢材交易中心的重要因素，是吸引商户的重要价值点，因此开展物流金融业务对招商成功有决定性的作用。钢材交易中心开展物流金融业务，首先需要具备相应的资质与能力，并且获得银行等相关金融机构的认可。

【8-10拓展知识】

1. 开展物流金融业务的能力要求

（1）成立信用担保公司，开展担保业务。在物流金融的实际操作流程中，一个关键的环节是钢材交易中心需要对申请贷款的经销商进行信用担保，而钢材交易中心作为一个独立运作的企业并不具备担保的能力，因此，钢材交易中心需要另行成立的信用担保公司，获得相关部门的资质认定,批准成立后,方可开展担保业务;如果钢材交易中心因为种种原因暂时未能获得审批成立担保公司,则可以与其他担保公司合作,让渡部分的收益。

（2）良好的银行关系。国内许多银行已陆续开发推出了物流金融业务,并且与一些大型的物流企业签订了长期合作协议,比如深圳发展银行与中储物流及中铁物流,光大银行与中国外运等。与银行建立良好的合作关系,是顺利开展物流金融的重要条件之一。

（3）达到资质要求的仓储资源。仓储资源是开展物流金融业务最基本的要求,无论是何种业务模式,在物流金融的业务流程中,钢材存货的质押是必需的环节,也因此需要钢材交易中心具备足够的仓储空间来满足存货的仓储需求。如果钢材交易中心本身并不具备符合条件的仓储空间,也可以通过与第三方物流企业合作,借用其仓库,并且让渡部分的利益。

（4）规范的管理流程。在具备必要的硬件条件之后,钢材交易中心的管理流程也需要达到一定的标准。其提供的仓储、配送、结算等各个流程都必须科学规范,严格遵守相关的规定。只有规范严格的管理才能保证物流金融各环节顺利地进行,也可以有效防止各种欺诈行为。

（5）严格的风险控制程序。物流金融业务能够实现三方盈利,给银行带来新的利润增长点,也为物流企业增加新的业务,吸引更多的经销商入驻,最重要的是能够帮助中小企业解决融资难的问题。然而,无论是银行还是物流企业都面临着物流金融这一创新的融资模式带来的风险。因此,钢材交易中心需要成立独立的风险控制部门,识别物流金融业务流程中可能存在的风险,建立风险预警机制,并且尽可能采取风险规避措施。

【8-11 拓展知识】

2. 钢材交易中心的物流金融业务模式

钢材交易中心的物流金融业务模式一般有：仓单质押融资、存货质押融资、厂商银、融通仓、应收账款融资和物流集中授信。

8.3 物流金融业务的财务管理

随着时代的变化,企业财务管理的内涵、外延、功能及其地位发生了显著的变化,强化企业的财务管理已经成为现代企业在激烈的市场竞争中得以生存和发展、现代企业制度得以保证和实施的重要环节。

鉴于物流财务管理与物流金融业务的财务管理有着密切的交叉性质联系,本章将详细讨论物流财务管理的相关理论。

8.3.1 物流企业财务管理

当代的财务管理者是公司重要的战略决策制定者和执行者之一,是穿插于经营管理和资本市场之间的不可或缺的角色,他们通常掌握了高超的业务洞察力和高效的财务效率。

1. 财务管理的概念与意义

企业财务工作包括两部分：一是会计核算,二是财务管理。规模化、集约化经营的趋势虽然使得国内企业对财务管理在整个企业管理中的核心作用有了一些初步认识，但认识并不意味着重视；此外，不得不承认的一个现实情况是目前我国企业整体的会计核算和财务管理水平比较低，常常因核算问题、内部控制、筹资、投资、成本、税收、业绩考核等问题使企业面临财务困难，所以从解决现实问题出发，也有必要对企业所面临的突出的财务难题进行分析，逐步提高企业的财务管理水平。

2.物流企业财务管理的主要内容

财务管理是组织企业的财务活动、处理财务关系的一项经济管理工作。它是以现金收支为主的企业资金收支活动的总称。企业的财务活动主要是指企业的资金运动，主要包括：企业的筹资活动引起的财务活动、企业投资引起的财务活动、企业经营引起的财务活动、企业分配引起的财务活动。另外，企业的财务管理还包括在组织财务活动过程中与各个有关方面发生的财务关系：企业与企业所有者之间的财务关系、企业与其债权人之间的财务关系、企业与其被投资者之间的财务关系、企业与其债务人之间的财务关系以及企业内部的各个部门之间的财务关系。

因此，可以看出企业的财务管理是一项非常综合性的管理工作，它与企业的各个方面都有着紧密的关系，并且能够迅速地反映企业的生产经营的状况。

对于物流企业来说，它的财务管理活动也是指资金的运动，一方面表现为实体性质的物品的运动；另一方面则表现为具有自己的运动规律的物流形式的资金运动，也是物流企业的财务活动。

（1）物流企业财务管理的目标和原则。

和所有的企业一样，物流企业进行财务管理的对象也是企业的资金运动。它的资金运动是指在企业将物品从供应地向目的地运送的过程中发生的实体的物品的价值转移的过程，以及在这个过程中所耗费的人力、物力和财力。因此，物流企业的财务活动概括起来就是指物流企业在进行经济活动过程中发生的筹资、投资、营运和分配，它们是循环往复的。

物流企业是专门从事物流运输的企业，它独立于生产领域。物流企业根据市场的供需状况，以服务生产为目的，处理物流企业财务关系，实现物流企业的财务管理目标，保证生产和再生产的顺利进行。物流企业财务管理的目标是最大化地降低用户产品进入市场的成本，在保证用户成本最小化和利润最大化的同时，实现物流企业自身成本的最小化和利润最大化，从而保证物流企业足够的生存和发展能力。要实现物流企业财务管理的目标，就要充分利用好物流企业自身资金，合理制定短期和长期的投资决策和投资方案，充分考虑资金的时间价值，制定和完善企业相关的财务制度。

① 物流企业的资金筹集。任何一家企业在生存发展过程中，都需要保持一定的资本规模来维持企业正常的生产经营。但是由于生产经营活动的变化，大多数情况下会需要追加筹资。对于不同的企业有着不一样的筹资动机。主要分为：扩张性的筹资动机（因扩大生产经营规模或者增加对外投资而产生的追加筹资的动机）、调整性筹资动机（企业调整现有的资本结构需要筹资）、混合性的筹资动机。企业进行筹资应遵循的原则为效益性原则、合理性原则、及时性原则和合法性原则。筹资的渠道也分多种，物流企业

进行资金的筹集主要是通过吸收投资者的直接投资、通过发行股票的方式筹集资金、通过银行信贷的方式或者通过发行债券等形式。投入资本和发行股票的筹资方式可以使企业获得永久性的股权资本。发行债券和向银行贷款等方式主要可为物流企业筹得长期的债券资本。在资金筹集过程中发生的资金的流入和流出就构成了企业筹资活动的财务活动。

② 物流企业的投资活动。企业进行投资主要是将企业的财力投入到市场当中，以期获得未来收益的一种行为。财务管理中的投资既指对内投资也指对外投资；投资还可分为直接投资和间接投资、长期投资和短期投资。物流企业在通过筹资取得资金后，就需要将这些资金尽快地投入到市场当中，以期获得最大的经济效益。

③ 物流企业的营运活动。物流企业不同于其他企业，其主要的营运活动指的是物流企业根据用户要求进行物品的储存和包装、装卸、搬运和运输、物品的加工和配送及信息的处理等服务性质的活动。因此，物流企业的营运活动中发生的支出主要有物品的加工、包装、搬运等发生的人工费和材料费，还需支付运输费、水电费等费用。

物流企业在这些营运活动中所发生的资金运动就是营运资金的运动。营运资金具有周转周期性短、实物形态具有易变现性、数量具有波动性、来源具有灵活多样性等特点。因此，应该加强对营运资金的管理，合理确定资金的使用数量，节约使用资金，提高资金的利用效率，并且还要保证企业有足够的偿债能力。

④ 物流企业的分配活动。企业通过资金的筹集、资金的投资、营运活动的开展，最后还应该将获得的收入进行分配。利润分配是将企业的经营成果分配给各利益相关者。税后利润分配的主要程序如下：用于弥补企业财务损失，支付各项滞纳金和罚款；弥补超过用所得税前利润弥补期限、按规定可用税后利润弥补的亏损；按照法定比例提取法定盈余公积金；按规定提取公益金；向投资者分配利润。在利润分配过程中应该坚持规范性、公平性、效率性、比例性原则。

物流企业的最基本的职能是根据市场对企业的要求和供给，以服务性的生产活动为目的，通过计划性的购进、销售、储存和运输等各项经济活动完成商品的流转，并保证商品价值的实现，保证企业生产经营活动的正常运转。和所有的企业一样，物流企业的目标也是尽可能地降低企业的运营成本并提高产品的效益，实现价值最大化。物流企业进行财务管理的目标就是实现企业的利润最大化。这就要求企业在追求利润最大化的过程中，要重视经济核算，加强管理，改进技术，提高企业的效率，降低产品的成本，这些都有利于资源的合理配置和经济效益的提高。物流企业根据自己的特点，将财务管理的目标定位为使用户的价值和物流企业的价值实现最大化，同时使用户的成本和物流企业的成本实现最小化。

（2）现代物流企业财务管理的现状。

随着物流企业的迅速发展，规模的迅速扩张，物流企业财务管理受到越来越多的关注，其资金的筹集和投资等财务问题也越来越突出。因此物流企业迫切地需要规范的财务管理制度来指导其资金的运作，以提高企业自身的竞争力，保证企业的健康发展。但是，物流企业的发展规模和与之相配的财务管理制度没有得到平衡发展。物流企业财务管理的问题主要表现为以下几点。

① 物流企业进行资金筹资的难度较大。由于物流企业发展的速度较快，规模也较大，这就加剧了这类企业的竞争力度。要想获得一定的市场地位就需要对目前的结构形式实施转型，转型的过程中需要巨大的财力支持。目前资本市场发展不是很健全，物流企业通过资本市场和银行等金融机构进行资金的筹集存在很大的困难。作为新兴产业的物流企业在传统资本市场和金融机构评价体系中的信用资产不足，这就使得金融机构对他们的贷款的条件要求较严格，融资的成本费用也相对较高，另外，物流企业的资金投资回收期限一般较长，较容易形成呆账和坏账，所以银行不倾向于把钱借给物流企业。

② 资金的管理能力较弱，资金周转率低。资金是经营的命脉，管理水平关乎企业生存，资金周转率是资金管理中重要部分。特别在物流企业，对于资金有限的企业来说，资金周转率十分的重要。高资金周转率可以使企业的有限资金发挥最大效用，低周转率会拖慢企业经营推进。当前，物流企业现金持有量大，且不够科学、合理，现金管理制度不健全，监督不到位、处理不及时，结算方式不灵活，加大了物流企业资金管理风险，造成资金周转率不乐观。现金流收支按照已有规定开展，造成收支与实际情况匹配度不高，影响资金周转效率，无法合理安排资金收支，不能使资金实现较高周转率。

③ 财务管理制度不健全。目前，物流企业确实面临一个挑战，即缺乏一个比较健全的财务管理制度来对企业的财务管理活动进行监管。一些物流企业的财务管理观念未能与时俱进，仍然采用传统的、过时的财务管理方法，这限制了财务管理效率和效果的提升；缺乏多样化的财务管理手段，导致财务管理环节缺乏创新和灵活性，难以适应快速变化的市场环境。物流企业中专业化的财务管理人员相对较少，这影响了财务管理工作的专业性和效率。物流缺乏有效的监控机制，导致财务管理环节中存在的问题难以被及时发现和解决。

（3）物流企业的财务控制。

财务控制是企业在进行财务管理的过程中，利用有关的信息和特定手段，对企业的财务活动施加影响和调节，以便实现计划所规定的财务活动的目标。财务控制的方法主要有以下三种。

① 事前控制。事前控制也称为防护性控制，是指在财务活动发生之前，事先制定一系列的制度和规定，把可能产生的差异予以排除的一种控制方法。比如，对资金的使用要制定内部控制制度，确保企业资金的安全。在财务管理中，各种事先制定的标准和制度等都可以作为排除问题的方法。

② 前馈性控制。这种方法也称为补偿干扰控制，是指通过对实际财务系统运行的监视，运用科学方法预测可能出现的偏差，采取一定的措施，使得差异得以消除的一种控制方法。比如，对企业短期偿债能力的控制，就要密切地关注流动资产和流动负债的关系，并且预测这一比例发展的趋势。如果检测到这一比例不合理就要实施财务措施进行补救，将这二者之间的比例保持在合理的水平。这种财务控制方法要求财务管理人员掌握大量的信息，并且能够正确地进行预测。

③ 反馈控制。它也称为平衡偏差控制，是在认真分析的基础上，发现实际与计划之间的差异，确定差异产生的原因，采取切实有效的措施，调整财务活动或调整财务计划，使差异得以消除同时避免今后出现类似差异的一种控制方法。

8.3.2 物流企业中物流金融的财务决策

【8-12 拓展知识】

物流金融业务的引入对物流企业来说，在给企业带来更多利润的同时也带来了相应的风险，因此在财务决策中也要衡量利弊，以企业价值最大化为目标对物流金融业务做出正确的财务决策。

1. 物流企业中物流金融的财务决策方法

（1）决策目的。

物流企业在物流金融业务中为融资企业提供结算、融资和保险等相关增值服务，物流金融业务在为物流企业带来新的利润增长点的同时也不可避免地带来了风险因素，因此在对物流金融业务分析的研究中，有必要分析物流金融业务利润来源及物流金融业务风险来源，将物流金融业务带来的风险用财务数据量化，与其为物流企业带来的利润进行比较，运用财务管理方法作出相应财务分析和财务决策，以完善物流企业对物流金融业务的预测、决策等方面的管理。

（2）决策方法。

运用财务管理原理对物流金融业务为物流企业带来的利润及风险进行评价。分析相关利润可运用本量利分析法；分析相关风险可结合物流金融模式分析产生原因并对其进行量化。

① 分析物流金融业务带来的利润。

运用本量利分析反映成本、数量和利润三者的依存关系。在本量利分析中，根据成本习性将产品在生产过程中的耗费划分为变动成本和固定成本。成本按其与业务量这一成本动因之间的依存性，可以划分为固定成本和变动成本两大类。

盈亏平衡模型是本量利分析法中最为重要的模型。在设计、增删物流服务项目时，就可以用盈亏平衡模型来帮助企业进行决策分析。在不考虑销售税金的情况下，物流系统本量利三者间关系可用下式表示：

$$P = R - (V+F) = K \cdot Q - (V_C \cdot Q + F) = (K - V_C) \cdot Q - F \quad (8-1)$$

其中：P 为销售利润，R 为销售收入，V 为物流变动成本总额，F 为物流固定成本总额，K 为单位物流产品（服务）的销售价格，Q 为物流产品（服务）的销售量，V_C 为单位物流产品（服务）的变动成本。

分析物流金融业务带来的利润的步骤如下：

第一，将物流企业业务进行分类；第二，确定物流金融业务的业务量、收入；第三，确定物流金融业务的变动成本、固定成本；第四，应用本量利分析的盈亏平衡模型：

$$P' = R' - (V' + F') = K' \cdot Q' - (V_C' \cdot Q' + F') = (K' - V_C') \cdot Q' - F' \quad (8-2)$$

其中：P' 为物流金融业务息税前利润，R' 为物流金融业务收入，V' 为物流金融业务变动成本总额，F' 为物流金融业务固定成本总额，K' 为单位物流金融业务服务价格，Q' 为物流金融业务的业务量，V_C' 为单位变动成本。

② 分析物流金融业务带来的风险。

物流金融业务能够给企业带来可观的收益，但也会带来诸多的风险，主要表现在内部管理风险、评估风险、质押货物风险、监管风险。物流企业在开展物流金融业务过程中作为金融机构与融资企业的桥梁的角色。物流金融业务为物流企业带来相关业务，带来相应的赊销风险，同时也使物流企业承担了融资企业与银行之间融资的相关关系人产生的风险。

对物流金融业务带来的利润与风险进行评价，由式（8-1）和（8-2）计算得到物流金融业务息税前利润（P'）、坏账风险损失和担保风险损失。比较物流金融业务息税前利润（P'）与坏账风险损失、担保风险损失之和的大小。评价结论为：A. P'大于二者之和，说明物流金融业务为物流企业带来的利润超过相应风险带来的损失，该物流金融业务对物流企业是有增值效应的；B. P'小于二者之和，说明物流金融业务为物流企业带来的利润小于相应风险带来的损失，该物流金融业务对物流企业没有增值效应。

2. 物流金融财务决策的应用

为了说明物流企业中物流金融财务决策的应用，下面以 A 物流企业为例，举例说明物流企业中物流金融业务的财务决策方法的具体应用过程。

A 物流企业 2023 年业务收入为 1000 万元，业务成本为 800 万元，对外提供的物流业务量为 5000 单。根据物流企业是否在供应链运作过程中向客户提供结算、融资和保险等相关服务的业务，我们将物流企业对外提供的业务分为传统物流业务和物流金融业务。A 物流企业对外提供的传统物流业务为 4000 单，占全部物流业务的 80%，这部分传统物流业务收入达到 700 万元；物流金融业务为 1000 单，占全部物流业务的 20%，这部分物流金融业务收入达到 300 万元。由于物流企业对外提供传统物流业务服务与物流金融业务服务所承担的风险和责任不同，因此物流企业对这两类业务的定价不同。传统物流业务服务价格为 0.175 万元／单（700 万元÷4000 单），物流金融业务服务价格为 0.3 万元／单（300 万元÷1000 单）。A 物流企业依据公司目前应收款项的实际状况制定的坏账准备计提标准为一年以下按 5% 计提，一年至二年按 10% 计提，二至三年按 30% 计提，三年以上按 60% 计提。A 物流企业 2019 年年末未收回的物流金融业务的赊销收入为 120 万元。2023 年 A 物流企业在开展物流金融业务过程中，为大客户之一的某生产制造企业 B 公司提供了业务量为 200 单的仓单质押模式的物流金融担保服务。但是 2023 年年末 B 公司无力偿还由 A 物流企业为其担保的银行贷款债务，因此 2023 年年末 A 物流企业按照物流金融业务协议将质押物的所有权转给银行作为贷款不能偿还的补偿。该例的主要分析过程如下。

（1）根据 A 物流企业的会计资料，对其业务成本进行成本形态分析，业务成本按其与业务量这一成本动因之间的依存性，划分为固定成本和变动成本两大类。A 物流企业的业务成本形态分析结果为：单位变动成本为 0.12 万元／单；固定成本为 200 万元。

（2）计算传统物流业务和物流金融业务分别占用的固定成本。将传统物流业务的业务量占物流企业全部业务量的比重作为权数，用固定成本总额乘以该权数得到传统物流业务的固定成本，即 A 物流企业传统物流业务的固定成本 =200 万元×80%=160 万元。依据物流金融业务的业务量占物流企业全部业务量的比重为权数，用固定成本总额乘以该权数得到物流金融业务的固定成本，即 A 物流企业物流金融业务的固定成本 =200 万元×20%=40 万元。

（3）对 A 物流企业物流业务的利润的分析如下：物流金融业务息税前利润 =（单位

物流金融业务服务价格－单位变动成本）×物流金融业务量－物流金融业务固定成本＝（0.3万元／单－0.12万元／单）×1000单－40万元＝140万元。传统物流业务息税前利润＝（单位传统物流业务服务价格－单位变动成本）×传统物流业务量－传统物流业务固定成本＝（0.175万元／单－0.12万元／单）×4000单－160万元＝60万元。

（4）计算A物流企业开展物流金融业务为其带来的坏账风险损失。A物流企业2019年年末未收回的物流金融业务的赊销收入为120万元。A物流企业依据公司目前应收款项的实际状况制定的坏账准备计提标准为一年以下按5%计提。坏账风险损失＝120万元×5%＝6万元。

（5）计算A物流企业在开展物流金融业务为其带来的担保风险损失。由于2023年A物流企业在开展物流金融业务过程中，大客户之一某生产制造企业B公司的业务量为200单的仓单质押模式的物流金融担保服务遇到问题，A物流企业损失的是为这部分质押物的提供物流服务的收入。担保风险损失＝0.3万元／单×200单＝60万元。

（6）计算A物流企业开展物流金融业务带来的两种风险财务指标之和：坏账风险损失＋担保风险损失＝66万元。

（7）通过以上计算结果对物流金融业务带来的利润与风险作出评价。由以上计算得知，物流金融业务息税前利润是140万元，物流金融业务带来的坏账风险损失和担保风险损失之和是66万元。得到物流金融业务息税前利润大于物流金融业务带来的坏账风险损失和担保风险损失之和，因此，A物流企业2023年开展的物流金融业务对企业绩效起到了提高作用，物流金融业务的开展对A物流企业来说是有增值效应的。

3. 物流金融财务管理缺陷的完善

物流企业对物流金融业务进行的专门的财务管理应用的研究现在仍处于探索阶段，不可避免地存在一些理论和方法上的缺陷，可以从以下几个方面进行完善。

（1）根据物流企业是否在供应链运作过程中向客户提供结算、融资和保险等相关服务的业务，将物流企业对外提供的业务分为传统物流业务和物流金融业务的分类方法还有待于在财务实践中进行检验。

（2）财务管理和管理会计的分析方法对物流金融业务的应用可以作为对物流金融业务开展前的预决策分析，也可以作为物流金融业务事后对其进行的跟踪管理，这种方法是否适用于物流企业的实际工作有待于会计工作者实践的检验。

（3）有关物流金融业务的模式研究、风险管理研究比较多，但对物流金融业务在财务方面的相关研究非常稀少，因此对物流金融业务的财务分析研究应跟上其他方面研究的步伐。这对于物流企业的运营管理的完善是非常有益的。

8.4 物流金融信息技术与管理

物流金融信息系统是根据物流金融业务对物流企业的特殊要求，针对客户存货的动态质押，结合金融机构实时监管的要求，为提高三方管理协调效率，面向物流金融业务高效运作而开发的管理信息系统。

8.4.1 物流金融信息技术概述

物流金融信息系统是基于物流金融发展的管理信息系统，集仓储管理、运输管理、存货质押等融资管理、金融监管、风险管理、数据处理等功能为一体，物流企业、金融机构与客户可以在该系统进行相应的查询、操作，以达到信息共享、提升管理水平与降低风险的目的。

1. 物流金融服务信息流与技术的意义

供应链是跨企业生产经营活动的集成，这种集成具体来说就是物流、资金流和信息流的集成。供应链运作的方方面面都离不开信息，信息是供应链中决策的基础，信息直接或间接影响供应链的绩效。信息技术是组织用以收集、分析和进行信息处理的软硬件，在供应链中，信息技术充当了管理者的眼睛和耳朵，获取和传递相关的信息以供决策之用。现代物流的一大核心特征是广泛应用现代信息技术整合各项具体物流活动，而金融服务业极其依赖信息技术，信息技术投资是金融服务组织的一项主要支出。作为基于物流业务开展的金融服务，物流金融业务活动的开展高度依赖信息技术，信息技术促进了买方、卖方、金融组织、物流机构和其他参与方之间资金、单证和信息的流动，融合了交易自动化和获得由参与金融组织或供应链伙伴提供的信用。实际运作中的物流银行、电子发票呈送与支付等具体物流金融形式离开现代信息技术就无法开展。一些新技术的应用，如条形码技术、RFID 技术直接关系着物流金融业务的开展。

2. 物流金融信息系统

物流金融信息系统是基于物流金融开发的管理信息系统，集仓储管理、运输管理、存货质押等融资管理、金融监管、风险管理、数据处理等功能于一体，物流企业、金融机构与客户可以在该系统进行相应的查询、操作，以达到信息共享、提升管理水平与降低风险的目的。

物流金融信息系统的实质是为保证高效运作而开发的管理信息系统。

3. 物流金融信息系统特点

物流金融信息系统应该适用于物流金融业务的动态管理，既需要为物流企业自有存货质押仓库提供物流金融管理，也需要为社会第三方仓库、银行指定的专业质押仓库提供物流金融管理，还可以独立构建银行的物流金融监控系统。

这一信息系统还应该集仓储物流管理、存货质押等融资管理、金融质押监管、风险管理等功能于一体，实现各环节的无缝衔接，并融存货实物监管、工作量统计及成本核算于一身，为存货质押各方提供全方位的管理决策依据。这一信息系统在确保数据安全的基础上，还应该为金融机构、物流企业的监管信息系统及客户（融资企业）的 ERP 等外部信息系统提供多种开放式数据接口，以确保仓储—质押—监管的业务联动和数据共享。

4. 物流金融信息系统的构建

在设计物流金融信息系统过程中，企业应该根据市场调查分析，对物流金融业务的流程进行分析和整理，了解客户对基本架构、功能、信息响应等的需求。一般而言，企业应该在充分调查客户需求的基础上，基于先进的 SOA（Service-Oriented Architecture，面向服务的体系结构）架构构建物流金融信息系统，遵循 SOA 的模块化和开放标准接口设计，数据交换采用标准的 XML（Extensible Markup Language，可扩展标记语言）格式，实现物流金融信息系统与物流企业原有 IT 资源的共享和复用，以及物流企业 IT 架构动态和柔性变化组合，使得物流金融信息系统能够与物流企业业务紧密结合，提高物流企业业务流程的灵活性。

物流金融信息系统应该从底层向上层进行设计，这一信息系统应该由系统设置、业务管理、决策分析三大部分组成，支持以下多种管理内容。

（1）系统设置，包括金融机构设置、客户设置、物流资源设置、质押模式设置、质押流程设置、监控等级设置、工作组/角色/员工设置等。

（2）业务管理，包括存货质押、解除质押、存货流量监控、存货品质监控、存货价值监控、质押到期预警、客户信用评级、计费与结算、工作量统计、存货物流信息汇总、金融信息汇总等业务的管理。

（3）决策分析，包括系统建模分析、风险评估与预警、融资成本分析、服务增值分析、潜在客户挖掘等。

在开发物流金融信息系统的基础系统以及基本模块后，开发企业应该在试点企业的实验基地进行试运行、调试和完善工作，进一步满足物流企业物流金融业务管理的基本需求，为融资银行及客户提供动态查询，并强化系统的管理功能，扩大对物流企业、金融机构及众多客户的适应性，实现物流金融信息系统的功能提升。

一般而言，物流金融信息系统功能提升的主要内容包括以下几个方面。

（1）增加自定义报表功能：按用户需要，由用户自由定制报表。

（2）加入数据导入导出功能：提供多种格式的数据交换。

（3）模板打印功能：支持质押单、存货单、预警单等的模板自定义功能。

（4）多系统的接口：可以对接 ERP、CIMS（Computer Integrated Manufacturing System，计算机集成制造系统）、SCM（Supply Chain Management，供应链管理）、BI（Business Intelligence，商业智能）等大型管理软件。

（5）可视化工作流定义：按需定制物流金融业务的审批流程。

（6）加强决策分析：增加决策参考因素，提高分析效率。

5. 物流金融信息系统开发风险

我国物流企业、金融机构和软件企业在拓展物流金融信息系统市场时，从市场的开发到稳固地占领市场，需要经过许多环节，这些环节面临着各种风险如下所述。

（1）宏观经济与政策风险。自 2020 年新冠肺炎疫情暴发以来，中小企业的市场需求急剧下降，中小企业经营尤其面向进出口的中小企业的经营面临很大的挑战，相关融资更加困难，中小企业的经营环境恶化，因此对一些信息系统的市场拓展来说会存在宏观环境的风险。此外，物流金融业务也面临着大量法规和政策方面的风险。

（2）竞争风险。主要面临着国外物流业和银行业巨头以及相关软件企业侵占我国物流金融市场的风险，此外，还面临着竞争者强有力的竞争和不正当的竞争手段造成的风险。

（3）市场拓展风险。其主要包括意识上主动积极性不够，技术上难以拓展及目标市场选择过大或过小等风险。

（4）客户需求风险。即系统功能不适合客户的需要及变化的风险，尤其是针对我国的物流金融业务，如果不清楚我国物流金融业务发展的特点以及国内客户对物流金融信息系统的要求，相关的客户需求风险就会很高。

（5）成本风险。导致成本过高风险的原因包括相关技术不成熟、实用性差、设备选购上出现问题、基建预算控制不力、人工成本偏高、原材料采购价格偏高、浪费严重等，但最主要的是技术上及产业转化上的风险。

8.4.2 物流金融服务信息流技术管理的内容和方案

物流金融是基于物流业务，包括运输、仓储、装卸、搬运、包装、流通加工、配送、回收、信息等而开展的金融服务。而物流信息技术管理则是贯穿在物流系统所有环节的重要技术。

1. 物流金融服务信息流技术管理概述

（1）物流金融服务信息和信息技术应用。

根据物流金融服务供应链的具体阶段，可以把信息分为以下两种。

① 需求信息。诸如目标客户是谁，需要什么物流金融产品，数量是多少。需求信息包括需求预测和需求分布信息，通常属于客户关系管理模块。供应商信息包括供应商界定，根据具体产品确定需要供应商提供的服务，如以银行为主导提供的存货质押融资，物流企业提供的仓储、监管、质押物处理变现和相关信息服务，如服务价格、时间、地点及支付安排等，这些都是供应商关系管理的主要内容。

② 服务信息。其包括提供的物流金融产品的价格、条件、时间、地点、数量等。

（2）物流金融服务管理中信息技术的开发应用。

物流金融服务管理中信息技术的开发应用可以分为以下四个层次。

① 交易支持。信息技术是支持物流金融业务运作的有效工具，企业主要关心其能否提供可靠的、准确的、实时的运作数据和信息以支持核心物流金融活动。这些交易支持系统支持物流金融服务供应链管理实施高效战略，提供更好的客户服务。但是交易支持技术在处理物流金融数据和信息时提供的是局部优化方案，经常缺乏与组织中其他信息系统的集成，易导致与组织整体目标的不一致，在需要与供应链伙伴共享信息时系统不能兼容。

② 内部网系统。内部网系统是在组织内部对物流金融服务运营活动的跨职能部门进行信息流控制，整合组织内部分散的部门和地点的数据、信息沟通的系统。内部网系统的特点是组织范围内标准化的数据、信息结构和格式，集成分散的交易支持系统，实现数据域信息共享。ERP是典型的内部网系统，是集成的组织信息系统。

③ 外部网系统。外部网系统用于控制和协调物流金融服务数据和信息，以便同供应链伙伴共享。外部网系统提供了供应链焦点组织同上游供应商和下游客户进行有效沟通的渠道，信息流以标准的业务文件格式建构。EDI（Electronic Data Interchange，电

子数据交换）是组织间信息交换常用的外部网系统，现在逐渐被互联网所替代。CPFR（Collaborative Planning Forecasting and Replenishment，协同规划、预测与补货）也是共享物流金融服务信息的外部网系统之一，可以改善供应链效率，提高销售及对市场和客户的及时反应水平。

④ 基于互联网的信息系统。互联网是最实用的业务沟通和信息交换系统，可以使所有的来自供应链参与主体的信息同步化，包括世界范围的客户，有利于国际物流金融服务开展。互联网的最显著特征是使信息交换从一对一改变为一对多和多对多。总之，随着信息技术的不断发展，可以满足组织对及时的信息控制、提高信息质量和可视性、降低信息成本和提供卓越服务等的需求。

2. 物流金融服务信息流与技术管理的作用

及时有效地传递接收物流金融服务的各种信息有助于提高物流金融客户的满意度，提高物流金融项目成功的概率。现代信息技术设备、信息平台有利于提高物流金融服务的可视性，减少运作中的不确定；有利于物流金融服务供应链各成员内部和成员之间的集成。

从信息管理角度来看，信息技术传统上一直用于提高供应链生产率、降低运作成本，具体运用于以下几个方面。

（1）收集特定物流金融服务的相关信息，提供准确可靠的和实时的原始事实。

（2）在特定的信息系统中以预先确定的格式和类别存储数据，如客户数据库管理系统。

（3）为了应对供应链管理，评估供应链管理在成本削减和效率提升方面的绩效和分析数据，为决策提供有价值的信息。

（4）和供应链伙伴沟通、协作以减少信息滞延和误解，使所有供应链伙伴可以接触数据源，获得可视性。

（5）标准化物流金融运作和数据抽取程序，发展富有活力的一般性信息管理政策、管控措施。

现在，信息技术广泛应用于效果导向供应链管理领域，用以增强供应链竞争优势，实现供应链管理增值和全球化运营，主要包括以下内容。

（1）通过设计、控制信息共享和流动，增强核心竞争力以及供应链焦点组织的中心地位。

（2）贯彻精益求精思想，再造供应链运营流程，减少多余设施及活动。

（3）管理供应链中营销、客户、服务知识和技能，并与供应链伙伴共享，如采用CPFR。

（4）管理供应链伙伴关系，稳定供应链结构，加强与邻近供应链的伙伴关系。

（5）配置供应链资源和能力，在更大范围上与其他供应链竞争。

3. 物流金融服务信息流与技术管理方式

（1）详细了解客户、供应商的要求及所有供应链伙伴的关注焦点。信息技术应用应当具有适应性和柔性，基于具体需求进行决策，信息技术绩效指标必须纳入供应链伙伴的考虑范畴。应根据具体的物流金融产品确定供应链伙伴的信息需求和对信息技术的要求。

（2）信息技术进展已从物流金融功能领域发展到流程管理和供应链导向，有利于确保对相关流程的有效测评，确保及时准确的流程反馈和协调。

（3）要集成物流／供应链经理、信息技术经理及供应链伙伴的知识，发挥协同效应。物流金融服务供应链管理需要物流业务、金融业务和信息技术部门的紧密合作，共享相关业务知识，实现不同组织和部门之间的有效集成。

（4）在管理供应链伙伴和采用信息技术上的经验、技能在物流金融服务供应链管理中起着重要作用。如果管理人员持积极态度，鼓励组织学习，与供应链伙伴共同工作，倡导以供应链目标为导向的协作型组织文化，供应链管理系统在所有伙伴间的采用会更易于成功。

（5）应用现代信息技术服务管理理论体系的相关构架、模型开展物流金融服务供应链信息技术管理活动。该理论体系是一个基于流程的管理活动，试图整合信息技术服务传递与企业需要，强调为内外部客户带来利益。信息技术基础设施库（ITIL）是该理论体系最常用的一种信息技术治理模式，是关于管理信息技术设施、开发和运营的概念、政策的全面的结构框架。

4. 物流金融服务信息流与技术管理注意事项

（1）提高物流金融服务信息服务质量，把握信息流质量要求的五个维度：①准确性，信息是否准确直接影响物流金融服务的质量；②准时性，信息应准时交付给需求方，以便及时使用；③可靠性，信息流不会遗漏重要数据并且不会被意外干扰和打断；④形式和细节的适宜性，信息必须以一种对特定需求有用的形式提供；⑤可获得性，信息使用人员和应用程序需要的时候可以获得信息，否则以上四个维度就变得无意义。

（2）物流金融服务是一种复合型服务，业务较为复杂，牵涉主体较多，物流金融服务产品种类繁多，信息和技术管理必须依据具体的物流金融产品来进行。

（3）做好物流金融服务信息流与技术管理和供应链其他活动的集成工作。物流金融服务供应链模型中包括七个关键活动：需求管理、能力与资源管理、客户关系管理、供应商关系管理、风险管理、服务绩效管理、信息与技术管理。物流金融服务信息流与技术管理作为其中之一的信息与技术管理必须与其他活动做好协调与集成。在以上领域已经开发出具有针对性的信息技术解决方案，进行物流金融服务信息流与技术管理时要统筹考虑硬件、软件、中间件和平台建设，围绕供应链目标做好集成工作。

8.4.3 集成服务

集成服务是用于生成高性能数据集成和工作流（包括针对数据仓库的提取、转换和加载操作）的解决方案。集成服务包括生成并调试包的图形工具和向导，执行如数据导入、导出、FTP 操作、SQL（Structured Query Language，结构化查询语言）语句执行和电子邮件消息传递等工作流功能的任务等。

物流金融的基本思想是：物流企业在传统物流服务的基础上，与金融机构合作，共同帮助客户盘活流动资产，缓解资金占用问题。对单个企业来说，物流金融服务只涉及供应链某个环节，而要真正发挥物流金融的作用，应该将服务向上下游延伸，增强物流和资金流的连续性。供应链上流动资产形态如图8.3所示。

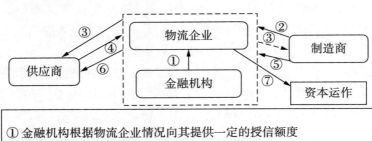

① 金融机构根据物流企业情况向其提供一定的授信额度
② 需要支付预付款的企业向物流企业提出贷款申请
③ 制造商经同意获得融资，物流企业利用授信额度将预付款汇给供应商
④ 供应商在规定的时间t内将货物发至物流企业指定地
⑤ 制造商在供应商的合同规定结算日前向物流企业付款提货
⑥ 物流企业在结算日前向供应商结清货款
⑦ 物流企业可利用结算日前的制造商货款进行资本运作

图8.3 供应链上流动资产形态

由此可以进行单个物流金融产品组合，得到三种集成服务方案。

（1）生产、销售环节集成生产物流中的产成品和销售物流中的商品实质上是同物异名，因此，在生产物流和销售物流中，可以实施"质押监管＋未来提货权融资＋保理"等集成物流金融服务，"质押监管＋未来提货权融资＋保理"业务流程如图8.4所示。

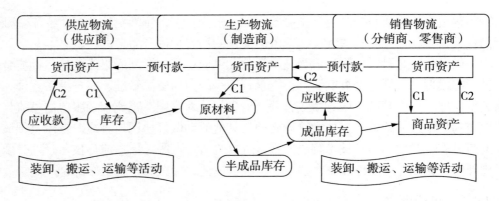

图8.4 "质押监管＋未来提货权融资＋保理"业务流程（C表示货币量）

（2）供应、生产环节集成供应物流和生产物流的衔接点也是库存。对制造商来说，预付款占用资金；对供应商来说，售后货款有坏账风险。因此，可以通过"未来提货权融资＋统一授信融资"集成服务方式开展物流金融，"未来提货权融资＋统一授信融资"业务流程如图8.5所示。

值得一提的是，在制造商付款提货过程中，物流企业不必立刻跟供应商结算，这之间有一个时间差，这段时间内制造商支付的货款归物流企业所有，物流企业可以凭此进行资本运作。类似的路径有"托收＋授信融资"和"垫付货款＋授信融资"。

（3）全供应链上的集成物流金融业务形式多样，如"订单融资＋质押监管＋未来提货权融资"形式。"订单融资＋质押监管＋未来提货权融资"业务流程如图 8.6 所示。

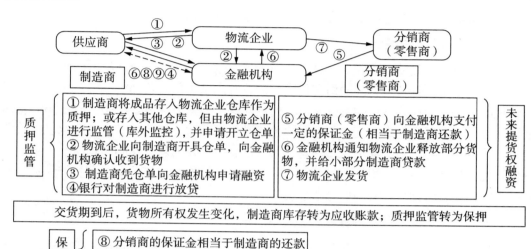

图 8.5　"未来提货权融资＋统一授信融资"业务流程

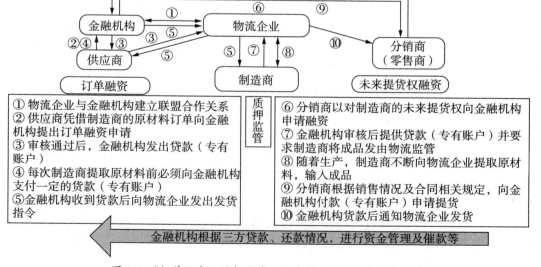

图 8.6　"订单融资＋质押监管＋未来提货权融资"业务流程

物流金融是近几年兴起的一股新潮，从实践的成果来看，这种模式确实为企业注入了新鲜血液。但也应该意识到，要实现这种新型商业模式持续、健康地发展，需要从系统的角度集成各种物流金融产品,这样才能发挥物流金融最大的作用。

8.4.4 信息共享

信息共享指不同层次、不同部门信息系统间,信息和信息产品的交流与共用,就是把信息这一种在互联网时代中重要性越趋明显的资源与其他人共同分享,以便更加合理地达到资源配置,节约社会成本,创造更多财富的目的。它是提高信息资源利用率,避免在信息采集、存贮和管理上重复浪费的一个重要手段。

1. 信息共享模式的含义

对于信息共享模式的含义,学术界至今还没有统一地界定。有专家在2000年首次指出信息共享模式是节点之间的信息传递结构,并总结了信息传递模型——第三方模型和信息中心模型。在此分析的基础之上,通过对基于第三方物流这一类供应链的信息共享需求分析提出了点对点模式、信息集中模式及综合模式。在研究基于时间竞争的供应链信息共享时,提出了从共享信息内容、共享信息范围及信息共享的结构模型三个方面分析研究信息共享模式。根据物流金融的业务性质,我们从信息共享内容和信息共享传递模式两方面分析物流金融的信息共享模式。

2. 物流金融的信息共享内容

信息共享内容取决于各信息共享主体的信息需求与信息供给,这里从各业务主体在物流金融业务中的信息需求与供给两个方面来分析物流金融的信息共享内容。

物流金融是一项多个参与主体的经济业务,不同的业务主体,其需求信息与供给信息也不同,下面根据业务主体的经济角色对各业务主体的信息需求与供给进行分析。

银行是物流金融业务的资金提供者与风险承担者,其所需信息包括:质押存货的市场(需求与价值)信息、存货使用价值的稳定情况、贷款企业资质及其生产经营信息、贷款企业所在供应链及其运作信息(含贷款企业合作伙伴信息)、物流企业的资质及其质押监管能力信息、贷款企业的资金需求与使用情况、质押存货的数量、质押存货在物流企业监管下的状态信息等。其供给信息主要有:贷款利率(贷款价格)、质押率、可接受质押存货的数量、贷款资金发放额度、质押存货的补充指令、质押存货变卖变现指令。

贷款企业是物流金融的资金需求者,是物流金融的买方,所需信息为:质押存货的市场(需求与价值)信息、贷款利率(贷款价格)、质押率、银行可接受质押存货的数量、贷款资金发放额度、贷款企业所在供应链及其运作信息(含贷款企业合作伙伴信息)、物流企业的资质及其质押监管能力信息、质押存货的数量、质押存货在物流企业监管下的状态信息、质押存货的补充指令、质押存货变卖变现指令等。其供给信息为:质押存货的市场需求与价值信息、自身资质与生产经营信息、贷款企业所在供应链的有关信息、贷款资金用途与使用情况。

物流企业承包了银行外包的质押存货监管业务,是物流金融的监管方,是联系物流金融的买卖双方的桥梁,其所需信息为:质押存货的市场(需求与价值)信息、存货使用价值的稳定情况、贷款企业资质及其生产经营信息、贷款企业所在供应链及其运作信息（含贷款企业合作伙伴信息）、质押存货的数量、（银行发出的）质押存货补充与变卖变现指令等。其供给信息为：自身资质及其质押监管能力信息、质押存货数量、质押存货状态信息，以及向银行提供其收集与分析到的贷款企业信息、质押存货市场信息、贷款企业所在供应链信息。

贷款企业所在供应链的其他企业是物流金融业务交易的相关者和利益相关者，其所需信息为：质押存货的市场（需求与价值）信息、贷款企业资质及其生产经营信息、贷款企业所在供应链及其运作信息、质押存货的数量、质押存货在物流企业监管下的状态信息等。根据不同的经济合同，还可能需要银行提供贷款企业的资金信息。其供给信息为：质押存货的市场信息、质押存货的需求或供给信息、自身资质及其与贷款信息交易有关的信息。

3. 物流金融的信息共享传递模式

信息共享的传递模式即信息节点之间的信息传递方式，这里先对物流金融业务下的信息节点进行界定。从不同的角度对信息共享进行分析，信息节点也不同，这里从物流金融业务主体间的信息共享的角度进行分析。根据物流金融的业务主体，信息节点有银行、贷款企业和物流企业，由于物流金融还涉及质押存货市场和贷款企业所在供应链，这里把市场和贷款企业所在供应链也作为信息节点，把贷款企业所在供应链当作一个信息节点来分析是由于该供应链中的所有非贷款企业在物流金融业务中的角色地位是一样的。根据信息共享的传递模型中的点对点模式和信息集中模式原理，把物流金融的信息共享的传递模式分为点对点和以物流企业信息系统为中心的信息共享传递模式，点对点的信息共享传递模式和以物流企业信息系统为中心的信息共享传递模式分别如图 8.7 和图 8.8 所示。

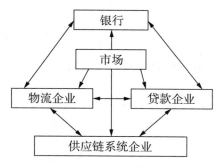

图 8.7　点对点的信息共享传递模式

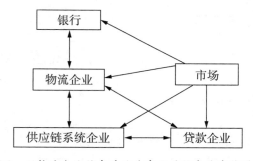

图 8.8　以物流企业信息系统为中心的信息共享传递模式

在物流金融业务中，银行、物流企业、贷款企业和贷款企业所在供应链的其他企业都会收集与分析市场信息，所以市场信息从市场流向银行、物流企业、贷款企业和供应链系统。与一般的供应链运作一样，贷款企业和物流企业也与贷款企业所在供应链系统的其他企业发生交互信息。在如图 8.7 所示的点对点的信息共享传递模式中，图中的箭头表示信息流向。各主体一方面把自身产生和收集的信息存放在自身的信息管理系统中，同时，根据合约的要求，把其中的一些信息发送给他方或者允许他方进入信息管理系统查询相关信息；另一方面，根据合约约定的权限登录到他方的信息管理系统获取所需要的信息，或接受他方发送过来的信息。在这种模式中，信息直接从供给方传给需求方，不需要经由其他数据转换或储存中心，信息的提供和获取是多对多关系，即共享信息在多个信息系统（或数据库）间进行两两传递。

如图 8.8 所示的以物流企业信息系统为中心的信息共享传递模式，属于信息集中模式。信息集中模式是将共享信息集中在一个公共数据库中，各业务主体根据权限对其进行操作，完成与多个业务主体的信息交流。这种模式对业务主体来说，信息的共享是一对一关系，对公共数据库则是一对多的关系，公共数据库同时包括业务主体提供的共享信息和外界提供的信息。由于物流企业在物流金融中起着连接银行和贷款企业的桥梁作用，因此，信息集中模式由物流企业提供公共数据库并对其进行维护，物流企业、银行、贷款企业及贷款企业所在供应链的其他企业产生、收集和分析得到的与物流金融有关的信息、指令皆储存在该数据库中，各方可按事先设定的权限读取信息并向该数据库发送信息。

本章小结

通过学习，学生们应充分了解物流金融中实际应用的业务模式，对国际贸易中的物流金融与应用的业务模式、贸易合同的物流金融业务模式、国际结算中的物流金融的业务模式应该有一个较为全面的了解。本章详细论述了物流金融一些实操性业务的基本功能、类型、业务流程与实务操作，以及物流金融与重点行业的融合发展方案，介绍了物流金融信息技术与管理的部分内容，重点讨论了物流金融信息系统业务模式中新的应用方法，明确了物流金融信息技术在现代物流应用中新的运作模式。

 关键概念

国际贸易　国际结算　物流金融信息技术　集成服务　信息共享

讨论与思考

1. 简述国际贸易物流金融的相关模式。
2. 简述物流金融与重点行业的融合发展。
3. 简述什么是物流金融信息技术与管理。